아이들에게로 열린 창

아동과 청소년을 위한 게슈탈트 예술치료

Windows to Our Children :
A Gestalt Therapy Approach to Children and Adolescents
by Violet Oaklander, Ph. D.

아이들에게로 열린 창

Windows to Our Children

아동 및 청소년을 위한 게슈탈트 예술치료

Violet Oaklander 지음
김정규 · 윤인 · 이영이 옮김

학지사

"이 저서는 2004년도 성신여자대학교 학술연구조성비 지원에 의하여 연구되었음."

역자서문

이 책은 역자가 지난 10여 년 동안 성신여자대학교 대학원에서 게슈탈트 예술치료 과목의 교재로 사용해왔는데, 대학원생들을 가르칠 때나 실제 임상현장에서나 매우 유용한 지침이 되었기 때문에, 많은 독자들과 함께 나누고 싶은 마음에서 번역을 결심하게 되었다.

지금까지 아동, 청소년들을 대상으로 하는 많은 예술치료 책들이 출간되었지만, 이 책은 12개 국어로 번역되었을 정도로 세계적으로 널리 알려졌으며, 반드시 게슈탈트 심리치료를 전문으로 하지 않는 치료자들에게도 필독서로 꼽힐 정도이다. 이 책은 내용이 아주 쉽고 재미있게 쓰였으며, 치료과정을 마치 눈앞에 보듯이 생생하게 그려놓아 누구나 책을 한번 잡으면 놓을 수가 없다. 무엇보다 책 내용이 너무나 다양하고, 풍부하여 거의 모든 아동, 청소년들의 심리적 문제들을 골고루 다루고 있으며, 치료기법과 사례 또한 어느 책에서도 발견하기 힘들 정도로 풍부하게 제시해주고 있다.

역자가 바이올렛 오클랜더를 처음 만난 것은 2001년 7월 미국 클리블랜드에서 열린 국제 아동청소년 게슈탈트 심리치료 학회에서였다. 그 자리에 수많은 게슈탈트 아동, 청소년 심리치료자들이 참석했지만, 그녀는 이 분야에서 가장 훌륭한 업적을 남긴 사람이었으므로 참석한 많은 학자들, 치료자들로부터 존경과 신뢰를 한 몸에 받았었다. 그녀는 일흔이 넘은 나이에도 불구하고 여전히 기지와 활력이 넘치고 있었고, 아직도 제자 양성을 비롯하여 여러 곳에서 왕성한 치료 관련 활동을 하고 있었다. 역자는 그녀와 함께 학회 주최측으로부터 만찬에 초대받아, 식탁을 사이에 두고 서로 마주 앉게 되었는데, 덕분에 즐겁게 담소를 나누면서 개인적으로 알게 되는 행운을 가졌었다.

초벌번역은 1장에서 6장까지는 윤인 박사가, 7장에서 9장까지는 이영이 박사가, 그리고 10장에서 12장까지는 대표역자가 맡았으며, 다시 전체를 대표역자가 세밀하게 감수를 했다. 역자들은 알기 쉽고 명료하게 번역하는 것을 원칙으로 삼았으며, 필요한 경우 원문의 취지를 손상시키지 않는 범위에서 의역을 시도했다. 사례를 번역하는 부분에서는 되도록이면 아동들이 사용하는 언어를 채택함으로써 현장감을 살리기 위해 노력했다.

바이올렛은 이 책에서 미술, 음악, 춤, 이야기, 시, 인형, 신체동작, 연극 등 다양한 예술매체들을 활용하여 게슈탈트 치료이론을 아동과 청소년 치료에 매우 창조적으로 적용시키고 있다. 아동이나 청소년들은 상담자와 일대일로 마주 앉아 하는 대화를 통해서보다는 무언가를 그리거나 만들거나 혹은 신체활동을 하면서 더 자연스럽게 자신의 문제를 표현하기 때문에 이러한 예술치료적 접근은 아동, 청소년 심리치료에 탁월한 효과가 있는 것 같다.

역자들은 그동안 10여 년 이상 한국의 아동이나 청소년들을 대상으로 게슈탈트 예술치료를 실시해오면서 매우 좋은 반응들을 관찰해왔으며, 심지어는 성인집단에서도 그 효과가 적지 않음을 보고 놀라기도 했다. 특히 감정 자각이 잘 안 되거나 자기표현이 서투른 성인들에게 예술치료가 도움이 되는 경우가 많았다.

바이올렛은 이 책에서 독자들에게 수많은 예술치료 기법들을 소개하였을 뿐만 아니라, 독자들 스스로 새로운 기법을 창조해낼 수 있는 가능성에 대해서도 열린 자세를 취하고 있다. 그래서 그동안 치료기법에 목말라 했던 많은 사람들은 이 책을 읽으면서 뿌듯한 충족감을 느낄 것이다. 아마도 허허벌판에서 길을 찾은 느낌이 들지도 모른다. 이것은 분명히 좋은 일이고, 기뻐해야 할 일이다. 하지만 동시에 역자는 염려되는 것이 하나 있다. 즉, 지금까지 많은 사람들이 게슈탈트 심리치료를 빈 의자 기법을 비롯한 몇 가지 게슈탈트 기법들과만 동일시하여, 마치 그 기법들을 익히기만 하면 게슈탈트치료를 할 수 있는 것처럼 오해해왔듯이, 마찬가지로 게슈탈트 예술치료에서도 이 책에서 소개하는 여러 기법들을 익히기만 하면 된다는 식으로 생각할까봐 걱정이 된다.

예술매체들을 활용하는 치료기법들을 배우는 것은 분명 도움이 되는 일이다. 하지만 한편으로는 이러한 기법들 자체가 바로 치료는 아니라는 사실을 깨달아야 한다.

치료기법들은 단지 내담자의 자기표현을 이끌어 내주는 수단일 뿐이며, 그것 자체가 자동적으로 치료를 해주는 것은 아니다. 마치 대화치료에서 내담자가 언어를 사용하여 자기표현을 했다고 해서 저절로 치료가 되는 것이 아닌 것과 마찬가지다. 궁극적으로 치유는 언어를 통해서든, 예술매체를 통해서든, 내담자의 자기표현을 출발점으로 해서 치료자와 상호작용을 통해 새로운 관계 체험으로 이어질 때 가능해진다.

따라서 예술치료를 배우는 사람들도 대화치료를 배우는 치료자들과 마찬가지로 공감, 이해, 반영, 명료화, 탐색, 반응, 역동파악, 자각, 현전능력, 접촉적 대화능력 등 상담자로서 갖추어야 할 기본적인 자질을 함양하는 데 게을리 하지 말아야 할 것이다. 특히 아동, 청소년 치료자들은 매 순간 지금-여기에서 나타나는 내담자의 정서나 신체의 변화 과정을 바로바로 알아차리고, 그 흐름을 따라가며 받쳐 주고, 그것과 교류할 수 있는 능력을 기르는 것이 매우 중요하다. 이런 맥락에서 좀 더 전문적인 게슈탈트 예술치료자가 되기 원하는 사람은 게슈탈트 심리치료이론을 함께 공부하기를 적극 권하고 싶다.

이 책은 아동 및 청소년들의 분노 조절, 억압된 공격성, 과잉활동, 위축되고 철수된 행동, 불안이나 공포증상, 우울증, 충격적 경험의 후유증, 신체증상, 의존행동, 과잉적응, 고립행동, 비현실감, 자폐증상, 죄책감, 낮은 자존감 등의 광범위한 심리문제들을 두루 다루고 있어, 이 분야에서 치료활동을 하는 사람들에게 매우 유용한 치료지침이 될 것이다.

분야별로는 임상심리학, 상담심리학, 목회상담학, 정신의학, 정신보건 사회복지학, 정신보건 간호학, 교육학, 가족심리, 특수심리치료, 아동 청소년심리, 놀이심리치료, 미술심리치료, 음악심리치료 등의 분야에 종사하거나 공부하시는 분들에게 좋은 길잡이가 되리라 믿는다.

끝으로 이 책의 출판을 위해 애써 주신 학지사 김진환 사장님과 편집부 직원 여러분에게 심심한 감사를 드린다.

2006년 2월

성신여자대학교에서

역자 대표 김정규 씀

추천문

내가 이 책의 원고를 읽었을 때 나는 "누구나 다 이 책에 관심을 가질 것이다. 아이들과 관계가 있는 사람이라면 누구나 다."라고 생각했다. 그런데 나는 이 '누구나 다'에 빠진 사람들이 있다는 것을 나중에 깨달았다.

내가 이 책의 원고교정을 도와주기 위해 교정쇄를 소리 내어 읽고 있을 때, 7살 난 서머가 상담실에 들어왔다. 그녀는 크레용으로 그림을 그리기 시작했다. 그녀는 여느 때와는 달리 부산을 떨거나 안절부절못하지 않았다. 엄마에게 언제 집에 돌아가는지 묻지도 않았다. 그녀는 내가 이 책 읽는 것을 아주 조용히 듣고 있었다. 나중에 그녀는 이 책을 좋아한다고 말했다.

이 책의 상당히 많은 부분들은 바이올렛의 도움으로 솔직해진 아이들이 스스로 자기 자신들에 대해 말한 내용들로 이루어져 있다. 이 책의 내용에 대해 아이들 자신보다도 누가 더 흥미를 가질 수 있을까? 그런데 내가 이 책에 흥미를 느낄 사람들을 생각해보았을 때 어른들만 떠올랐다. 심리치료자들, 교사들, 부모들 등. 나는 이 책이 대상으로 하고 있는 존재들, 즉 아이들은 포함시키지 않았던 것이다. 바이올렛은 바로 이 점이 아이들이 겪는 수많은 어려움들의 가장 큰 원인이라는 것을 보여준다. 우리 어른들은 아이들에 대해 조사하고, 아이들에 대해 말할 때, 흔히 그들을 제외시킴으로써 그들을 혼란 속에 방치한다.

잠깐 멈추고 당신의 어린 시절을 한 번 떠올리고, 그때 어른들의 세계를 이해하기 위해 애썼던 것을 회상해보자.

바이올렛은 이것들을 선명하게 기억하며, 이로 인해서 그녀는 아이들에 대해 잘 알고, 또한 그들을 잘 이해할 수 있게 되었다. 그녀는 온갖 종류의 자격증들을 다 땄지만, 그녀가 훌륭한 치료자로서 성공하게 된 배경으로는 아이들과의 치료경험 그리고 그녀 자신의 어린 시절에 대한 기억이 훨씬 더 중요했다. 바로 이런 배경으로 인해 그녀는 '아이들이 어떻게 그들 자신을 잃어버렸는지' 를 누구보다 더 깊이 이해하게 되었다.

어떤 어른들은 자기 자신을 영원히 다시 찾지 못한다. 그들에게 이 책은 자기발견을 위한 길잡이가 될 수 있을 것이다. 즉, 어린 시절에 억압되었던 자신의 부분들을 다시 발견하는 작업이다.

바이올렛은 자기가 사용하는 치료방법들은 자기가 만든 것은 하나도 없다고 말한다. 하지만 그녀가 이 방법들을 사용하는 방식은 매우 독창적이며 창의적이다. 그것들은 살아 있는 융통성 있는 게슈탈트들이다. 그녀는 "나는 내 관찰과 직관이 이끄는 대로 따라가며, 언제든지 방향을 바꿀 수 있다."라고 말한다. 아이들과 함께 경험의 재발견을 위해 움직일 때, 그녀는 자신의 모든 감각들을 온전히 다 동원한다.

그녀는 실수에 대해 관대하게 생각하는 편이며, 실수에 대해 "나는 좋은 뜻을 갖고 있고, 해석과 가치판단만 하지 않으면, 실수는 존재하지 않는다고 믿습니다."라고 말한다. 우리들 대부분이 좋은 뜻은 갖고 있지만, 우리들 중 소수만이 해석이나 평가를 삼가며, 많은 사람들은 자신이 해석을 하고 있다는 사실을 알아차리지 못한다.

바이올렛은 아이들과 매우 단순하고 직접적인 방식으로 이야기한다. 우리들 대부분이 이런 방식으로 말을 건네받기를 원하지만, 그런 경험은 친한 친구나 가족 사이에서도 하기가 어렵다.

" '나는 데비에게……' 라고 거창하게 설명하다가, 마침내 '데비야, 사실 나는 확실히 잘 모른단다.' 라고 말했다."

"우리는 그녀의 외로움에 대해 잠시 이야기를 나누었다. 그러다가 나는 그녀에게 내 외로움에 대해 좀 이야기해주었다."

이 책은 당신이 만나는 아이들뿐만 아니라 당신의 내면에 있는 아이에게로 열린 창이 될 수 있을 것이다.

배리 스티븐스

게슈탈트 저널판 저자서문

데비(9세): 선생님은 어떻게 사람들 기분을 바꾸어주세요?

치료자: 무슨 뜻이니? (나는 분명히 난감했다.)

데　비: 글쎄요, 사람들이 선생님을 만나고 나면, 기분이 나아지잖아요.
어떻게 하면 그렇게 만들 수 있어요? 그거 어려워요?

치료자: 네가 기분이 나아졌다는 말처럼 들리는구나?

데　비: (고개를 많이 끄덕이며) 맞아요. 기분이 훨씬 나아졌어요. 어떻게 하신 거죠?

나는 데비에게 사람들이 자신의 감정에 대해 말하도록 도와줘야 하며, 이것을 구체적으로 어떻게 하며, 그녀에게도 어떻게 했는지 등을 거창하게 설명하다가, 마침내 "데비야, 사실 나는 확실히 잘 모른단다." 라고 말했다.

*　　　*　　　*

나는 위의 글을 10여 년 전에 썼으며, 이후로 데비의 질문에 답하려고 많이 노력했고, 그 결과 그때보다 지금은 답에 훨씬 가까워졌기 때문에, 어떻게 하면 사람들이 기분이 나아지는지 잘 모른다고 말하는 것은 정직하지 않을 것 같다. 나는 아이들과의 치료과정에 대해, 그리고 적절한 체험을 제공해주었을 때 어떻게 유기체가 건강한 삶과 성장을 향해 스스로 자신의 길을 개척해 나가는지에 대해, 이전보다 훨씬 더 선명한 내 생각을 갖고 있다.

지난 10여 년 동안 나는 문자 그대로 수백 명의 아이들 및 그 가족들을 만났으며,

또한 세계 각국에서 일하는 수천 명의 아동치료자들과도 접촉했다. 이 사람들은 모두 내 스승이었으며, 그들은 내가 데비의 질문에 대한 답에 좀 더 가까이 갈 수 있도록 도와주었다. 이 책은 내가 여행한 것보다 훨씬 더 많은 여행을 했으며, 내가 받은 수많은 편지들을 통해서, 그리고 내가 받은 가장 따뜻한 편지들 몇 장을 통해서, 나는 이 책이 내가 애초에 희망했던 목표를 달성했다는 것을 깨달을 수 있었다.

나는 아이들이 살면서 겪는 어려움들 중 일부를 효과적으로 도와주는 방법들을 발견할 수 있었다는 사실에 대해 참으로 기쁘게 생각한다. 지난 10여 년 동안 세상은 아이들에게 친절하지 않았다. 하지만 내가 다행스럽게 생각하는 것은 아이들의 욕구에 대한 어른들의 관심이 높아졌다는 사실이다. 내가 이 책을 쓴 것은 독자 여러분들 중 아이들의 이런 욕구를 알고서 아이들이 그들의 삶에서 받은 상처들에도 불구하고 강하게 자랄 수 있도록 도와줄 방법을 찾고 있는 사람들을 위해 내 경험을 나누어주기 위해서였다.

10년은 긴 세월이다. 내가 지금 이 책을 읽노라면, 아직도 10여 년 전에 내가 쓴 이 책 내용들에 깊이 몰두하게 된다. 하지만 쪽마다 더 추가해서 쓰고 싶은 마음이 강하게 일어나는 것을 자각한다. 그동안 훨씬 더 많은 아이들로부터 많은 것들을 배웠고, 그들과의 잊을 수 없는 경험들로 인해 더욱 풍성해졌다. 그리고 이 책에 소개된 많은 기법들을 더욱 확장했으며, 훌륭한 새로운 기법들도 개발했다. 나는 항상 새로운 아이디어에 매료되었으며, 오래된 기법들을 재조직화했다. 나는 아이들과의 치료 작업에서 내 자신과 내가 가르치는 사람들을 도와줄 많은 새로운 자원들을 발견했다. 이 모든 것들이 앞으로 계속 추진될 것이다. 나는 나이가 들어가면서 꾸준히 내 경계를 넓혀 가고 있다는 사실이 즐겁다. 아마도 언젠가 내가 새로 배운 것들을 새 책에 포함시킬 날이 올 것이다. 그동안까지는 이 책이 계속 많은 사람들에게 읽히고 영감을 불러일으키기를 희망한다.

바이올렛 오클랜더
캘리포니아 주, 산타 바바라에서

차 례

04 만들기 95

05 이야기, 시, 인형놀이 119

06 감각 경험 149

07 시연 183

08 놀이치료 209

09 치료과정 233

10 구체적 문제행동 261

11 다른 고려할 사항 357

12 개인적 후기 397

01

환상여행

잠시 후 모두 눈을 감고 나를 따라 가상의 환상여행을 하게 될 것입니다. 여행이 끝나면 눈을 뜨고 여행 마지막에서 본 것을 그리도록 할 겁니다. 자, 지금은 여러분이 취할 수 있는 가장 편안한 자세를 취하고 눈을 감아보세요. 그리고 자신만의 공간 속으로 들어갑니다. 눈을 감게 되면 자기만의 공간 안에 있는 자신을 발견하게 됩니다. 그게 바로 자신만의 공간입니다. 당신은 그 공간을 지금 이 방에 있건 다른 곳으로 가건 항상 가지고 갑니다. 하지만 잘 알아차리지는 못합니다. 눈을 감은 채 그 공간을 한번 느껴보세요. ―자신의 몸이 어디에 있는지, 그리고 자신을 둘러싸고 있는 공기를 느껴보세요. 그곳은 머물기 아주 좋은 곳입니다. 왜냐하면 당신만의 공간이기 때문입니다. 당신만의 공간 말이에요.

자신의 몸을 한번 알아차려보세요. 어디가 긴장되어 있는지요. 긴장되고 경직되어 있는 부분을 이완하려고 애쓰지 마세요. 단지 알아차려보십시오. 머리에서 발끝까지 내려오면서 자신의 몸을 알아차려보세요. 어떻게 호흡을 하고 있습니까? 깊게 하고 있나요 아니면 짧고 빠르게 하고 있나요? 자, 지금은 한두 번 정도 숨을 깊게 쉬어보시기 바랍니다. 내쉴 때 하아아아…… 하는 소리가 나도록 내쉬어보세요. 됐습니다.

이젠 제가 짤막한 이야기를 하나 해 드리면서 여러분을 가상여행으로 안내할 겁니다. 함께 따라올 수 있는지 보도록 하지요. 내가 말하는 대로 따라 상상을 해보세요. 그러면서 어떤 기분이 느껴지는지 알아차려보세요. 이 상상여행을 따라가는 것이 재미있는지 혹은 싫은지 알아차려보세요. 자신이 싫어하는 부분이 있으면 따라갈 필요는 없습니다. 그냥 내 목소리에 귀를 기울이면서 원하면 따라오세요. 그리고 어떤 일이 일어나는지 한번 보도록 하겠습니다.

"자신이 숲 속을 걷고 있다고 상상해보세요. 주변엔 온통 나무들이 있고 새들은 노래하고 있습니다. 숲 속은 그늘져 있고 나무 사이로 햇살이 들고 있습니다. 숲 속 길을 걷는 기분이 아주 좋습니다. 작은 꽃들과 야생화들이 양쪽 길을 따라 길가에 피어 있습니다. 당신은 그 길을 따라 걷고 있습니다. 양쪽 길을 따라 길가에는 바위들도 있습니다. 그리고 가끔 작은 동물이 종종걸음으로 뛰어가는 것도 보입니다. 아마도 토끼인 것 같군요. 당신은 길을 따라 걷고 있는데, 길이 조금씩 높아지는 걸 느낍니다. 그리고 이제 언덕 위를 올라가고 있습니다. 자, 그리고 이젠 산을 오르고 있습니다. 산 정상에 도착했을 때 당신은 쉬려고 큰 바위 위에 앉습니다. 주위를 둘러봅니다. 태양이 빛나고 새들은 날아다니고 있습니다. 계곡을 사이에 두고 저 건너편에 또 다른 산이 있습니다. 그 산에 동굴이 있는 걸 보고 당신은 그 산에 가보고 싶어 합니다. 새들이 자유롭게 그곳까지 날아가는 걸 보면서 자신이 새라면 좋겠다는 생각을 합니다. 이것은 환상이기 때문에 무엇이든 일어날 수 있습니다. 그래서 갑자기 자신이 새로 변해 있다는 걸 알게 됩니다! 날개를 테스트해보고, 이제 충분히 날 수 있다는 자신이 생깁니다. 그래서 당신은 날아올라 쉽게 건너편으로 날아갑니다. (날고 있는 동안 시간을 주기 위해 잠시 멈춘다.)

건너편에 도착해 어떤 바위에 내려앉는 순간 바로 자신의 모습으로 되돌아옵니다. 동굴 입구를 찾기 위해 바위들 사이로 올라갑니다. 그리고 작은 문을 발견합니다. 몸을 굽혀서 문을 열고 동굴 속으로 들어갑니다. 안에 들어가 보니 많은 방들이 줄 서 있습니다. 동굴 안의 벽들을 살펴보면서 걸어 다니다가 갑자기 통로를 발견합니다. 복도입니다. 복도로 걸어 내려오자 바로 많은 문들이 줄지어 있는 것을 발견합니다. 각 문마다 이름이 새겨져 있습니다. 순간 당신은 자신의 이름이 새겨진 문 앞에 와 있습니다. 자신의 문 앞에 서서 생각하고 있습니다. 곧 문을 열고 문 안으로 들어갈 것을 생각하고 있습니다. 그곳이 당신의 공간이 되리라는 것을 알고 있습니다. 그곳은 당신이 옛날에 본 적이 있거나 혹은 현재 알고 있는 장소일 수도 있습니다. 당신이 꿈에 그리던 곳일 수 있으며, 싫어하는 곳이거나 전혀 본 적이 없는 곳일 수도 있습니다. 실내일 수도 있고 실외일 수도 있습니다. 그러나 당신이 문을 열 때까지는 알 수 없을 겁니다. 어떤 곳이 되든지 그곳은 당신의 공간이 될 겁니다.

"자, 손잡이를 돌리고 안으로 들어갑니다. 당신의 공간을 둘러보십시오! 놀랐습니까? 잘 살펴보십시오. 아무것도 보이지 않으면, 바로 지금 하나 만들어보십시오. 거기 무엇이 있는지, 그리고 그곳이 어디인지 보십시오. 실내입니까, 실외입니까? 거기 누가 있습니까? 사람들이 있습니까? 아는 사람들인가요? 아니면 모르는 사람들인가요? 동물들이 있나요? 아니면 거기 아무도 없나요? 그 공간이 어떻게 느껴집니까? 어떤 느낌이 드는지 알아차려보세요. 기분 좋게 느껴집니까? 아니면 좋지 않게 느껴집니까? 주위를 둘러보시고, 자신의 공간을 걸어보세요(잠시 멈춤).

"준비가 되면 눈을 뜨고, 다시 우리가 있는 이 방으로 돌아오십시오. 자, 이제 종이와 크레용 또는 펜이나 파스텔을 가지고 자신의 공간을 그리십시오. 그리는 동안 말은 하지 마십시오. 꼭 필요하시면 속삭이는 작은 소리로 말하십시오. 그림에 필요한 적당한 색깔이 없을 땐 앞으로 나오셔서 필요한 색을 골라 가져가거나 다른 사람으로부터 빌려 써도 됩니다.

최선을 다해 자신의 공간을 그려주십시오. 그곳에 대해 느낀 자신의 감정을 색채와 형태, 선들을 이용해서 그려도 됩니다. 그곳에 자신을 그려 넣을 것인지 말 것인지, 또 넣는다면 어디에 어떻게 넣을지를 생각해보세요.—형태와 색깔, 상징을 통해 말입니다. 여러분이 그린 것을 보고 여러분 각자의 공간이 어떤 곳인지 내가 다 알 필요는 없습니다. 여러분이 나에게 설명해주시면 됩니다. 문을 열었을 때 자신이 본 것을 그냥 그리십시오. 당신이 그것을 좋아하지 않았어도 상관없습니다. 약 10분 동안 시간을 드리겠습니다. 준비가 되셨으면 바로 시작하십시오.

이와 같은 작업은 환상적인 목소리로 얘기할 필요가 있다. 치료자가 하라는 대로 아이들이 따라할 수 있도록 천천히 그리고 자주 쉬어 가며 말해야 한다. 나는 말하건서 나도 눈을 감고 함께 상상하며 따라가 보기도 한다. 나는 이런 종류의 환상작업을 아이들과 개별적으로 혹은 집단으로 해보았고, 또한 나이도 7세에서 성인에 이르기까지 다양한 집단을 대상으로 해보았다. 여기에 환상작업을 통해 아이들이 그린 '장소들'과 이것을 가지고 내가 어떻게 그들과 작업하는지를 보여줄 실제 사례를 몇 개 소개하기로 한다.

여기 실린 아이들의 그림은 실제 그림 그대로이다.
몇 군데 중요한 부분들은 펜과 크레용을 사용하여 더 잘 보이도록 덧칠을 했다.

열세 살인 린다는 침대와 탁자, 의자 한 개, 마루에는 강아지 세 마리, 그리고 벽에는 강아지 사진 액자가 걸려 있는 침실 풍경을 그렸다. 그림은 매우 깔끔했고, 빈 공간이 많았다. 린다가 자신의 그림을 설명했는데, 집단에 있던 다른 아이들이 "저건 뭔데?" 등의 질문을 했고, 그녀는 대답을 했다. 나는 린다에게 그림 중에서 되어보고 싶은 것을 골라보라고 했는데, 그녀는 액자 속의 강아지를 선택했다. 나는 그녀에게 액자 속의 강아지가 되어 말해보라고 했고, 또 자기가 어떻게 생겼으며, 무엇을 하고 있는지 물었다. 그녀는 자신을 이렇게 설명했다. "나는 여기 위에 벽에 걸린 사진이에요." 나는 그녀가 거기 높은 벽에 걸려 있는 기분이 어떤지 물었다.

린 다: 난 외로워요. 정말 나 혼자뿐이에요. 난, 저 강아지들이 노는 걸 보고 싶지 않아요.

치료자: 저 아래 있는 강아지들에게 그대로 말해보렴.

린 다: 여기 높은 곳에서 너희들이 놀고 있는 것을 지켜보는 게 난 싫어. 벽에서 내려가 바닥에 있는 너희들과 함께 어울리고 싶어.

치료자: 얘, 린다야, 너도 사진 속의 그 강아지처럼 느낀 적이 있었니?

린 다: 네! 이 강아지가 바로 나예요. 난, 항상 끼질 못해요.

치료자: 지금, 이 집단에서도 그렇게 느끼고 있는지 알고 싶구나.

린 다: 네, 여기에서도 그렇게 느껴요. 그렇지만 지금은 별로 심한 것 같지는 않아요.

치료자: 여기서는 네가 어떻게 다르게 했길래, 그처럼 별로 심하게 느끼지 않게 되었을까?

린 다: (매우 사려 깊은 목소리로) 음, 난 뭔가 하고 있어요. 벽에 걸린 강아지가 아무것도 하지 않으면서 구경만 하고 있는 것과는 달라요.

나는 린다에게 그림 위에 써 넣을 수 있도록, 자기의 그런 마음을 정리해서 한 문장으로 만들어보라고 했는데, 그녀는 "난 벽에서 내려오고 싶어. 어울려 놀고 싶다구." 라는 문장을 생각해냈다.

나는 자주 아이들에게 자기가 그린 그림 위에 써 넣을 수 있도록 문장을 만들어보라고 하는데, 그 문장들은 아이들의 삶의 현주소를 아주 간결하게 표현해주곤 한다. 삶에 대한 자신의 현재 태도를 좀 더 잘 알아차릴 수 있는 통로를 제공해주고, 그것을 토대로 스스로 자신의 삶의 주인이 될 수 있도록 도와주는 것이 린다를 위한 나의 목표였다. 점점 더 많이 알아차리게 되면, 변할 수 있는 기회가 찾아온다. 이 작업을 통해 린다는 자신의 외로움과 소외감을 표현할 수 있게 되었을 뿐 아니라, 한 걸음 더 나아가 다른 아이들과 어울려보는 색다른 경험을 자신에게 허락할 수 있었다. 또한, 이 작업은 린다가 자신의 삶에 대해 스스로 책임질 수 있게 되었다는 것, 즉 자신의 외로움을 극복하기 위해 스스로 뭔가를 했다는 점에서 특별한 의미가 있었다고 하겠다.

여덟 살 된 토미는 아기 예수, 마리아, 예물을 들고 있는 동방박사들이 있는 그림을 그렸다(성탄절 무렵이었다.). 그 애가 그림을 설명한 후에, 나는 그 아이에게 베개 위에 누워 아기 예수가 되어보라고 했다. 그 애는 깔깔대면서 그렇게 했다. 나는 나머지 다른 아이들은 동방박사가 되고, 나는 마리아가 될 것이라고 했다. 우리 모두는 예물을 가져오는 것과 이 놀라운 아기에 대해 이야기하는 짧은 장면을 연출했다. 내가 열심히 뛰어들어 한 연기가 아이들에겐 따라할 수 있는 좋은 모델이 되었다. 토미는 매우 조용해졌다. 베개 위에 편안하게 누워 몸을 이완한 채 평안하게 웃고 있는 그 애의 얼굴은 더할 나위 없이 즐거운 순간임을 증명해주고 있었다. 나는 그에게 아기 예수가 된 기분이 어떤지 물었다. 그는 너무나 많은 관심을 받았기 때문에 정말 좋았다고 했다.

치료자: 너는 관심 받는 것을 정말 좋아하는구나?
토　미: 네!
치료자: 지금 받는 것보다 더 많은 관심을 받고 싶니?
토　미: 네, 그래요.

토미는 내게 자기 그림 위에 "난 관심의 중심이 되고 싶고, 선물도 받고 싶고, 그러면 나는 행복해."라고 써 달라고 부탁했다.

이전 시간에 번번이 토미는 집단에 방해가 되는 행동을 자주 했기 때문에 집단에 얌전히 남아 있거나 아니면 다른 방에 가서 기다리는 것 중에 택일해야 했었다. 그는 자주 다른 방에 가는 걸 선택했는데, '자기 스스로 통제할 수 없다' 고 느꼈기 때문이었다. 그런데 이번에는 남은 시간 동안 잘 참여했고, 다른 아이들이 말할 때도 잘 들어주었다. 그리고 어떤 식으로든 방해되는 행동은 하지 않았다. 차분하고 편안하게 지냈으며(이 아이는 '과잉행동' 이란 진단을 받았었다.) 다른 아이들의 그림에 대한 그의 질문과 반응은 민감하고 예민한 지각력을 보였다. 그는 여태껏 말썽 행동으로 어떻게든 주의를 끌어오곤 했었다. 이 특별한 회기를 통한 경험은 그에게 매우 중요한 것이었다. 그의 말썽 행동은 이후 눈에 띄게 줄었으며, 그가 우리 집단에서 보여준 여러 가지 슬기로운 지혜로 인해 집단원들로부터 원하던 관심도 받을 수 있었다.

나와 했던 개인 회기에서 12세 소년인 제프는 창문에 도날드 덕과 미키 마우스가 얼굴을 내밀고 있는 성을 그렸다. 그는 이곳을 디즈니랜드라고 말했다. 자기가 디즈니랜드를 얼마나 사랑하는지 모른다고 하면서 내게 자신의 그림에 대해 설명해주었다. 나는 아이에게 그림 위에 써 넣을 수 있도록 디즈니랜드와 그에 대한 자신의 감정을 한마디로 요약해보라고 했다. 그랬더니 아이는 "내 공간은 디즈니랜드야. 날 즐겁게 (대문자로 써넣었음) 해주고, 내가 그 주인공들을 좋아하기 때문이지. 거기는 모든

것이 행복해." 나는 그 애가 사용한 '즐겁게'라는 단어와 "거기는 모든 것이 행복해."라는 말에 관심이 갔다. 우리는 디즈니랜드와 그 주인공들에 대해 얼마 동안 얘기했다. 그런 후 나는 그 아이의 생활 가운데 별로 재미없는 부분에 대해 말해보라고 했다. 아이는 이에 쉽게 응했는데, 이는 자신의 삶의 어떤 불쾌한 영역에 들어가려고 하면 저항하던 이전의 모습과 대조적이었다.

열세 살의 리사는 사막을 그렸다. 그림 작업과 모래상자 작업에서 볼 수 있었던 이 아이의 전형적인 주제이기도 하다. 리사는 양부모 집에서 살고 있었고, 그녀는 법원 판결을 통해 '준 비행청소년'으로 분류된 상태였으며, 학교에선 말썽을 아주 많이 부렸고, 친구도 없고, 양부모 집에서는 다른 아이들과 잘 어울리지도 못했다. 그리고 아이의 언행과 입는 옷들을 보면 대체로 '거칠다'는 것을 알 수 있었다. 아무것도 꺼릴 것이 없는 아이였다. 이번 시간에는 사막과 뱀과 굴을 그렸다. 아이가 자신의 그림을 설명한 후, 나는 그에게 뱀이 되어보라고 했다. 마치 손가락 인형극을 하는 것처럼 뱀의 소리를 내보라고도 했다. 그리고 뱀으로 사는 자신의 존재가 어떤지 말해보라고 했다.

리 사: 난 뱀이야. 난 길고 검지. 난 여기 사막에서 살고 있어. 먹을 것을 찾아낸 다음엔 내 굴로 다시 돌아가지.

치료자: 그게 네가 하는 것의 전부니? 즐겁기 위해 넌 뭘 하지?

리 사: 아무것도 하지 않아요. 이 근처엔 함께 놀 수 있는 사람이 아무도 없어요.

치료자: 그게 어떻게 느껴지지?

리 사: 너무 외로워요.

치료자: 리사야, 너도 그 뱀처럼 그렇게 느낀 적이 있니?

리 사: 네, 난 외로워요.

그 후 리사의 거친 소년 같은 모습이 없어지고, 그 애는 눈물을 흘리기 시작했다. 우리는 잠시 그녀의 외로움에 대해 얘기했다. 그리고 그녀에게 나 자신의 외로움에 대해서도 말해주었다.

열네 살 소년 글렌은 'The People(사람들)' 이라는 이름의 뮤지컬 록 그룹을 그렸다. 그는 다음과 같은 문장을 그림의 아래 부분에 썼다: "내가 잠시 포기했었던 환상, 뭐 그런 거죠." 이것은 지난 몇 회기 가운데 그가 무엇인가에 흥미를 느낀다는 것을 처음으로 인정한 것이었다. 그가 사용한 '잠시 포기했었던' 이라는 말은 그가 결국에는 자신의 삶에서 무언가를 시도할 수 있다는 가능성을 스스로 내면에서 받아들이기 시

작한 것으로 느껴졌다. 지난 시간까지 우리는 주로 그의 절망에 관한 이야기들을 했었는데, 이제 우리는 그의 희망을 탐색하기 시작했다.

아이들은 흔히 자기가 현재 경험하고 있는 기분과 정반대되는 장소를 그리곤 한다. 성이나 공주, 기사, 그리고 아름다운 산 속의 휴양지 등이 등장하는 환상장면을 흔히 관찰할 수 있다. 이런 그림에 나타나는 감정들에 관해 아이들이 말할 수 있도록 도와주면 아이들은 그와 상반된 감정을 표현할 수 있는 통로를 찾게 된다. 나는 가끔 아이들에게 "어린 시절에 좋았다고 기억하고 있는 곳이나 지금 알고 있는 좋은 장소, 그것이 실제 장소든지 상상이든지 그려보라."라고 한다. 그리고 동굴 환상작업에서처럼 아이들에게 눈을 감으라고 하고 자신만의 공간으로 들어가 보라고 한다.

첫 번째 환상작업에서 했던 것처럼, 열세 살인 한 소년은 일곱 살 때의 장면을 그렸다. 그의 그림 위에 그가 말하는 대로 나는 받아 적었다. "이건 내가 일곱 살 때였어요. 우리는 오하이오에 살았어요. 아빠는 베트남에서 이제 막 돌아 오셨지요. 난 행복했어요. 그런데 그 후 아빠는 내가 하는 모든 일들을 말하게 했어요. 아빠가 안 계실 땐 엄마는 내가 뭐든지 하도록 해주셨어요. 아빠는 날 괴롭혔어요. 내 형들은 나무 위에 올라가곤 했어요. 나는 형들이 떨어져 팔이 부러지길 바랐어요. 나는 오하이오가 좋았어요."

그러고 나서 그는 매우 부드러운 목소리로 '그냥 사소한 것들을' 할 수 있도록 자유로워지고 싶다고 말하기 시작했다. 이 아이는 지금까지 집단에서 계속 안절부절못했고, 과잉행동으로 간주되었었다. 그는 도무지 오랫동안 한 곳에 앉아 있지 못하고 집단에서 늘 돌아다녔었다. 그런데 이번에는 말을 끝내고는 그냥 누워 잠들어 버렸다. 다음 시간에 만나서 나는 아이와 함께 아이의 그림과 아이가 부르는 대로 내가 받아 적은 문장들을 보면서 아이의 양가감정들에 대해 이야기했다. 즉, 옛날 오하이오에서 살던 기억과 지금 현재의 삶 사이를 오가는 양가감정에 관해 말했다.

내가 이 책에 쓴 대부분의 내용들은 환상기법 사용과 관련되어 있다. 아동의 성장과 발달에 상상력이 얼마나 굉장한 가치가 있는지에 대한 확신이 없는 사람들에게 나는 아동과 환상에 관한 종합서인 싱어(Singer)의 『아이들의 상상의 세계』(*The child's World of Make-Believe*)라는 책을 적극 권한다. 싱어와 그의 동료들은 많은 연구를 했는데, 그 연구에 의하면 통계적으로 볼 때 상상력이 있는 아이들이 지능이 더 높고 적응도 더 잘하며, 또한 아이들에게 상상력을 길러 주는 것이 적응력과 학습능력을 향상하게 된다는 것이었다.

환상을 통해 아이들과 즐거운 시간을 가질 수 있고, 또한 아이들 마음속에서 일어나는 과정이 무엇인지 알아볼 수 있다. 아이들의 환상과정(아동이 상상세계 속에서 어떻게 활동하는지)은 보통 그들의 실제 생활과정과 동일하다. 우리는 환상을 통해 아동의 내면세계를 들여다 볼 수 있었다. 숨겨진 것들과 회피하려는 것들을 끌어낼 수 있고 또한 아이들의 삶에서 어떤 일이 일어나고 있는지를 그들의 시각에서 볼 수 있다. 이런 이유 때문에 우리는 환상기법을 장려하고 치료도구로 활용한다.

환상이 아이들에게 주는 가치를 생각하게 되면 내 삶 속에서 환상이 큰 도움이 되었던 때가 생각난다. 다섯 살이었을 때 나는 심한 화상을 입고 몇 개월 동안 병원에 입원해야 했던 적이 있었다. 그 당시는 페니실린이 개발되기 전이었기 때문에 감염될까봐서 (지금은 알고 있지만 그 땐 나에게 알려주는 사람이 아무도 없었다.) 내가 장난감을 가지고 노는 것이 허락되지 않았다. 게다가 면회시간은 아주 제한되어 있었다. 그래서 나는 함께 얘기를 나누거나 가지고 놀 수 있는 장난감도 없이 몇 시간씩 침대에 꼼짝 않고 누워 있어야만 했다. 그래서 나는 누워서 내 자신과 수많은 얘기들을 나누었는데, 가끔은 시나리오에 푹 빠지곤 했다.

어떤 부모들은 환상과 거짓말을 구분하는 법을 가르쳐 달라고 한다. 또 어떤 부모들은 자기 아이들이 환상의 세계에 빠져 있는 것 같다고 염려하기도 한다. 거짓말은 아동에게 뭔가 좋지 못한 일이 있다는 걸 알려주는 증상이다. 둘은 가끔 혼동되기는 하지만 거짓말은 환상이라기보다 하나의 행동양식이다. 아이들이 거짓말을 하는 것은 자신을 주장하는 것, 즉 현실을 있는 그대로 직면하는 것이 두렵기 때문이다. 아이들은 자주 두려워하거나 자신을 의심하고, 의기소침하고 죄책감에 빠지곤 한다. 자기 주변의 세계에 잘 적응하지 못하고, 그래서 자주 방어적인 행동을 하게 되는데, 즉 자신이 실제로 느끼는 것과 반대로 행동하는 것이다.

아이들은 자주 부모로 인해 거짓말을 하게 된다. 부모들은 너무 거칠거나 일관성이 없거나 또는 아이들이 감당하기 어려울 만큼 너무 지나친 기대를 하거나 그들의 있는 모습 그대로를 수용해주지 못한다. 그러면 아이들은 자기보호의 방법으로 거짓말을 하게 되는 것이다.

아이가 거짓말을 할 땐 아이 자신도 종종 그걸 사실로 믿곤 한다. 자신이 받아들일 수 있는 행동을 근거로 환상을 만들어 내는데, 이때 환상은 아이가 현실로 받아들이기 어려운 것들을 표현하는 수단이 된다.

나는 아이들의 환상을 자신의 감정을 표현하는 수단으로 간주하기 때문에 그것들을 매우 진지하게 받아들인다. 사람들이 아이들의 감정에 대해 들으려 하지 않고, 이해하려고도 않으며, 받아들이려 하지도 않기 때문에, 아이 자신도 자신의 감정에 대해 마찬가지의 태도를 취한다. 즉, 아이들은 자신을 수용하지 않는다. 그래서 환상에 의존하게 되고 결과적으로 거짓말을 하게 되는 것이다. 그렇기 때문에 아이들의 행동보다는 그들의 감정에 초점을 맞추는 것이 필요하다. 아이들을 알고, 그들의 말을 들어주고, 이해하고 수용하기 위해서는 말이다. 아이들의 감정은 바로 그들 마음의 핵심이다. 아이들의 감정을 그들에게 반영해주면 아이들도 자신을 알게 되고 수용하게 된다. 그런 후에야 거짓말을 하게 되는 이유를 현실적으로 이해하게 된다. 즉, 살아남기 위해 아이들이 취한 행동이었음을 알게 된다.

현실세계가 살기 어렵다고 느끼기 때문에 아이들은 환상의 세계를 만들어낸다. 이런 아이들과 작업할 때 나는 아이들이 상상하는 이미지와 생각들에 관해 이야기할 뿐 아니라 내가 아이들의 내면세계를 이해할 수 있도록 자세하게 설명하도록 격려한다.

아이들은 실제 일어나지 않은 일들에 대한 환상을 많이 가지고 있다. 그러나 그런 환상들은 아이들에게 매우 현실적인 것으로 그들 마음속에 있기 때문에 아이들로 하여금 종종 납득할 수 없는 방식으로 행동하게 만든다. 이런 상상 속에서 현실로 받아들여지는 환상들은 아이들에게 종종 두려움과 불안을 불러일으킨다. 그러므로 그것들을 끌어내어 다뤄지고 해결될 수 있도록 도와주어야 한다.

매우 다양한 종류의 환상작업들이 있다. 아이들의 상상놀이는 좀 나이 든 아동들과 함께 할 수 있는 즉흥놀이로 이어질 수 있는 환상작업의 하나다. 다른 형태의 환상작업으로는 말하기, 쓰기, 인형극, 플란넬 보드 등 여러 가지 형태로 행해질 수 있는 '이야기하기(story telling)' 기법이 있다.

시 작업(poetry)은 환상작업이면서 또한 심상 작업(imagery) 그리고 상징화 작업(symbolism)이기도 하다. 오랫동안 따라해야 하는 환상작업도 있고, 짧은 시간을 요하는 개방형의 작업도 있다. 따라해야 하는 작업들은 눈을 감고 하는 게 일반적이지만 눈을 뜨고 하는 작업도 있다. 우리는 가끔 그림이나 찰흙을 가지고 환상작업을 하기도 한다.

아이들은 종종 눈을 감지 않으려고 한다. 어떤 아이들은 눈을 감았을 때 느끼는 통제감의 상실을 두려워한다. 아이들이 눈을 감지 않으려고 하면 나는 보통 "한번 해보기로 하자. 그리고 너희들이 필요할 땐 언제든지 눈을 살짝 떠도 된다."라고 말해준다. 아이들은 한두 번 시도해본 후, 무서운 일이 벌어지지 않는다는 걸 알고서야 눈을 감기 때문에 아이들이 눈을 감기까지 시간이 좀 걸린다. 내가 들려주는 환상 이야기를 아이들이 편안한 자세로 누워서 듣게 하는 것도 가끔은 도움이 된다.

어떤 아이들은 환상세계 속으로 빠지지 못하거나 빠지지 않으려고 한다. 따라할 마음이 없는 아이들도 있고, 또 갑갑하고 답답해서 따라하지 못하는 아이들도 있다. 또 어떤 아이들은 처음엔 바보 같다고 생각하기도 한다.

환상 속으로 빠져드는 것을 어려워하는 아이들을 위해서는 눈을 뜬 채로 시작해보는 것도 도움이 된다. 리차드 드 밀러(Richard de Miller)가 쓴 『네 엄마를 천정에 매달아라』(*Put Your Mother On the Ceiling*)란 책에 눈을 뜬 채 할 수 있는 환상작업들이 소개되어 있는데 매우 훌륭한 것들이다. 예를 들면:

> 이 게임의 이름은 '동물들(Animals)' 이에요. 우리는 작은 쥐 한 마리로 시작해서 우리가 뭘 할 수 있는지 볼 거예요. 이 방 안 어딘가에 작은 쥐 한 마리가 있다고 상상하보세요. 당신은 그 쥐를 어디에 두고 싶어요?/ 그래. 쥐를 앉혀 놓고 당신에게 손짓을 하게 해보세요. / 그를 녹색으로 변하게 해보세요. / 그의 색을 다시 바꿔보세요. / 다시 한 번 바꿔보세요. / 물구나무를 서게 해보세요. / 벽을 기어오르게 해보세요. / 천정에 거꾸로 매달리게 해보세요. / 오른쪽으로 돌려서 천정 모퉁이에 옮겨 놓으세요. / 두 마리의 다른 쥐들을 각각 천정의 다른 구석에 갖다 놓으세요. / 방의 네 구석에도 쥐를 한 마리씩 갖다 놓으세요. / 그 녀석들이 모두 거기에 있나요? / 그들 모두를 노란색으로 바꿔보세요. / 모두들 동시에 "여보세요."라고 말하게 만드세요. / 이젠 모두 동시에 "안녕하세요?"라고 인사하도록 시키세요. / 녀석들 모두 제 자리에 머물면서 게임이 끝날 때까지 지켜보겠다는 약속을 받아내세요. (56-58쪽)

열한 살과 열두 살의 아동 집단에서 이 게임을 했던 한 소녀는 "나는 이 방에 들어

올 때마다 내 쥐들이 있는지 꼭 확인을 해요."라고 말했다. 환상작업을 잘 시작할 수 있도록 해주는 또 다른 방법으로는 아이들에게 눈을 감고 자기 집 거실(또는 아무 방)에 서 있는 상상을 해보라고 하는 것이다. 그러고는 아이에게 거실 주위를 둘러보게 한다. 나는 이 작업을 할 수 있으면 환상작업을 하는 데 아무 문제가 없을 것이라고 아이들에게 말해준다. 나중에 설명하게 될 '낙서 기법' 또한 아이들이 환상작업을 자유롭게 할 수 있도록 도와줄 수 있는 방법이다.

아이들이 눈을 뜨고 하는 환상여행을 좀 경험한 이후에 나는 대부분 환상작업들을 이 책 서두의 동굴 환상작업에서처럼 눈을 감은 채 명상하는 방식으로 시작하기를 좋아한다. 안내된 환상(guided fantasy)은 매우 짧을 수도 있다. 내 동료인 아리엘 말렉(Ariel Malek)은 스스로 새로운 방식을 고안하기도 했다. 그녀가 만든 안내된 환상여행 시리즈에는 아주 훌륭하면서 짧은 것들도 있다. 그녀가 허락해 줘서 내가 사용했던 것 하나를 여기 소개한다.

당신의 등에 뭔가 좀 신나는 게 있다는 걸 알아차렸다고 해봅시다. 갑자기 날개가 자라고 있다는 걸 당신은 알아차립니다. 당신 등에 있는 그 날개들이 어떻게 느껴지나요? 날개를 움직이려 해보고 그 느낌이 어떤지 보세요. 자, 이제 거울을 보고 날개를 푸드덕거려보세요... 자, 이제 등에 두 개의 날개를 달고, 언덕길을 걸어 올라가고 있다고 상상해보세요. 산 정상에 올랐을 때, 새로 생긴 날개를 펼치고 하늘 높이 날아오릅니다... 나는 동안 뭐가 보이나요? 하늘을 날아다닐 수 있다는 게 어떻게 느껴집니까? 다른 동물들과 사람들이 보입니까? 지금 당신은 착륙하려고 한다고 상상해보세요. 당신이 착륙하면 당신의 날개는 사라질 겁니다. 그리고 당신은 이 방으로 돌아와 있을 겁니다.

여섯 살인 존은 검은 바위를 향해 곧장 돌진하는 자신의 모습을 그렸다. "난 뭘 좀 만들었지."라고 그가 말했다. 난 해와 바위를 만들었지. "내겐 안전 헬멧이 있어. 그래서 난 바위에 내 머리가 충돌할 수 있도록 내 머리를 이렇게 그린 거야. 난 메스꺼울 거야. 가자, 슈퍼맨!"

치료자: 날 수 있었으면 좋겠니?

존: 오, 아니에요, 아니에요, 아뇨.

치료자: 살면서 충돌을 많이 하는 것 같니?

존: 네!

존의 여동생(방에 함께 있음): 오빠는 항상 문제를 일으켜요.

존: 맞아.

치료자: 네가 어떻게 문제를 일으키는지 좀 말해주렴. (존은 자신의 문제들에 대해 아주 자세하게 말하기 시작했다.)

여섯 살인 질은 자신의 그림에 대해 "여기 못생긴 사람이 한 사람 있어요. 나는 산을 걸어 올라가고 있어요. 나는 내 발을 새처럼 만들었어요. 난 지금 산 위로 날아가기 시작했어요. 꿈속에서 나는 내가 전교생을 데리고 여행을 떠날 수 있을 만큼 거대한 새였으면 하고 바랐어요. 우리 학교엔 150명의 아이들이 있어요. 내 이름은 질이에요. 바람이 불면 내 깃털들이 바람에 날리지요."라고 말했다.

치료자: 질, 네가 그 못생긴 사람처럼 느낀 적이 있니?
질 : 네! 어떤 남자 아이들은 나를 싫어해요. 왜냐하면 그 아이들은 내가 못생겼다고 생각하기 때문이죠. 그것이 내 기분을 상하게 해요.
치료자: 학교에 있는 모든 아이들을 위해 가끔 네가 뭔가 멋진 일을 할 수 있길 바라니? 그래서 모든 아이들이 너를 좋아할 수 있도록 말이야?
질 : 네, 이야기 속에서 제가 바랐던 것처럼 말이에요.

그 다음 우리는 질이 학교에서 아웃사이더가 된 것과 또 학교 아이들에게서 거부당했을 때 느낀 감정들에 관해 얘기를 나눴다. 그녀에겐 친구가 하나도 없었는데, 이전까지는 전혀 알아차릴 수 없었던 사실이었다.

여덟 살인 신디는 자기 그림을 보고, "난 산 위를 날고 있어요. 그리고 멋진 꽃과 푸른 잔디들이 보이고 내 날개는 은빛이에요. 내 이름은 신디이에요. 난 내가 좋은 마녀였으면 좋겠어요. 그러면 집에 걸어가는 대신 날아갈 수 있을 테니까요."라고 말했다.

치료자: 마녀에 대해 말해주렴.
신　디: 음, 착한 마녀들과 나쁜 마녀들이 있는데요. 나쁜 마녀들은 나쁜 일을 해요. 좋은 마녀들은 좋아요. 그리고 마녀들은 물론 빗자루를 타고 날아다닐 수 있어요.
치료자: 네가 나쁜 마녀였던 적이 있니?
신　디: 음. 우리 엄마는 내가 그렇다고 생각해요.
치료자: 네 생활은 언제나 꽃과 멋진 것들로 가득 차 있니?
신　디: 아뇨! 가끔씩만 그래요.

신디와 나는 엄마가 자기를 나쁘게 생각할 거라는 그 애의 생각에 대해 좀 이야기했다.

열두 살인 카렌은 아주 멋진 나비를 그렸다. "내 날개는 아주 사랑스러워요. 나는 새들과 함께 바다와 산을 건너 밝게 빛나는 새로운 초록 행성으로 날아갑니다." 좀 떨어진 곳에 가장자리에 노란 선을 두른 작은 초록색 원이 그려져 있었는데, 그 노란 선은 행성으로부터 뿜어져 나오는 에너지처럼 보이도록 그려져 있었다.

치료자: 너의 새로운 행성에 대해 좀 더 말해주겠니?
카　렌: 아름다운 곳이죠. 모든 것이 새롭고 녹색이에요. 그리고 거기에는 나쁜 사람들이 없어요.
치료자: 네 생활 속에는 나쁜 사람이 있니?
카　렌: 이 세상은 나쁜 사람들로 가득 찬 것처럼 보여요.

정말로 카렌의 삶 속에선 그렇게 보였다. 우리는 이 세상과 그녀의 행성을 계속 비교했는데, 카렌은 많은 감정들을 표현했다. 환상작업에 대한 아이디어들을 얻을 수 있는 아주 좋은 자료집으로 『이상하게 만들기』(*Making It Strange*)라는 책이 있다. 이 책은 창의적인 글쓰기를 위해 쓰인 워크북으로 4권의 시리즈로 되어 있다. 이 책에 실려 있는 환상작업 아이디어들은 아주 훌륭하다. 나는 거기 실린 아이디어들을 창의적인 글쓰기 대신 환상작업에 적용해보았다. 내가 특별히 좋아하는 것으로 '맞서 싸우기' (Fighting Back)란 게 있는데 다음과 같다.

큰 폭풍우를 만난 작은 배에 대한 이야기를 써 보세요. 바람은 거칠고 파도는 그 작은 배를 부술 듯 들이칩니다. 자신을 작은 배라고 생각하고 어떤 느낌이 드는지 말해보세요. 폭풍을 만난 작은 배가 된 느낌을 자신의 인생스토리에 비유해서 말해보세요. 바람은 그 작은 배를 침몰시켜 버리기라도 할 것처럼 거칠게 울부짖고 있어요. 그 배는 싸우고 있습니다. 폭풍을 직면한 이 배의 상황과 비슷한 동물세계의 싸움에 관해 생각해보고 다음과 같이 써 보세요. 이 동물의 싸움이 어떻게 폭풍을 만난 이 배의 상황과 비슷한지 말해보세요.

> 자신을 그 작은 배라고 상상해보세요. 폭풍을 이겨내기 위해 자기 몸의 여러 부분들이 무얼 해야 하는지 말해보세요. 싸움에서 이기고 있는지, 지고 있는지 몸이 자신에게 어떻게 말하고 있지요? 작은 배에 바람이 갑자기 마지막 일격을 가합니다. 그러더니 서서히 바람은 잠잠해졌습니다. 그 작은 배가 이겼습니다! 살아오는 동안 이처럼 폭풍은 사라지고, 그 작은 배가 승리한 것 같은 그런 경험을 실제로 한 적이 있나요? 자신을 바로 지금 그 폭풍을 굴복시킨 작은 배라고 상상해보세요. 그 폭풍에 대해 어떤 느낌이 드나요? 아주 작은 배조차도 침몰시킬 수 없었던 그 거대한 폭풍이 자신이라고 생각해보세요. 그 배에 대해 어떻게 느껴지나요? (Book 4, 37-43쪽)

이런 환상을 이용할 수 있는 여러 가지 방법들이 있다. 내가 경험한 가장 효과적인 방법은 단순히 아이들에게 (명상호흡 작업을 한 후에) 눈을 감고 자신을 거대한 폭풍 속에 있는 작은 배라고 상상해보라고 하는 것이다. 나는 파도와 바람 그리고 싸움에 관한 얘기를 한다. 나는 아이들에게 그 배가 되어보라고 하고, 그 배가 된 자신이 어떤 느낌인지, 즉 지금 일어나고 있는 일이 무엇이고, 다음엔 어떤 일이 생길지를 알아차려보라고 한다. 그리고 아이에게 그 폭풍 가운데 있는 작은 배가 된 자신의 모습을 그려보라고 한다. 그러면 언제나 아이의 세계 속에 있는 그 아이만의 공간에 대한 자료

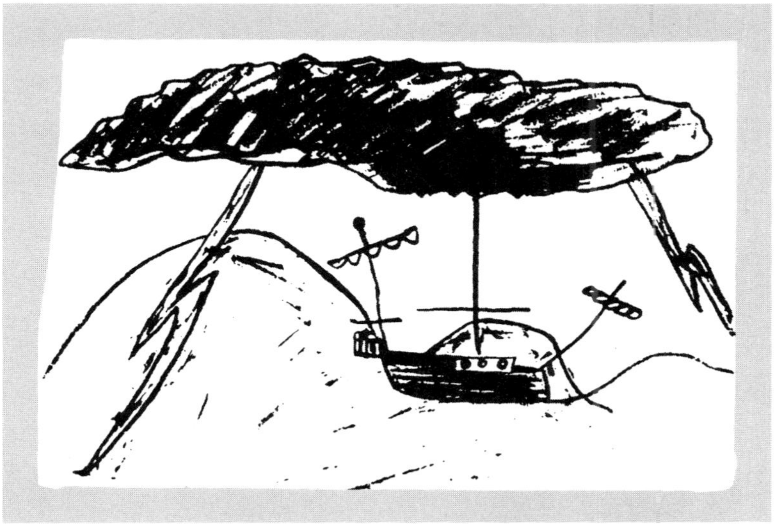

와 그 아이가 외부의 자극들을 어떻게 대처하는지를 알려주는 많은 자료들이 나오게 된다.

또 다른 작업은 거미에 관한 것이다. 전체가 거미줄인 아름다운 사진 한 장을 주고, 비와 폭풍이 몰아치는 날 거미줄을 치려고 애쓰는 한 마리 거미가 되어보라고 했다. 나는 이 아이디어를 사용해서 아동 집단에서 이야기 이어가기 작업을 했다. 나는 "옛날에 어느 폭풍이 몰아치며 비가 오는 날 거미 한 마리가 거미줄을 치려고 애를 쓰고 있었어요. 그때……"라고 말하면서 시작했다. 그러자 아이들이 차례로 이야기를 하나씩 이어가며 계속 이야기를 만들어 나갔다. 이야기가 완성되자 나는 아이들에게 거미줄을 치고 있는 거미에 대한 자신들의 상상을 그림으로 그려보라고 했다.

아홉 살 된 한 소년은 자신의 그림 뒤에 내가 다음과 같이 쓰길 원했다. "내 이름은 어빙이에요. 내겐 비 때문에 구멍들이 많이 난 거미줄이 있는데, 그 비는 거미줄에게 다양한 색깔을 만들어주지요. 사람들이 거미줄 꼭대기와 집 위에 분필을 올려놓아 거미줄은 파란색이 됐어요. 담장들은 모두 다른 색깔들이 되었어요. 난 사람들이 착하고 좋은 것 같아요. 왜냐하면 사람들이 내 거미줄을 다른 색깔들로 만들어주었기 때문이지요." 그림 작업을 함께 하는 동안 그 아이는 자신이 요즘 아주 행복하게 느껴진

다고 했다. 즉, 모든 게 잘 되어 간다는 얘기였다.

이와는 대조적으로 열한 살 소녀는 "나는 매우 화가 나요. 이 우울하고 축축한 날씨 때문에 난 거미줄을 칠 수가 없어요. 내 목적을 이룰 수가 없을 것 같아요. 나는 완전히 실패자처럼 느껴져요. 아무리 열심히 해도, 난 내 거미줄을 칠 수가 없어요. 그러나 난 마음을 단단히 먹었어요. 그리고 포기하지 않을 거예요." 그 애는 자신의 실패를 아주 쉽게 인정하고, 그 감정을 집단에서 우리에게 쏟아내었다. 아이들마다 그림과 이야기가 모두 달랐는데, 모두 자신의 마음을 보여주는 감동적인 것들이었다. 어떤 아이들은 유머감각이 있었는데, 열 살 된 소년이 다음과 같이 말했다. "만약 비가 몇 분 안에 그치지 않으면, 나는 내 거미줄들을 거둬 가지고 집에 갈 거예요."

또 다른 집단에서 나는 아이들에게 눈을 감고 자신을 거미라고 상상해보라고 했다. 그리고 빗속에서 거미줄을 치고 있는 거미가 되어 경험한 것을 소리 내어 서로 나눠보라고 했다.

"난 거미야. 나는 어느 곳에서도 살지 않지. 나는 돌아다니는 것을 좋아해. 내겐 친구들이 많아. 그러나 오늘은 혼자 있고 싶어. 내 옆에 아무도 없이 말이야."

"난 거미야. 난 꽃 위를 기어 다니는 걸 좋아하지. 난 꽃과 새들을 보는 걸 좋아해. 이

빗속에 있는 게 난 좀 싫어."

"난 어떤 소년을 물고 있는 검은 독거미야."

"난 산책하고 있었어. 꽃 위로 기어오르려고 했지만 꼭대기까지 올라갈 수 없었어. 나는 떨어져 버렸어."

떠다니는 풍선에 관한 작업에서(Book 3, 38쪽) 한 소녀는 도시를 떠다니는 풍선을 그린 후, 다음과 같이 말했다. "난 이렇게 밖에 있는 게 좋아요. 즐거워요." 그리고 이어서 말하기를 "엄마는 항상 날 못살게 해요. 그러나 난 풍선처럼 자유롭기를 원하지는 않아요." 또 다른 소녀도 비슷한 그림을 그렸는데, 다음과 같이 말했다. "난 집에서 멀리 떠나와 있고, 그것이 내게 좋아요."

환상작업에 사용할 수 있는 아이디어들은 아주 많다. 이 책 뒤에 실린 문헌목록을 보면 환상작업에 관한 자료들을 찾을 수 있는 참고서적들이 많다. 학교에서 아이들에게 가치관 교육을 하는 것과 우뇌 발달을 촉진하는 것과 같은 인본주의적 교육에 대한 새로운 관심과 더불어 이런 주제들과 함께 다양하고 훌륭한 아이디어들을 담고 있는 많은 책들이 쏟아져 나오고 있다.

내가 좋아하는 환상작업을 하나 소개한다. "당신은 아주 오랫동안 걸었습니다. 그래서 몹시 피곤해요. 쉬려고 누웠는데, 잠이 들어 버렸습니다. 잠에서 깨어 자신이 덫에 걸려 있는 걸 알게 됩니다. 어떻게 해서 덫에 걸리게 된 걸까요? 어디서 걸렸을까요? 당신은 무얼 하고 있나요?" 허버트 오토(Herbert Otto) 박사는 자신이 쓴 『환상과 만나기 게임』(*Fantasy Encounter Games*)이란 책에서 다양한 연령층에 맞게 쉽게 수정할 수 있는 이와 유사한 환상들을 많이 싣고 있다.

나는 아이들에게 동물이 된 상상을 해보라고 하고, 또 연령을 감안하여 그 동물처럼 소리내보고, 움직여보라고도 한다. 그리고 아이들 각자에게 같은 동물이 되어 자신에 관한 이야기를 해보라고 한다. 아마도 아동 자신에 관한 이야기를 할 수도 있을 것이다.

상상놀이에서 내가 가끔 사용하는 아주 커다란 열쇠가 하나 있다. 그 열쇠는 아이들이 다양한 것을 할 수 있게 해주기 위해 내가 마치 아이들의 나사를 감아 주는 것처럼 흉내 낼 때 사용하는 것이다. 물론 아이들도 나에게 똑같이 할 수 있다. 다썹지팡이를 사용하는 것도 효과가 좋다.

여러 예술기법을 사용해 그린 그림이나 예술작품들도 환상기법에 사용할 수 있다. 노끈을 사용해 만든 그림이나 나비 그림들은 재미있는 잉크반점 같은 모양이 된다. 난 아이들에게 그런 그림에 제목을 붙여보고, 그림에서 무얼 보았는지 말해보고, 그림에서 본 형태나 사물들에 관해 이야기를 만들어보라고 한다. 이런 그림을 그리는 방법과 함께 다른 좋은 아이디어들을 학령전 아동의 활동을 위한 책들에서 발견할 수 있다. 그런데 우리 치료자들 가운데 많은 이들이 창의적인 작업을 이 수준에서 그쳐버린다는 것은 참으로 애석한 일이다.

내가 해봤던 가장 성공적인 예술-환상 경험 중의 하나는 자동차 용품 가게나 페인트 가게에서 구입할 수 있는 자동차용 페인트를 사용해 한 방울씩 떨어뜨리는 방법이었다. 방법은 다음과 같다. 먼저, 더러워져도 괜찮은 곳에서 해야 한다. 가장 좋은 방법은 작업할 곳에 신문지를 깔아 놓는 것이다. 두 스푼 정도의 흰색 페인트를 5×7인치나 그 보다 좀 더 큰 방수 방열용 섬유판(Masonite) 위에 떨어뜨려 흰색으로 코팅한다. 이 흰색 표면 위에 아이들이 다른 색깔의 페인트를 조금 떨어뜨리고, 판을 움직여 흘러내린 페인트가 자연스러운 패턴이 되도록 해준다. 그런 다음 또 다른 색깔을 떨어뜨리고, 그런 식으로 계속한다. 자동차용 페인트는 끈적끈적한 마감용이라 굉장히 빨리 마른다. 그래서 이런 종류의 페인팅 작업에 편리하다. 수채화 물감처럼 서로 섞이지 않기 때문에 작품들이 윤기가 나고, 아름답고 깨끗하다.

우리는 그것들을 걸어 놓고 감상하기 위해 뒤로 물러선다. 아이들은 자신들의 훌륭한 작품에 이름들을 붙인다. 그리고 그에 관한 놀라운 판타지 스토리를 쉽게 만들어낸다. 어떤 그림은 아주 밝은 빛깔의 동굴처럼 보였다. 그 그림을 그린 여자 아이에게 나는 그 속에 들어가 보라고 했다. 무얼 보았는지, 그 속에 있는 기분이 어땠는지, 그리고 그 안에서 무슨 일이 있었는지 물었다. 이러한 활동은 너무나 만족스러워서 심지어 아주 심한 과잉행동을 보이거나 통제할 수 없는 아이들까지도 아무런 문제없이 해낼 수 있다. 이런 아이들 대부분은 자신의 생활 속에서는 이런 아름다움을 창조해본 적도 없고, 이런 만족감을 느껴본 적도 없는 아이들이다.

02

그림 그리기와 환상

색과 형태 그리고 선들로 이루어진 당신의 세계

또 어떤 때는 나는 아이들에게 단순히 형태와 선과 곡선, 그리고 색만을 사용해서 자신만의 세계, 그러나 실제는 아닌 세계를 종이 위에 그려보라고 한다. 나는 이렇게 지시하기도 한다. "눈을 감고 자신만의 공간으로 들어가 보세요. 자신만의 세계를 바라보세요.— 어떻게 보입니까? 선과 곡선과 형태만으로 자신의 세계를 종이 위에 어떻게 보여줄 수 있나요? 자신의 세계 속에 있는 색깔들에 대해 생각해보세요. 자신의 세계 안에 있는 것들, 그것들 각자가 차지하는 공간은 얼마나 되나요? 그림 어디에 자기 자신을 그려 넣을 건가요?"

열세 살 수잔은 종이의 반은 빈 공간으로 남겨둔 채 다른 한 쪽에만 그림을 그렸다. 그녀는 다양한 색깔의 파스텔로 어두운 형태들이 흩어져 있는 그림을 그렸다. 그녀의 그림은 태양 광선처럼 빛나는 둥근 형태들로 이루어져 있었는데, 그것들은 서로 인접해 붙어 있었다. 그 광선 중앙엔 펠트펜(felt pen)으로 그린 진한 검정색과 빨간색의 삼각형들이 있었다. 집단에서 수잔은 자신의 그림을 설명하면서 자기는 자신의 염려

와 실망, 즐거운 일들과 행복한 감정들을 나타내는 부분들로 이루어진 전체 그림의 중심에 있다고 말했다.

(집단의) 한 아이: 네가 실망한 것들을 우리에게 말해 줄 수 있겠니?

수 잔: 아니, 지금은 말하고 싶지 않아. 그러나 나는 그것들이 뭔지는 알고 있어.

한 아이: 여기 있는 우리들 가운데 누군가에게 실망한 거니?

수 잔: 음 ... 그래. (그런 후 수잔은 집단에 있는 한 소년으로 인한 괴로움에 대해 말하기 시작했다. 그 소년이 어떤 말을 한 것 때문에 수잔은 괴로워했는데, 말하지 않았던 것이다. 수잔과 그 소년이 그 일에 대해 잠깐 얘기를 하더니, 해결된 것 같았다.)

치료자: 네가 그 검은색과 붉은색 삼각형이 되어서, 너의 다른 부분들과 말해볼 수 있겠니?

수 잔: 물론이죠. 나는 수잔이고, 너희들 한 가운데 있지. 어떤 때는 난 걱정과 실망 가운데 있어 힘들지, 그리고 또 어떤 땐 나는 행복과 즐거움 속에 있어 기분이 좋을 때도 있어.

치료자: 너의 염려와 실망들에게 어떤 말을 해줄 수 있겠니?

수 잔: 나는 너희들이 내 곁에 있을 땐 너희들을 좋아하지 않아. 난 너희들에 대해서 말하고 싶지 않아. 난 네가 내 곁에 절대로 오지 않았으면 좋겠어. 그런데 넌

가끔 와있지, 하지만 난 널 못 오게 할 수는 없어. 그렇지만 내가 원하지 않을 땐, 너에 대해 반드시 말할 필요는 없어.

치료자: 수잔, 나는 네가 너의 염려와 실망들에 대해 끔찍스럽게 느낀다는 걸 안단다. 네가 말하고 싶지 않다면, 그것에 관해 네가 지금 말하지 않아도 된단다. 너의 실망에 관해 네가 지미와 함께 말을 해서 난 기쁘다. 네 그림에서 그게 어떤 거지?

수 잔: 이거에요(커다란 검은 X표를 그어 실망을 지워버린다. 따라서 걱정이 하나 줄어들었음).

치료자: 또 다른 염려나 실망이 되어서 자신의 소리를 들려줄 수 있겠니?

수 잔: 싫어요.

치료자: 좋아. 그럼, 너의 즐거운 일들과 행복한 감정들에게 무슨 말을 할 수 있을까?

수 잔: 나는 너를 정말 좋아한다. 나는 기분 좋고 즐거운 걸 좋아해. (좋은 감정과 즐거운 것은 수잔에게는 새로운 경험이었다.)

치료자: 나는 네 세계 속에 그런 것들이 많다는 걸 알지.

수 잔: 그래요! 나는 항상 비참하게 느끼곤 했어요. 하지만 지금은 정말로 기쁘고 즐거운 느낌이에요.

치료자: 너의 그 행복하고 즐거운 감정들이 되어볼 수 있겠니? (수잔은 자신이 즐겨하는 것들과 그것들이 자신을 어떻게 느끼게 해주는지 쉽게 말했다.) 너의 그 행복한 세상에 (그녀의 그림을 가리키면서) 사람들도 있니?

수 잔: 물론이죠. 이것들은 내 가장 좋은 친구들이에요. 그리고 이것은 내가 아주 좋아하는 선생님이구요. 그리고 이건 이젠 나에게 많이 소리치지 않는 우리 엄마구요. 이건 나처럼 자신의 문제를 해결하려고 아주 열심히 노력하는 우리 아빠(알코올 중독자)구요. 이건 정말로 그렇게 심하게 나쁜 아이는 아닌 내 여동생이구요. (여기서 그녀는 집단에 있던 여동생에게 커다란 윙크를 했다.) 이건 우리 집단 그리고 이건 선생님이에요!

치료자: 네 그림의 빈 공간에 대해서 이야기해 줄 수 있겠니? (그녀의 그림은 모두 한 쪽으로 몰려 있었다.)

수 잔: 그것은 내가 앞으로 자라나가야 할 내 인생을 위한 거죠. 나는 그게 무엇이 될지 몰라요. 그래서 거기에 아무것도 그려 넣지 않았어요.

치료자: 거기엔 모든 것들을 위한 많은 공간이 있구나.

수 잔: 맞아요!

이 작업은 치료자가 해석을 하지 않는 것이 얼마나 중요한가를 말해주는 하나의 좋은 예라는 생각이 든다. 수잔의 그림이 한쪽으로 쏠려 있어서 하얀 공백이 많은 것을 보고, 나는 내 자신에게 "아하, 이 아이는 분명히 억압되고 경직되어 있구나. 그녀는 두려워서 자신을 밀폐시키고 있고, 다소 균형이 잡혀있지 않다."라고 했을지 모르겠다. 이런 생각들이 맞을 수도 있다. 수잔이 자신의 세계를 그릴 때 정말 폐쇄되고 경직되게 느꼈을 수도 있었을 것이다. 하지만 이것들에 대해 난 확신할 수는 없다. 그러나 내가 확실히 아는 것은 수잔이 상상을 통해 자신의 세계를 그려보고 그걸 우리와 함께 나누고 구체적으로 설명하는 과정을 경험해본 후, 그녀는 백지의 공간을 볼 수 있었고 또한 앞으로 다가올 자신의 인생에 더 많은 가능성들이 열려있다는 것을 깨닫게 되었다는 것이다. 나는 그녀의 말과 목소리, 표정을 통해 그녀의 삶에 대한 낙관적 자세, 미래에 대한 희망, 그리고 삶에 대한 개방적이고 적극적인 태도를 느낄 수 있었다.

수잔과의 작업에 관한 또 다른 노트: 이걸 다시 읽으면서 보니 수잔이 '삼각형'으로 표현한 자신의 모습에 좀 더 머물도록 하면서, 좀 더 그 아이 자신의 내면을 깊숙이 탐색해보고, 그녀 자신을 좀 더 경험하도록 해주었으면 좋았겠다는 생각을 하게 된다. 나는 아이에게 "그 부분이 되어봐. 이 삼각형이 되어봐. 그리고 너 자신에 대해 설명해보렴."이라고 말할 수 있었을 것이다. 그리고 삼각형 주변의 어두운 경계가 되어 보라고 할 수도 있었을 것이다. "이 경계가 되어 네가 뭘 하고 있는지 말해봐."라고. 그랬다면 자신의 세계 속에서 자신을 어떻게 보호하는지에 관해 말했을지도 모른다(이것은 해석임). 또한 그녀 그림의 중심이 되어 보라고 했을 수도 있었을 것이다. 그 중심은 내게는 격렬하고 에너지가 가득 찬 것처럼 보였다. 나는 삼각형의 꼭지점을 탐색할 수도 있었을 것이다. 되돌아 보건대, 이것이 얼마나 효과적이었을지는 알 수가 없다. 그러나 내가 그렇게 했었더라면 아마도 수잔의 자신감이 강화될 수도 있었을 것이다.

아홉 살 토미는 언덕처럼 보이는 일련의 곡선들을 색칠하고 그 언덕 뒤로부터 웃으며 솟아오르고 있는 거대한 태양을 그렸다. 그는 그림 가장 아래쪽에 있는 어두운 언덕 뒤편에 있는 아주 작은 점을 자신이라고 했다. 어떤 언덕들은 매우 밝은 색으로 칠해져 있었고, 또 다른 것들은 어두웠다. 그는 다른 효과를 내기 위해 매직펜과 파스

텔, 크레용, 그리고 색연필들을 사용했다. 그는 다음과 같이 말했다. "나는 언덕 맨 아래 있는 길에 있기 때문에 언덕들을 올라가야 해요. 그건 쉽지 않죠. 어떤 언덕들은 쉬운데, 다른 언덕들은 어려워요. 어떤 언덕에서는 쉴 수 있고, 놀 수도 있어요. 나는 태양이 있는 꼭대기까지 올라가려고 해요. 시간이 오래 걸릴 거예요." 나는 그에게 태양이 되어 그 작은 점에게 말해보라고 했다.

토미(태양): 나는 저 아래 있는 너를 보고 있어. 너는 가야할 길이 멀구나. 그래도 넌 해낼 거야. 나는 항상 여기 있어.

토미(점): 나는 노력하는 중이야. 아주 먼 길 같아. 난 거기 있는 널 보고 있고, 너는 나를 따뜻하게 해주지. 계속 노력할게.

이런 종류의 표현엔 상당히 생산적인 일을 할 수 있는 씨앗들이 담겨있다. 그림 자체가 토미의 내면에서 일어나는 일들에 대해 많은 것을 말해주고 있다. 이 그림 작업을 하면서 토미가 그린 각각의 언덕에 대해 자세하게 얘기해보라고 할 수 있을 것이다. 또 언덕 뒤에 있는 작은 점으로서 자신을 어떻게 느끼는지, 그리고 태양이 된 느낌은 어떤지 자세히 말해보라고 할 수도 있을 것이다. 나는 어린아이들이 표현하는 감정의 깊이와 통찰에 언제나 감동받는다. 5년 전에 있었던 이 사건에 대해 지금 쓰면서, 토미 내면의 지혜를 처음 대했을 때 떨렸던 그때처럼 그렇게 나는 지금 떨고 있다.

이 회기로부터 3개월 후 토미를 포함한 동일한 집단 아이들은 찰흙작업을 하고 있었다. 나는 애들에게 현재의 자기 세계라고 할 수 있는 어떤 추상적인 창작물을 만들게 했고, 그 세계 안에 자신을 상징물로 넣으라고 하였다. 토미는 커다란 삼각형 모양을 만들었는데, 그 꼭대기엔 작은 공이 놓여있었다.

그는 찰흙으로 빚어진 자신의 세상과 찰흙작업을 할 때 느끼던 감정에 대해 설명하고, "그리고 이 꼭대기에 있는 작은 공은 나에요."라는 말로 끝맺었다. 갑자기 한 아이가 그의 이전 그림을 기억하고 그에게 일깨워 주었다. 토미의 얼굴이 밝아지면서 "와! 나는 꼭대기에 도달하기엔 너무 멀다고 생각했는데!"라고 말했다. 이 말은 자신의 가치감에 대한 토미의 감정이 좋은 방향으로 향상되고 있다는 강력한 인상을 내게 남기는 말이었다. 이 소년은, 이전에 설명한 바 있는 동굴 환상작업에서 관심 받고 싶어 하던 크리스마스 장면을 그린 바로 그 아이였다.

열네 살 소년과의 개인 회기에서 나는 소년에게 눈을 감고 자신의 세계를 색과 선과 형태를 사용하여 상상해보라고 했다. 그런 후 자신이 본 것을 그려보라고 했다: "사실적인 걸 그리지 말고, 어떤 형태들을 그릴 건지, 또 네 세계엔 어떤 선과 색깔들이 어울리는지도 생각해봐. 어두운 색을 사용할 건지, 아니면 밝은 색을 사용할 건지도 생각해보구. 네 세계는 어떻게 생겼니?" 그는 커다란 두터운 푸른 상자를 그렸는데, 상자 안엔 굵은 선들이 여러 색으로 칠해져 있었다.

짐 : 내 그림엔 큰 상자가 있고, 그 안엔 여러 색깔로 칠해진 구불구불한 선들이 있어요. 나는 이게 무슨 의미인지는 모르겠고, 그냥 그리기만 했어요.

치료자: 좋아. 나는 네가 상자를 그릴 때 사용한 이 어두운 푸른 선이 되어보면 좋겠구

나. 그리고 상자 속에 있는 것들에게 말해보렴.

짐 : 나는 너를 둘러싸고 있는 큰 상자고, 난 너를 그 안에 간직할 거야.

치료자: 자, 이제 이 선들이 대꾸하게 해봐 – 그 선들은 어떻게 생겼지? 상자에게 뭐라고 말하지?

짐 : 오, 우리는 한 뭉치의 밝은 곡선들이야. 우리는 정말 행복하고 뛰어다니는 것을 좋아해. 하지만 우리는 너를 지나갈 수가 없어. 네가 못 가게 하기 때문이야.

치료자: 이 굵은 선은 뭐지? 네 인생에서 이건 뭐가 될 수 있을까? 네 생활에서 너가 원하는 것을 하지 못하게 하는 게 있니?

짐 : 음. 제 부모님들이 못하게 하시죠. 그리고 저의 아버지는 제게 많은 것들을 하지 못하게 하세요. (이렇게 말한 후 자기 그림의 상자 바깥 부분을 가리키면서 자신이 하고 싶어 했던 것들에 대해 이야기하기 시작했다.) 아버지는 여기 좀 무서운 높은 곳들을 가지 못하게 하시죠.

치료자: 너의 아버지가 여기 앉아 계시다고 생각하고 그걸 말해보렴. 아버지가 이 베개라 생각하고.

짐 : 음. 저는 아빠가 저를 나가지 못하게 하시는 게 좀 좋아요. 난 좀 무섭거든요. (그는 여전히 상자 안의 선이 되어 이야기하고 있었다. 또한 얼굴은 몹시 놀란 표정이었다.)

치료자: 상자 바깥의 것이 되어서, 자신이 어떤 사람인지 말해보렴.

짐 : (상자 밖에 몇 개의 선들을 그린다.) 나는 밖에 여기 이렇게 나와 있는 많은 선들이에요. 저 검은 선 밖에 나와 있지요. 짐은 내가 지금 하고 있는 것처럼 자신이 하고 싶다고 생각하고 있지요. 하지만 짐은 매우 겁을 먹고 있어요. 나는 학교 아이들이 짐이 그렇게 했으면 하고 바라지만 짐의 아버지께서는 못 하게 하시는 그런 많은 것들이에요. 짐의 아버지가 못 하게 하시는 건 좋은 거죠. 짐이 다치거나 곤란한 문제가 생길 수도 있으니까요. (그런 후 그는 놀란 모습으로 나를 보면서 덧붙였다.) 나는 내 주변에 경계가 있는 게 좋은 것 같아요. 내 안에 있는 선들은 행복하거든요! 나는 이 경계를 좋아해요.

가족 그리기

아주 효과가 좋은 방법 가운데 하나는 아이들에게 자신의 가족을 상징이나 동물로 그려보도록 하는 것이다. "눈을 감고 자신의 세계로 들어가 보세요. 그리고 가족 한 사람 한 사람에 대해 생각해보세요. 만일 가족들을 실제 사람이 아닌, 마음에 떠오르는 어떤 것으로 그린다면 그게 뭐가 될까요? 만일 가족 가운데 한 사람이 여기저기 많이 떠돌아다니기 때문에 그 사람을 생각하면 나비가 떠오른다면, 그걸 그릴 수도 있겠지요? 또는 식구 중 한 사람이 항상 당신 주위에서 맴돈다면 그 사람을 원으로 표현할 수도 있겠어요. 처음 떠오른 것으로 시작하세요. 그리고 생각이 나지 않으면, 눈을 감고 자신의 세계 속으로 되돌아가세요. 색깔이 있는 물방울이나, 어떤 형태, 대상이나 사물, 동물들 그 외에도 떠오르는 것이면 무엇이든 다 사용해도 됩니다."

열한 살인 한 소년은 자신의 가족을 여러 가지 상징들로 표현했다. 그는 다음과 같이 말했다.(괄호 안 코멘트는 저자가 쓴 것임): "나는 새장에 있는데, 한 가운데 잡혀 있어요(상자 모양 안에 있는 초록색 불가사리). 내 형은(16세) 자기가 제일이라고 생각해요(가운데 큰 글자로 1이라고 쓰여 있는 커다란 보라색 동그라미). 내 누이(12세)는 자신이 대단하다고 생각해요. —그녀는 나만 빼고 모든 사람들을 놀리죠(가운데 붉은 하트가 그려진 파란색 동그라미로, 하트로부터 갈고리 모양의 것들이 주위 사방으로 나오고 있다.). 우리 엄마는 좋아요(꽃). 나는 우리 아빠를 뇌로 그렸는데, 자신이 모든 걸 다 안다고 생각하기 때문이죠. 도나(8세)는 착해요. 그녀는 내 험담을 하지 않아요(파랑과 분홍색

나비). 내 남동생(10세)은 나를 고자질해요. 그 애는 뭔가 하고도 항상 그저 웃기만 하고, 사람들은 그걸 모르기 때문에 위기를 모면하지요(멍하게 웃고 있는 얼굴). 나는 엄마와 가장 가까워요. 모든 사람들이 내게 뭘 하라고 하고, 나를 못살게 굴고 고자질해요. 나는 한 가운데 잡혀있지요."

열다섯 살 소녀는 자신의 그림에 대해서 다음과 같이 말했다. "나는 엄마와 더 가까워요(화살이 관통하고 있는 하트그림). 가끔 엄마는 너무 좋아요. 너무 쉽게 양보해주시죠. 나는 엄마가 나를 가장 좋아할 거라고 생각해요. 나를 쇼핑에 데려가셔서 물건들을 사주시죠. 다른 아이들이 어떻게 느끼는지는 난 모르겠어요(남동생은 11세, 여동생은 13세). 동생은 볼링공으로 그렸어요. 요즘 동생이 말하는 건 고두 볼링에 관한 것이기 때문이죠. 내 여동생은 자기 주변에 항상 달고 다니는 캔디와 껌이에요. 그 애는 너무 많이 먹어요. 우리 아빠는 전구죠. —아빠는 아이디어로 가득 차 있어요. 나는 파도죠. 수영을 좋아하기 때문이에요. 아빠는 내 말에 귀를 기울여주긴 하지만 우리는 늘 논쟁을 하곤 해요. —아빠는 내가 말하려는 것이 무엇인지 정말 이해하지 못하는 것 같아요." 그녀의 그림은 전 가족들이 참여했던 가족 회기에서 그린 건데, 가족이 이처럼 그림을 그리고 서로 자신들의 마음을 나눈 것은 처음 해보는 일이었다.

이 소녀의 마지막 말에 그녀의 열한 살 된 남동생은 "그래요, 누나가 한 번 아빠에

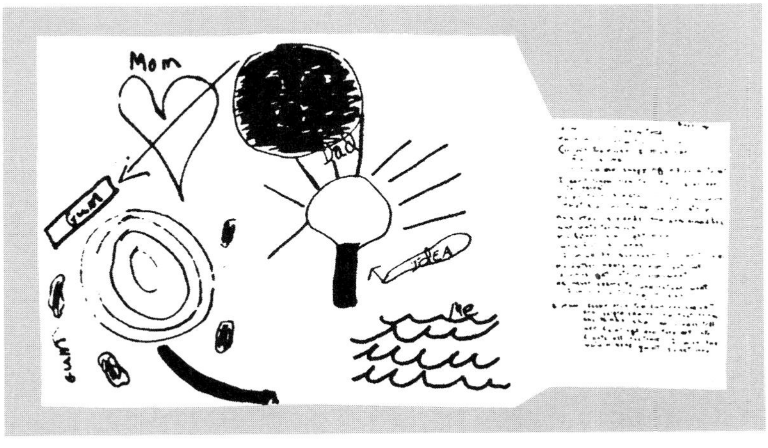

게 자신이 어떻게 느끼는지 말씀드렸지요. 그리고 아빠는 그것에 대해 칭찬을 하셨어요. 그래서 지금은 누나가 자신의 감정을 언제나 말할 수 있다고 생각하고, 그래서 그들은 항상 싸움을 하게 된 거죠. 나는 그녀가 가끔은 조용했으면 좋겠어요."라고 말했다. 항상 갈등을 싫어했던 남동생은 자신의 그림에 대해 다음과 같이 얘기했다. "나는 내가 가장 좋아하는 꽃 위에 앉아 윙윙거리는 벌이에요. 내 누이들은 나비들이에요. 부모님은 새들이고요. 모든 것들이 움직이지요. ―나는 움직이는 것들이 좋아요. 모든 것이 행복하고, 환하고, 넘쳐나죠(그의 그림엔 많은 다채로운 빛깔의 흘러내리는 선들이 그려져 있었다.).

태양은 아빠처럼 파이프를 물고 있어요. 그는 다음과 같이 말했다. "나는 여기 그림 속의 가족들을 좋아해요! 아빠가 술을 마시지 않아 지금은 모든 것이 좋아요. 우리는 모두 점점 더 좋아지고 있어요. 이번 주에는 아이들끼리 싸움을 한 번도 하지 않았어요. 나는 넉 달 전에 도둑질을 그만두었어요. 더는 그렇게 할 가치가 없다고 생각하게 된 거죠. 나는 아직까지 문제가 있지만, 그러나 사소한 것들이죠. 나는 평화롭게 지내는 게 좋아요, 모든 것을 평화롭게 지키는 것말이에요. 나는 다투는 게 싫어요."

이런 작업에서 완성된 그림에 대한 작업을 할 땐 나는 가끔 지시방법을 바꾸기도 한다. 아이들이 그림에 대해 전체적인 설명을 한 다음 나는 아이들에게 가족 각 사람에 대하여 설명이 빠진 경우 한 문장씩 말해보라고 한다. 또는 그림에 있는 각 사람에게 말해보라고 하거나, 반대로 그림 속의 각 사람들이 아이에게 말하게 할 수도 있다. 또는 내가 원하는 것을 좀 더 구체적으로 물어볼 수도 있다. "네가 좋아하고, 싫어하는 것을 가족 한 사람 한 사람에게 말해보렴. 또는 가족들로부터 네가 그걸 들어보렴."

나는 아동으로 하여금 두 개의 상징들 간에 서로 대화하도록 하게 할 수도 있을 것이다. 이런 작업을 통해 너무나 많은 자료들이 쏟아져 나오곤 해서 나는 가끔 당황할 때가 있다. 그림을 통해서 얘기하는 방법이 가족치료 시간에 가족 구성원들에게 얘기하는 것보다 훨씬 쉽고 안전하다. 이와 동일한 작업(또는 이 책에 수록된 다른 작업들)은 할 때마다 새롭게 표현되어 나오는 감정과 자료들로 인해 매달 실시할 수 있다. 과거로 돌아가 예전의 그림들을 보면서 아직도 변하지 않은 것이 무엇이고, 달라진 것은 무엇인지 아이들에게 말하게 하는 것도 또한 즐겁고 흥미로운 일이다.

열세 살 소녀: "아빠가 가장 좋아요. ―나는 아빠를 가장 좋아하죠. 나는 아빠와 연결되어 있어요(가운데 하트가 있는 노란 동그라미). 나는 둥글어요. 아빠 닮으려고요(그녀는 아빠에게 연결되어 있는 동그라미). 그리고 뚱뚱하다고 생각하기 때문이기도 하죠. 엄마는 최고로 좋아요(분홍색 꽃). 내 남동생은 가운데 있는데 모두와 연결되어 있어요. 그는 모든 사람과 잘 지내려고 하죠. 엄마는 언니와 더 가까워요. ―둘은 서로 연결되어 있어요. 언니는 벽돌담인데(벽돌담 그림), 왜냐하면 내가 그녀에게 가까이 갈 수 없기 때문이에요. 나는 그녀를 푸른색 담으로 만들었는데, 그 이유는 언니가 좋아하는 색이고 언니에게 잘해주고 싶어서죠. 나는 우리가 좀 더 가까워졌으면 좋겠어요."

가족회기 중에 작업이 그림에서 사람으로 옮겨가기도 한다. 나는 이 소녀에게 언니와 친해지고 싶은 것을 직접 말해보라고 했다. 언니는 "우리는 서로 비슷한 게 별로 없어."라고 했는데, 이것이 시작이었다. 이 가족이 비슷한 그림을 그렸던 그 이후의 회기에서, 그 열세 살 소녀는 구멍이 나있는 담을 그렸다. 그리고 "나는 빠져 나오기 시작했어요."라고 말했다.

열한 살 소녀는 자신의 가족을 단지 색깔 있는 방울로만 그렸다. 색깔마다 그녀에게 어떤 의미가 있었다. ―가장 좋아하는 색깔, 슬픈 색깔 등. 이것은 그녀의 아이디어로 그 후로 내가 다른 아이들과 작업할 때 사용하는 방법이 되었다. 다른 아이들은 색깔 대신 사각형이나 원과 같은 형태를 사용했다.

대부분의 아이들은 '상징'이라는 단어는 이해하지 못하지만, 그 단어의 의미에 부합하게 그 단어를 사용할 줄 아는 놀라운 능력을 갖고 있었다. 아이들에게 지시할 때 나는 '상징'이란 단어를 사용하는데, 이때 그게 무슨 뜻인지 구체적인 예들을 들어준다.

나는 아이들에게 그들이 생각하는 이상적인 가족을 상징을 통해 그려보라고 하기도 한다. 열세 살의 한 소녀는 동그라미와, 삼각형, 점과 별 모양만으로 가족을 그렸다. "우리 아빠는 오렌지색의 삼각형이에요. 아빠는 우리와 함께 살지 않지만 나는 아빠랑 제일 가까워요. 나는 아빠랑 뭔가 하는 게 좋아요. 아빠는 엄마랑 살지 않게 되자 더 좋아졌어요. 여동생과 엄마는 자주 싸우죠. 항상 싸우고 말다툼을 많이 해요. 우리는 항상 서로의 머리 꼭대기에 있어요. ―서로 너무 많이 관계되어 있어요. 나는 어떤 땐 도망가고 싶어요. 나의 이상적인 가족은 여기 있는 이 꽃이에요. 나는 가운데 여기 있는 오렌지색 점이에요." 이 모든 정보들은 그녀가 그림에 있는 형태들을 설명할 때 나온 것인데, 그녀는 하나하나 가리키면서 말했다. 그녀는 마치 "이것이 진실 그대로예요."라는 듯이 객관적 사실을 말하는 것처럼 설명하였다.

보통 여덟 살 이하의 아동은 가족을 그리라고 하면 실제 인물들을 그리는 것을 더 좋아한다(가끔 동물을 그리기로 동의했을지라도). 아동에게 가족을 그리라고 하는 것은 전통적인 진단 방법으로서 이 같은 그림을 통해 아동에 대해 많은 것들을 알 수 있다. 아동과 관계 맺고 작업하기 위해 이런 정보들을 사용하는 것은 이런 치료 작업을 훨씬 더 의미 있고 유용하게 해준다.

일곱 살 된 한 소녀는, 가족 그림을 그리면서 '잘못 그렸다'며 계속해서 다시 고쳤다. 그녀는 엄마를 아빠보다 크게 그리고, "오, 실수했어요. 우리 엄마는 아빠보다 작아요."라고 말했다. 그리고 각 인물 위에 글자를 썼는데, 아빠 그림 위에는 '엄마'라고 고쳐 썼다. 그녀는 '아빠'라는 글자를 X자로 지우면서, "오, 아빠."라고 말했다. 그녀는 처음엔 아빠의 팔이 모두 뒤로 가도록 그렸는데, 다시 아빠의 한 팔이 엄마의 팔(엄마도 뒷짐을 지고 있었음)을 향하도록 바꿔 그렸다.

그러면서 다음과 같이 말했다. "아빠가 엄마의 팔을 붙들도록 만들어야 해요. 그렇게 되어야 정상이에요." 이쯤에서 그녀에게 아빠에 대한 어떤 감정이 있다는 게 분명해졌다. 그래서 나는 그 이후 몇 회기에서 그 아이의 그런 감정들이 어떤 것인지 표현할 수 있도록 하는 데 초점을 맞추었다. 그 후 그녀는 7개월 된 남자 아기를 그렸는데, 그 아기는 이제는 서로 닿을 만큼 가까이 서있는 그녀 자신과 엄마 그리고 아빠에게서 멀리 떨어져 있었다. 그 아기는 완전히 혼자였고, 입은 벌리고 있는 것처럼 동그랬다. 그녀와 엄마는 웃고 있었고, 아빠의 입은 좀 굳게 다문 모습이었다. 나는 "아기가 울고 있니?" 라고 묻자, 로라는 "네!" 라고 대답했다.

치료자: 왜 아기가 울지?
로　라: 글쎄요, 나와 손을 잡고 있지 않아요. (그 말을 마친 뒤 그녀는 아기를 포함한 식구들의 뒤에 집을 그렸다.)
치료자: 넌 아기가 저기 저 집에 있어서 좋니?
로　라: 오, 네. 나는 아기를 정말 좋아해요. 아기도 나를 좋아해요.
치료자: 너는 가끔 아기가 거기 없는 게 좋니? (이걸 쓰는 지금은 좀 이상한 질문처럼 보이지만, 로라는 그 의미를 이해한 것 같았다.)
로　라: 어떤 땐 나는 그가 태어나지 않았으면 좋았을 텐데…… 라고 생각해요!

그런 후 그녀는 엄마가 어떻게 그녀로 하여금 아기를 안아주고 돌봐주게 했는지, 하지만 그 아기가 자기에겐 어떻게 목에 가시 같은 존재였는지에 관해 말했다. 그녀는 자신의 감정에 대해 점점 더 마음을 열게 되었고, 자신이 아기에게 대해 긍정적인 감정과 부정적인 감정을 모두 가질 수 있다는 것에 대해 점점 더 편안하지기 시작했다.

비슷한 일이 다섯 살 소년에게 있었다. 나는 그에게 그림에 있는 아기가 되어보라고 했다.

지　미: 앙, 앙!
치료자: 언제 그 일이 일어났지?
지　미: 밤에요, 나는 잠을 잘 수가 없어요.
치료자: 그래, 그게 너를 정말로 화나게 했겠구나.
지　미 : 네, 나는 잠을 잘 수가 없어요, 그리고 피곤해요.
치료자: 엄마는 그걸 아시니?
지　미: 아뇨. 엄마는 모르세요.

그런 다음 그는 엄마에 대한 그의 분노를 표현하기 시작했다. 아기가 자신의 생활을 매우 힘들게 만들고 있는 것을 엄마가 전혀 모르고 있는 것에 대해 화가 난다는 것이었다. 그의 어머니는 내게 "오, 그 애는 아기를 사랑해요. 질투는 전혀 하지 않아요."라고 말했었다. 그 애가 아기를 사랑하는 것은 사실이지만, 그래도 아기가 엄마의 시간을 빼앗았고, 밤에 그를 깨우곤 했기 때문에 아기에게 화가 나있었다. 그런데 그는 엄마에게 자신의 감정을 직접적으로 표현할 수 없었으며, 또한 표현하고 싶은 마음도 없었다. 대신 그는 자신의 감정을 침대에 오줌을 싸거나, 학교에서 말썽을 부리는 등 다른 방식으로 표현했다. 나는 그에게 그림 속의 엄마와 아기에게 직접 말해보라고 시켰는데, 자신의 감정을 표현한 후 그는 자기 존중감이 되살아나면서 다음과 같이 말했다. "동생에게 많은 걸 가르쳐 줄 거예요. 어쨌든 나는 아기의 큰 형이잖아요!"

방화를 일삼는 여덟 살의 한 소년은 엄마, 아빠, 그리고 누이, 온 가족 모두가 함께 있는데, 자기만 혼자 한쪽 구석에 있는 그림을 그렸다. 이런 그림을 보면 무슨 일이 벌어지고 있는지 나는 추론해볼 수 있을 것이다. 비록 나의 추론이 맞는다 하더라도 보고서에 이런 내용을 쓴다는 것이 아이를 위해 도움이 되는 것은 아니다. 하지만 내가 아이로 하여금 이 그림에서 일어나고 있는 것들에 대한 자신의 감정들을 표현하도록 해준다면 우리는 문제를 해결하는 바른 방향으로 가고 있다 할 것이다.

랜스가 그림을 보면서 각 사람이 누구인지 설명한 다음, 나는 그에게 각 사람에 대해 말해 달라고 했다. 제 각기 하루종일 무엇을 하며, 뭘 하고 싶어 하는지 말해달라고 했다. 그런 다음에 나는 "네 그림을 보니까 너는 너의 다른 가족들과 매우 떨어져 있는 것 같구나."라고 말했다. 그는 "음, 그 쪽엔 날 위한 자리가 없거든요."라고 대답했다.

나는 "아, 그랬구나. 나도 네가 가끔 가족들에 대해 그렇게 느낄 거라고 생각은 했었어. 즉, 동떨어져 있는 느낌 같은 것 말야."라고 말했다.

"네, 그래요. 나는 가끔 그렇게 느껴요. 나는 가족들이 나보다 내 여동생에게 더 많은 관심이 있다고 생각해요. 그들은 내가 무엇을 하든 항상 나를 야단쳐요. 그래서 내가 뭘 하든 별 의미가 없지요."

이것이 출발점이 되어 우리는 그의 감정에 대해 많은 대화를 나누게 되었다. 후에

그의 모든 가족과 함께 작업하게 되었을 때, 나는 이 일에 대해 이야기하게 되었는데(랜스의 허락을 받고), 그 결과 그의 이런 감정들에 대해 처음으로 그의 가족들이 알게 되었다. 그는 자신이 느끼고 있는 것에 대해 이전에는 가족들 앞에서 진지하게 얘기할 수 없었다. 그가 사실은 자신이 느끼고 있는 게 무엇인지 알아차리지도 못했는지도 모른다. 우리는 어른들이 자주 "내 감정을 정리할 필요가 있어."라고 말하는 걸 듣곤 한다. 마찬가지로 아이들도 마음을 잡지 못하고 혼란스러워 할 때가 있다.

장미 덤불

『알아차림: 탐색하기, 실험하기, 경험하기』(*Awareness: exploring, experimenting, experiencing*)라는 책에는 그림과 함께 사용할 수 있는 훌륭한 환상작업들이 소개되어 있다. 내가 자주 사용하는 것은 장미 덤불 환상이다. 나는 아이들에게 눈을 감고 자신만의 공간으로 들어가서 자신을 장미 덤불이라고 상상해보라고 한다. 이런 종류의 환상작업을 아이들과 할 때 나는 지시를 많이 한다. ―많은 제안을 해주고 가능성에 대해 말해준다. 특히 방어적이고 억압되어 있는 아이들이 창의적인 연상을 할 수 있도록 마음을 열어주기 위해서 이러한 제안들이 그런 아이들에게 필요하다는 걸 나는 알게 되었다. 아이들은 자신에게 가장 적합한 제안을 선택하거나, 또는 다른 많은 가능성들을 생각해볼 수 있다는 것을 알게 된다.

그래서 나는 다음과 같이 물어볼 것이다. "너는 어떤 종류의 장미 덤불이지? 너는 아주 작니? 커다랗니? 뚱뚱하니? 키가 크니? 꽃들이 있니? 만약 그렇다면 어떤 꽃이니?(반드시 장미일 필요는 없다.) 꽃들은 무슨 색깔이니? 꽃들이 많니, 아니면 적니? 활짝 핀 꽃이니, 아니면 봉오리니? 잎들은 있니? 어떤 잎이지? 줄기와 가지들은 어떻게 생겼지? 뿌리는 어떤 모양이야? 아니면 뿌리가 없니? 만약 그렇지 않다면, 그것들이 길고 곧게 뻗어 있니? 구불거리니? 깊이 밑으로 내려갔니? 가시가 있니? 너는 어디에 있니? 마당에? 공원에? 사막에? 도시에? 시골에? 바다 한가운데? 화분에서 자라니, 땅에서 자라니? 시멘트 바닥을 뚫고 자라니, 아니면 실내 어딘가에서 자라니? 네 주변엔 뭐가 있니? 주변에 다른 꽃들이 있니 아니면 혼자니? 나무가 있니? 동물은? 사람은? 새들은? 너는 장미 덤불처럼 보이니 아니면 다른 것처럼 보이니? 네 주변에 뭐가 있니? 울타리 같은 거? 그렇다면, 그게 어떻게 생겼지? 아니면 활짝 열린 공간에 있니? 장미 덤불이 된 기분이 어떻지? 넌 어떻게 살아가니? 누가 널 돌봐주니? 지금 현재 날씨는 어떻지?"

그런 다음 나는 아이들에게 준비가 되면 눈을 뜨고 자신의 장미 덤불을 그리라고 한다. 그리고 대개 "그림을 잘못 그리면 어쩌나 하는 걱정은 하지 마세요. 네가 나에게 설명을 해주면 되니까."라는 보충 설명을 해준다. 나중에 아이가 그림을 설명할 땐, 나는 그걸 받아 적는다. 마치 아동 자신이 장미 덤불인 것처럼, 현재 시제로 설명해보라고 한다. 나는 가끔 "누가 널 돌봐주지?"라는 질문을 하곤 한다. 설명이 끝나면 나는 한 문장씩 다시 읽어가면서, 아이가 장미 덤불이 되어 말한 것이 어떤 식으로든 자신의 생활과 맞는지 물어본다.

열 살인 캐롤은 자신의 장미 덤불에 대해서, "난 이제 막 꽃이 피기 시작했어요. 나는 요술쟁이라서 색깔이 모두 달라요. 내 뿌리는 길고 짧으며 뒤엉켜 있어요. 나는 요술쟁이라서 다른 사람의 도움이 필요치 않아요. 목마를 때는 비를 만들고, 물이 너무 많을 때는 태양이 나오도록 하지요. 내 잎들은 여러 가지 색깔의 싹들을 피워요. 나는 특별한 장소에서 자라는데, 그곳은 푸르고 햇볕이 많아요. 나는 혼자예요. 잔디와 태양, 공기와 바람과 하늘이 내 친구들이에요. 오늘은 하늘이 푸르고, 화창하고 햇볕이 빛나네요. 나에겐 상처를 주는 가시가 없어요. 나는 영원히 죽지 않아요."라고 했다.

내가 문장을 하나씩 읽어주자, 캐롤은 자신에 대해 다음과 같이 말했다. "나는 이제 막 자라기 시작했어요. 어떤 땐 아무도 나를 도와줄 필요가 없어요. 가끔 난 혼자라고 느껴요. 난 내가 죽을 걸 알아요." 캐롤이 장미 덤불로서 내게 한 말의 많은 부분은 내가 그녀를 잘 알고 있었음에도 불구하고, 그녀를 이해하는 데 매우 중요한 것들이었다. 우리는 그녀에게 가장 중요한 것이 무엇인지에 대해 대화를 나누었다. 내가 그럴 필요가 있다고 느꼈다면, 나는 그녀의 다른 면들, 즉 요술쟁이가 된 기분이나 또는 요술쟁이가 되고 싶은 욕구 등에 관해 말하도록 그녀를 부드럽게 유도할 수도 있었을 것이다. 아마도 그녀는 그런 것들에 대해 전혀 말하고 싶어 하지 않았을지도 모른다. 그랬다면 나는 선선히 받아들였을 것이다. 그녀는 자신이 말해야겠다고 마음먹은 것들에 대해선 아주 의욕적으로 얘기했었다.

아홉 살의 데이빗은 장미 덤불로서 다음과 같이 말했다. "나는 작지만, 장미덤불이 될 만큼은 크죠. 사람들은 나를 아주 잘 돌보아주고 내게 많은 물을 줘요. 나는 가시가 없어요. 나는 사람들이 내 형처럼 나를 해치지만 않는다면 그들을 찌르고 싶지 않아요. 내 장미 한 송이가 떨어졌어요. 내 뿌리는 작지만 나를 지탱해 주고 있어요. 내 주변에는 다른 식물들은 없어요. 사람들은 식물들을 다른 곳에 심었거든요. 내 주변에는 높은 울타리가 쳐있어서 형은 내게 다가올 수 없어요. 나는 형이 장미 덤불 가까이 다가오지 못하게 할 거에요! 가지들은 내 이름 모양을 하고 있고, 그런 모습으로 자라요. 어떤 장미들은 하트 모양이에요. 그중 한 개엔 화살이 꽂혀 있지요. 난 장미 덤불이 되는 게 좋아요. 내겐 눈이 내리지 않아요. 덤불엔 잎이 많지만, 내 장미꽃 위엔 없어요."

데이빗은 그가 말한 많은 것들을 자신의 생활에 적용하였다. 그는 형에 대하여 나와 함께 한 여러 작업에서 보여주었던 많은 분노를 느끼고 있었다. 부모님에 대해서도 많은 불만을 가지고 있었는데, 장미 덤불이 된 지금은 "사람들(그의 부모)이 나를 잘 돌봐준다."는 걸 느낄 수 있었다. 나는 그에게 쓰러진 장미와 장미 덤불이 되어 서로 대화를 해보라고 했다. 장미가 된 그는 "땅에 누워 있으니 나는 몹시 외롭지만, 집에 있는 사람들이 나를 물속에 넣어줄 것이고 죽지 않게 해 줄 거야."라고 했다. 그는 자주 버려지고, 남겨지고, 무시당한 느낌을 표현했다. 부모가 자기를 정말 사랑하고

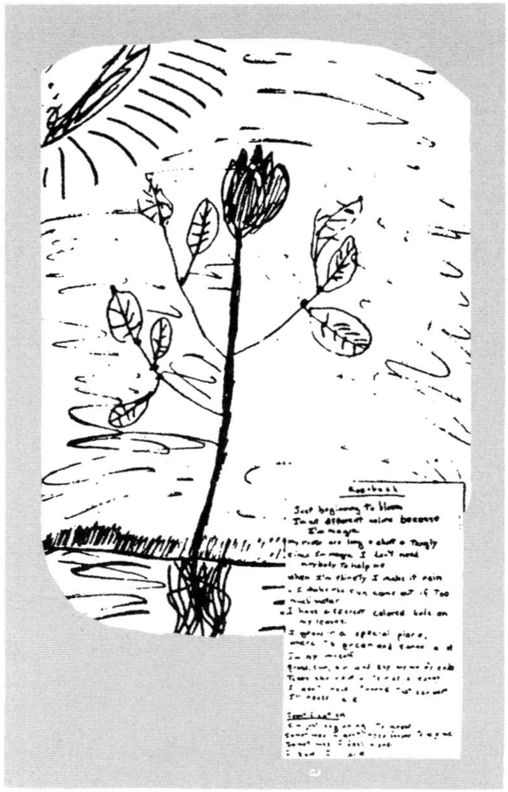
Just beginning to bloom
when I'm thirsty I make it rain
much water

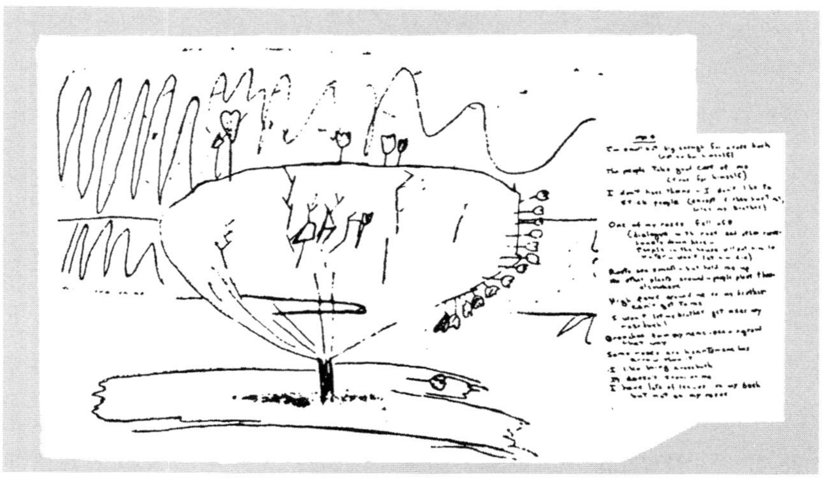

돌봐준다는 것은 그가 자신에 대해 느끼는 새로운 감정이었다.

여덟 살인 지나는 다음과 같이 말했다. "내겐 붉은 장미가 있는데, 가시나 잎이 없고 뿌리도 없어요. 흙이 나를 도와줘요. 나는 디즈니랜드에 있는데 행복하길 원해서죠. 나의 실제 삶과는 다르게 나는 여기서 보호받고 있죠. 관리인이 나를 돌봐주고 하루에 한 번씩 물을 주기 때문이죠. 화창한 날이에요. 나는 예쁘고, 가끔 외로워요. 나는 오늘 밤에 우리 아빠를 보러 갈 거예요. 나는 작고 잎이 무성해요. 난 작았으면 좋겠어요. 난 너무 크거든요. 비는 전혀 오지 않아요. 난 비가 싫어요. 가끔 눈이 오지요. 나는 이곳에 눈이 왔으면 좋겠어요. 나는 사람들을 볼 수 있어요. 나는 잡초에 둘러 싸여 있어요. 내게 만일 뿌리가 없다면, 난 좀 더 쉽게 자랄 수 있을 거예요. 사람들이 나를 옮겨 심으려고 할 때도 뿌리가 없는 것이 더 쉬울 거구요. 내겐 항상 꽃봉오리들이 있지요."

지나가 그랬듯이 어떤 아이들은 매우 쉽게 장미 덤불과 자신을 동일시한다. 지나는 입양아였고 부모는 별거 중이었다. 부모가 별거한 후로 그녀는 자신의 그런 상황에 대해 많은 불편한 감정들을 느껴왔다. 자신에게 무슨 일이 일어날지 매우 불안해했었다. 장미 덤불과의 동일시 작업을 통해 우린 그 아이의 염려들을 좀 더 쉽게 다룰 수 있게 되었다.

열 살인 셰릴은 다섯 살 때 엄마에게 버림받고 몇몇 입양가정을 거치며 살아왔다. 법적인 문제로 인해 최근까지 영구입양이 될 수 없었다. 그녀는 매우 영리하고 매력적인 아이였는데, 몽유병과 심한 악몽으로 인해 심리치료를 받고 있었다. 그녀는 자신의 장미 덤불에 대해 다음과 같이 설명했다. "나는 매우 커요. 내겐 여러 가지 색의 꽃들이 피어 있어요. 내겐 곧은 가지가 없어요. 가지들은 휘고 구부러졌어요. 나는 부드러운 진흙 속에 있고 뿌리는 긴데, 땅속에 아주 깊게 묻혀 있어요. 내겐 친구가 많아요. 새들은 울타리에 앉아서 나에게 말을 해요. 내 주변에는 커다란 검은 울타리가 있어서 사람들이 나를 밟거나 나를 꺾어가지 못해요. 나는 마당에 살아요. 나는 평범한 장미 덤불이에요. 나에겐 초록색 잎들이 있어요."

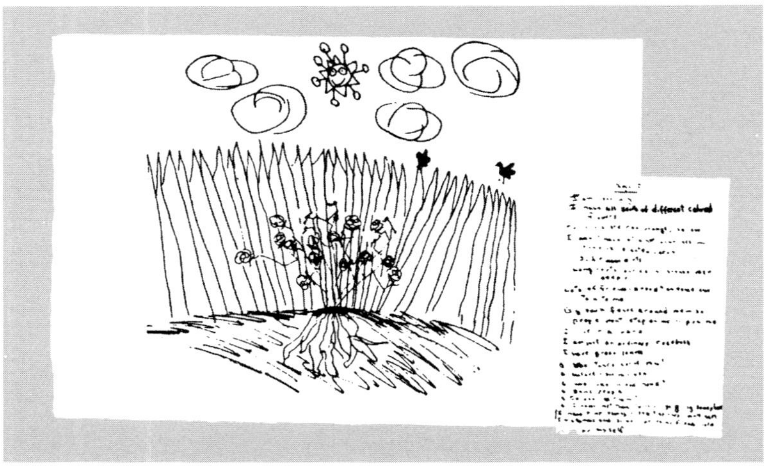

치료자: 누가 너를 돌봐주지?
셰　릴: 자연이 나를 돌봐줘요. 비와 태양과 흙이요.
치료자: 집에는 누가 살지?
셰　릴: 몇 사람이 살아요.
치료자: 너는 그 사람들을 좋아하니?
셰　릴: 나는 그들을 만난 적이 없어요. 그들은 항상 어딜 가죠. 나는 혼자에요.

우리는 이 작업을 통해서 셰릴의 마음속 깊이 놓여있는 몇 가지 문제들을 드러내어 다룰 수 있었다. 한 가지는 그녀를 보호하고 있는 그녀의 '큰 검은 울타리' 였다. 그녀는 자신이 상처받지 않기 위해 보호가 필요하다는 것에 대해 이야기했다. 그녀는 좀 동떨어진 모습의 아이였는데, 다른 아이들이 종종 '건방쟁이' 라고 불렀다. 우리는 그녀의 장미 덤불 주변의 사람들과 그녀를 돌봐주는 사람들과 자신과의 관계에 대해 이야기했는데, 이것은 엄마에 대한 감정과 입양 문제에 대한 그녀의 감정으로 이어졌다. 이런 것들이 그녀를 괴롭혀왔는데도 지금까지 셰릴은 그것에 대해 이야기하려 하지 않았었다. 장미 덤불 그림과 다른 비슷한 작업들이 그녀 내면의 무엇인가를 풀어 자유롭게 해주었다. 자신의 장미 덤불처럼 그녀는 정말 외로웠었다. 하지만 그녀는 이런 감정을 아무에게도 말하지 않았었다. 이 회기의 끝부분에서 그녀는 "네, 맞아요, 한 가지 더 있어요. 덧붙이자면 나는 색깔 때문에 유명한 장미 덤불이에요."라고 말했다.

낙서

『아동을 위한 치료로서의 예술』(*Art As Therapy with Children*)이란 책에서 에디스 크래머(Edith Kramer)는 청소년기 이전 아동들과 함께하는 낙서기법의 사용(그리고 오용)에 관해 설명하고 있다. 나는 낙서기법이 아동들이 자기 내면의 모습을 밖으로 표출할 수 있도록 돕는 매우 안전한 방법이란 걸 알게 되었다. 원래 사용하던 방법은 다음과 같다. 처음엔 아이들이 온몸으로 표현하는 커다란 동작을 통해 그림을 그리게 한다. 그런 다음 아이들이 눈을 감은 채 커다란 종이 위에 그 동작을 그리는 것이다. 아이들이 자신의 두 팔 벌린 넓이와 두 팔 뻗은 높이만큼 아주 커다란 종이 앞에 서 있는 것처럼 상상하도록 해주는 게 좋다고 나는 생각한다. 아이들에게 양손에 크레용을 잡고서 종이에 낙서를 하는 상상을 해보라고 한다. 종이 한구석도 빠짐없이 모든 부분을 터치하는 상상을 한다. 이 신체 작업은 아동을 풀어주고 자유롭게 해주어 실제 종이에 낙서작업을 할 때 아이들이 자신을 덜 억압하도록 해주는 효과가 있는 것 같다.

그런 다음 나는 아이들에게 실제로 그림을 그려보라고 한다. 어느 땐 눈을 감고 또 어느 땐 눈을 뜨고 그리라고 요구한다. 그 다음 절차는 그려진 낙서를 여러 각도에서 점검해보고, 그림처럼 보이는 형태들을 발견해낸 다음, 필요하면 선들을 지워가면서 그림을 완성하는 것이다. 가끔 아이들은 여러 개의 작은 그림들을 발견해내기도 하고, 또 어떤 아이들은 하나의 통일된 주제가 있는 커다란 그림을 찾아내어 윤곽을 그려 넣거나 색을 칠하기도 한다. 아이들의 눈에 들어오는 형태에 대해서 이야기하고, 때론 그런 형상이 되어보는 것도 재미있다. ㅡ마치 구름 속에서 그림을 찾아 그 그림이 되어 보듯이. 아이들은 자신의 그림에 대한 이야기를 나에게 해준다. 아이가 가끔 작은 그림 한 개만 찾았을 땐, 나는 아이에게 그 작은 그림을 포함하는 새로운 그림을 하나 그려 보라고 한다.

여덟 살인 멜린다는 어떤 소녀의 커다란 머리를 그렸다. 나는 그녀에게 그 소녀가 되어 자신에 대해 말해보라고 했다. 그녀가 말하는 대로 따라 적은 그녀의 짧은 이야기는 다음과 같다. "나는 방금 일어나서 머리카락이 헝클어진 소녀에요. 내 이름은 멜린다예요. 마치 털북숭이 강아지 같은 느낌이에요. 나는 예쁘지 않아요. 머리를 빗으면 예쁠 텐데요. 내 머리색은 여러 색깔이에요. 나는 수영장에 갔는데, 머리가 길어 수영모를 쓰지 않아서 머리색이 변했지요. 내 친구도 그랬는데, 그 애 머리색은

초록색이 되었어요. 난 내 머리가 길었으면 좋겠어요. 그래서 이제 머리를 기를 거예요. 나는 긴 머리가 좋아요." 멜린다의 이야기는 자신의 자아상과 그에 대한 자신의 감정, 그리고 자신을 어떤 사람으로 보고 있는지까지 모든 것들을 쉽게 보여주었다.

여덟 살인 신디의 낙서에선 많은 모자를 볼 수 있었다. 그녀의 이야기는 다음과 같다. "모자 이야기에요. 이 모자들은 문제가 있어요. 한 모자는 모자 위에 단추들이 있어서 문제에요. 또 다른 건 세탁하다 얼룩이 생겨서 누구도 그걸 쓰려고 하지 않아서 문제에요. 한 모자는 온통 물방울무늬의 점들이 있어서 문제구요. 머리가 두 개인 모자는 안에 헝겊이 덧대어진 구멍들이 있어서 아무도 그걸 쓰려고 하지 않아서 문제고, 또 한 모자는 멋있고 보라색인데, 누군가 써줄 사람이 있어서 행복해요. 또 한 모자는 아주 낡아서 아무도 사려고 하지 않아 슬퍼요. 자주색 모자는 마술인데, 외치는 소리를 들을 수 없어요. 나는 이 자주색 모자를 쓰고 있어요."

신디의 모든 모자들이 남성적이란 것을 알게 된 것은 흥미로운 일이었다. 나는 이걸 그녀에게 언급하지는 않았는데, 지금 이 글을 쓰면서 그 아이가 이것에 대해 무엇이라고 말했을지 들었으면 좋았을 텐데 하는 마음이 든다. 나는 그녀가 마술이라고 했던 그 자주색 모자를 썼다고 상상해보고, 그녀가 들을 수 없었던 외치던 소리에 대해 좀 더 말해달라고 했다.

열한 살인 캐롤은 물속에 있는 커다란 오리를 그렸다. 그녀의 이야기는 다음과 같다. "나는 작은 오리예요. 나는 날개가 있지만, 아직 날지 못해요. 내가 태어났을 땐 아주 축축했었지만 이젠 내겐 깃털이 있고 솜털도 부드러워요. 난 물에서 살고 엄마를 따라 다니며, 우리가 살고 있는 곳은 공원인데 그곳엔 호수가 있어요. 사람들이 와서 우리들에게 가끔 빵 부스러기를 주지요. 내겐 물속을 통과할 수 있도록 해주는 다리가 있고, 발가락 사이엔 물갈퀴가 있어요."

나는 캐롤에게 자신을 오리로 비유해보라고 했다. 그랬더니 그녀는 "태어나서 지금까지 난 많이 변하기도 했지만, 아직 난 우리 엄마가 필요해요. 나 혼자 해낼 만큼 아직 충분히 자라지 못했어요."라고 말했다. 캐롤은 상당히 많은 것들을 혼자서 해야 했던 아이였다.

여덟 살 난 한 소년은 자신의 낙서 한가운데 정면을 보고 앉아 있는 한 소년의 모습을 그렸다. 그는 코믹 연재만화처럼 말풍선에 대사가 나오는 그림을 그렸는데, 그 풍선엔 '하!'라는 말이 아홉 번 쓰여 있다. 나는 그에게 그 소년이 되어서 무엇 때문에 웃고 있는지 말해보라고 했다. "나는 이 낙서가 사람들로부터 나를 지켜주기 때문에 웃고 있지요. 이건 내 주변의 울타리 같은 거예요. 나는 그들을 볼 수 있지만, 그들은 내게 올 수 없어요."라고 말했다. 여러분은 우리의 작업이 이렇게 시작해서 어떤 방향으로 흘러갔을지 짐작할 수 있을 것이다.

열세 살의 그레그는 자신의 낙서에서 그림 찾아내기가 매우 힘들었다. 처음 그린 것을 들여다보고, 이리저리 돌리고 또 돌려보더니 결국 아무 그림도 없다고 했다. 나는 "좋아, 여기 종이 한 장이 더 있다. 다시 한 번 그려보렴."이라고 말했다. 그는 낙서를 한 다음 조심스럽게 자세히 살폈는데, 이번에도 그림을 찾을 수 없었다. 그래서

Ha! Ha!

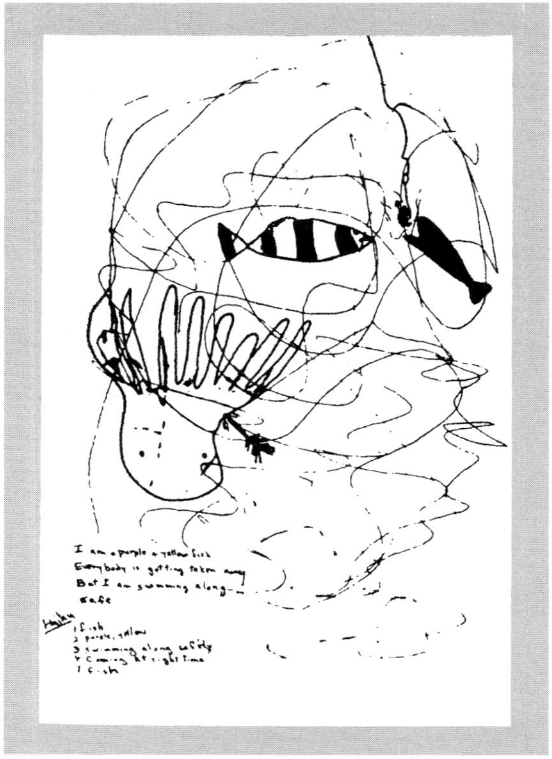

나는 또다시 해보라고 했다. 이번에는 아주 작은 얼굴을 하나 찾아냈다. 네 번째 시도에서는 몇 마리의 물고기를 그렸는데, 낚시 바늘에 걸려 있는 물고기 한 마리와 작살이 꽂혀 있는 문어 한 마리, 그리고 헤엄치고 있는 물고기 한 마리였다. 그는 "나는 보라색과 노란색의 물고기에요. 다른 고기들은 다 잡혀 갔지만, 나는 안전하게 헤엄치고 있어요."라고 했다. 나는 그에게 그림을 소재로 간단한 하이쿠(haiku) 시를 하나 지어 보라고 했다.

물고기
보라색과 노란색
안전하게 혼자 헤엄치네
제 시간에 오는
물고기

그레그는 또 다른 낙서를 몹시 하고 싶어 했다. 그는 다시 물고기를 그렸다. 그는 "커다란 괴물이 이 물고기를 잡으려고 해요. 모자를 쓰고 있는 동물처럼 생긴 이 친구가 물고기를 구하기 위해 밧줄로 끌어당기고 있어요. 난 구출된 물고기에요."

자기가 말한 것이 자기 생활과 어떤 관계가 있는지 물었을 때, 첫 번째 그림에 관해, "난 겨우 문제에서 벗어날 수 있었어요."라고 했고, 두 번째 그림에 대해서는 '내 생각에 나는 문제에 휘말리기 전에 구출된 것 같아요. 그런데 어떻게 해서 그렇게 되었는지는 모르겠어요."라고 대답했다. 그레그는 정신 신체적 증상(야뇨증을 포함해서)으로 고통을 겪고 있었고, 이 작업은 그가 자신을 보호하기 위해 그런 증상을 사용하고 있는 것에 대해 내가 이야기할 수 있도록 길을 열어주었다. 그는 매우 편한 아이였고 조용했으며, 어떤 분노나 불만도 내비치지 않았다. 그는 내게 왜 자신이 첫 번째 낙서에서는 그림을 하나도 볼 수 없었는지 물었는데, 나는 아마도 네가 이제야 비로소 눈을 '뜨기' 시작한 것 같다고 말해주었다. 그는 내 말에 동의하더니, 곧바로 자신의 처음 낙서들을 집어 들고선 벽을 붙잡고 있는 손을 그렸다. 한 남자가 벽을 넘으려고 하는데, 잘 붙잡지를 못해서 문제가 생겼다고 했다. 그러곤 나를 보면서 "아마도 뭘 붙들려고 하고 있는 것은 나일 거예요."라고 했다.

분노 그림

치료 시간 중에 가끔 격렬한 분노를 표현하는 아이들이 있는데, 이런 경우 나는 아이가 자신의 감정을 그림으로 표현하게 되면 아주 편해질 수 있다는 것을 가르쳐주는 기회로 삼는다. 열한 살인 한 소년은 형에 대해 말하면서 무섭게 화를 냈다. 나는 그에게 그 순간의 감정을 그려보라고 했다. 그는 검은색의 굵은 크레용을 잡아채더니 종이 위에 미친 듯이 낙서를 해댔다. 낙서를 끝냈을 때 그는 편하고 안정되어 보였다.

열세 살인 소녀는 빨간색과 오렌지색으로 동일한 작업을 했는데, 자신의 그림에 '타는 듯이 미친'이라는 이름을 붙였다. 그러나 그녀는 편해 보이지 않았는데, 아이의 그림이 앞에 말한 소년의 것처럼 거침없이 쏟아져 나오지 않고, 따로따로 분리되고 떨어져 있었으며, 삐죽삐죽하게 그려진 형태 속에 갇혀 있었다. 나는 이 아이에게 빨간색의 삐죽삐죽한 낙서 중의 하나가 되어 보라고 했다. 그녀는 "나는 몹시 화나

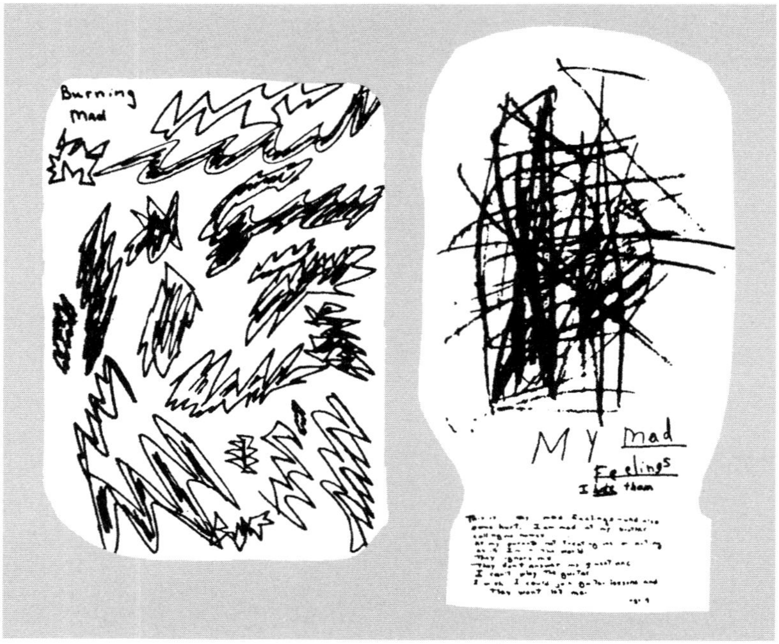

고, 미칠 것 같은 색깔인데, 안에 갇혀있어요."라고 했다. 그녀는 자신의 분노를 강하게 느낄 수는 있으나 그걸 어떻게 표현해야 할지 모르겠다고 했다. 그런 뒤 우리는 그녀가 자신에게 어떤 일을 하고 있는지, 그리고 그러한 감정을 어떻게 적절하게 표현할 수 있는지에 관해 얘기할 수 있었다.

열세 살의 또 다른 소녀가 그린 그림은 내가 자신의 분노를 그림으로 표현해보라고 해서 그린 것인데, 두꺼운 검은색 경계로 둘러싸인 몇 개의 밝고 선명한 빛깔들을 보여주고 있었다. 그림에 대해 얘기해 달라고 하자, "분노가 나를 둘러싸고 또 좋은 감정들을 억누르고 있어서 밖으로 나갈 수가 없어요." 아이의 말은 아이의 행동을 정확하게 표현해준 것이었다. 그녀를 아는 사람들은 거의 어떤 종류의 좋은 감정도 그녀에게서 볼 수 없었다. 사람들은 그녀가 우울하고 시무룩한 것만 보아왔다. 이 작업은 그녀가 자신의 분노감정에 대해 이야기할 수 있도록 도와주는 출발점이 되었다. 즉, 자기를 화나게 하는 것들에 대해 말할 수 있도록 해주고, 자신의 분노감정을 표현할 수 있도록 해서 자신의 좋은 감정들이 흘러나올 수 있도록 도와주는 출발이 되었다.

이런 작업 가운데 어떤 것들은 내 사무실에서 그림을 그리면서 혹은 찰흙이나 바타카(Bataca, 손잡이가 달린 천을 씌운 방망이로 분노감정을 표현하는 데 사용할 수 있음)를 가지고 할 수 있었다. 그러나 그녀는 내 사무실 밖에서 자신을 돌보는 방법을 배울 필요가 있었다. 즉, 자신을 화나게 한 대상을 직접 찾아가 말로 표현하는 것을 배울 필요가 있었다. 이것은 어른들의 마음에 들지 않는 감정들을 아이가 표현하려고 할 때마다 지속적으로 야단을 맞아온 아이들에겐 쉬운 일이 아니다. 이 사례의 경우, 나는 가족들을 함께 초청하는 시간을 가질 수 있었다. 이전에 가족치료 시간을 가졌을 땐, 그녀는 실쭉한 표정으로 한쪽 구석에 앉아 있었는데, 이번엔 자신의 힘과 자기지지를 통해 자신을 스스로 지탱할 수 있었다.

나의 일주일, 나의 하루, 나의 생활

아이로 하여금 자신의 한 주나 하루 또는 자신의 생활을 그리도록 함으로써 나는 그 아이의 삶에 대해 감지할 수 있다. 그림은 우리가 서로 말할 수 있는 기회를 열어준다. 자신의 하루를 그리도록 했던 어떤 아이의 그림에는 많은 것들이 그려져 있었는데, 그중엔 '학교'라는 이름이 붙은 큰 상자가 있었고, 그 위에는 '역겨워(YUCK)'라고 대문자로 쓰여 있었다. 그녀는 또 화살이 관통하고 있는 하트를 그렸는데, 그 위엔 그녀가 좋아하는 남자 아이의 이니셜이 적혀 있었다. 학교에 대한 그 아이의 감정과 소년을 향한 열망이 이 아이 에너지의 상당 부분을 차지하고 있었다. 어떤 아이들은 매우 빈약한 그림을 그렸는데, 그들이 자신의 삶에 대해 느끼는 방식이 그렇기 때문이었다. 어떤 땐 내가 특별히 지시하지 않았는데도 아이들은 자신이 바라는 한 주나 하루가 어떤 것인지를 상상하여 그리기도 하는데, 그럴 경우엔 내가 다루어줘야 할 것들이 많아진다.

낙서그림

낙서그림(squiggle)이란 종이 위에 주로 까만색으로 아무렇게나 불규칙하게 극선을 그려놓은 다음 아이들에게 자신이 원하는 대로 그림을 완성하도록 하는 기법을 말한다. 그러고 나서 아이들이 그 그림을 가지고 이야기를 만들거나, 그 그림이 되어 보거나 또는 그림과 이야기를 할 수도 있다.

색을 칠하도록 되어 있는 책들 가운데 낙서를 응용한 것들이 있다. 하나는 『색칠하지 않은 책』(*The Non-Coloring Book*)이라고 하는 것과 『색칠하지 않는 책』(*The Un-Coloring Book*)이란 게 있다. 둘 다 한번 쓱 그어 놓은 그림이 아닌, 다양한 형태의 아무렇게나 한 낙서들을 싣고 있는데, 그런 낙서들은 그림으로 완성될 수 있는 것들이다. 이런 것들은 낙서보다 내용면에서 더 암시적이다.

위니컷(Winnicott)은 『아동정신치료를 위한 치료적 자문』(*Therapeutic Consultation in Child Psychiatry*)이라는 책에서 그가 낙서게임이라고 하는 걸 통해 아이와 접촉하는 방법에 대해 얘기하고 있다. 그의 방법은 연필 두 자루와 종이 몇 장이 있는 테이블 앞에 아이와 함께 앉는다. 그리고 치료자가 눈을 감고 종이 위에 낙서를 그려 놓고, 아이에게 뭔가 다른 것으로 변형해보라고 한다. 그리고 아이는 치료자가 또 다른 뭔가로 변형할 수 있도록 뭔가 만들게 된다. 이 과정이 계속되는 동안 그들은 그림에 대해 말하고, 또 다른 이야기거리들이 생겨나는 대로 그것들에 대해 이야기하게 된다. 오래된 게임을 이용한 이런 독특한 방법으로 많은 의사소통을 할 수 있다는 것이 그의 이런 사례들을 보아 확실해졌다.

색, 곡선, 선과 형태

좀 나이가 든 아동들과 십대 그리고 성인들로 하여금 그들의 감정과 반응들을 곡선과 선, 그리고 어떤 모양들을 통해 그리게 하는 것을 나는 좋아한다. 사물을 있는 그대로 그리지 말고 감정을 표현하라고 나는 격려한다. 한 가지 좋은 방법으로는 개인이나 또는 집단 전체에게 내가 무척 아름답다고 생각하는 어떤 것을 5분 동안 쳐다보고 나서, 그것이 주는 느낌을 색과, 선과 모양으로만 표현해보라고 하는 것이다. 나는 다음과 같은 것들을 사용하곤 한다. 꽃, 잎사귀, 식물, 조개껍질, 그리고 가능하다면 일몰 또는 그림 등. 사실 어떤 물건이든 감정을 끌어내는 데 사용할 수 있다. —부엌용품, 장난감, 가정용품 등. 나는 때로 그들에게 아름다운 음악을 들려주기도 한다.

사람들이 자신을 풀어 놓고 자신의 감정을 신뢰하고 표현할 수 있도록 하는 데는 훈련이 필요한 경우도 가끔 있다. 나는 아이들에게 다음과 같이 말하곤 한다. "네가 정한 어떤 일정한 시간에 느끼는 감정을 매일 그려보도록 해라. 그리고 그 그림들을 모두 다음 시간에 가져와서 함께 보도록 하자." 나는 아이들이 이런 연습을 먼저 나와 함께 하도록 한다. "눈을 감고 네가 어떻게 느끼는지, 너의 몸이 어떻게 느끼는지 알아차려 보아라. 네 기분과 네 몸의 느낌이 변하는 것을……. 자, 지금 어떻게 느껴지는지 볼까? 그리고 종이에 색과 선 그리고 형태로 표현해봐." 아이들이 내가 요구하는 것이 무엇인지 알도록 해주기 위해 나는 나 자신에게 먼저 이 훈련을 해본다.

집단 그림

나는 같은 종이 위에서 함께 그리는 집단 그림 작업을 가끔 하는데, 한 가족 전체가 함께 그리거나, 아니면 두 아이들끼리, 또는 아이와 나 둘이서만 작업한다. "종이 위에 선과 원, 그리고 여러 모양들과 색들만을 가지고 한번 그려 봐. 그리는 동안 네가 어떻게 느끼는지 알아차려봐." 때로는 종이 위의 공간을 두고 다툼이 벌어지는데, 이런 다툼이 어떻게 해결되는지 보는 것도 재미있다. 한 사람이 다른 사람에게 양보하는가? 협상이 이루어지는가? 한 사람이 다른 사람의 영역을 침범하는가? 이 작업을 할 때 좀 더 나이 든 아이들에겐 침묵하라고 할 수 있으나, 어린 아동들은 말할 수 있도록 해주어야 한다. 어떤 일들이 일어나는지 잘 보고 있다가 나중에 경험한 것들에 대해 함께 이야기하도록 한다.

나는 아이에게 "네 공간 밖으로 밀려날 때 기분이 어땠지? 네가 살면서 비슷하게 느낀 적이 있니? 집에서 그렇게 느끼니?"라고 물어본다. 어떤 특정한 작업을 통해 나타나는 아이의 내적 과정이 그 아이의 실제 삶에 대해 암시해줄 때가 자주 있다.

나는 아이들 집단에서 아이들이 함께 그림을 그리도록 한 적이 있다. 이런 작업엔 몇 가지 방식이 있는데, 그중 가장 흔한 것이 벽화 만들기다. 여덟 명의 아이들 집단에서 나는 종이를 한 장씩 나눠주고 각자 그림을 그리라고 한다. 작업 도중에 신호를 하면 그리던 걸 모두 멈추고 각자의 그림을 옆 사람에게 넘겨주고, 그 옆 사람은 그걸 받아 뭔가를 덧붙여 그려 넣는다. 이런 식으로 반복하다가 마침내 여덟 장의 그림이 모두 완성되면 작업을 마치고, 모두 모여 완성된 그림을 보며 이야기를 나눈다. 아이들은 이런 경험을 좋아한다. 아이들은 그림들이 자신에게 어떻게 보이는지에 대해, 그리고 집단 그림에 자신이 덧붙인 부분들에 대해 스스로 어떻게 느끼는지 등에 대해 서로 이야기를 나누는 것을 재미있어 한다.

또 다른 방법의 집단 작업은 종이 한 장만 가지고 하는데, 한 번에 한 아이씩 그려 넣고 그동안 나머지 아이들은 기다려야 한다. 집단으로 이야기를 만들어 가는 방법(group story)에서처럼, 그림을 그리는 아이가 자기가 하고 있는 것에 대해 말하고, 다른 아이들은 보거나 듣거나 하게 된다. 가끔 어떤 특정한 주제를 가지고 지도자가 그림을 그리는 것으로 작업을 시작하는 경우도 있다. 혹은 지도자가 선이나 어떤 형태나 색깔 있는 물방울을 그리는 것에서 시작하여 그에 대한 이야기를 하는 것으로 출발하기도 한다. 다음 아이가 이어서 지도자의 이야기에 덧붙여 이어나가고, 그런 식으로 계속하는 것이다.

여기서도 역시 흥미로운 건 아이들 각자의 행동과정들이다. 나는 다음과 같이 이야기를 시작할 수 있을 것이다. "옛날 옛날에 넓은 들판에 사는 작고 빨간 동그라미가 있었어요. 하루는……" 그 다음 아이는 이어서 다음과 같이 말할지 모른다. "하루는 자주색 네모가 와서 동그라미에게 말했어요, '나랑 놀래?' 동그라미가 말했어요. '그래.' 그리고 그들은 함께 놀기 시작했어요." 또 그 다음 아이는 다음과 같이 말할 수도 있을 것이다. "커다란 까만 세모가 다가와서 동그라미와 네모를 밀어내기 시작했어요." (밀어내는 것을 표현하기 위해 세모에서 까만 선이 나와 동그라미와 네모를 향하도록 그린다.)

그림 그리기를 마치고 난 후 나는 동그라미를 그린 아이에게 동그라미가 밀릴 때, 동그라미는 어떻게 느꼈는지 물을 수도 있을 것이다. 그리고 잠시 후 나는 그 아이에게 혹시 살아오면서 다른 사람을 밀어내본 적이 있느냐고 물을지도 모른다. 집단 그림 작업을 통해 이런 특정한 이야기거리가 나오지 않는다고 해서 문제될 것은 없다. 중요한 것은 어떤 일이 일어났는가 하는 것이다. 예컨대, 집단이 협동적이었는지 아니었는지, 어떤 특정한 아이가 참을성이 있었는지, 또는 참지 못 했는지 등등. 또한 이런 집단 작업에서 거의 언제나 필수적으로 수반되는 요소의 하나인 즐거움이 삭감되지 않도록 주의해야 한다. 정서적으로 문제가 있는 아이들이 자신의 삶에 대한 흥미를 유지하기 위해선 좀 더 즐거운 경험들이 많이 필요하기 때문이다.

자유롭게 그리기

가끔 아이들은 누가 그리라고 한 것을 그리기보다는 무엇이든 자신이 원하는 것을 그리고 싶어 한다. 이렇게 하는 것은 치료과정에서 벗어나는 일은 아니다. 중요한 것은 아이의 욕구가 어떤 것인가 하는 것이다.

아홉 살인 알렌은 아주 큰 초록색 공룡이 나무 꼭대기를 먹고 있는 것을 그렸다. 처음엔 그가 공룡에게 이야기하는 것이 더 쉬웠다. 그 뒤 그가 공룡이 되었을 때는 그가 자신의 삶에서 느끼는 무기력감과는 대조적으로 자신의 굉장한 힘과 위대함에 대해 이야기했다.

여섯 살인 필립은 옆에 버스가 서있는 집을 그렸다. 그는 버스가 자신을 어디로 데려갔는지에 관해 아주 자세하게 말했다.

다섯 살인 토드는 나무 옆에 있는 아주 큰 꽃 한 송이를 그렸다. 나는 토드에게 나무와 꽃이 서로 얘기하도록 해보라고 했다. 토드가 말했다. "안녕, 나무랑 꽃아. 나는 얘들과 이야기하고 싶어요. 안녕, 나무랑 꽃아. 나는 너희들이 좋아. 너희는 크게 자라라. 너희는 내가 언젠가 크게 튼튼하게 자랄 거라고 생각하니?" 나는 그가 말하는 대로 그의 그림 위에 받아 적었다. 그리고 그가 말을 마쳤을 때, 내가 쓴 것을 읽어주

었다. 우리는 자라는 것에 대해 그가 어떤 감정을 느끼는지에 관해 이야기했다. 그런 후 그는 자기 자신의 질문("크고 튼튼하게 자랄 거라고 생각하니?")에 대한 답인 "그래."를 추가해서 적어 달라고 내게 요구했다.

다섯 살인 칼은 몇 개의 형태들을 그렸다. 그는 자신의 완성된 작품을 보고 말하기를 "이건 아기 수영장이고, 저건 아빠와 엄마와 어른들을 위한 거예요. 나는 크니까 큰 수영장에 갈 거예요." 이것은 그 아이의 아기 시절이 어땠는지에 관한 이야기로 이어지게 되었다. "나는 엄마, 아빠와 살았어요." (그는 현재 양부모와 산다.) 그는 그 다음 회기에서 또 다른 그림에 대해 말했는데, "이건 거인 수영장이에요. 거인이 여기서 수영하고 있어요. 이게 끝이에요." 아이는 그 거인이 되는 것을 아주 좋아했다. 또 다른 그림에 대해서 아이는 다음과 같이 말했다. "이건 눈이 없는 감자벌레에요. 이건 게에요. 이건 킹콩. 이건 독거미. 독거미는 어떤 사람들을 잡게 될 것이고, 아이가 그를 물어버릴 거예요. 아이는 괴물 손에 죽고 싶지 않아요." 이런 과정을 통해, 칼은 자신의 분노감정을 수용하고 경험하기 시작했고, 자신의 힘을 되찾게 되었다.

그림 그리기

그림엔 특별한 치료적 가치가 있다. 물감이 흐르듯 정서도 자주 그렇게 흐른다. 아이들은 그림을 좋아하는데, 특히 유아원과 유치원 갈 연령을 지난 아이들이 그렇다. 그런 연령대를 넘기고 나면, 이런 아이들에게는 가끔 적은 양의 수채화 물감을 접하는 것을 제외하고는 그림을 경험할 수 있는 기회가 적다. 아이들은 그림의 흘러내리는 느낌과 밝은 색감들을 좋아한다. 아이들은 그림 그리는 것을 좋아한다. 그래서 나는 자주 아이들에게 무엇이든 원하는 대로 그려보라고 하고선 무슨 일들이 생기는지 기다리며 지켜보곤 한다.

일곱 살인 낸시는 구름이 있고 커다란 비행기가 날고 있는 하늘을 그렸다. 그녀가 그림을 다 그리고 난 후 우리는 그녀의 그림과 비행에 관해 이야기했다. 그녀가 붓을 들더니 창문 한 쪽에 점을 그렸다. "저건 우리 엄마에요."라고 했다. 나는 엄마가 어딜 가고 있는지 좀 더 말해보라고 했다. "우리 엄마는 비행기를 타고 있어요. 그녀는 어디론가 가고 있어요. 내가 모르는 곳이죠." 나는 비행기를 탄 엄마에게 말해보라고 했다. "나는 엄마가 나를 떠나가지 않았으면 좋겠어요." 나는 그녀에게 엄마에게 그렇게 말해본 적이 있느냐고 물었다(그녀와 엄마는 함께 살고 있다. 단 둘이서만). 그러자 버림받는 것에 대한 숨겨진 두려움들이 쏟아져 나오기 시작했다.

"아니요, 나는 엄마에게 말한 적이 없어요. 한 번 말했는데, 엄마는 바보 같은 소리라고 하셨어요." 이런 두려움은 부모가 이혼한 후 먼 곳으로 이사하고, 또 아빠나 다른 가까운 가족들과 헤어짐으로 인해 생겨난 것인데, 이런 두려움 때문에 그동안 낸시는 엄마에게 울며 매달리는 행동을 보인 것이었다. 자신의 감정을 꺼내도록 해주고, 또 자신의 감정을 진지하게 받아들이도록 해준 것이 낸시에게 매우 큰 효과가 있었다. 나는 몇 회기 동안 아이의 이런 감정에 초점을 맞추도록 해주었다. 즉, 사연들을 얘기하고, 아이로 하여금 버려진 것이 어떤 것인지 그림으로 표현하거나 연기를 하도록 하거나, 이 작은 인형이라면 어떻게 느낄지, 그 인형이라면 어떻게 할까 등을 물었다.

그림의 밝기와 색깔, 그리고 유동성 바로 그 자체가 감정을 잘 말해주기 때문에 나는 아이들에게 지금 느끼는 감정이나, 슬프거나 행복할 때 느끼는 감정들을 그림으로 그려보라고 한다. 아이들은 다른 미술 표현 방법들보다 그림을 통해 자신의 감정을 더 쉽게 표현하는 것 같다. 아이들이 크레용이나 펠트펜(굵은 사인펜)을 손에 쥐면, 좀 더 도식적이고 추상적이 되는 경향이 있다.

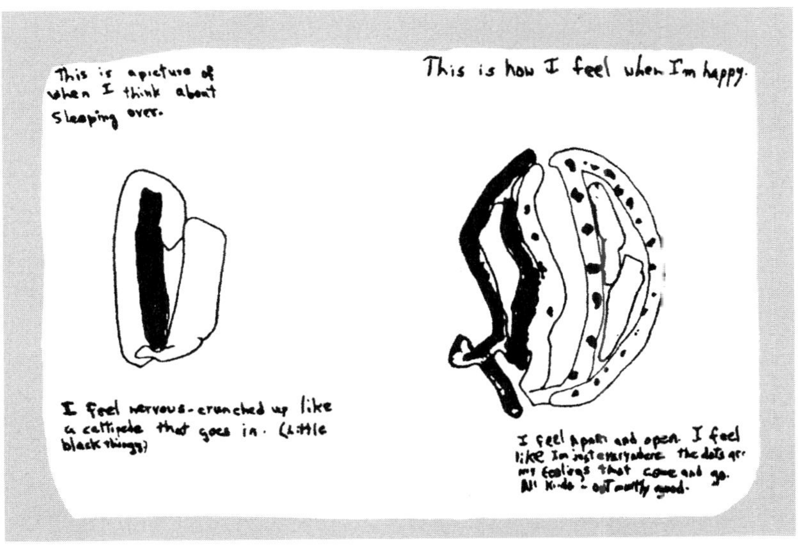

나는 아홉 살인 캔디에게 행복할 때와 슬플 때 그녀가 어떻게 느끼는지 그려보라고 했다. 그녀는 종이 한 쪽에 추상적인 그림을 그렸는데, 나중에 다음과 같이 설명했다. “나는 떨어져 있고, 또한 열려있는 느낌이에요. 나는 내가 어디에나 있는 것 같이 느껴져요. 이 점들은 나타났다가는 사라지는 나의 감정들이에요. 모든 종류의 감정들이지만, 대부분은 좋은 것들이에요.” 종이 다른 쪽에 그녀는 자신이 그린 선들과 색깔들에 관해 다음과 같이 설명했다. “나는 초조해요. 안으로 기어들어가는 검은 지네처럼 바짝 움츠러들었어요. 이 그림은 내가 잠자는 것에 대해 생각하는 것을 그린 거예요.”

열세 살인 한 소년은 침대에 오줌을 싸는 것에 관한 느낌을 아주 크게 그려놓았다. 그림은 푸른색, 검정색, 회색의 넓은 영역들로 이루어져 있었다. 그림을 그리기 전에 아이에게 나는 오줌 싼 기분이 어떠냐고 물었는데, 그는 어깨만 으쓱하면서 “모르겠어요.”라고 했었다.

어린아이들은 지시 없이 그리는 것을 좋아한다. 이들은 색을 펴 바르고 섞고 하는데 푹 빠지곤 한다. 나중에 이들은 자신이 본 것을 일종의 환상적인 이야기처럼 묘사한다. 여섯 살인 존은 자기 그림에 대해 “이건 기계고, 뭔가 나와요. 여긴 기름이 나오는 파이프가 있어요. 이건 여기로 들어가요. 이건 뜨거운 기름이니까 만지면 안 돼요.”라고 했다. 나는 아이에게 기계가 되어 기름에 대해 내게 다시 말해보라고 했다. 아이는 힘차게 말했다. 나는 아이에게 “너는 화난 기계처럼 보이는구나.”라고 했다. 아이는 “네.”라고 하면서 “나는 나를 못살게 구는 모든 사람들에게 내 기름을 뿌릴 거예요.”라고 했다. 그런 후 아이는 정말 벌떡 일어나더니, 팔짱을 끼고 몸을 웅크린 자세로, 인상을 쓰고 침을 뱉으며, “내가 너희들 잡고 말테야! 두고 봐!”라고 소리 지르면서 방안을 걸어 다녔다. 결국 그는 내 옆에 바닥에 주저앉았고, 우리는 그의 화난 감정에 대해 잠시 얘기를 나눴다.

또 다른 여섯 살 난 남자 아이와 함께 했던 회기에서 나는 비슷한 경험을 했다. 그는 대부분 검정색으로 그렸다. 좀 떨어져 한 쪽엔 밝은 빛깔의 작은 고리를 그렸다. 그는 “이건 기름과 물이에요. 여긴 좀 더러운 것들이 들어와요. 여긴 바닷물이 조금 들어와요(고리모양의 색을 가리키며).” 나는 그에게 기름과 바닷물 간에 서로 대화를 해보라고 했다. 기름이 된 그는 “내 가까이 오지 마. 나는 너를 망쳐 버릴 거야. 너는 아주 더러워질 거야."라고 했다. 나중에 내가 기름이나 물이 그의 감정과 비슷한지 물었는데, 아이는 "이 기름은 내가 화가 났을 때에요! 내가 화났을 때는 가까이 오면 안 돼요!"라고 했다. 이 소년은 온몸에 염증이 있었는데, 자기가 긁고 후벼 파서 생긴 것이었다. 그때까지 그가 자신의 분노를 처리하는 유일한 방법이었다. 수회기에 걸쳐 그의 분노를 자기 파괴적이 아닌 다른 방법으로 표현하도록 도와주기 위해 나는 그림과 다른 방법들을 사용했다.

손가락 그림

손가락 그림이나 점토 작업엔 비슷한 촉감과 운동감각이 요구된다. 손가락 그림은 불행하게도 주로 유치원 활동으로 제한되어 있다. 손가락 그림엔 좋은 점들이 많다. 그것은 부드럽고 매끄럽다는 것이다. 그리고 시험 삼아 디자인하고 그려본 다음 바로 지울 수도 있다. 실패할 일도 없고 많은 기술이 필요한 것도 아니다. 그리는 것에 관해서나, 다 그린 그림에 관해서 또는 그림이 생각나게 하는 것에 관해서 이야기할 수도 있다. 나는 소량의 세탁용 전분액에 포스터용 가루물감을 뿌려 만든 것을 가지고 나만의 손가락 그림작업을 한다. 당신은 바셀린이나 콜드크림, 또는 초콜릿 푸딩을 가지고 손가락 그림을 그려본 적이 있습니까?

필립은 열 살인데, 치료 회기 중에 손가락 그림 그리기를 자주 했었다. 그는 학교에서 가만히 앉아있기 어려운 불안정한 아이였다. 다른 애들을 자주 때리며, 많은 애들과 다투고, 운동기능에 어려움이 있는 아이였다. 그런데 손가락 그림을 그릴 때면 언제나 작업에 몰두했고, 조용해보였고, 만족스러워 보였으며, 숨을 깊게 쉬었다. 여러 회기에 걸쳐 손가락 그림을 그리는 동안 아이는 한 장의 그림도 완성하지 못했다. 그러나 그는 자신의 삶과 자신에 관한 나쁜 감정들 그리고 부모님과 선생님에 대한 자신의 분노감정에 대해 나에게 말하기 시작했다.

어느 날 필립은 결국 한 장의 그림을 통해 손가락 그림 작업을 완성하게 되었다. 그는 작업에 몰입할 준비가 된 것처럼 보였다. 즉, 자신의 그림을 그려낼 만큼 힘이 있어 보였다. 그가 그린 것은 광대의 얼굴이었다. 나는 그 광대에 관해 이야기해달라고 했다. "내 광대는 사람들을 웃겨요. 그는 모든 사람들에게 우습게 보이죠. 그렇지만 마음속으론 매우 슬픈 광대예요. 사람들을 웃기기 위해 그는 얼굴에 색을 칠하고, 우스꽝스러운 옷을 입어야 하지요. 그렇지 않으면 사람들이 울지도 몰라요. 왜냐하면 그 광대가 자기 진짜 모습을 보여주면, 모든 사람들이 매우 슬퍼하게 될 테니까요." 필립은 처음으로 자신이 느끼는 절망에 대해 이야기할 수 있었다.

발 그림

발 그림? 네, 발 그림! 발은 아주 민감하고, 대부분 아무것도 느낄 수 없는 신발 속에 갇혀 있다. 부부와 가족 그리고 아동상담가이면서 특수아동 교사인 린 펠싱어(Lynn Pelsinger)는 공립학교 특수학급 아이들을 위한 집단상담에 발 그림 기법을 사용한다. 그녀는 아이들이 신발과 양말을 벗도록 하는데, 불행히도 이런 일은 학교에서는 그리 자주 볼 수 있는 일은 아니다. 그런 후 아이들에게 자유로워진 발이 어떻게 느껴지는지 표현해보라고 한다. 그녀는 아이들에게 발로 그림을 그릴 것이라고 말해준다. 이런 그녀의 생각이 아이들에게 충분히 이해가 되면, 그녀는 아이들에게 자기 발이 무엇을 할 수 있을지 상상한 것을 말해보라고 한다.

그러고 나서 그녀는 바닥에 종이를 깔고 작은 물감 쟁반들을 갖다 놓는다. 그녀는 엄지발가락에 물감을 얼마나 묻힐 수 있는지, 그리고 물감이 흘러내리면 어떻게 될지 아이들에게 살펴보라고 지시한다. 아이들은 잠시 동안 이런 식으로 실험을 하게 되고, 그러고 나서 발의 모든 부분을 사용하여 그림을 그리게 된다. 종이 위를 걸으면서 많은 발자국들을 만들기도 하고, 이 발가락 저 발가락으로, 또는 발꿈치로, 혹은 발 가장자리로 그림을 그려보고, 두 발을 바꿔가면서 차이점을 발견해보기도 한다.

펠싱어는 발의 감각을 느껴보라고 계속해서 지시하기도 하고, 또 어떤 때는 아무런 지시 없이 아이들이 자유롭게 실험하도록 해준다. 이때 쉽게 발을 씻을 수 있도록 물이 담긴 양동이와 닦을 수 있는 타월을 가까이 준비해 둔다.

회기가 끝나고 나면 함께 앉아서 체험한 것을 서로 나누게 된다. 아이들은 그들의 삶에서 가장 편안하고 즐겁고 감각적인 경험 중의 하나를 방금 경험한 것이다. 펠싱어는 자신이 경험한 바로는 이런 활동이 궤도를 벗어나 본 적이 한 번도 없었다고 했다. 아이들은 평안함과 즐거움을 느끼며, 자신들이 학교장면에서 해보기 어려운 특별한 특혜로 주어진 활동에 참여하고 있다는 것을 안다는 것이다.

발 그림을 그리는 방법은 다양하다. 아이들은 개인작업, 집단작업, 벽화작업을 할 수 있다. 집단에서 일어나는 상호작용 과정은 사후 토론을 위해 유익하다. 펠싱어는 아이들에게 발 그림에 대해 먼저 소개했다. 그리고 그녀는 아이들이 자신들의 발과 신발, 양말, 그리고 걷고 뛰고 하는 것에 대해 말하는 것들을 듣고 난 다음, 그녀가 아이들의 발과 신발에 대해 알아차린 것들에 대해 말했다. 그녀는 아이들이 걷는 모습을 관찰하기 시작했다. 찢어진 양말을 신은 아이들은 마치 유리 위를 걷는 것처럼 보였다. 발에 잘 맞지 않는 신이나 양말을 신은 아이들은 시무룩하고 기분이 나빠있다. ―당신이면 그렇지 않겠는가? 비 온 후에 이 아이들은 등교 길에 일부러 좋은 길을 벗어나 신발을 젖게 만든다는 것을 그녀는 알게 되었다. 그렇게 하는 것은 펠싱어가 자신들의 신발을 벗게 해 줄 거라는 걸 그들이 알고 있었기 때문이었다.

아이들이 발그림을 끝내고 발을 씻을 때면 펠싱어는 수건을 들고 아이들이 발 닦는 것을 도와주고, 또 아이들에게도 서로 그렇게 하라고 한다. 이런 방법으로 발을 마사지하는 것은 즐겁고 피로도 푸는 일이며, 또한 아이들이 좋아하는 것이다. (또 그녀는 비가 온 후에는 아이들이 그녀가 수건으로 자신들의 머리를 문질러 말려주길 무척 원한다는 것도 알게 되었다.)

03

나의 작업 모델

선으로 그리기(drawing)와 물감으로 그리기(painting)를 통해 아이들이 감정을 표현할 수 있도록 도울 수 있는 구체적인 방법들은 수없이 많다. 어떤 회기에 내가 아이들과 함께 작업하기 위해 선택하는 방법이 어떤 것이든 상관없이 목적은 기본적으로 동일하다. 내 목표는 아이들로 하여금 자신을 자각하고 자기 세계에서 자신의 존재를 알아차리도록 도와주는 것이다. 한편으론 치료자가 회기를 주도하고 안내하는 것과 또 한편으론 아이가 가는 대로 함께 따라가 주는 것, 그 둘 사이에서 섬세한 균형감각을 유지하는 스타일은 치료자마다 다를 것이다.

여기에 제시된 것들은 여러분에게 단지 끝없이 많은 가능성들이 있다는 것을 보여주고, 또 자신만의 창의성이 발휘되는 치료과정들을 자유롭게 찾을 수 있도록 해주기 위한 것일 뿐이다. 그것들은 단순히 기계적으로 따라할 수 있는 게 아니다. 아이들과의 작업은 부드럽고 자연스럽게 물 흐르듯 일어나는 과정으로서 유기적인 사건이다. 어떤 회기에서든지 치료자인 당신의 마음속에서 일어나는 것과 아동의 마음속에서 일어나는 것들이 부드럽게 하나가 되는 만남인 것이다.

다양한 목적과 수준에 따라 그림은 수많은 방식으로 사용될 수 있다. 치료자의 어떤 개입 없이도 그림 그리는 활동 바로 그 자체만으로도 자신을 표현할 수 있는 강력한 수단이 되는데, 이런 자기표현은 자신의 정체감을 형성하고 자신의 감정을 표현할 수 있도록 해준다. 이를 바탕으로 치료적 과정은 다음과 같이 진행될 수 있다.

1) 아이로 하여금 그림 그리는 과정에서 느낀 경험을 이야기하게 한다. 아이가 작업에 임할 때, 그리고 실제로 작업할 때의 감정, 즉 아이가 작업에 어떻게 접근하고 또 어떤 마음으로 작업했는지 자신의 내적 과정을 이야기하게 한다. 이는 아이의 자기개방이다.
2) 아이로 하여금 자신의 그림을 설명하게 한다. 아이가 자기방식대로 그림을 설명하도록 하는 것이다. 이것은 계속적인 아이의 자기개방이다.
3) 그림의 각 부분들에 대해 더 자세하게 말해달라고 하여 더 깊은 차원에서 아이의 자기발견을 촉진한다. 모양과 형태와 색깔, 상징들, 사물들, 사람들을 설명하도록 요구하면서 그림의 부분들을 좀 더 명료하고 분명하게 묘사하도록 한다.
4) 아이 자신이 바로 그림인 것처럼 '나'라는 단어를 사용해 그림을 묘사하게 한다. 예컨대, "나는 이 그림인데, 온몸에 빨간 줄들이 있고, 그리고 몸 한 가운데엔 파란 사각형이 있어요."라고 말하게 한다.
5) 아이가 동일시할 수 있는 구체적인 것들을 그림에서 골라낸 뒤 "파란 사각형이 되어 너에 대한 얘기를 좀 더 해주렴. 네가 어떻게 생겼으며, 너는 어떤 일을 하는지 등."과 같이 말한다.
6) 아이의 작업 과정을 도와주기 위해 필요하면 "너는 무슨 일을 하지? 누가 너를 사용하지? 넌 누구와 가장 가깝지?"와 같은 질문을 한다. 이런 질문들은 아이의 그림 속으로 아이와 함께 들어갈 수 있는 치료자의 능력, 그리고 삶의 여러 다양한 존재방식과, 기능방식, 관계방식에 대한 치료자의 열려있는 태도에서 나올 수 있다.
7) 그림의 어떤 한 부분이나 여러 부분들을 강조하고 과장함으로써 아이의 주의를 좀 더 집중시켜 주고, 더 민감하게 알아차릴 수 있도록 해준다. 그림의 어떤 특정한 부분을 아이가 충분히 탐색할 수 있도록 격려하되, 특별히 치료자나 아이 마음속에 에너지와 흥분이 느껴질 때, 또는 반대로 그런 에너지와 흥분이 전혀

느껴지지 않을 때 그렇게 한다. 질문을 하는 것도 가끔 도움이 된다. "그녀가 어딜 가고 있지?" "이 동그라미는 무얼 생각하고 있지?" "그녀가 뭘 하려고 하는 거지?", "무슨 일이 일어날까?" 등등. 만약 아이가 "모르겠어요."라고 해도 포기하지 말고 그림의 또 다른 부분에 대해 다른 질문들을 하고, 아이가 대답을 하지 않을 땐 대답을 치료자가 해주며, 아이에게 맞는지 틀린지 물어볼 수도 있다.

8) 아이가 자신이 그린 그림의 두 부분들 간에 또는 서로 접해 있는 두 부분들이나 서로 상반되는 부분들 (길과 차라든지, 사각형 둘레에 있는 선이라든지, 또는 행복한 부분과 슬픈 부분) 간에 대화를 하도록 해준다.

9) 아이가 색깔에 관심을 갖도록 해준다. 눈을 감고 그림을 그리게 할 때 나는 다음과 같은 제안을 자주 한다. "네가 사용하려는 색들에 대해 생각해 봐라. 밝은 색들은 너에게 어떤 의미가 있지? 어두운 색들은 네게 어떤 의미지? 선명한 색을 사용할 거니, 아니면 탁한 색들을 쓸 거니? 밝은 색을 쓸 거니, 어두운 색을 쓸 거니?" 한 아이는 자신의 문제엔 어두운 색을, 그리고 행복한 일에는 선명하고 밝은 색을 사용했다. 그리고 심지어 크레용에 힘을 주는 정도가 색깔마다 달랐다. 아이들이 표현할 수 있도록 도와주기 위해 나는 "이건 저것들보다 더 어두워 보이는구나."라고 하거나 또는 "여기는 힘을 많이 준 것 같구나."라고 말하기도 한다. 아이가 말하고 싶어 하지 않을 때라도 나는 아이 자신이 한 것을 가능한 잘 알아차릴 수 있도록 도와주려고 한다.

10) 아이의 목소리나 톤, 몸의 자세, 얼굴과 몸의 표현, 숨쉬기, 침묵으로부터 단서를 찾는다. 침묵은 검열하는 것, 생각하거나 기억하는 것, 그리고 억제와 블안과 두려움 또는 뭔가를 알아차렸다는 것을 의미할 수 있다. 작업을 유연하게 풀어가기 위해 이런 단서들을 사용한다. 어려운 상황을 명료화하는 데 신체단서를 관찰한 것이 유일하게 중요한 단서가 된 예를 하나 소개한다.

다섯 살인 신디는 잠자는 데 문제가 있어 내게 보내졌다. 첫 시간에 나는 그녀에게 가족을 그려보라고 했는데, 자신과 자매, 엄마를 그렸다. 나는 부모가 이혼했다는 것과 그녀가 아빠를 정기적으로 만나고 있다는 것을 알고 있었다. 나는 또 다른 종이 한 장을 그녀에게 주면서 "나는 너희 아빠가 너와 같이 살지 않는다는 것을 알고 있다. 하지만 그는 여전히 네 가족이야. 그러니 아빠를 여기에 그려보겠니?" 순간 그녀의 얼굴에 공포가 스치더니 한순간에 바로 사라졌다. 그러나 나는 바로 그 순간의 그녀의 표정을 놓치지 않고 부드럽게 말했다. "내가 아빠를 그려보라고 했는데, 너는 뭔가 두려운 것 같구나?"

그녀는 아주 몹시 작은 목소리로 대답했다. "음, 질도 거기에 살고 있어요." 그래서 "오, 그래? 그럼 아빠와 질을 모두 이 종이 위에 그리는 것이 어떻겠니?" 그녀는 아주 행복하게 웃고는 그림을 그리기 시작했다. (그녀는 마치 내 허락이 필요했던 것처럼 보였다.) 그녀는 질을 좋아했지만(그녀의 가족화를 통한 대화에서 나타난 사실이다.) 그녀의 엄마는 그렇지 않았다. 이 다섯 살짜리 꼬마는 엄마의 감정에 대해 책임을 느껴왔었고, 그것 때문에 첫 번째 그림에 질을 그려 넣는 것을 두려워했던 것이다. "너희 엄마가 질을 그다지 좋아하는 것 같지 않구나?" 라고 내가 물었을 때, 그녀는 고개를 끄덕이며 알겠다는 듯이 나를 수줍게 쳐다보았다.

신디의 허락을 받고 나는 대기실에서 기다리고 있던 엄마를 들어오게 했다. 질에 대한 신디 엄마의 부정적인 감정으로 인해 신디가 질에 대해 느끼고 있는 자신의 긍정적인 감정을 누릴 자격이 없다고 생각하고 있다는 것을 나는 신디 엄마에게 말해주었다. 또한 사람마다 각자 자신만의 감정을 가질 수 있는 것이기 때문에 비록 엄마가 질을 좋아하지 않아도 신디가 질을 좋아하는 것이 잘못이 아니라는 것을 신디가 깨달을 수 있도록 엄마의 도움이 필요하다고 말했다. 이런 새로운 알아차림을 통해 신디 엄마는 자신의 감정을 딸에게 강요하는 일을 멈출 수 있었다. 그리고 나는 그 애를 다시 만날 필요가 없게 되었다. 사소한 신체단서 하나가 가져다 준 빠른 종결이었다.

11) 동일시작업은 아이가 자신의 그림이나 그림의 일부분에 대해 말한 것을 자신의 감정으로 받아들이도록 돕는 작업을 말한다. 치료자는 다음과 같이 물어볼 수 있다. "너도 그렇게 느낀 적이 있니?" "너도 그렇게 한 적이 있니?" "네가 그림에 대해 말한 내용이 네 삶에도 적용될 수 있니?" "네가 장미 덤불이 되어 한 말 중에 네 자신에게 해줘도 괜찮은 말이 있겠니?" 등. 이런 질문들은 여러 방법으로 표현될 수 있다. 나는 아이들에게 이런 질문을 매우 조심스럽고 부드럽게 물어본다.

아이들이 이런 질문들에 대해 반드시 긍정적인 반응을 보일 필요는 없다. 때론 아이들은 움츠러들어서 그렇게 하는 것을 몹시 두려워할 수도 있다. 아이들이 미처 준비되어 있지 않을 수도 있다. 또 아이들이 어떤 것을 자기 것으로 받아들이지 못했다 하더라도 그림을 통해 무언가를 끄집어내어 표현할 수 있었다는 사실만으로 충분할 수도 있다. 아이들은 자신들이 한 말을 치료자가 귀 기울여 들었다는 사실을 느낄 수 있기 때문이다. 아이들은 그때그때 자신이 필요한 것들 혹은 원하는 것들을 자기 자신의 고유한 방식대로 표현한다

12) 그림에서 떠나 그림을 통해 알게 된 아이들의 실제 생활 상황과 미해결 과제에 대해 작업한다. 때로는 이런 작업은 다음과 같은 질문을 통해 바로 시작될 수 있다. "이것이 네 삶과 관련 있는 이야기니?" 때로는 아이가 자발적으로 자기 생활의 어떤 것과 관련시키기도 한다. 어떤 땐 아이가 갑자기 침묵하거나 또는 얼굴에 어떤 표정이 스치기도 한다. 그러면 나는 "지금 방금 무슨 생각을 했니?" 라고 물을 수도 있다. 그러면 아이는 보통 자신의 현재 삶에서 일어나고 있는 일이나 또는 자신의 현재 상황과 관련된 과거의 일에 대해 말하기 시작한다. (그리고 때로는 "아무것도 아니에요."라고 말하기도 한다.)

13) 그림에서 빠진 부분이나 비어있는 공간을 주의해서 보고 그 부분에 관심을 기울인다.

14) 아이의 전경(관심의 초점)이 흘러가는 대로 따라가거나 혹은 내 전경, 즉 내가 흥미와 관심, 그리고 에너지를 느끼는 곳에 관심을 기울인다. 내 눈에 보이는 대로 따라갈 때도 있고, 때론 그 반대 방향으로 가기도 한다. 동굴환상에서 디즈니랜드를 그린 소년은 그 장소가 주는 즐거움과 재미를 강조했었다. 나는 그 아이의 전경과 반대되게 "네 생활이 아주 즐겁거나 재미있지 않은 모양이구나."라고 물었다.

나는 아이들에게 어렵고 불편한 작업을 하기 전에 보통 쉽고 편안한 작업을 먼저 한다. 쉬운 문제들에 대해 먼저 얘기하고 나면 어려운 문제들에 대해 아이들이 좀 더 쉽게 마음을 열게 된다는 것을 나는 알게 되었다. 한 쪽엔 슬픈 감정을 그리고 다른 쪽엔 행복한 감정을 그려보라고 했던 그림 작업에서, 아이들은 안전하고 행복한 감정을 나누기 전에 슬픈 감정을 나누는 것에 대해 어려워 했다. 그렇지간 언제나 그런 것

은 아니다. 때론 너무 많은 분노를 억제하고 있는 아이들은 좋은 감정이 나오기 전에 분노가 먼저 표출될 수 있도록 해주는 것이 필요하다.

나에게 전경으로 떠오른 것을 다룰 수도 있다. 즉, 내가 아이와 함께 있을 때 어떤 종류의 슬픔이나 불편함을 느끼거나 또는 아이의 신체 자세에 충격을 받고 그것에 초점을 맞출 수도 있다.

어떤 장애를 보이는 아이들을 볼 때 나는 그 아이가 한 존재로서 자연적인 균형상태와 전체적 유기체 흐름에 어떤 역기능적인 것이 있다는 것을 안다. 치료는 이러한 역기능을 제자리로 돌려놓고 회복하는 것이라 할 수 있다.

아이의 정상적인 발달과 성장은 내 작업 모델의 핵심부분이다. 영아는 자신의 감각과 아주 잘 접촉되어 있다. 즉, 자신이 새롭게 알아차리는 냄새와 소리, 빛과 색, 그리고 얼굴과 맛과 감촉들을 기뻐한다. 아기는 자신의 감각을 아주 즐거워하고 그걸 토대로 성장한다. 아기는 곧 자신의 몸을 알아차리게 되고, 자신이 물건을 만지고 손을 뻗어 잡고 그리고 떨어뜨릴 수 있다는 것을 배우게 된다. 아기는 팔과 다리와 몸을 움직이면서 자신의 신체를 통제하고 숙달하게 된다. 아기는 자신의 감각과 신체를 더 잘 알아차리게 되듯이 자신의 감정에 대해서도 마찬가지다. 아기는 자신의 감정을 감추기 위해 노력하지 않으며, 마음껏 그대로 표현한다.

어린 아기가 화가 났을 때 우리는 그것을 안다. 아기가 행복할 때도 우리는 안다. 우리는 아기가 언제 속상하고 놀라는지, 그리고 평화롭고 기뻐하는지 알 수 있다. 아기는 자신이 들은 소리 혹은 자기 자신이 낸 소리가 의미가 있다는 것을 발견한 후 마침내 다른 사람들에게 자신의 욕구를 알리기 위해 언어를 통한 의사소통을 시작한다. 처음엔 소리를, 다음엔 단어를, 마침내 문장을 사용한다. 아기가 지적인 발달을 하게 되면서 호기심과 생각과 아이디어들을 표현하기 시작한다. 이 시기에 아기의 감각과 신체 느낌들은 점점 세련되게 발달하게 된다. 아기는 아직 자존감에 아무런 문제가 없다. 단순히 자기 자신일 뿐이다. 모든 면에서 실존적 존재인 것이다. 아이의 감각, 신체, 감정, 지능이 아무런 방해를 받지 않고 건강하게 발달하는 것이 자기감(sense of self)의 기초가 된다. 강한 자기감이 아이로 하여금 환경이나 사람들과 좋은 접촉을 할 수 있도록 해준다.

아이들은 삶이 완전하지 않다는 것, 즉 모순과 대립으로 매우 혼란한 세상에 우리가 살고 있다는 것을 금방 알게 된다. 게다가 아이를 키우는 부모들도 풀어야 할 자신의 문제들을 갖고 있다. 아이는 대처하고 보상받는 법을 배우게 된다. 많은 아이들이 살아가며 성장하고 배우는 일을 상당히 잘 해내는 반면 그렇지 못한 아이들도 많다.

도움을 필요로 하는 대부분의 아이들에겐 한 가지 공통점이 있는데, 그건 바로 접촉기능이 손상되어 있다는 것이다. 접촉이 이루어지는 방식은 보고, 말하고, 만지고, 듣고, 움직이고, 냄새 맡고 그리고 맛보는 것이다. 문제가 있는 아이들은 일반적으로 자기 주변의 어른들이나 다른 아이들 그리고 주변의 환경과 관계하는 데 있어 한 개 이상의 접촉기능을 제대로 사용하지 못한다. 자신의 접촉기능을 사용하는 방식을 알게 되면 자신의 상대적인 강점과 약점을 알 수 있다.

강한 자기감이 접촉을 잘 할 수 있도록 해주기 때문에 치료 장면에서 만나는 대부분의 아이들이 자신을 좋게 생각하지 않는다는 것은 그리 놀라운 일이 아니다. 비록 그런 사실을 숨기기 위해 아이들이 아무리 애를 많이 쓴다 해도 말이다. 어린아이들은 자신의 문제를 가지고 부모나 세상을 탓하지 않는다. 어린아이들은 나쁘고 잘못한 것은 자신이라고 생각하며, 또한 자기는 그리 똑똑하거나 예쁘지 못하다고 생각한다. 그렇지만 어떤 면에선 그런 장벽을 뛰어 넘어 살아남으려는 강한 의지가 있다. 손상되지 않은 원래의 자연스러운 유아의 모습 속에 있던 뭔가가 아직 그들 속에 남아 있는 것이다.

아이들에게는 자신을 보호하는 방법들이 있다. 어떤 아이들은 상처받지 않기 위해 움츠리며, 어떤 아이들은 자신의 삶을 좀 더 재미있고, 쉽고, 살맛나게 하기 위해 공상을 한다. 또 어떤 아이들은 고통스러운 것을 외면해 버리고 아무 상관없다는 듯이 놀고–일하고–배운다(이것들은 모두 연결된 것이니까). 어떤 아이들은 어떻게든 문제를 일으켜 자신을 보호한다. 이런 아이들이 관심을 가장 많이 받게 되는데, 이로 인해 어른들이 가장 싫어하는 행동들이 강화되는 일이 자주 있다.

아이들은 살아남기 위해 자신들이 할 수 있는 모든 것을 한다. 아이들의 본성은 성장을 지향하고 있다. 자연적인 기능들이 부족하거나 방해를 받게 되면, 아이들은 자신들을 살아남도록 해줄 것 같은 행동들을 하게 된다. 공격적이 되거나 적대적이 되며, 화내거나 과잉행동을 할 수도 있을 것이다. 움츠러들어 자신만의 세계 속으로 들어가 버릴 수도 있다. 가능한 한 말을 적게 하거나 전혀 하지 않을 수도 있다. 모든 사람들과 모든 것들을 두려워하거나 또는 자신의 삶과 자신과 관계 맺고 있는 사람들에게 영향을 미치는 어떤 특별한 것을 두려워하게 될 수도 있다. 그들은 의외로 지나칠 만큼 상냥하거나 '좋을' 수도 있다. 자기 삶 속의 어른들에게 지겨울 만큼 매달릴 수도 있다. 잠자리에 오줌을 싸거나 바지에 변을 보거나 천식과 알레르기, 틱과 복통, 두통, 그리고 사고를 당할 수도 있다. 자신의 욕구를 채우기 위해 아이가 할 수 있는 것에는 한계가 없다.

아이들이 십대가 되면 이런 행동들이 점점 과장되거나 또는 새로운 행동으로 변할 수 있는데, 유혹하는 행동과 성적으로 문란한 행동, 또는 알코올과 마약의 남용과 같은 새로운 행동들로 변할 수 있다. 이 같은 대처행동들의 이면에 언제나 자리 잡고 있는 것들은 채워지지 않은 욕구들인데, 이로 인해 자기감 상실에 이르게 된다.

때론 아이들이 자신의 것이 아닌 생각들, 자신에게 전혀 옳지 않은 생각들에 사로잡혀 살아가기도 한다. 아이들은 자신에 대해 다른 사람들이 말한 것을 그대로 믿고서, 즉 자신에 관해 전혀 잘못된 정보들을 단순히 그대로 받아들여 그걸 믿고 살아가는 경우가 흔히 있다. 예를 들면, 좌절감을 느껴 화난 아버지가 무심코 아이에게 바보 같다고 한 말로 인해 아이는 자신을 바보라고 생각할 수 있다.

부모들이 아이가 물건을 떨어뜨렸을 때 웃거나 또는 아이가 무언가 해내려고 무진 애를 쓰는데 언제나 참고 기다려주지 못하면 아이들은 은연중에 자신이 서투르다는 무언의 메시지를 받게 된다. 아이들은 다른 사람들이 자신에 대해 말해준 특성이나 설명해 준 것들을 그대로 받아들이고 그에 따라 행동하곤 한다. 그러므로 치료자로써 내가 하는 일은 이런 외적인 평가와 잘못된 자기개념으로부터 아이들이 자신을 분리할 수 있도록 도와주고, 자신의 존재를 다시 발견하도록 도와주는 것이다.

그러므로 아동이나 청소년, 그리고 성인들과 이런 작업을 할 때마다 우리가 유아시절에 가지고 있었던 그러나 지금은 잃어버린 그 무엇을 옛날로 다시 돌아가 기억하고, 되찾으며, 새롭게 하고 강화해야 할 필요가 있다는 걸 나는 알고 있다. 우리의 감각들이 깨어나면서, 즉 우리의 몸을 다시 알기 시작하면서, 우리는 자신이 잃어버렸던 감정들을 깨닫고, 받아들이고, 표현할 수 있게 된다. 선택이 가능하다는 것과 자신이 원하는 것과 필요로 하는 것과 자신의 생각과 아이디어들을 말로 표현할 수 있다는 것을 우리는 알게 된다. 내가 누구인지 알게 되고, 내가 상대방과 다른 점이 있어서 내가 내 자신일 수 있다는 것을 받아들이고 나면 그때서야 접촉이 이루어지게 되고, 그걸 상대방도 알게 된다. 우리가 세 살이든 여든세 살이든 그렇게 할 수 있는 것이다.

나는 아이의 자기감을 세워주기 위해 작업한다. 즉, 접촉기능을 강화해 주고, 자신의 감각과 신체와 감정들과의 접촉을 새롭게 하고, 자신의 지적인 능력을 새롭게 사용할 수 있도록 해주기 위해 작업한다. 내가 이렇게 할 때 잘못된 자기표현과 성장을 위해 사용되던 행동과 증상들이 아이 자신도 잘 알아차리지 못하는 사이에 감쪽같이 사라져 버리는 경우가 자주 있다. 자신의 건강한 접촉기능을 깨닫고 유기체로서 자신이 건강하게 깨어있다는 것을 알아차리게 되어 결과적으로 좀 더 만족스러운 행동을 하게 된다. 아이는 체험을 통해 성장한다. 알아차림은 체험과 아주 밀착되어 있어서 그 둘은 동일한 것이다. 이처럼 치료받고 있는 아이가 자신의 감각들과 신체와 감정들 그리고 자신의 지적인 능력을 사용할 수 있다는 것을 체험하게 되면서 삶에 대한 건강한 자세를 되찾게 된다.

그래서 나는 아이에게 가장 필요한 영역들과 관련된 경험들을 가능한 한 많이 체험하게 해주려고 한다. 그리고 나는 가능한 한 아이가 자신의 체험과정을 알아차리도록 도와준다. 아이에게 나는 그림 위에 써 넣을 수 있도록 자신이 처해 있는 입장을 요약해서 한 문장을 만들어보라고 하는데, 그 문장의 내용이 바로 아이의 자신에 대한 알아차림인 것이다. 덤불에서 떨어져 죽어가고 있는 장미에 대한 반응에서 "너도 그렇게 느낀 적이 있니?"라고 묻는 것이나 또는 엄마 곰을 찾는 곰에 관한 얘기에 대한 반응으로 "이 이야기는 네 삶과도 관련 있는 것 같니?"라고 묻는 것은 모두 알아차림을 명료화해주기 위한 것이다. 그런 알아차림은 변화를 촉진시킨다. 아이의 알아차림이 개발되면 선택할 수 있는 대안들을 검토할 수 있게 되고, 또한 새로운 존재 방식을 실험해 보거나 혹은 삶을 향상시킬 수 있는 새로운 선택들을 방해하는 숨겨진 두려움들을 다룰 수도 있다.

나는 이 책에 소개한 두 가지 일화에서 "어떤 일이 일어났는지 나는 정말 모른다."라고 한 적이 있다. 하지만 내가 분명히 아는 것은 아이가 나와 함께 무언가를 체험했고, 그리고 아이가 나아졌다는 것이다. 이는 흔히 어떤 명확한 이해나 알아차림이 없이도 일어난다. 한 여자 아이와 함께 나는 찰흙으로 아기를 하나 만들어서 그 아기가 그녀라고 말해주고, 내가 그 아기를 목욕시켜 준다고 생각하라고 했다. 그러자 그녀는 행복하고 만족스러워 했는데, 그날 밤 그녀는 엄마에게 이제부턴 샤워를 할 것이라고 했다고 한다. (전엔 목욕이나 샤워를 거부했었다.)

만약 이 아이가 "내 남동생이 태어난 후 나도 다시 아기처럼 대우받기를 바라는 마음이 있었다는 것을 알아차리게 되었어요. 그래서 누군가가 이걸 알아줄 때까지 난 목욕을 하고 싶지 않아요."라고 말했다면 나는 아마 무슨 일이 일어났는지 "이해할 수 있었을 것이다." 내가 정말 알고 있는 것은 내가 그 아이에게 만족스러운 경험을 주었다는 것과 그것이 아이로 하여금 성장을 향한 작은 발걸음을 쉽게 내딛을 수 있을 만큼 안전하게 느낄 수 있게 만들었다는 것이 전부다.

지금까지 내가 설명한 것들을 만약 독자들이 잘 따라오고 있다면 아마 "좋아, 한번 이대로 꼭 해봐야겠다. 그러고 나서 뭘 하지?"라고 물을 수 있을 것이다. 중요한 것은 어떻게 하는가이다. 어떻게 우리가 아이의 자기감을 세워주고, 접촉기능을 강화해주고, 어떻게 아이 자신의 감각과 신체와 감정과 마음의 접촉을 새롭게 해줄 수 있을까? 어떻게 아이로 하여금 자신의 감각과 신체와 감정들과 자신의 지적 능력을 사용하는 것을 체험토록 도와줄 수 있을까?

이러한 질문에 대한 대답들은 매우 단순해보일 수 있다. 그러나 이 책은 단순히 고장수리 지침서처럼 사용될 수 없다는 것을 경고해두어야겠다. 아이들이 학습장애를 극복할 수 있도록 도와주던 학교에서 내가 했던 작업이 떠오른다. 학습장애 아이들이 가지고 있는 지각과 관련된 문제점들을 파악하는 데 도움이 되는 좋은 연구물들이 있다. 어떤 아이들은 전경-배경을 구별해내는 데 어려움이 있어서 많은 글자와 단어들로 가득 찬 배경으로부터 한 글자나 한 단어를 골라낼 수 없었다. 어떤 아이는 b와 d 그리고 was와 saw를 동일하게 보는 시각적 방향감각에 문제를 보였다. 사람들은 이런 결함들을 수정하고 아이의 약한 부분을 강화하는 데 도움이 되는 훌륭한 게임과 활동들을 고안해냈다. 그래서 우리는 아이의 전경-배경 변별기술을 향상시켜주기 위해서 많은 색깔의 나무토막들 가운데서 빨간 나무토막을 골라내고 또 삼각형이나 동그라미로부터 네모를 골라내는 작업들을 도와주면서 많은 시간을 함께 보냈다. 많은 훈련을 하고 나면 아이들은 이런 작업에 상당히 능숙해지지만 여전히 읽지는 못한다. 이처럼 이런 문제는 그렇게 간단한 것이 아니다.

감각 향상을 위해 내가 여러 가지 제안들을 하는데, 이는 아이들이 부드러운 것과 거친 것, 또는 높은 음과 낮은 음의 차이 등을 구분할 수 있게 되자마자 갑자기 자신에 대해 좀 더 좋게 느끼고 자신의 행동을 바꾸게 된다는 의미가 아니다. 아이들은 매우 복잡한 존재로서 동시에 많은 일들이 일어난다. 예를 들면, 한 아이로 하여금 자신의 촉각을 강화하고 체험하도록 해주기 위해 손가락 그림을 그리게 한다. 이 활동이 주는 순수한 즐거움뿐 아니라 물감의 흐름과 그것이 주는 감각적인 느낌은 아이의 마음을 열어주어 자신의 깊은 감정을 나눌 수 있게 해주고, 이로 인해 아이가 자신의 생활에서 겪고 있는 문제에 대해 말할 수 있도록 해주며, 이것은 또한 그 문제를 해결할 수 있는 방법들에 대한 의견을 나눌 수 있도록 해준다. 하지만 이 중 어떤 것도 일어나지 않을 수도 있다.

치료 시간 내내 아이가 아무 말도 하지 않고 그림 작업을 할 수도 있을 것이다. 또는 손가락 그림 자체를 유치하다고 거절할 수도 있을 것이다. 치료자가 아이의 내적 과정의 다양한 변화를 인식하기 위해서는 아이의 행동에 밀접하게 조율되어 있어야 한다. 치료자는 언제 말하고 언제 침묵해야 하는지 알기 위해서 아이와 함께 긴밀하게 움직여야 한다.

이 책 다른 곳에 나는 아동들에게 감각적, 신체적, 감정적, 그리고 지적이고 언어적인 체험을 제공해주는 방법에 대한 많은 예들을 소개하고 있다. 그런데 이런 아이디어들은 치료자에게 무한한 창조적 가능성들로 이어지는 상상력을 열어주는 것이 되어야 한다. 어떤 특정한 아이와 작업할 때 어떤 방법이 필요한지 결정하는 것이 나에겐 그리 어려운 일이 아니다. 내가 아이에 대해 알게 되면서 모든 것들이 제자리를 찾게 된다. 아이들은 자신이 선택한 바로 그 활동을 통해 자신에게 필요한 것이 무엇인지 자주 보여주곤 한다. 그리고 때론 어떤 활동에 대한 끈질긴 저항을 통해 아이들은 자신에게 필요한 것이 정확하게 무엇인지 보여주기도 한다.

아이들과 작업할 때 치료적 개입의 역할에 대해 나도 가끔씩 염려한다는 것을 고백해야겠다. 내가 작업하는 것이 아이들로 하여금 자신들의 문화적 배경과 기대에 상반되게 행동하도록 하게 하는 것은 아닌가? 또는 아이들이 문제를 덮어버리고 비인간적인 상황에 적응하도록 해주기 위해 그들 자신의 즐거움과 성장, 자기결정을 희생시키지는 않는가? 내가 할 일은 아이들이 자신을 강하게 느끼도록 도와주고, 그들이 자기 주변의 세상을 있는 그대로 보도록 돕는 것이라는 것을 나는 내 자신에게 상기시켜야 한다.

나는 아이들이 세상에서 어떻게 살 것이며, 어떻게 반응할 것이며, 그리고 세상을 어떻게 통제할 것인가에 대하여 자신이 선택할 수 있다는 것을 알기 바란다. 아이들을 위해 대신 선택해주는 그런 주제넘은 일을 나는 할 수가 없다. 내가 할 수 있는 역할이란 단지 아이들이 원하는 선택을 할 수 있도록 힘을 주는 것과 또 어느 때 선택을 할 수 없는지를 알게 해주는 것뿐이다. 나는 애들이 선택할 수 없는 것들에 대해선 책임질 수 없다는 것을 아이들이 알도록 해주어야 한다. 아이들이 나이가 들고 더 강해짐에 따라 아이들은 세상과의 관계를 통해 자신을 좀 더 분명하게 볼 수 있게 되고, 그때가 되면 자신이 필요로 하는 선택을 방해하는 사회구조를 바꾸기 위한 결정을 내릴 수도 있을 것이다.

아이들과 함께 일하는 사람이라면 누구든지 알아두어야 할 기본원칙들은 다음과 같다: 아이들을 좋아할 것, 수용과 신뢰관계를 형성하기, 아동의 성장과 발달, 학습단계에 대해 알 것, 아동의 특정한 연령수준에 맞는 중요한 주제들을 이해할 것 등이다. 또한 아동과 일하는 사람은 아동에게 영향을 미치는 학습장애 유형에 대해 잘 알아야 한다. 학습장애는 아동의 학습을 방해할 뿐 아니라 자주 정서적인 부작용의 원인이 되기도 한다. 나는 아동과 일하는 사람들은 강제적이지 않으면서 지시적이고, 지나치게 비지시적이거나 수동적이지 않으면서 부드럽고 온화해야 한다고 생각한다.

아동과 함께 일하는 사람은 가족 시스템에 대해, 그리고 가정과 학교, 아이가 속해 있는 다른 기관 등 아이의 환경적 영향에 대해 알고 있어야 하며, 또한 아이에게 부과된 문화적인 기대에 대해서도 알고 있어야 한다. 모든 아이들은 특별하며, 인권을 가진 소중한 존재란 것을 확고하게 믿고 있어야 한다. 또한 반영적 경청, 의사소통, 문제해결능력 등 기본적인 상담기술을 잘 사용할 수 있어야 한다. 아이들에게 개방적이고 솔직한 것은 필수라고 생각한다. 그리고 유머감각도 필요한데, 우리 내면에 있는 놀고 싶고 표현하고 싶어 하는 내적 아이가 나올 수 있도록 허락해주어야 한다.

아동치료를 꺼리는 모든 치료자들에게 나는 호소하고 싶다. 아이들은 동맹군이 필요하며, 만일 휴머니즘과 평등에 관심 있는 점점 더 많은 치료자들이 아이들을 내담자로 받아들이기를 거부하게 되면, 분열주의를 지속시켜 어린이들에 대한 탄압을 가중시키는 결과를 초래할 것이라는 것을 알았으면 한다. 아이들은 더 나은 대접을 받을 자격이 있다.

지금 내가 설명하려는 방법은 자기 모니터링이다. 나는 당신이 좋은 의도를 갖고, 해석과 판단을 삼가고, 아이를 존중하고 관심을 갖고 대한다면 실수할 수가 없다고 생각한다. 당신이 이렇게 한다면 당신은 어떤 아이와도 접촉할 수 있고, 효과적으로 아이들을 도울 수 있을 것이다. 이처럼 범위를 넓게 잡고 그 안에서 일한다면 실수할 수가 없다. 아이들은 자신이 안전하다고 느끼는 정도만큼 당신에게 마음을 열게 될 것이다.

부모들이 자신의 아이들에 관해 알고 싶을 때, 그리고 아이들이 자신의 부모에 대해 알 수 있도록 도와주기 위해 여기에서 말한 방법들을 사용할 수 있다. 이 방법들 가운데 몇 가지를 시도해본 교사들이 아주 놀라운 보고를 했었다. 자신의 훈련과 기술에 따라 얕은 물가에 머물러 있을 수도 있겠고, 또는 더 깊은 곳으로 모험해 들어갈 수도 있을 것이다.

내 수업에 참여한 사람들 가운데는 이런 방법들을 사용하면 좋지 않은 경우나 아이들에게 실시해서는 안 되는 것들에 대한 질문을 하는 이들이 있었다.

'무엇을 해야 하는지'와는 정반대가 되는 좀 더 분명한 '무엇을 하지 말아야 하는지'(판단하지 말라 등)를 제외하고는 이 주제에 관해 내가 해줄 말이 거의 없다. 모든 아이들에게 적용되는 일반적으로 통용될 수 있는 어떤 것도 나는 생각할 수 없다. "손가락 그림 작업을 과잉행동을 보이는 아동과는 하지 말라."라고 나는 말하지 않을 것이다. 왜냐하면 나는 이들에게 그런 작업을 하며, 그 결과 또한 좋기 때문이다. 사실 과잉행동을 보이는 아이들 중에는 이런 활동에 반응하지 않는 아이들도 있다. 그러나 일반적으로 자신에게 좋지 않다고 느껴지면 아이들이 당신에게 알려 줄 것이다. 아이들의 욕구에 주파수를 맞추고, 아이들의 자기방어를 존중해주며, 부드럽게 들어가야 한다.

"선생님은 아마 공상 세계 속에서만 사는 아이에겐 환상작업을 사용하지 않으시겠죠?"라고 누군가 내게 말한 적이 있다. "아니요, 그런 아이들에게도 환상작업을 사용합니다."라고 나는 대답했다. 나는 아이가 어디에 있든지 그곳에서 출발한다. 나는 아이와 접촉하기를 원하는데, 그렇게 하기 위해 나는 아마도 그에게 안전한 환상을 통해서 그와 접촉할 필요가 있을지 모른다. 언젠가는 내가 아이를 현실세계로 돌아올 수 있도록 살짝 당겨줄 수 있는 때가 올 것이다. 그때 아이가 준비된 상태라면 나를 따라올 것이고, 그렇지 않다면 따라 오지 않을 것이다.

나는 결코 아이가 하기 싫어하는 일을 하라고 하거나, 하고 싶지 않은 말을 하라고 강요하지 않는다. 나는 해석을 삼가려고 한다. 그래서 나는 내가 추측하는 것이나 짐작하는 것들에 대해서는 아이와 점검한다. 만약 아이가 대답하고 싶어 하지 않는다고 해도 상관없다. 자신만의 비밀로 안전하게 보호해 지켜가려는 아이에게 뭔가를 인정하라고 나는 고집하지 않는다. 나는 또한 내 스스로 불편하게 느끼거나 좋아하지 않는 것은 하지 않으려고 한다. 내가 만약 정말 장기놀이를 하고 싶지 않으면, 내가 좀 더 좋아하는 다른 것을 하자고 제안할 것이다.

환상과 그림을 위한 아이디어들

아래 열거한 목록들은 그림과 환상작업을 통해 내가 아이들의 정서를 끌어내기 위해 사용했던 방법들과 창조적 영감과 동기 그리고 지시사항에 관한 것들이다. 이 중 대부분들은 또한 그림이나 점토작업, 글쓰기, 신체동작 혹은 다른 매체들과 함께 사용될 수 있다. 물론 이 목록이 가능한 모든 방법들을 다 열거하고 있는 것은 아니다. 다만 내 의도는 내가 아이들과 함께 했던 것, 내 자신에게 해봤던 것, 그리고 어디선가 읽었던 것, 들었던 것과 생각해봤던 것, 또는 사용해보려고 했던 것들에 대한 대략적인 아이디어를 전달해주려는 것뿐이다. 아이디어의 범위는 상상력만큼이나 광범위하다. 이런 아이디어들 가운데 몇몇은 이 책 어디엔가 좀 더 상세하게 설명되어 있다.

먼저 아이가 선택할 수 있는 다양한 자료들을 제공해준다. 즉, 다양한 크기의 종이(신문지도 좋다), 펠트펜, 크레용, 파스텔, 색연필, 연필 등. 아이들은 작은 부품들을 좋아할 수도 있다. 시간을 맞추기 위해 부엌에서 사용하는 요리용 타이머나 또 어떤 땐 스톱워치, 골프 카운터 혹은 시장에서 가격을 표시하는 카운터 같은 것을 사용하면서 다음과 같이 안내해 줄 수 있다. "우린 이 꽃을 1분 동안 볼 거예요. 내가 갖고 있는 이 스톱워치로 시간을 알려주고, 여러분들에게 그림을 그리라고 할 거예요. 꽃을 그리는 게 아니고, 꽃을 보면서 여러분들이 어떻게 느꼈는지, 또는 내가 시간이 되었다고 알려줄 때 어떻게 느꼈는지 등, 여러분이 느낀 것을 그리는 거예요."

자신의 세계를 색과 선과 형태와 상징을 통해 상상해 보세요. 자신의 세계가 어땠으면 좋을지 상상해 보세요.

숨쉬기 운동을 잠깐 한 뒤에 지금 기분이 어떤지 그려 보세요.

당신이 화가 났을 때 하는 것, 당신이 어떻게 되었으면 좋겠는지, 무엇이 당신을 화나게 만드는지, 무서운 장소, 무서운 것, 당신이 마지막으로 울었던 때, 당신을 행복하게 해주는 장소, 지금 이 순간 당신이 어떻게 느끼는지 등을 그려 보세요.

있는 그대로의 당신(당신이 생각하는 자신), 당신이 어떻게 보였으면 좋겠는지, 나이가 좀 더 들었을 때, 늙었을 때, 어렸을 때를 그려 보세요.

당신이 가장 생동감 있게 느꼈던 때, 당신이 기억하는 시간, 가장 먼저 머리에 떠오르는 것, 가족 장면, 가장 좋아하는 저녁식사, 어린 시절, 꿈 등을 그려 보세요.

당신이 있고 싶은 곳, 이상적인 곳, 당신이 가장 좋아하는 곳이나 싫어하는 곳, 당신이 가장 좋아하는 때나 싫어하는 때, 당신이 생각할 수 있는 가장 나쁜 것을 그려 보세요.

2분 동안 바라본 후 (꽃이나 잎, 조개껍질, 그림과 물건 등을 사용) 당신의 느낌을 그려 보세요. (시간을 맞춰 놓고 음악도 사용한다.)

당신의 현재 가족. 당신의 가족을 동물이나 색깔, 지문 등 상징으로 표현해 보세요. 당신의 가족 각자가 무엇인가 하고 있는 것, 당신이 가장 좋아하는 당신의 부분과 싫어하는 부분, 당신의 내적 자아와 외적 자아, 당신은 자신을 어떻게 보는지, 다른 사람들은 당신을 어떻게 보는지 (당신이 상상하는 대로), 다른 사람들이 당신을 어떻게 봤으면 좋겠는지, 당신이 가장 좋아하는 사람, 가장 싫어하는 사람, 존경하는 사람, 질투하는 사람, 당신의 괴물, 즉 당신의 악마 등을 그려 보세요.

당신은 타인의 주의를 어떻게 끄는지, 다른 사람들로부터 원하는 것을 당신은 어떻게 얻는지, 당신이 우울할 때, 슬플 때, 상처받았을 때, 질투 날 때, 외로울 때 무얼 하는지, 당신의 외로움, 외로운 감정, 당신이 외롭게 느끼거나 외롭다고 느꼈을 때, 상상의 동물, 당신을 괴롭히는 것, 여기 있는 어떤 사람, 당신과 가까운 사람, 당신 자신, 당신 주변의 세상, 당신의 하루, 당신의 일주일, 당신의 현재 인생, 당신의 과거, 현재, 미래 등을 그려 보세요.

행복한 선들, 부드러운 선들, 슬픈, 화난, 두려운 감정 등을 그려 보세요. (그림을 가지고 소리내기, 몸을 움직이기). 왼손 또는 오른손으로 그려 보세요.

다른 사람과 함께 작업하면서 지금 어떻게 느끼는지를 쪽마다 연속적으로 표현해 보라고 하기, 그 느낌을 과장해보기, 그림의 한 부분을 묘사하기 등.

자신이 기술한 것이나 기술하기 어려운 것을 색과 모양, 선으로 그려 보세요.

이야기, 환상, 시, 음악을 들은 (혹은 보거나 읽은) 소감을 그려 보세요.

약한/강한; 행복한/슬픈; 좋아하는/싫어하는; 좋은/나쁜; 긍정적인/부정적인; 화난/조용한; 책임감 있는/미친; 심각한/실없는; 좋은 느낌/나쁜 느낌; 나가고 싶을 때/움츠려질 때; 사랑/증오; 기쁨/비참함; 신뢰/의심; 이별한/함께 있는; 열린/닫힌; 혼자 있는/혼자가 아닌; 용감한/두려운; 자신의 최상의 부분/최악의 부분 등 반대되는 것들을 그려 보세요.

아이였을 때, 십대였을 때, 어른이 되었을 때 (어른은 세 개의 자기 이미지), 소꿉놀이 장소, 자신을 가장 짓누르는 문제, 신체적 고통 – 두통, 허리 통증, 피로감 등을 그려 보세요.

낙서를 한 후 숨은 그림을 찾아 보세요. 휘갈겨 그린 그림을 완성해 보세요.

노끈 그림, 나비 그림, 손가락 그림, 자동차 페인트 그림(자동차용 에나멜은 빨리 마르며, 방울방울 떨어뜨려 아름다운 환상그림을 그릴 수 있다; 매소나이트 보드에 그리는 것이 좋다.)을 그려 보세요.

치료자가 아이를 그린 후 아이가 그림에 대해 코멘트하게 해 보세요.

집단에서 짝을 지어 각자 상대방을 그리게 하세요. 파트너와 함께 그림을 그리도록 시키세요. 파트너와 의논해서 주제를 정하게 하세요. 가령, 비웃음당하고, 조롱당하고, 최악으로 꼽히고, 놀림당하는 것 등.

당신 삶의 지도를 그려 보세요. 좋은 장소들과 움푹 들어간 곳, 장애물 등을 표시하세요. 지도에서 당신이 있었던 곳, 가고 싶은 곳을 표시하세요. 특정한 상황과 경험들을 그려 보세요(밤에 침대에 오줌 쌌을 때의 느낌).

한 집단이나 가족 또는 가족 역할을 하는 집단이 주제를 정하고 함께 그림을 그릴 수도 있다.(작업과정과 집단 상호작용을 자각한다.): 가령 내 삶에서 지금 나는 어디에 있는지, 난 어디에서 왔는지, 내가 있던 곳은 어딘지, 나는 어디로 가고 싶은지, 그곳에 가지 못하게 하는 것(막는 것, 장애물)이 무엇인지, 내가 거기에 가기 위해 무엇이 필요한지에 대해 그림을 그릴 수 있을 것이다. 각 사람들이 차례로 무언가 더해가면서 연이어 그리는 게임을 해 보세요.

어제는 느낌이 어땠는지, 오늘, 지금은? 그리고 내일은 어떻게 느낄 것 같은지, 이기적으로 되어보기, 바보처럼 되어보기, 미쳐보기, 추해 보기, 비열해 보기, 당신이 원하는 것, 당신은 원하는 것을 어떻게 얻는지, 비밀, 혼자 있어보기, 다른 사람과 함께 있기, 심각하기, 실없어 보기 등을 그려 보세요.

자신을 어떻게 보는지 과장해서 자신을 그려 보세요.

종이 위로 손을 내밀어 손이 원하는 대로 무엇이든지 그리도록 허락해 보세요.

다음과 같은 단어를 하나 제시하고, 그 단어가 상징하는 것을 떠오르는 대로 얼른 그려 보세요. 사랑, 미움, 아름다움, 불안, 자유, 자선 등. 당신은 여자/남자/아이/어른/소년/소녀로서 어떻게 느끼는지, 반대의 성을 가졌다면 어떻게 느낄지 상상해서 그려 보세요.

큰 종이에 아이의 모습 윤곽을 그려 넣어 보세요. 아이가 자신의 그 모습에게 얘기하도록 해 주세요. 당신 몸에 대한 이미지를 색과 모양, 선으로 그려 보세요. 눈을 감고 당신 앞에 당신이 있다고 상상하면서 그리세요.

동물로서의 당신 자신과 그 동물을 넣어 둘 우리를 그려 보세요. 당신의 어머니/아버지의 이미지를 색과 선과 모양으로 그려 보세요.

아주 어렸을 때로 돌아갔다고 생각하며 당신을 매우 행복하게 하고, 흥분하게 하고, 기분 좋게 한 것을 그려 보세요. 당신이 가졌던 것, 했던 것, 당신이 알던 사람, 당신을 슬프게 했던 것 등을 그려 보세요. 그때 나이가 되어 그려 보세요.

어렸을 때 일어났으면 하고 바랐던 것 그리기.

아이가 말하는 중에 무언가 일어나면 그걸 그리라고 해 보세요. 예컨대, 신체적 고통, 사고, 느낌 등을 그려보라고 하세요.

슈스 박사(Seuss)의 책 『내가 동물원을 달렸다면』(*If I Ran the Zoo.*)에서 나오는 상상의 동물 같은 것을 그린 후 그 동물이 되어 보세요. 그 동물이 뭘 할 수 있을까요?

집단에서 두 동물이 서로 만나도록 해 주세요. 동물을 한두 마리 그리고, 각 동물을 묘사하는 단어 세 개를 쓰거나 말하게 한 후 이제 그 동물이 되어 자신에 대해 말하도록 해주세요.

치료자가 하는 것 가운데 당신이 싫어하는 것을 그려 보세요. 치료자도 내담자에 대해 똑같이 한다. 걱정되는 것과 세 가지 소원을 그려 보세요. 치료자가 그림을 그리고 아이가 치료자에게 무얼 그려야 할지 말하게 하세요.

자기 얼굴을 만진 후 그리기.

뭘 할 건지 그린다. 만약 당신이 마술사라면 어디에 있고 싶은가요?

누가 당신에게 그것을 줄까요? 당신은 그것을 누구에게 줄 건가요?

후회하는 것, 죄책감이 느껴지는 것, 또는 죄책감 그 자체, 당신의 힘, 당신이 떠나보내야 할 것 등을 그려 보세요.

그림의 주제로 다른 많은 종류의 것들이 사용될 수 있다. 많은 환상들과 이야기들, 소리와 동작들 그리고 시각들이 그림의 주제가 될 수 있다. 또한 시와 글쓰기를 위의 것들 중에 어느 것과도 함께 사용할 수도 있다.

아이들로 하여금 색과 선, 모양과 곡선을 사용하도록 지시하세요. 가벼운 획, 무거운 획, 길고 짧은 획, 선명한 색, 밝은 색, 어두운 색, 탁한 색, 상징들과 막대기 모양을 사용하도록 지시하세요.

내담자들로 하여금 작업을 빨리 하도록 지시하세요. 내담자의 그림에서 어떤 반복되는 패턴을 알아차리게 되면, 그들의 평상시 하던 방식과 반대되는 방향으로 실험을 하도록 시켜보세요.

04

만들기

찰흙

아이들과 함께 사용하는 모든 재료들 가운데 찰흙은 단연코 내가 가장 좋아하는 재료다. 나는 대체로 아이들과 함께 작업할 때 바로 찰흙을 갖고서 작업을 시작하는데, 이 작업을 하면 나는 기분이 좋고 편안해진다. 찰흙의 유연성과 부드러움은 다양한 욕구들을 표현하기에 좋다. 찰흙의 속성들을 생각해보기로 하자. 찰흙이 좋은 이유는 아무렇게나 주무를 수 있고, 물렁물렁하고, 부드럽고 감각적이며 또 연령에 상관없이 호감을 갖게 하기 때문이다. 찰흙은 우리 마음속의 가장 깊은 내적과정의 작업을 촉진시켜준다. 찰흙은 다른 소재에선 찾아 볼 수 없는 재료와 작업자 간의 독특한 상호작용적인 흐름을 가능하게 해준다. 작업을 하는 동안 찰흙과 작업자는 쉽게 하나가 된다. 찰흙은 촉감과 운동 감각적인 체험을 둘다 제공해준다.

지각이나 운동 감각에 문제를 지닌 아이들 가운데 이런 종류의 경험이 필요한 아이들이 많다. 찰흙은 사람들로 하여금 자신의 감정에 더 가까이 다가가도록 해준다. 사용자와 매체 간에 일치감이 생기는 것은 유연한 질감 때문일 것이다. 찰흙은 흔히 아이들 마음속에 있는 자기 보호의 갑옷을 뚫고 들어가는 것처럼 보인다. 자신의 감정과 접촉이 잘 되지 않고 자신의 감정표현을 오래 억눌러 온 아이들은 자신의 감각과도 잘 접촉하지 못한다. 찰흙의 감각적인 면들은 아이들의 감각과 감정 사이에 교량 역할을 해준다. 공격적인 아이들은 찰흙을 사용해서 때리고 주먹을 내리칠 수 있다. 화가 난 아이들은 찰흙을 통해 다양한 방법으로 분노감정을 배출할 수 있다.

불안과 두려움을 느끼는 사람들은 찰흙을 통해 통제감과 자신감을 느낄 수 있다. 찰흙은 언제든지 고쳐 만들 수 있으며, 뚜렷하고 구체적인 사용 방법이 없는 매체다. 찰흙으로 '실수' 하기란 아주 어려운 일이다. 자기 존중감의 강화가 필요한 아이들은 찰흙을 통해 독특한 자기감을 체험할 수 있다. 찰흙은 모든 매체들 가운데 치료자로 하여금 아이들의 내적 과정을 가장 생생하게 시각적으로 관찰할 수 있도록 해주는 재료이다. 아동이 찰흙과 작업하는 것을 지켜봄으로써 치료자는 아동에게 어떤 일들이 일어나고 있는지 '들여다 볼 수' 있다. 그것은 언어표현을 잘 못하는 아이들에게 자신을 표현할 수 있게 해주는 좋은 통로가 된다.

찰흙은 부모와 교사들로부터 말이 너무 많다고 비난 받는 아이들을 포함하여 말이 많은 아이들에게 언어에 지나치게 의존하지 않으면서 자신을 표현하는 수단을 제공해준다. 찰흙은 또한 아이들이 자신의 성과 신체 부위와 그 기능들에 대한 호기심을 기르고 만족할 수 있도록 도와준다. 아이들은 찰흙을 가지고 혼자만의 활동으로 즐길 수도 있고, 또한 매우 사회적인 활동으로 활용할 수도 있다. 비지시적 작업을 하는 동안 아이들은 서로 훌륭한 대화를 한다. 아이들은 종종 자신의 생각과 아이디어, 감정과 경험들을 나누면서 새로운 차원에서 상호 작용을 한다.

어떤 사람들은 찰흙이 지저분하다며 꺼린다. 사실은 모든 예술 재료들 가운데 찰흙은 물 다음으로 깨끗한 재료다. 마르면 고운 먼지가 되고, 손과 옷, 양탄자, 마루와 탁자에 묻은 것들은 쉽게 씻기고, 털어지며, 진공소제를 하거나 해면으로 문질러 없앨 수 있다. 찰흙엔 치료적 속성이 있다. 조각가들과 도예가들은 베인 상처를 노출한 상태로 둔 채 작업하면 빨리 치료된다는 걸 발견했다.

대부분의 아이들은 쉽게 찰흙을 만지지만, 찰흙을 더럽고 축축한 덩어리로 생각하고 무서워하는 아이들도 가끔씩 있다. 이런 태도는 그 자체로 아동에 관한 많은 것들을 치료자에게 얘기해주며, 또한 치료의 방향을 정할 수 있는 유용한 지침이 된다. 이러한 청결 강박충동과 아동의 정서적 문제들 사이에는 분명히 직접적인 연관성이 있으며, 만일 아동에게 다른 재료들을 주었다면 이런 현상들이 분명히 드러나지 않았을 것이다. 찰흙에 대한 아이의 초기 저항을 다루어준 다음 나는 서서히 찰흙을 다시 치료에 사용한다. 이런 아이들은 종종 저항하기도 하지만 나중엔 좋아하며, 차츰 조심스럽게 찰흙작업을 시작하게 된다.

나는 배변 통제를 못해 바지를 더럽히거나 배변을 억제하는 아이들을 치료할 때 찰흙을 사용한다. 아홉 살 난 한 남자 아이는 찰흙을 가능한 한 질고 둘렁물렁하게 만드는 걸 좋아했는데, 찰흙 위로 그리고 자기가 만든 움푹 파진 구멍 속으로 물을 신나게 퍼부었다. 그런 후 갑자기 아이 마음속에 뭔가 일어난 것처럼 보였는데, 아무런 예고도 없이 순식간에 획 물러서더니 긴장된 표정으로 자기는 찰흙놀이를 다 끝냈노라고 내게 말했다. 그렇게 확 물러서던 그 순간에 어떤 생각과 감정, 그리고 기억들이 떠올랐는지 아이는 오랫동안 말을 하지 않았다.

그러던 어느 날 아이는 자기가 자신의 배설물을 얼마나 좋아했는지에 관해 털어놓았다. 아이는 자신이 네 살 정도 되었을 때 한 번은 자기가 만들어 낸 배설물이 얼마나 단단한지 만져보고 싶어 변기 안으로 손을 뻗었는데, 그 순간 엄마가 강제로 확 잡아끌어낸 뒤 아주 엄청나게 야단을 맞았던 일이 있었다고 말했다. 그 후에 다시 자신의 배설물을 만져보려는 시도를 했지만, 엄청난 수치심과 죄책감이 들어 금지된 행동을 그만두었었다고 했다. 이 사건 하나가 그의 배변 문제를 일으켰을 수도 있고, 아닐 수도 있지만 그 사건이 중요한 한 요인이었음은 틀림없다. 이런 자신의 기억을 나눈 후에(이 기억이 생각난 까닭은 순전히 아이가 찰흙작업을 했기 때문이다.) 아이는 찰흙을 한결 편하게 느끼게 되었고, 전체적으로 좀 더 이완하게 되었다. 이러한 이완을 통해 아이는 마음을 열게 되었고, 다른 표현들도 할 수 있게 되었는데, 그 결과 아이는 정상적인 배변통제를 할 수 있게 되었다.

나는 아이들이 찰흙으로 할 수 있는 것들에 대해 별로 많이 알고 있지 않다는 사실을 알게 되었다. 아이들에게 찰흙 한 덩어리를 주면, 대개 아이들은 재떨이나 사발, 아니면 뱀 같은 것들을 만든다. 아이들이 이 매체의 놀라운 유연성과 다양성을 경험하면 할수록 찰흙을 통해 자신을 표현할 수 있는 다양한 방법들을 터득한다. 내 경험으로는 아이들에게 찰흙작업에 사용할 수 있는 다음과 같은 것들을 포함하는 도그 박스를 마련해주는 게 도움이 되는 것 같다: 고무 방망이(필수적임), 치즈 커터기, 작은 칼, 마늘 압축기, 문지르는 도구나 조리용 식칼, 쿡쿡 찌를 수 있는 연필, 감자 으깨는 것 등등. 나는 항상 부엌이나 연장 수납장, 혹은 어디를 가든 찰흙작업에 쓰일 수 있는 재미있는 도구들을 찾아내는 데 관심을 쏟는다. 찰흙작업에 전혀 사용될 것 같지 않게 생긴 것들일수록 사실 더 좋다.

작업하는 장소는 중요하지 않다. 어떤 때는 아이들은 탁자에 앉아 두꺼운 널빤지 위에 (뭘 자를 때 사용하는 보드) 찰흙을 올려놓고 작업한다. 또 어떤 경우엔 그 널빤지를 옮겨 바닥에 앉아서 한다. 밖에 앉아 하는 것도 즐거운 일이다. 집단에서 찰흙을 사용할 땐 보통 바닥에 둥글게 둘러 앉아, 신문지 위에 올려놓고 쓸 수 있는 두꺼운 종이 접시(여러 번 사용할 수 있는)를 모든 아이들에게 나눠 준다. 더러워질까 염려하는 아이들의 불안을 덜어주기 위해 종이타월과 미리 축축하게 적신 작은 타월들을 준비해 둔다. 찰흙을 축축하고 매끄럽게 만들거나 찰흙 위에 물을 쏟아 부을 때 필요한 작은 냄비도 중요하다.

나는 가끔 아이들이 찰흙으로 할 수 있는 많은 것들을 경험시켜주기 위해 다음과 같은 연습을 시킨다.

"이걸 할 땐 눈을 감아요. 눈을 감고 손가락과 손으로 찰흙을 더 민감하게 느낄 수 있다는 것을 알아차려 보세요. 눈을 뜨면 찰흙을 느끼는 데 방해가 됩니다. 이걸 확인해보기 위해 이 두 가지 방법을 다 시도해보도록 하세요. 가끔씩 살짝 눈을 떠야할 것 같으면 떠도 괜찮아요. 다시 감으면 되니까. 찰흙 덩이 위에 손을 올려놓고 잠시 앉아 있어보세요. 자, 심호흡을 한두 번 해보세요. (지시하면서 나도 동시에 찰흙작업을 하는데, 지시의 속도조절을 하기 위해서다.) 자, 이제 내 지시를 따라오세요.

"찰흙 덩어리를 지금 한번 그대로 느껴보세요 — 찰흙과 친구가 되어 보는 거예요. 매끄러운지? 거친지? 딱딱한지? 부드러운지? 울퉁불퉁한지? 차가운지? 따뜻한지? 축축한지? 건조한지? 찰흙을 집어서 들고 있어 보세요. 가볍나요? 무겁나요? 자, 이제 내려놓고 주물러 보세요. 양손을 사용하세요. 천천히 주물러 보세요.... 좀 빠르게.... 세게 주물러 보고 살짝 주물러 보세요. 잠시 동안 그렇게 해보세요.

"찰흙을 손으로 꼭 짜보세요.... 이제 쓰다듬어 매끄럽게 해보세요. 엄지손가락과 다른 손가락들과 손바닥과 손등으로. 찰흙을 매끄럽게 한 다음 매끄러워진 부분을 느껴보세요.... 다시 뭉쳐서 공을 만들어 보세요.... 그리고 쳐보세요.... 그게 납작해지면 뭉쳐서 다시 쳐보세요. 다른 손으로도 해보고.... 뭉쳐서 쓰다듬어 보고.... 가볍게 쳐보고.... 철썩 때려보고.... 철썩 때리고 나서 당신이 매끄럽게 단든 곳을 느껴보세요....

"한데 뭉쳐 보세요. 떼어보고. 작고 큰 조각들로 떼어보고.... 한데 뭉치고, 집어 들어 아래로 내던져 보고, 이땐 살짝 눈을 떠야 할지도 몰라요.... 다시 해보세요. 더 세게. 소리를 크게 지르며 해보세요. 세게 치는 걸 무서워하지 말고.

"지금 다시 한 덩어리로 뭉쳐보세요.... 손가락으로 찔러보고.... 손가락으로 찰흙에 구멍을 뚫어 보세요.... 구멍을 몇 개 더 만들어 보고.... 이쪽에서 저쪽으로 구멍을 뚫어 보세요. 만든 구멍들을 느껴보세요.... 찰흙을 다시 뭉친 후 손과 손가락으로 움푹 패인 선들과 작은 구멍들을 만들고 느껴 보세요. 손가락 마디와 손등과 손바닥 등 손의 여러 부분들로 해보세요.... 무얼 만들 수 있는지 보도록 하세요. 팔꿈치로 뭘 하길 원할지도 모르죠.

"자, 이제 좀 떼어서 뱀을 만들어 보세요. 굴릴수록 얇고 길어질 거예요. 다른 쪽 손이나 손가락에 그걸 감아 보세요. 자, 이제 한 조각 떼어 손바닥 사이에 굴려 작은 공을 만들어 보세요. 그 공을 느껴보세요.... 찰흙을 다시 모두 합쳐보세요. 찰흙 위에 양손을 올려놓고, 다시 잠시 동안 앉아 있어보세요. 자, 이제 아주 잘 느끼게 될 거예요."

아이들이 집단에서 처음 이 작업을 시작할 땐 자주 낄낄대며 웃거나 이야기한다. 부드러운 말로 아이들에게 계속해서 지시하면 아이들은 곧 조용해지고, 내가 하는 말에 집중하게 되며, 푹 빠져들어 찰흙과 하나가 된다.

작업이 끝나면 우린 작업에 관해 얘기를 한다. "무엇이 가장 좋았니?" "어떤 게 싫었니?" 아이들이 좋아했던 것과 싫어했던 것들을 좀 더 탐색할 때도 있다. 한 소년은 "저는 찰흙을 꼬집어 눌러 보는 게 좋았어요. 그만 두고 싶지 않았어요."라고 말했다. 나는 "지금 한번 그렇게 해볼래? 꼬집고 눌러봐. 네가 그렇게 할 때 무슨 생각이 들지? 또는 어떤 기분이 들지?"라고 물었다. 아이는 "여동생을 꼬집고 있어요. 저는 동생을 꼬집어주고, 또 꼬집어 주고 싶어요. 동생은 싫어할 거예요. 나는 동생을 때리면

안 돼요. 내가 동생을 때렸다고 아빠가 가죽 끈으로 저를 때렸지요. 동생은 여자기 때문에 때리면 안 된다고 하셨어요. 동생은 저를 놀려대고 화나게 하지요. 그리고 어떤 땐 저를 꼬집어요. 그러면 나는 동생을 죽이고 싶지만, 그 애는 내가 자기를 건드릴 수 없다는 걸 알고 있지요!" 우리가 고개를 끄덕이며 자기 말을 잘 들어주는 것을 보고 그는 웃었다.

그런 후 다음과 같이 말했다. "제 동생이 언제나 그렇게 나쁜 건 아니죠. 내가 동생에게 가르쳐준 게임이 있는데, 밤에 우리가 밖에 나가놀 수 없을 땐, 동생이랑 함께 하면 재미있어요." 다음 시간엔 아마도 아이가 말한 것 가운데 다른 내용들, 즉 아버지가 가죽 끈으로 때린 것과 아이 내면에 쌓여있을 여자 아이들에 대한 태도들을 다루게 될 것이다.

또 다른 여자 아이는 "나는 찰흙을 쓰다듬는 게 좋았어요."라고 했다. 나는 아이에게 다시 그렇게 해보라고 했다. "고양이를 만지는 것 같아요. 내 고양이를 만지는 게 나는 좋아요"라고 말했다. 아이는 계속 쓰다듬었다. "가끔 엄마와 함께 이불 속을 기어 다니고, 또 엄마가 날 꼭 껴안아주던 생각이 나요." (그녀의 엄마는 일 년 전에 돌아가셨다.) "엄마가 몹시 보고 싶은 게로구나."라고 나는 말했다. "네, 아주 많이요. 전, 엄마 없이 살 수 없다고 생각하곤 했었으니까요. 저를 돌봐 줄 엄마 없이 어떻게 살 수 있겠어요? 그러나 우리는 잘 지내고 있어요. 도움이 되는 일들을 난 많이 할 수 있어요. 우리 가족끼리 서로 도와가며 잘 지내왔어요. 하지만 저는 엄마가 아주 많이 보고 싶을 때가 있어요. 그렇지만 어떤 때는 잊고 지내요!"

아이들이 찰흙을 통한 자기 탐색을 하는 동안 음악을 틀어놓는 게 재미있을 때도 있다. 또는 나는 다양한 리듬으로 드럼을 쳐서 아이들이 찰흙을 찌르거나 꼬집고 또 철썩철썩 때리도록 박자를 맞춰주기도 한다.

자주 나는 예술작품을 만들 때와 같은 방식으로 찰흙작업을 한다. "눈을 감고 너만의 공간 속으로 들어가 보렴. 몇 초 동안 찰흙을 양손으로 느껴봐. 숨을 두어 번 깊게 쉬어봐. 자, 지금은 눈을 감은 채, 찰흙으로 무얼 만들어 보렴. 그냥 손가락만 움직이도록 해. 찰흙이 원하는 방향이 있는지 느껴봐. 아니면 찰흙을 네가 원하는 대로 만들 수도 있어. 어떤 형태를 만들어 보렴. 만들고 싶은 게 있으면 눈을 감고 만들어 보고, 무슨 일이 일어나는지 보렴. 아니면 그냥 찰흙을 움직여봐. 너 스스로 놀랄 거야. 이제 잠시 동안만 더 할 수 있어. 끝나고 나면 눈을 뜨고, 네가 만든 것을 보는 거야. 이제 마무리 손질을 할 수는 있지만, 바꾸지는 마. 자, 이제 눈을 뜨고 봐. 돌려서 보고, 다른 각도에서도 봐."

예전 집단작업을 통해 얻은 몇 가지 사례들을 여기 소개한다. 아이들이 만든 것을 마치 자기 자신인 것처럼 생각하고 말해보라고 했다. "이 찰흙조각이 되어보렴. 네가 바로 찰흙이 되어서."

지　미(11세): 저는 재떨이에요. 제겐 매끄러운 바닥과 저를 둘러싸고 있는 턱이 있어요. 양쪽에 담배를 꽂을 수 있게 되어 있어요. 내겐 울퉁불퉁한 곳과 긁힌 자국들이 있지요.

치료자: 지미, 누가 너를 사용하지?

지　미: 아버지요.

치료자: 그래, 너를 어떻게 사용하시지?

지　미: 아버지는 저에게 재를 털고, 담뱃불을 끄기 위해 저를 힘차게 밀어붙이죠. (지미는 자신이 만든 찰흙조각을 바라보며 침묵을 지키고 있다.)

치료자: (매우 부드럽게) 지미야, 네 생활도 이와 비슷한 점이 있니?

지　미: (날 바라보며, 큰 소리로) 네! 아버진 저를 그런 식으로 대했어요. 그는 날 두들겨 패요. 담배처럼 그렇게 날 괴롭히죠.

치료자: 그에 관해 우리에게 좀 더 얘기해줄 수 있겠니?

지미는 고개를 끄덕이더니, 집단에서 처음으로 자신의 아버지와의 관계에 대해 그리고 아버지로부터 이해받지 못한 자신의 감정들에 관해 말하기 시작했다. 그는 울기 시작했다. 다른 아이들은 지미가 겪은 일을 진심으로 이해했다는 것을 보여주면서, 자신들의 경험을 함께 나누며 대화에 자연스럽게 참여하게 되었다. 지미에 대한 우리의 관심을 돌리는 게 좋겠다고 생각되는 시점에 오자, 나는 그 애가 우리와 함께 자신의 감정을 나눠준 것에 대해 고맙다고 했다. 지미의 얼굴에 나타난 편안함을 보고, 나는 그가 완전함과 성숙을 향해 한 발자국 더 내디뎠다는 걸 알 수 있었다.

이 시간에 찰흙작업을 함으로써 이후 시간에 지미는 아버지에 대한 자신의 깊은 분노감정들을 표현할 수 있었고, 자신의 분노를 어떻게 다루었는지 그리고 자기가 아버지를 화나도록 만든 것 등에 관해 살펴보게 되었으며, 또한 아버지로부터 자신이 무얼 원했는지 등에 관해서도 말할 수 있게 되었다.

세일라(11세): 저는 태양이에요. 저는 납작해요. 얼굴에 두 개의 눈과 온통 점들이 있어요. 나는 태양이 따뜻하고 모든 것을 빛나게 해줘서 좋아요.

치료자: '태양' 대신 '나' 라고 하면서 다시 얘기할 수 있겠니?

세일라: 나는 따뜻하고 사물을 빛나게 하기 때문에 나를 좋아해요. 그리고 내 얼굴은 웃는 얼굴이에요.

치료자: 세일라, 네가 태양이 되어 말한 것 중에 네 자신과 관련 있는 것이 있니?

세일라: 네, 그럼요. 가끔 나는 사람들과 사물들을 따뜻하게 해줄 수 있어요. 어떤 땐 빛나고 따뜻한 것 같아요. 나는 지금 웃고 있고, 기분이 좋아요. (환한 웃음. 갑자기 웅크리더니 나와 아이들을 쳐다보지 않고 다른 곳을 쳐다보더니 웃음을 잃었다.) 내가 항상 웃는 건 아니에요! 나는 정말 대부분 웃고 싶지 않아요.

다른 아이들 중에 한 명이 무엇 때문에 웃고 싶지 않은지 물었다. 그녀는 친구와 선생님, 그리고 형제, 부모와 겪고 있는 갈등에 대해 말했다. 아이들이 모두 열심히 들었다. 그런 후 나는 그녀를 태양처럼 웃게 만드는 것들이 뭐냐고 물었다. 그녀는 다시 제자리로 돌아와 좋은 기분이 되어 우리를 둘러보면서 다시 환하게 웃었다. "내가 태양일 때 행복하죠." 라면서 킬킬거렸다.

세일라의 삶엔 많은 갈등이 있었다. 그녀에게 최악이란 낯선 것이 아니었기 때문에 항상 최악의 상황을 기대하면서 모든 걸 몹시 걱정했다. 앞일에 대한 우울한 예상들로 인해 자신의 좋은 감정들을 망쳐버리기보다는 생활 가운데 좋은 감정들을 즐기도록 자신을 허락하는 법을 그녀는 배우고 있었다. 그녀는 아주 현실적인 갈등들을 대처하는 법을 배우고 있었다. 그녀는 자기 삶 속에서 자신이 무기력한 희생자가 아님을 깨닫게 되었다. 세일라는 자기 삶과 자신의 양극성을 깨닫게 되었다. 즉, 어떤 땐 자신이 화가 나거나 슬프지만, 또 다른 땐 편안하고 행복하게 느낀다는 것을 인식하면서 화와 슬픔 같은 부정적인 감정들을 수용하고 경험할 수 있게 되었다. 자신의 즐거운 순간들뿐 아니라 자신의 비참한 순간들도 두려움 없이 경험할 수 있도록 자신을 허락해주었다.

조 우(12세): 나는 아무것도 만들지 않았어요.

치료자: 여기 뭐가 있는 게 보이는데, 네 찰흙 말이다. 난 네가 그걸 있는 그대로 설명해 주었으면 한다.

조 우: (자기 찰흙을 잠시 응시하며) 나는 무가치한 덩어리에요. 그리고 난 거의 언제나 그렇게 느끼지요. 무가치한 덩어리처럼 말이에요....

치료자: 그러면 지금은?

조 우: 지금도 저는 무가치한 덩어리처럼 느껴져요.

치료자: 너는 자신이 별로 가치가 없다고 느끼는구나?

조 우: 네, 맞아요. 난 그래요.

치료자: 우리에게 네 감정을 나눠줘서 고맙다. 네가 그래줘서 난 정말 고마우.

조 우: (살며시 웃으며) 괜찮아요.

여기서 확실한 것은 조우가 감추지 않고 우리에게 보여준 자신의 낮은 자기존중감이었다. 그렇게 말함으로써, 즉 자신을 인식한 그대로 우리에게 말해줌으로써 조우는 새로운 자기상을 향한 큰 발걸음을 내딛게 되었다고 나는 생각한다. 여기서 내가 그를 멀쩡한 아이로 생각한다는 것은 아무런 가치가 없다. 즉, 나는 그가 자신을 대하는 방식으로 나도 그렇게 그를 받아들여야 한다. 그가 자기를 어떻게 보고 있는지에 대해 그와 논쟁하는 것은 그의 자기존중감을 높여주는 게 아니라 오히려 약화시키는 것이 될 것이다.

개인치료에서 아홉 살짜리 남자 아이는 "저는 찰흙조각이에요. 제가 무슨 말을 더 하기를 바라시나요?" 라고 했다.

치료자: 그냥 네가 어떻게 생겼는지 말해보렴. 너는 울퉁불퉁하니?

더 그: 글쎄요, 저는 움푹 들어간 데도 많고, 갈라진 데도 있지요. 저는 의자에요. 저는 다리 없는 의자 같아요.

치료자: 네 다리에 무슨 일이 생겼니?

더 그: 글쎄요, 우리 가족들이 저를 제대로 사용하지 못하지요. 그들은 제 위에서 뛰어놀았어요. 그리고 제 다리를 부러뜨려 놓았어요.

치료자: 그리고 무슨 일이 있었지?

더 그: 저를 갖다 버렸어요.

치료자: 너는 지금 어디 있지?

더　그: 저는 밖에 쓰레기 더미 속에 있어요. 그들은 제게 잘해준 것도 없고, 뭘 준 것도 없어요. 그저 쓰레기 더미 속에 집어던져 버렸어요.

치료자: 쓰레기 더미 속에 있는 게 어떠니? 거기 있는 게 좋으니?

더　그: 아뇨. (그의 목소리가 변하기 시작한다. -낮아지고 부드러워진다.) 아뇨, 저는 이곳이 싫어요.

치료자: 더그, 네가 찰흙의자가 되어 말한 것이 네 자신의 실제 삶과 통하는 게 있니?

더　그: 네, 그들은 저를 쓰레기 더미 속에 던진 거나 다름없어요.

치료자: '그들' 은 누구지?

더　그: 저의 엄마와 아빠요. 제 부모님은 결코 내 말에 귀를 기울이지 않아요. 내가 말하는 어떤 것도 좋다고 생각하지 않지요. 나에 대한 관심이 전혀 없어요. 부모님은 다른 아이들을 더 좋아하세요. 절 핀잔주고요. 전 쓰레기 더미에 사는 게 더 나았을 거예요.

이 시간에 나타난 더그의 표현들은 불만을 털어놓던 이전 시간 때의 표현들과는 질적으로 다른 것이었다. 평상시의 툴툴거리고 반항하는 목소리 대신 마음속 깊은 곳의 감정을 실어 말했다. 그는 실제론 부모들에게서 나온 것으로 생각되는 많은 것들을 자신에게 받아들였다. 그 이후 시간들을 통해 그는 자신이 실제로 '좋지 않고, 쓸모없다' 고 느끼고, 또 그것을 믿었었다고 했다. 그는 삶에서 길 잃고, 너무나 무가치한 느낌이 들어 차라리 죽고 싶다고 했다(이는 아이들에게서 찾아보기 그리 어렵지 않은 소망이다.).

그는 이런 감정들에 대하여 신경질적인 행동과 형편없는 학교 성적, 그리고 집에서 사소한 일로 갑자기 분노를 폭발하거나 심한 두통으로 반응하여 표현하곤 했다. 더그의 깊은 절망감이 드러나기 시작한 후에서야 비로소 우리는 그로 하여금 자신의 가치감과 자격감에 대해 작업할 수 있도록 도와줄 수 있었다. 이후 그의 모든 가족들과 함께 작업했던 몇 회기 동안 그의 이런 어두운 감정들이 드러날 때마다 효과적이고 역동적인 치료시간들이 되었다.

찰흙의 특별한 힘에 나는 항상 감동을 받는다. 저항하는 듯하면서도 물러서는 찰흙의 촉감과 운동감이 사람들로 하여금 자신의 가장 깊은 곳까지 접근할 수 있도록 가능성을 열어주는 것 같다. 치료가 지시적이든 비지시적이든 (내가 어떤 구체적인 작업을 아이에게 소개하든, 아니면 그냥 서로 대화하면서 아이가 놀이를 하든) 상관없이, 나와 아이가 그것을 관찰하고 탐색하기만 하면 항상 어떤 새로운 것이 뚫고 올라오는 것 같다.

아이들의 과정이 가장 선명히 드러나는 때는 찰흙을 사용할 때인 것 같다. 아이가 찰흙작업을 할 때, 혹은 찰흙작업을 한 경험을 나눌 때, 나는 아이를 면밀하게 관찰한다. 찡그린 얼굴과 몸짓, 그리고 목소리 톤이나 자세의 변화를 관찰한다. 몸은 찰흙을 통해 의사표현을 하는 것 같다. 이런 느낌을 받으면 나는 아이의 내면에 뭔가 중요한 일이 일어나고 있다는 걸 안다. 이런 순간에 나는 "너는 전에도 이런 느낌을 가진 적이 있니?" 혹은 "네 삶에서 이런 일이 일어난 적이 있니?"라고 묻는다. 가끔 이런 순간들은 너무나 빨리 지나가 버리기 때문에, 치료자가 잘 조율된 상태에서 민감하게 잡아내지 않으면 절호의 기회를 놓치게 된다.

치료자가 할 수 있는 다른 질문들로는 다음과 같은 것들이 있다: 너는 어떻게 사용되지? 너는 어떻게 사용될 수 있지? 너는 어딘가 사용가치가 있긴 하니? 너는 보기 좋니? 네게 무슨 일이 생긴 거니? 그리고 그 다음엔 어떻게 됐니? 너는 좋은 사람이니? 넌 나쁜 사람이니? 찰흙조각이 된 네 자신을 좋아하니? 이 찰흙조각으로서의 네 모습을 다른 사람들이 좋아하니? 이것이 네 삶과 유사한 면이 있는 것 같니? 이것이 네 인생의 어떤 것을 생각나게 하니? 이 찰흙조각이 되어 네가 한 말이 사람으로서의 네 자신에게도 해당되는 말이니? 너는 어디 있니? 등등.

찰흙을 이용한 다른 작업들

눈을 감고 찰흙이 이끄는 대로 어떤 형체와 모양을 만들어본다. 상상의 동물과 새, 물고기를 만들어본다. 실재하는 동물과 새, 물고기를 만들어본다. 무언가 상상의 사물을 만들어본다. 실재하는 어떤 것을 만들어본다. 눈을 감고 자신의 세계와 삶을 떠올려본다. 그걸 찰흙으로 표현해본다. 특별한 어떤 것을 만들거나 전혀 특별하지 않은 것을 만들어본다. 다른 행성에서 온 것을 만들어본다. 자신이 되고 싶어 하는 것을 만들어본다. 꿈속에서 본 어떤 것을 만들어본다. 찰흙을 사용하여 이야기나 어떤 장면을 만들어본다.

자신의 가족을 사람이나 물건이나 동물 또는 상징을 통해 표현해본다. 자신의 문제를 찰흙으로 만들어본다. 자신이 생각하는 이상적인 가족, 자신이 바라는 가족을 만들어본다. 자신을 상징적 이미지로 만들어본다. 눈을 감은 채, 자신이 아기였을 때 또는 아주 어렸을 때의 모습을 만들어본다. 두 사람이 찰흙 한 덩어리를 가지고 함께 작업하도록 한다. 두 사람이 각자 자기 찰흙을 가지고 작업하되 다른 사림의 것과 서로 잘 어울리게 만들도록 한다. 한 집단이 함께 협동작업을 하도록 한다. 미리 주제를 의논해서 하거나 혹은 작업하는 도중에 그냥 자연스럽게 주제가 나타나도록 할 수 있다.

이렇게 만들어진 어떤 주제에 대해서건 3분 동안 작업하도록 시간을 제한해주면 완벽주의적인 성향을 없애주며, 더 많은 시간을 주었을 때보다 가끔 더 재미있는 결과가 나오곤 한다.

좀 더 어린아이들은 눈을 뜬 채 작업하기를 더 좋아한다. 아주 어린아이들은 (4~6세) 찰흙을 가지고 놀면서 이야기하기를 즐긴다. 너무 많은 지시를 하게 되면 저항하지만, 그러나 찰흙을 꼬집어보고, 찔러보고, 때려보는 등의 작업들은 좋아한다.

여섯 살에서 여덟 살 아동의 소집단에서 함께 가족을 빚어 만든 적이 있다. 아이들 각자가 자신의 식구들을 만드는 데 참여하도록 했다. 가족 한 사람 한 사람에 관해 얘기하는 동안 어떤 아이들은 가족이 처한 상황에 관한 짧은 이야기를 들려주었다.

게일은 가족이 함께 만나는 날 아버지가 자기를 데리러 온 것에 관해 얘기했다. 말하면서 그녀는 자신이 만든 식구들을 하나씩 움직였는데, 이것은 모두 이혼가정의 자녀들인 아이들에게 큰 관심을 불러 일으켰다. 아이들 중 몇 명은 자기들도 아버지를 만들어도 되는지 물었다. 내가 그렇다고 대답하자, 게일은 "신난다!"라고 답하며, 다시 열심히 아버지를 만들었는데, 무려 여덟 번이나 고치며 무척 불안해보였다. 그녀의 이야기를 듣고 난 후, 나는 그녀에게 "아버지를 만드는 것이 힘든 모양이구나. 너는 어쩐지 아버지에 대해 좀 염려하고 있는 것 같구나?"라고 물었다. 그녀는 갑자기 울기 시작했고, 아버지가 자기를 보러 온 적이 거의 없었다고 말했다.

나는 아이들에게 각 인물들에게 자신이 좋아하는 것과 싫어하는 것을 돌아가며 얘기해보자고 했다. 내 차례가 되어 전남편에 대해 '내가 좋아하는' 것에 관해 말을 하고 나자 팀은 "저는 선생님이 화내실 줄 알았어요! 이혼했다면서 어떻게 좋게 말할 수 있죠?"라고 물었다. 내가 이혼 초기에 느꼈던 아픔과 슬픔 그리고 현재 내가 헤럴드와의 관계에서 느끼는 친근함과 보살핌에 관해 말해줄 때 아이들은 내 얘기에 취한 듯 듣고 있었다.

또 다른 시간에 아이들 각자가 뭔가를 만든 후, '나는... 이에요.'란 문장을 완성하는 형태로 자신의 작품을 소개했다.

> 팀: "나는 야구를 하는 오리에요. (나에게) 나는 야구를 잘해요."
> 게일: "나는 양초에요. 나는 따뜻하고, 밝고 예쁘죠." (이 말을 하고 싱긋 웃었다.)

플라스틱 모형 찰흙

이런 찰흙은 때때로 유토(공작용 점토)라고 불리며, 마르거나 굳지 않고 가마에 구워지지도 않는다. 차가울 때 사용하기 어려우며, 부드럽고 유연하게 만들기 위해선 손으로 '만져주는' 것이 필요하다. 유토는 찰흙을 사용할 때처럼 관리를 따로 해줄 필요가 없기 때문에(젖은 걸레로 굳지 않도록 하는 것 등) 갖고 다니기에 매우 편리하며, 언제든 필요할 때 바로 사용할 수 있다. 그러나 진짜 찰흙만큼 깨끗하지는 않다. 손이나 가구에 들러붙는 경향이 있으며, 씻어 내기가 더 어렵다.

아이와 얘기할 때 이런 종류의 찰흙을 내가 만지작거리며 얘기할 수도 있고, 또 아이도 만질 수 있도록 한 덩어리를 떼어줄 수도 있을 것이다. 만일 아이가 오빠에 관해 얘기한다면 찰흙으로 재빨리 오빠를 만들어. "자, 여기 오빠가 있다. 오빠에게 말해보렴."이라고 할 수도 있다. 이런 방법을 사용하면 아이로 하여금 자신이 처한 상황을 지금 여기서 경험토록 해줌으로써 자신의 상황에 '대하여(about)' 설명하는 것보다 훨씬 더 효과적으로 아이의 문제를 다루어줄 수 있게 된다. 어떤 상황에 '대해' 설명하는 것은 종종 아무런 해결책을 가져다주지 못하며, 오히려 진정한 감정을 회피해버린다.

일곱 살 된 쥴리가 나를 만나러 왔을 때, 그녀의 엄마는 "선생님께서 왜 쥴리가 목욕을 하려 하지 않는지 그 이유를 좀 알아봐 주시면 좋겠어요. 저 아이는 도무지 목욕을 하지 않으려고 합니다."라고 했다. 그래서 쥴리와 나는 목욕 문제에 관해 이야기했다. 왜 목욕하기 싫어하는지에 대해선 말하지 않았지만, 자신의 어린 남동생에 관해 그리고 엄마가 남동생을 목욕시킬 때 자기가 어떻게 도와주었는지에 대해 말하기 시작했다. 나는 쥴리가 엄마가 남동생을 목욕시켜 주는 것에 대해 질투하고 있다는 걸 짐작할 수 있었다.

그래서 나는 쥴리가 아기가 되어 목욕해보는 대리 경험을 할 수 있는 방법을 찾아보기로 했고, 곧 그녀가 말하는 동안 나는 재빨리 대충 아기 한 명과 욕조를 하나 만들었다. 나는 내가 만든 아기가 쥴리라고 말하면서 아기를 목욕시킬 동안 보통 중얼거리는 모든 표현들을 해가면서 아기를 '목욕시켜주기' 시작했다. ("자, 이제 이 작고 귀여운 발을 씻을 차례에요." 등) 쥴리는 쳐다보면서 환하게 웃었는데, 가끔 낄낄거리거나 쿡쿡거리면서 아기처럼 반응했다.

나는 목욕시키는 모든 과정을 다 진행시켰다. 그러자 쥴리는 아주 바쁘게 찰흙으로 자신의 모습을 만들었다. 그녀는 그것을 자기 자신이라고 말하더니, 그녀가 콩자루 의자라고 이름붙인 커다란 찰흙 덩이 위에 그것을 앉혔다. "콩자루 의자는 아빠 것인데, 제게 한 번도 앉도록 해주신 적이 없었어요. 아빠는 내가 그걸 망가뜨릴 거라고 하시죠. 여기 앉아 있는 건 나고, 난 지금 책을 읽고 있어요." 나는 찰흙 인형에게 의자에 앉아 있는 기분이 어떤지 말해보라고 물었다. 찰흙을 대신해서 쥴리는 편하다고 말했다. 우린 좀 더 대화를 계속했는데, 시간이 끝날 무렵 쥴리는 마침내 "난, 엄마에게 내가 목욕할 만큼 큰 애라고 얘기할 거예요."라고 말했다. (이전엔 엄마가 그렇게 말하면 쥴리는 무시했었다.)

여러 가지 해석을 통해 추측해볼 수는 있겠지만, 이 시간을 통해 무슨 일이 일어났는지 나는 확실히 모른다. 내가 아는 것은 그녀가 한 사람의 개체로 성장하는 데 도움이 된 그 어떤 것을 스스로 경험했다는 것이다.

집단작업에서 아이들은 두 사람씩 짝을 지어 앉아 서로 잘 맞거나 어울리는 물건들을 만들 수 있다. 전체 집단이 다시 모여 아이들은 자신이 만든 찰흙모형이 되어 자신의 경험들을 각자 나누게 된다. "나는 나무야." "나는 나무 아래 자라고 있는 꽃이야." 아이들은 나무로서 그리고 꽃으로서 자발적인 상호 작용을 하면서 서로 대화할 수 있다. 아이들은 또한 나중에 이러한 작업과정에 대해 서로 이야기를 나눌 수 있다. 이런 방식으로 함께 작업한 기분이 어땠는지, 누가 가장 많은 의사결정을 했는지 등등.

반죽

놀이용 반죽은 사거나 만들 수 있다. 만드는 법은 다음과 같다. 밀가루 4컵, 소금 2컵, 물 1컵, 기름 2 테이블스푼, 원하는 음식색소 1 테이블스푼 등을 준비한다. 소금과 밀가루를 섞는다. 물과 오일과 색소는 따로 섞는다. 물과 오일과 색소를 섞은 액체를 소금과 밀가루를 섞은 것에 끈기가 생길 때까지 조금씩 부어 만든다. 만든 반죽을 밀폐된 플라스틱 백에 얼마 동안 넣어둔다.

이 재료들은 만지면 다른 종류의 감각을 느끼게 되나 찰흙을 대체할 수는 없다. 찰흙을 집에서 가지고 놀기에는 너무 커버린 좀 나이가 든 아이들에게 반죽은 특별히 재미있는 재료다. 형상을 만들어 말릴 수 있고, 색칠도 할 수 있다. 갖가지 종류의 빵 굽는 도구들과 장비를 사용하면서 반죽을 만들어 장난도 치고, 형태도 만들다보면 촉감적이고 감각적인 좋은 경험들을 할 수 있게 된다. 반죽에 물을 계속 부으면 푸딩처럼 끈끈한 액체가 되는데, 이것을 손가락 그림을 그릴 때처럼 손가락을 사용해서 종이나 탁자 또는 쟁반 위에 그림을 그려볼 수 있다.

물

물에는 마음을 진정시켜 주는 뭔가가 있다. 우리들 대부분은 목욕할 때 느끼는 느긋함을 잘 알고 있다. 아이들에게도 동일한 효과가 있다. 학교 입학하기 전에 내 아이들은 앞치마를 입고 부엌 싱크대 앞 발판 위에 올라서서 물을 가지고 몇 시간씩 씻고 퍼붓고, 퍼붓고 씻으면서 물놀이를 했었다.

아이들을 위해 나는 가끔 욕조에 물을 가득 받아 주고, 또 물을 퍼낼 수 있는 다양한 플라스틱 용기들도 준비해준다. 아이들이 이런 물놀이에 빠져들게 되면 아이들과 나는 이야기를 아주 잘 나눌 수 있게 된다. 작은 용기들이 들어있는 의료 세트가 내게 있는데, 12세나 된 아이들도 이런 용기에 물을 담아 쏟아 붓는 것을 좋아한다. 특히 좀 더 어린아이들은 실제로 물놀이에 흠뻑 빠져들기 전까진 말이나 또는 다른 표현 방법들을 통해 자신을 표현하려들지 않는다. 나중에 모래놀이에 관해 얘기할 때, 모래놀이와 연결하여 물놀이 작업에 대해 좀 더 얘기하게 될 것이다.

조각과 구조물

간단한 조각을 만들 수 있는 방법은 많다. 잘 쓰이는 재료들로는 찰흙, 회반죽, 왁스, 비누, 나무, 철사, 금속, 종이, 파이프 소제기, 상자 등. 그 외에도 많은 것들이 있다. 어린 아동들을 위한 미술책들은 아이들이 쉽게 만들 수 있는 조각들에 관해 좋은 아이디어를 제공해준다. 그림과 찰흙, 그리고 콜라주를 만들기 위해 마련된 많은 방법들이 조각에도 적용될 수 있다. 그러나 나는 언제나 지시를 해줄 필요는 없다고 생각한다. 어떤 아이들은 혼자서도 쉽게 잘해 나가며, 아이들이 만든 것이 무엇이든 그것을 가지고 또는 단순히 그들이 만드는 과정을 통해서도 나는 효과적으로 작업할 수 있기 때문이다.

잘 휘어지는 철사들, 예를 들면, 전기선, 그림용 철사 또는 철물점에서 볼 수 있는 어떤 종류의 철사든, 그것들을 가지고 흥미로운 작품을 만들 수 있다. 집게와 철선 커터기 그리고 철선을 감을 수 있는 종이 타월 두루마리나 연필, 또는 작은 상자를 사용해서 철선을 다룰 수 있다. 철선을 이용한 조각작업은 3차원에서 이루어지는 낙서그림(scribble drawing)과 매우 비슷하다. 완성된 것은 나무 블록 위에 꽂아놓거나 혹은 찰흙이나 회반죽에 고정시켜 놓을 수 있다. 또한 철선으로 만든 조각작품의 이곳저곳에 회반죽을 부어 새로운 효과를 연출해낼 수도 있다.

아홉 살인 한 소녀는 얼마 동안 새를 만드는 데 열중한 후에, 다음과 같은 이야기를 내게 들려주었다. "이 새는 한 때는 자유로운 새였어요. 어느 날 이 새는 잘라버려야 할 만큼 무성한 수풀이 우거진 마당으로 날아들었어요. 새는 수풀더미에 갇히게 되었고, 어떻게 나가는지 몰랐어요. 당기고 밀고 하다가 결국 다리가 부러졌어요. 새는 도와달라고 울고 또 울었지만 아무도 오지 않았어요. 시간이 지나고 그 새는 영원히 그곳에 갇히게 되었어요. 이렇게요." 나는 아이에게 이 이야기가 자신의 삶과 맞는 부분이 있느냐고 물었다. 한참 생각하더니 "가끔씩 나는 속으로 울며 도와달라고 외치는 것 같아요. 그러나 아무도 도와주러 오지 않는 것 같아요."라고 말했다. 가끔 아이들은 창조적 몰입을 통해 자신의 비밀을 이야기하도록 도움을 받는다.

플라스틱모형 찰흙은 조각을 만들 때 굳지 않는 기반으로 사용하기에 좋다. 이 기반 위에 다양한 재료들을 가지고 재미있고 추상적인 창작물들을 만들 수 있다. 아이들과 함께 내가 전에 체험한 가장 성공적인 조각작업 가운데 하나는 소위 '쓰레기 조각(junk sculpture)'이라고 하는 것이다. 내가 이전에 학교에서 정서장애 아동들과 작업할 때, 이것은 목재를 이용한 작업 다음으로 효과적이었다. 아이들과 나는 집과 차고, 그리고 교실에서 쓰레기라고 생각되는 많은 것들을 주워 모았다. 조금이라도 쓸 만한 구석이 있는 것이면 버리지 않았다.

쓰레기를 모아둔 상자 속에서 아이들은 각자 자기가 원하는 것을 골라냈다. 아이들은 나무블록 위에다 자신만의 환상적이고 독특한 창조물을 만들 때까지 못을 박고, 접착제를 붙이고, 철쇠로 박고, 테이프를 붙여가며 작업을 하였다. 그러고선 조각에 금색 은색의 스프레이를 뿌리자 그것들은 진짜 예술작품들처럼 빛이 났다. 이런 작업을 통해 아이들이 갖게 되는 자긍심(만드는 동안 맛보는 즐거움은 말할 것도 없이)은 서투르고, 어색하고, 잘못한다는 평가를 자주 받아온 아이들에게 엄청난 치료 효과가 있었다.

우리는 (내 자신을 포함하여) 가끔 그 조각들에 관한 환상적인 이야기들을 만들어 냈고—아이들은 환상에 빠져 거의 아우성이었다. — 때론 우리의 창조물들 가운데 어떤 한 항목을 분석하면서 즐거움을 느끼기도 했었다. "나는 빨래집게에요. 나는 꽉 집어요. 나는 세게 집을 수 있어요.": "나는 너트가 있는 전기 볼트에요. 내 너트는 위아래로 움직일 수는 있지만 밖으로 나갈 수는 없어요. 맞아요! 나도 빠져나갈 수 없어요. 이 학교에 꼼짝 없이 갇혔어요!" "나는 스티로폼 공이에요. 내게 물건을 붙이기가 쉽죠. 내게는 많은 것들이 붙어있어요. 그게 바로 나에요." "나는 버려질 많은 쓰레기들로 만들어진 그저 한 조각의 쓰레기일 뿐이에요. 짐은 내가 아주 멋지다고 생각해요. 나는 꽤 멋있지요. 내가 버려지지 않았다는 것은 좋은 일이죠. (낮은 목소리로 속삭이며) 가끔씩 나는 엄마가 그럴 수만 있다면 쓰레기와 같이 저를 버릴 거라고 생각해요."

나무와 연장들

아이들에게 나무 조각과 톱, 망치와 핸드 드릴과 못과 (X 자형의)톱질 모탕을 주면 아이들은 각종의 흥미로운 것들을 만들어 낼 수 있다. 되도록 모든 아이들이 연장을 사용하면서 나무작업을 할 수 있도록 해주어야 한다. 심한 과잉행동을 보이고 통제력이 없는 아이들에게도 나무작업은 굉장히 성공적이었다. 연장들이 매우 위험하기 때문에 규칙과 제한들은 분명해야 하고 엄격하게 지켜져야 한다. 그러나 아이들이 연장을 잘못 다루도록 해본 적은 한 번도 없었다. 대부분의 아이들, 특히 문제가 있는 아이들은 연장을 사용할 기회가 많지 않다. 아이들은 연장을 좋아하고 스스로 조심하려고도 한다.

내가 학교에서 일하는 동안 이것은 내가 가장 좋아하는 작업이었다. 아이들과의 개인치료에서 아이들에게 일단 나무작업을 시키고 나면 다른 작업을 시키는 것이 어려웠다. 아이들은 나무작업을 할 수 있다는 걸 알게 되면 매번 나무작업을 하려고 했다. 이걸 보고 나는 나무작업이야말로 아이들이 정말 하고 싶어 하는 작업이지만, 충분히 하지 못한다는 걸 알게 되었다.

행동수정이 유행하던 시기에 나는 지방대학으로부터 비난을 받은 적이 있었다. 그 대학은 특수교육 교생실습생들을 내 수업에 보냈는데, 과제를 마치거나 좋은 행동에 대한 보상으로 나무작업을 사용하지 않는다는 이유로 나를 비난했다. 아이들에게 소위 '만들기(building)'라고 불리던 이 활동은 내 교실에서는 매일 아침 일과였다. 학교 측 생각은 아이들이 아주 좋아하는 활동들은 무엇이든지 아이들 마음대로 할 수 있도록 해서는 안 된다는 것이었다. 즉, 좀 더 바람직한 행동을 위한 동기부여로만 사용되어야 한다는 것이었다.

이런 종류의 견해를 듣는 것보다 나를 더 화나게 만드는 것은 없다. 이 아이들에겐 무언가를 만들 수 있는 권리가 있다. 나는 목공작업들이 문제해결 능력과 동시에 아이들 간의 상호작용을 촉진시키는 좋은 학습경험이라고 말함으로써 매일 아침 그 활동을 하는 것에 대해 합리화할 수 있었다. 내가 한 말이 진실일지는 모르나 그것은 사실상 초점에서 벗어난 것이다. 아이들은 그런 활동을 할 자격이 있고, 또한 권리가 있는데, 그것은 그러한 활동이 그들에게 유익하기 때문이 아니라 단순히 그들이 그런 활동을 좋아하기 때문이다.

콜라주

종이를 걸어서 장식하거나 풀로 붙이는 것을 뜻하는 프랑스어에서 유래된 콜라주는 옷이나 종이와 같은 평평한 배경에 다양한 재료들을 붙이거나 풀로 바름으로써 어떤 디자인이나 그림을 만들어 내는 것이다.

콜라주는 때로는 선화나 회화 혹은 글과 함께 작업할 수 있다. 어떤 디자인을 만들기 위해 종이를 자르거나 찢어서 또는 다른 재료들을 사용해서 그것들을 큰 종이나 판자 위에 풀로 붙이는 콜라주 작업은 흔히 유아원 같은 곳에서 많이들 한다. 나는 콜라주가 모든 연령대에 사용될 수 있는 흥미로운 표현 매체라는 것을 알게 되었다.

콜라주에 사용될 수 있는 재료들은 다음과 같다: 모든 종류의 종이— 티슈, 건축용 종이, 선물 포장지, 오래된 카드, 신문지, 종이봉지, 주름진 종이, 소형장식 냅킨, 벽지. 다양한 질감의 천들— 면, 울, 삼베, 플란넬, 실크, 레이스. 부드러운 것들— 깃털, 솜, 모피조각들. 거친 것들— 강철 솜, 사포, 스펀지. 그 밖의 다른 것들— 털실, 줄, 단추들, 알루미늄 판, 셀로판, 모기망, 오렌지 망, 달걀 포장 가분지, 플라스틱, 병마개들, 잎사귀들, 조개껍질들, 리본들, 모든 종류의 씨앗들, 곡수류와 마카로니, 육각형 철망, 부목, 조약돌, 치과용 혀누르개, 면 걸레, 코르크, 그 외에 가볍고, 어떤 방법으로든 평면에 붙이거나 풀로 바르거나 고정시킬 수 있는 것이면 무엇이든지 좋다.

단순히 잡지의 사진들과 가위, 풀, 그리고 배경이 될 판만 가지고도 좋은 콜라주를 만들 수 있다. 콜라주 작업을 위해 필요한 가장 중요한 것은 사진들이다.— 오래된 잡지(또는 최신판)와 달력들, 사진과 그림이 있는 것이면 무엇이든지 좋다. 어떤 사람들은 잡지와 신문에서 오려낸 글자들을 좋아한다. 색칠하기 책들(coloring books), 아동 활동 도서들, 오래된 동화책들 역시 모아 놓으면 좋다.

배경으로는 포스터 보드, 그림 그릴 때 사용하는 종이, 두꺼운 합판, 두꺼운 옷감(삼베 같은), 신문, 상자 한쪽 면, 유리, 나무 또는 플라스틱을 사용할 수 있다. 가위와 스테이플러, 종이 고정기, 스카치테이프, 보호 테이프, 접착제, 풀, 펀치, 줄 등이 모두 유용하다. 이 책 3장 마지막 부분에 있는 모든 아이디어와 주제들을 콜라주에 사용할 수 있다.

그림과 모래상자 작업처럼 콜라주는 다양한 방법으로 작업할 수 있다. 아이들이 콜라주에 대한 자신의 생각을 말할 때도 가끔 있을 것이다 : "이것은 비행기에요. 내가 비행기를 타보고 싶기 때문이죠." 또는 "이 사포는요, 내가 학교에서 보내야 하는 힘든 시간을 말하는 거예요." 또는 "이 시계는요, 나는 언제나 몇 시인지 걱정하기 때문이에요." 아이들은 가끔 콜라주에 대해 더 많은 이야기를 할 때도 있다.

열두 살인 한 소년은 여러 가지 모양의 사진들을 오려서 포스터 보드 위에 붙였다. 작업을 끝낸 후, 그는 그냥 마음에 드는 사진들을 오려붙였을 뿐이며, 자신에겐 아무런 의미가 없다고 했다. 나는 그에게 사진들에 대해 이야기를 했는데, 그는 "경주용 차가 있었어요...." 등의 이야기를 해주었고, 이 작업을 통해 치료에 필요한 많은 자료들을 얻게 되었다.

열네 살 소녀 또한 자신이 좋아하는 사진들을 골랐을 뿐이라고 했다. 나는 그녀에게 콜라주의 각 항목들이 돼보라고 했다. 아침 식사용 시리얼 사진에서, 그녀는 "저는 시리얼이고요, 아이들은 나를 좋아해요. 나는 아이들이 나를 좋아하는 게 좋아요. 오빠는 나를 좋아해요. — 진짜 나 말고 시리얼을요."라고 했다. 이 작업은 사랑받고 싶어 하는 그녀의 감정들에 관해 표현할 수 있는 길을 열어주었다.

때로는 콜라주를 만드는 과정 자체가 매우 중요할 수 있으며, 혹은 나중에 콜라주 작업에 관해 이야기하는 것이 중요한 경우도 있다. 열세 살 소년은 자신의 그림에 대해 짧은 이야기를 했는데, 매번 자신의 이야기에 대해 "말도 안 돼!" 또는 "그것은 바보 같은 소리야!"라고 말했다. 다 끝난 후 나는 그에게 이 부분을 지적해주면서 자신에게 심하게 하는 것 같다고 말해주었다. 그는 "맞아요! 학교에서 세 번만 실수하면 나는 미쳐버리죠!"라고 했다.

이런 활동을 통해 아무것도 작업할 것이 생기지 않을 때도 가끔 있지만, 최소한 아이가 자신을 표현할 수 있고, 또 자신에 관해 말할 수 있는 기회가 된다. 아무런 치료 효과가 없을지라도 콜라주 작업은 즐겁고 상상력을 키워준다.

콜라주 작업을 통해 감정을 표현할 뿐만 아니라 감각적인 경험을 할 수 있다. 빅토르 드아미코(Victor D'Amico), 프랜시스 윌슨(Frances Wilson)과 모린 메이저(Moreen Maser)는 『가족을 위한 예술』(*Art for the family*)이라는 책에서 콜라주는 '그림을 보면서 또한 (촉감적으로) 느끼는 것'이라고 정의를 내렸다.

> 너는 손가락으로 볼 수 있다는 걸 알고 있니? 물론, 너는 눈으로 볼 수 있지만 너의 손가락은 네 눈이 볼 수 없는 많은 것들을 볼 수 있어. 손가락은 네게 어떤 사물이 따뜻한지, 차가운지, 거친지, 매끄러운지, 딱딱한지, 부드러운지 말해주지. 우리는 뭔가 만지는 것을 좋아하잖아? 만지는 것을 통해 우리는 세계가 어떤지 세계에 대해 우리가 어떻게 느끼는지 알 수 있어. 어떤 사람은 만지기 싫어하는데, 너는 만지는 것이 좋은 것도 있다는 사실을 발견할 수도 있어. 그 이유는 사람들이 모두 다르기 때문이지. 네 작품은 네가 어떻게 느끼고, 어떻게 보고, 무엇을 아는지 말해주지. 너는 네가 어떻게 느끼는지를 작품으로 표현할 수 있단다.(11쪽)

이 책엔 개인과 집단 콜라주 작업에 도움이 되는 상당히 훌륭한 제안들이 수록되어 있다.

> 여러분이 알고 있는 사람, 예컨대 엄마, 혹은 여러분이 본 적이 있는 사람, 예컨대 파티복을 입은 소녀, 혹은 여러분이 상상하는 사람, 예컨대 왕자님이나 거지 등에 대해 (만져서) 느낄 수 있고, (눈으로) 볼 수 있는 초상화를 한번 만들어봅시다. 여러분이 염두에 두고 있는 사람을 잘 표현할 수 있는 재료를 골라 보세요. 이제 그 사람을 좀 더 잘 나타낼 수 있는 크기와 형태로 재료를 잘라보세요. 다 됐으면 그것들을 밑판 위에 보기에 재미있고, 만져서도 흥미로운 방식으로 배열을 해보세요.
>
> 여러분 마음속의 느낌들을 잘 표현할 수 있는 재료들을 골라보세요. 여러분이 선택하는 재료와 색채, 패턴을 통해 그리고 그것들을 자르고 배열하는 방식에 의해 여러분이 느끼는 행복과 슬픔, 흥분, 부끄러움, 외로움, 그 외의 다른 감정들을 표현할 수 있습니다.

가끔 나는 아이들에게 작업을 마친 후에, 콜라주에 제목을 붙여보라고 한다(원래 지시한 주제로부터 벗어날 수 있기 때문에). 예컨대, '나'라든지 '내 걱정들'이라든지 떠오르는 어떤 것이든 상관없다.

콜라주는 둘이 하거나, 집단에서 하거나, 가족과 함께 하기에 편한 작업이다. 나는 가끔 개인치료에서도 콜라주를 사용하는데, 그렇게 함으로써 아이로 하여금 이 작업에 대한 부담감을 줄이고 흥미를 유발시켜줄 수 있기 때문이다.

사진

앞에서 나는 콜라주와 콜라주와 관련하여 만들어진 이야기에 관해 쓰면서 잡지들과 그 외에 어느 곳에서나 얻을 수 있는 사진들을 사용하는 것에 관해 언급한 적이 있다. 나는 최근에 사진을 활용하는 기법에 관해 들었는데, 나도 시도해 성공한 적이 있는 방법이다.

나는 신문이나 잡지에서 눈을 끄는 재미있는 사진들을 수집했다. 여기에다 나는 그림엽서와 오래된 아동도서의 화보들, 작은 인쇄물, 타로카드, 그리고 '사랑', '미움', '조용한', '시끄러운' 등과 같은 글자들이 쓰여 있는 카드와 달력 사진 등을 추가하였다. 이런 사진들은 아이들 사진과 아이들이 뭔가 하고 있는 사진들이 많았지만, 유치한 사진들은 아니다.

내 마음에 드는 사진들 외에도 융의 『인간과 상징』(*Man and His Symbols*)이라는 책 속에 나오는 이미지들과 아사지올리(Assagioli)의 『종합심리요법』(*Psychosynthesis*)에서 주의 깊게 묘사된 것들을 기초로 한 상징적인 것들을 모으곤 했었다. 아사지올리는 상징들을 다음과 같은 범주들로 나눴다: 자연 상징들, 동물 상징들, 인간 상징들, 인간이 만든 상징들, 종교적, 신화적 상징들, 추상적 상징들(숫자들과 도형들), 그리고 꿈이나 백일몽에서 나타나는 것과 같은 개인적 또는 자발적 상징 등.

아이에게 몇 가지 사진을 선택하게 하고—약 열 개 정도—그리고 그것들을 마루 위나 테이블, 혹은 커다란 종이(전지) 위에 배열해놓으라고 한다. 나는 이때 아이들에게 아무 생각 없이 무작위로 선택하라고 하거나 혹은 어떤 주제나 타이틀에 맞도록 선택하라고도 한다. 아이들이 선택한 사진들을 통해 아이들의 역동이 많이 드러난다. 또한 선택된 것들의 분위기를 통해 아이가 이 순간에 느끼는 감정 혹은 아이의 전체적 삶에 대한 일반적인 감정을 엿볼 수도 있다. 우리는 이 사진들을 갖고서 앞에서 논의한 것과 동일한 방식으로 작업한다.

타로(Tarot) 카드

타로 카드는 동일시하기 아주 좋은 방법으로 라이더(Rider)가 세부적 요소를 많이 갖고 있어 가장 좋다. 나는 가격이 저렴한 카드 한 벌을 가지고 있는데, 모든 연령대의 아이들에게 사용한다. 아이들은 맘에 드는 카드를 선택하고 그걸 중심으로 환상적인 이야기를 만들어낼 수 있다. 좀 나이 든 아이들에게 나는 자신에게 좋든 나쁘든 어떤 인상이 남는 카드를 두세 개 고르라고 한다. 그리고 카드 속 그림과 동일시해보라고 한다.

"나는 왕비에요. 나는 모든 사람에게 할 일을 말해줘요. 나는 매우 현명하고 사람들은 내게 조언을 구하러 와요."라고 한 13세 소녀는 말했다. "그런 점이 너의 삶과 일치하는 면이 있니?"라고 나는 물었다. "아니요, 그러나 나는 어떤 것들에 대한 답을 좀 얻었으면 하고 정말 바라거든요!" "예컨대 어떤 것? (부드럽게 묻는다.) 네가 원하는 것은 무엇이든지 간에 이 카드에 있는 왕비님에게 물어볼 수 있단다. 지금 그녀에게 물어볼 것을 한 가지만 골라보렴." 그녀는 자신의 생활 가운데 억눌려있던 몇 가지 문제들에 관해 스스로 대화해나갔다. 그리고 놀랍게도 그녀는 자신 안에 지혜가 있다는 걸 발견하게 되었다. 우리는 지시를 따라 타로게임을 하는 때도 가끔 있는데, 이런 방법은 아이들의 삶에 대해 많은 것을 이야기할 수 있도록 해준다.

05

이야기, 시, 인형놀이

이야기

이야기를 통한 치료 방법에는 아이들에게 들려줄 이야기를 내가 직접 만들거나, 혹은 아이들이 이야기를 만들거나, 책에 있는 이야기를 읽거나, 이야기를 써보거나, 이야기를 받아 적거나, 혹은 이야기가 떠오르도록 자극을 주기 위해 사진이나, 투사검사, 인형, 플란넬 보드(헝겊조각 등을 붙일 수 있는), 모래상자, 선화, 환상작업 등을 사용하거나, 혹은 오디오 레코더, 비디오테이프, 워키토키, 장난감 마이크로 가상의 TV 세트(커다란 상자) 등의 도구들을 사용하는 방법들이 있다.

리차드 가드너(Richard Gardner) 박사는 『아이들과의 치료적 의사소통』(*Therapeutic Communication with Children*)이라는 책에서 이야기를 서로 주고받는 형식의 치료법에 대해 매우 자세히 설명하고 있다. 여기서 그는 먼저 아이에게 이야기를 시킨 다음, 치료자가 이어서 이야기를 하는데, 아이의 이야기에서 등장한 인물과 동일한 인물을 사용하되 더 좋은 결론을 맺는 쪽으로 이야기를 만든다. 아이의 이야기는 투사이기 때문에, 일반적으로 아이가 하는 이야기는 아이 생활의 일부를 반영한다. 각각의 이야기는 그 이야기로부터 도출되는 어떤 교훈이나 도덕적 훈계로 끝을 맺는다. 이 방법을 사용할 때는 아이와 아이 생활에 대해 좀 알고 있어야 하며, 또한 아이 이야기의 주제를 빨리 파악하는 것이 중요하다.

나는 가드너의 방법들을 내 나름대로 조금씩 변형해서 사용해왔는데, 이런 기법들이 어떤 아이들에겐 매우 효과가 있었다. 비디오테이프나 녹음기 사용이 매우 중요하다. 이야기작업에 적절한 환경을 만들기 위해 가상의 라디오 방송국이나 텔레비전 방송국을 설치하기도 한다.

가드너 박사는 이야기를 TV나 영화 혹은 책에서 빌려오기보다는 아이들로 하여금 직접 이야기를 만들게 했지만, 내 경험으로는 아이들이 이야기를 다른 곳에서 빌려와도 상관없는 것 같다. 아이들은 저마다 특정한 이유에서 자기 마음에 드는 이야기들을 고르지만, 그것들을 언제나 자신의 방식으로 변형시켜버리기 때문이다.

다음은 내가 이 방법을 여섯 살 난 남자 아이에게 어떻게 사용했는지 보여주는 사례다. 바비는 야뇨증과 과식, 몽유병, 그리고 악몽 때문에 나를 찾게 되었다. 그는 통통하고, 낙천적이며 사랑스러운 아이였다. 그는 증상들이 호전되면서 화가 나면 큰 소리를 내거나 비명을 질렀고, 아이들에게 계란을 던지거나 때리는 등의 매우 공격적인 행동을 하기 시작했다. 그래서 친구들을 많이 잃기 시작했다. 여기에 우리의 치료 내용을 소개한다.

치료자: (녹음기에 내장된 마이크에 대고 – 내 녹음기는 마이크 내장형인데, 아이들이 마이크를 직접 손에 잡고 말할 수 있는 외장형이 아이들에게 더 매력적이다.) 신사숙녀, 소년소녀 여러분, 안녕하세요? 여기는 KOAK 방송국입니다. 이야기 시간에 오신 것을 진심으로 환영합니다. 오늘 초대손님으로 바비를 모셨습니다...... (바비를 향해 몸을 돌리며) 우리 프로그램에 초대하게 되어 기쁩니다. 나이가 몇 살인지 말씀해주시겠어요?

바 비: 여섯 살입니다.

치료자: 자, 바로 프로그램을 시작합니다. 청취자 여러분, 규칙은 다음과 같습니다. 바비가 우리에게 이야기를 해줄 겁니다. 이야기는 시작과 중간 그리고 끝이 있어야 합니다. 바비의 이야기가 끝나면, 바비 이야기 속의 등장인물들과 동일한 인물들을 사용하여 제가 이야기를 만들겠습니다. 이야기마다 어떤 가르침

이나 교훈이 담겨있을 겁니다. 바비, 시작하세요.

바　비: (오랜 침묵 후 속삭이듯) 뭘 말해야 할지 모르겠어요.

치료자: 내가 도와주지. "옛날 옛적에……" (가드너가 제안한 방법으로 아이들이 운을 뗄 수 있도록 도와준다.)

바　비: "상어."

치료자: "그리고 이 상어는……"

바　비: "사람을 잡아먹기를 좋아했어요."

치료자: 그래서 무슨 일이 일어났지?

바　비: "그는 바다를 돌아다니며 사람을 잡아먹지요. 그게 다에요."

치료자: 그건 시작뿐이잖아. 우린 중간과 끝도 필요해요.

바　비: "음, 어부들을 보고선 그들을 놀라게 해 주었어요. 그들이 배에서 떨어졌는데, 상어가 와서 그들을 모두 먹어 버렸지요. 그리고 그는 바다로 헤엄쳐 나갔어요. 아주 멀고 깊은 곳으로요. 거기가 그가 사는 곳이거든요. 끝."

치료자: 훌륭한 이야기 고마워요. 그런데 이 이야기의 교훈이 뭐에요?

바　비: 모르겠어요.

치료자: 알았어요. 자, 이제 내 차례에요. "아주 오랜 옛날에, 사람들을 잡아먹고 다니는 상어가 있었어요. 그는 보이는 사람마다 먹어치웠어요. 어부들이 와서 그를 보고 놀라서 있는 힘을 다해 노를 저어 멀리 도망갔어요. 모두 그 상어를 두려워했어요. 다른 물고기들 심지어 다른 상어들조차도 그를 무서워했어요. 왜냐하면 그는 가끔 그들도 잡아먹으려고 했기 때문이에요. 얼마 되지 않아서 그는 이 모든 것들이 재미가 없어졌어요. 그는 놀고 싶었지만, 아무도 그와 놀아주지 않았어요. 모두 그에게서 도망갔어요."

바　비: 그래서 어떻게 되었어요?

치료자: "음, 그는 어떻게 해야 할지 몰랐어요. 결국 그는 바다 저편 커다란 깊은 동굴에 있는 상어 임금님에게 자기가 어떻게 해야 좋을지 물어보러 갔어요. 상어 임금님은 말하길 '넌, 너를 무서워하지 않으며, 너를 신뢰하는 사람을 찾아내야만 해. 그래서 네가 다른 사람들과 잘 지내길 원한다는 것을 사람들이 볼 수 있어야 해. 너를 무서워하지 않는 사람은 아마도 너랑 같이 놀아줄지 몰라. 네가 어떻게 사람들을 놀래켰고, 또 잡아먹기도 했는지 모르는 그런 사람이어야 하겠지.' 그러자 상어는 '제가 어디서 그런 사람을 찾아낼 수 있을까요?' 라고

물었다. 그러자 상어 임금님은 '그 사람은 네 스스로 찾아내야만 해!' 라고 대답했답니다."

바 비: (마이크를 피해서 내게 속삭이는 목소리로) 난 알아요! 갓 태어난 아이죠!

치료자: "그래서 상어는 자기를 믿어줄 사람을 찾아 떠났어요. 잠시 후 그는 큰 배를 만났는데, 거기엔 갓난아이가 있는 한 가족이 있었어요. 사람들이 상어를 보자 모두 급히 선실로 도망갔는데, 서두르다 아이를 데리고 가는 걸 잊어버렸어요. 상어는 아이에게 마술을 보여주었어요. 아이가 웃으며 즐거워했어요. 부모들이 그걸 보고 되돌아와서 상어가 그들을 해치지 않고, 친하게 지내고 싶어 하는 것을 알고 상어와 친구가 되었답니다. 상어는 매우 행복했습니다. 끝." 내 이야기의 가르침은 사람들과 친하게 지내고 싶으면 그들에게 친절하게 대해야 한다는 것입니다.

바 비: 그 이야기 다시 들을 수 있어요?

우리는 테이프를 되감아 이야기를 다시 들었다. 바비의 이야기보다 내 이야기가 꽤 길었는데도, 바비는 이야기에 푹 빠져 열심히 들었다. 우리는 다 듣고 나서 최근 바비의 친구와의 문제, 그리고 화났을 때 아이들을 쫓아버리지 않으면서도 자기가 할 수 있는 방법들에 대해 함께 이야기를 나누었다. 그 시간 이후로 바비는 내 이야기를 네다섯 번이나 다시 들려 달라고 했으며, 엄마도 청해서 함께 들었다.

수지(7세): "옛날에 사자 한 마리가 살았는데, 이 사자는 머리숱이 많았어요. 어느 날 엄마 사자는 그 사자에게 머리를 빗으라고 했는데 그녀는 빗지 않았어요. 둘은 크게 싸웠어요. 그 사자는 도무지 머리를 빗지 않으려고 했어요. 그래서 엄마 사자는 그녀가 밖에 나가 놀지 못하게 했어요."

치료자: 결국 어떻게 되었지?

수 지: "그 사자는 자기 방으로 가야만 했어요. 아주 슬펐어요."

치료자: 그 사자는 그래서 전혀 밖에 나가 놀 수가 없게 되었니?

수 지: 없었죠. 이게 끝이에요. 만약 그녀가 머리를 빗지 않는다면 자기 방으로 가야만 한다는 게 이야기의 가르침이에요.

치료자: 수지야, 아주 고맙구나. 자, 이제 내 이야기를 하마. "아주 옛날에 머리털이 아주 많은 사자 한 마리가 있었어. 하루는 그 사자가 밖에 나가 놀고 싶었는데,

엄마 사자는 그 사자가 먼저 머리를 빗기를 바랐지. 그 사자의 머리가 너무 헝클어지고 엉망이었기 때문이야. 엄마 사자는 동네 사람들이 엉망인 사자의 모습을 보고 자기를 나쁜 엄마라고 생각할까봐 걱정스러웠던 거야. 엄마 사자는 동네 사람들이 자기 아이의 머리를 단정하게 빗겨주는 좋은 엄마라고 생각하기를 바랐어. 그러나 그 사자는 머리를 빗으려하지 않았어. 그녀는 머리 빗기를 싫어했지. 자기 모습이 그대로 괜찮다고 생각했어. 그리고 밖에 나가 놀고 싶어 안달이 났었지. 친구들이 밖에서 재미있게 놀고 있었기 때문이야. 그렇지만 엄마는 나가 놀지 못하게 하셨어. 그 사자는 바닥에 누워 소리를 지르려고 했는데, 그때 엄마는 동네사람들이 자기를 좋은 엄마라고 생각하는 게 그녀에게 얼마나 중요한 일인지 이야기하기 시작했어. 그 사자는 엄마를 좋아하기도 했고, 또 동네사람들이 자기 엄마를 나쁜 엄마로 생각하는 게 (자기 머리와 그게 무슨 상관인지 이해가 가지 않았지만) 싫었기 때문에, 머리를 빗었어. 엄마는 매우 행복해했어. 그 사자는 밖에 나가 친구들과 저녁 먹을 시간이 될 때까지 아주 재미있게 놀았어. 내 이야기의 교훈은 어떤 땐 엄마 말을 듣는 게 더 쉽다는 거야. 그러면 네가 나가 놀 수 있기 때문이지."

수　지: 참 좋은 이야기였어요.

치료자: 고맙다! 네게도 그런 일이 있었니? 네가 하기 싫은데도 엄마가 원해서 하야 했던 일들이 있었니? 그리고 네가 그것들을 하지 않으면 네 방에 들어가 있어야 하는 그런 일들 말이야.

수　지: 네! (고개를 힘차게 끄덕이며)

이 일에 관해 한동안 함께 이야기를 한 후 그녀는 내게 '멍청이 놀이(Blockhead)'를 하자고 제안했다. (수지와 수지 엄마는 서로 상당한 힘겨루기 싸움에 말려들어 있었다.)

이 두 예화는 독자들에게 나의 성공사례를 알려주기 위해 조심스럽게 선택된 것들이 아니다. 이들은 내가 했던 대부분의 이야기치료에서 쉽게 찾아볼 수 있는 전형적인 예화들이다. 이건 효과적이고 매력적인 방법이다. 어떤 경우엔 아이들이 이런 식으로 이야기하고 싶어 하지 않는다는 걸 알게 된다. 그러면 우린 다른 종류의 활동을 한다.

나는 아동투사검사(*Children's Apperception Test, CAT*)의 그림들을 이야기치료에 사용할 때가 종종 있다. 이 그림들은 동물들이 의인화되어 그려져 있다. 내 치료집단에 이 그림들을 가지고 간 적이 있는데, 나는 아이들이 이야기를 만들기 위해 각기 다른 그림을 선택할 거라고 생각했다. 각 그림에 대해 아이들마다 짧은 이야기를 하고 싶어 했는데, 모든 이야기들이 다 달랐다. 아이들이 서로 이야기를 모방하는 일은 없었다. 모방하게 되면, 나는 "어, 네 이야기는 저 아이 이야기와 똑같이 시작하는구나. 자, 네 곰에겐 어떤 일이 일어났니?"라고 말해준다. 이 집단에선 모든 이야기가 녹음되었는데(아무에게도 말하지 않고), 그 다음 시간에 그중 몇 개를 다시 들려주었다. 아이들에게 이야기를 통해 표현된 감정과 경험들에 대해 말할 기회를 주기 위해서였다. 어떤 그림엔 곰 세 마리가 줄다리기를 하는 장면이 그려져 있었다. 한쪽엔 큰 곰이, 다른 한쪽엔 아기 곰과 엄마 곰처럼 보이는 곰이 있었다.

여기에 도날드(12세)가 곰 그림을 보고 지어낸 이야기를 소개한다: "곰 세 마리가 있었는데, 아빠 곰, 엄마 곰, 그리고 아기 곰인데, 서로 꿀단지를 놓고 싸우고 있어요. 그래서 줄다리기를 했는데, 아빠가 졌어요. 그래서 아빠 곰이 아기 곰을 속여서 밧줄을 잘라버렸고, 그래서 모두 언덕 아래로 굴러 떨어졌어요."

치료자: 어떤 것이 너지? 그들 중 하나가 되어봐.
도날드: 아기 곰일 거예요.
치료자: 아빠 곰에게 말해봐. 속은 기분이 어떤지 그에게 말해봐.

이런 식으로 진행해나가다 나는 도날드에게 실제로 아빠에게 속은 느낌이 든 적이 있느냐고 물었다. 우리가 탐색해볼 수 있는 많은 감정들이 나왔다.

입양된 열 살배기 소녀는 동굴 안에 큰 곰 두 마리가 잠자고 있고, 그 옆에는 눈을 뜬 채 누워있는 아기 곰이 그려진 CAT(아동주제통각검사) 그림을 열심히 들여다보더니, 친부모를 찾고 있는 아기 곰에 대한 이야기를 했다. "다른 곰들이 잠들면, 아기 곰은 도망을 가요." 그 아이에게는 양부모에게 표현할 수 없는 많은 감정들이 있었다.

집단에서 이와 같은 이야기들이 끝나고 나면, 가끔 나는 아이들에게 이야기 중 하나를 골라 실제로 연극을 해보라고 청하기도 한다. 또는 이야기를 한 아이가 다른 역할들을 연기할 수도 있다. 이야기를 한 아이가 집단원들 중에서 각본의 여러 배역들을 선택하게 하면 더욱 재미있다.

내게는 아이들이 즐겁게 이야기 놀이를 할 수 있도록 동기를 부여해주는 특별한 그림상자가 있다. 때로는 학용품 상점에서 치료작업에 사용될 수 있는 좋은 그림세트를 내놓기도 한다. '기분과 정서(*Moods and Emotions*)'나 '그냥 상상하기(*Just Imagine*)' 등이 매우 좋다. '주제통각검사(*Thematic Apperception Test, TAT*)' 그림들은 청소년들과 작업할 때 특히 적합하다. '사람의 가족(*The Family of Man*)'에 있는 그림들 또한 훌륭하다.

모든 연령대 아이들에게 호감을 줄 수 있는 또 다른 흥미로운 이야기 기법으로는 '그림이야기 만들기 검사(*Make a Picture Story test, MAPS*)'가 있다. 이 검사도구엔 카드보드를 잘라 만든 작은 흑백의 형상들과 공동묘지에서 학교 교실에 이르기까지 모든 장면들이 담겨 있는 몇 장의 큰 흑백 카드들이 들어있다. 아이가 형상을 선택하고, 그걸 또 자신이 선택한 카드 위에 갖다 놓는다. 그런 후 이야기를 하거나 연극을 한다. 아이는 형상들을 움직일 수 있고, 또 이야기하는 동안 새로운 형상들을 추가할 수도 있다. 일반적으로 이야기들은 매우 짧다. 그리고 어떤 아이들은 한 카드장면 이상을 사용하고 싶어 한다. 이야기들이 이어져가면서 종종 주제나 패턴들이 명확해진다. 다음 사례의 열한 살 소년 알렌은 다섯 장면을 작업했다. 나는 그 아이가 이야기할 때 큰 패드노트(한 장씩 떼어 쓰게 되어 있는)에 받아 적었다.

1) 길거리 장면: "한 강도가 여자에게 물건을 뺏으려 하고 있다. 한 소년이 도우려 하고 있다. 그는 가라테를 할 줄 알지만 별로 소용이 없다. 슈퍼맨이 날아와 그녀를 도와주고, 그녀에게 키스하고, 그리고 그들은 함께 사라진다." (어떤 것이 자신이냐고 물었는데, 슈퍼맨을 가리켰다.)
2) 뗏목: "난파선에서 한 남자가 죽어가고 있다. 그리고 거기엔 또 다른 남자와 소년과 개 한 마리가 있다. 그들은 배가 고프다. (이 이야기를 하면서 아이는 자기 배를 만졌다.) 소년의 부모들은 난파선에서 죽었다. 뗏목 위에서 죽어가던 남자는 죽지만, 나머지 사람들은 구출되었다. 그는 입양되어 새 부모를 갖게 되었다. 그는 행복하다." (그는 자신을 그 소년과 동일시했다.)
3) 동굴: "뱀이 여자를 문다. 그녀는 덫에 걸렸다. 도망갈 길이 없다. 두 명의 남자가 와서 뱀을 쫓아내고, 빠져나올 길을 찾아주어서 이젠 괜찮다."
4) 의사 사무실: "남자가 들어선다. 그는 사고로 다리를 다쳤다. (인형이 목발을 집

고 있다.) 의사는 또 다른 의사를 불러 함께 그의 다리를 고쳐준다. 그들이 떠나려고 방문을 여는데, 피를 흘리던 남자가 방안으로 쓰러진다. 그들은 구급차를 부른다. '당신은 더 큰 도움이 필요해요, 우린 사무실에서 일하는 의사들일 뿐이오.' 라고 의사들이 그에게 말했고, 그는 곧 구출되었다."

5) 교실: "칠판에 유령이 그려져 있다. 할로윈이다. 선생님은 할로윈을 안전하게 보내는 것에 대해 경찰아저씨가 와서 강의를 할 것이라고 아이들에게 말하고 있다. 한 소년은 아이들을 괴롭히고 수업을 방해하는 아이이다. 그가 교실을 나간다. 선생님은 그 아이를 어떻게 해야 할지 모른다. 소년에게는 문제가 있고, 그는 행복하지 않다." (알렌은 마지막 세 개의 그림 중 어느 것과도 동일시하려 하지 않았다.)

이 이야기들 속에는 치료를 위해 탐색해볼 만한 자료들이 가득하다. 나는 다섯 이야기에 공통적으로 나타난 패턴을 찾아보기로 했다. 이 회기를 시작할 때 알렌은 치료받지 않고 지낼 수 있을 것 같다고 했다. 그는 자신의 생활에 문제가 없다고 느꼈다. 우리는 각 장면들에 관해 이야기했다. 각 장면마다 일종의 재난이나 문제들이 있지만, 마지막 이야기만 빼고 모두 도움을 받게 된다. 알렌의 생활엔 문제가 많았다. 우리는 마지막 이야기와 그 이야기 속의 소년에게 초점을 맞추었다. "그 아이는 당신을 찾아왔고, 그래서 지금은 괜찮아요."라고 알렌은 말했다. 우리는 그의 실제 삶에서 일어난 일들에 관해 좀 이야기했고, 그 일들에 대해 그가 지금 어떻게 느끼고 있는지에 대해서도 이야기를 나누었다.

플란넬 보드(플란넬 천으로 만든 칠판으로 옷감 등이 붙게 되어 있다.)는 이야기치료에 도움이 된다. 아이들은 많은 이야기와 장면들을 만들어 내는데, 이야기를 하면서 이것들을 플란넬 보드 위에 붙일 수 있다. 플란넬, 펠트, 사포, 그리고 펠론(Pellon, 옷감의 일종) 등은 플란넬 보드에 잘 붙는다. 색칠하기 책에서 오려낸 것이나 손으로 직접 만든 인형들 뒤에 이런 재료들을 풀로 붙이면 쉽게 플란넬 보드에 붙일 수 있게 된다. 또는 인형들을 직접 플란넬, 펠트, 펠론 등으로 만들어 펠트펜을 사용해 윤곽을 그려 넣을 수(또는 넣지 않을 수)도 있다. 플란넬 보드에 사용할 수 있는 상업용 패키지들은 학용품 가게에서 구입할 수 있다. 가족들, 동물, 민속 이야기, 환상의 인물들, 이웃집과 도시 건물들, 나무 등은 흥미로운 작업 소재들이 된다.

책

아이들과 작업할 때 나는 여러 종류의 책을 사용한다. 아이들은 나이가 들어도 책 읽어 주는 것을 좋아한다는 걸 나는 알게 되었다. (이런 일을 좋아하기엔 너무 나이가 많다고 할 수 있는 사람이 세상에 어디 있겠는가?) 책의 주제에 따라 치료 시간을 적절히 활용할 수 있다. 나는 도서관과 서점에서 흥미로운 책들을 찾아 작업할 때 사용할 수 있도록 미리 모아둔다. 『화에 관한 책』(*Temper Tantrum Book*)은 매우 성공적인 책이다. 어린아이들은 이 책을 자주 찾는다. 괴물들에 관한 책인, 『무서운 것들이 있는 곳』(*Where the Wild Things Are*)은 아이들이 좋아하는 책이며, 무서운 것들에 대해 이야기할 수 있는 분위기를 만들어준다. 『내 옷장에 무서운 것이 있어요』(*There's a Nightmare in my Closet*)는 어린 시절의 꿈들을 회상하게 해준다. 『개야, 저리가』(*Go Away, Dog*)란 책은 거절에 대해 이야기할 수 있도록 해준다. 『개구리와 토드는 친구에요』(*A Frog and Toad are Friends*)와 『친구에게 산을 만들어 줄 거야』(*I will Build my Friend a Mountain*)는 다른 아이들과 관계 맺는 것에 관해 이야기할 수 있도록 해준다. 아주 어린아이들을 위한 책인 『이게 너니?』(*Is This You?*)는 아이들로 하여금 자신과 가족, 집 등에 관해 말할 수 있도록 해준다.

『실베스터와 마술 조약돌』(*Sylvester and the Magic Pebble*)과 『마술 모자』(*The Magic Hat*; 마술 모자를 쓰면 남자 아이들이 하는 것을 무엇이든지 할 수 있게 되는 작은 소녀에 관한 이야기)는 아이들로 하여금 환상과 상상의 세계를 탐색하도록 도와준다. 책을 어떻게 이용하는지 독자들에게 잠깐 알려주기 위해 여기서는 내가 사용하는 책들에 관해 대충만 이야기했다. 여러분들도 관심갖고 살펴보면, 차츰 가능성 있는 책들을 알아볼 수 있는 안목이 생기기 시작할 것이다. 아이들은 특별히 감정에 호소하기 위해 쓰인 책보다는 단순한 이야기와 자신들을 즐겁게 해주는 책에 더 잘 반응한다. 아이들은 진부한 책들을 보면 지루해한다. 아이들은 그런 종류의 책들을 바로 알아본다.

『페르디난드 이야기』(*The Story of Ferdinand*)는 색다른 황소 이야기인데, 많은 아이들은 주인공을 그냥 바로 느낀다. 『늦깎이 레오』(*Leo the Late Bloomer*)는 어느 날 마술에 걸릴 때까지 제대로 할 수 있는 것이 아무것도 없었던 어떤 동물에 관한 이야기다. 『안경』(*Spectacles*)은 안경을 써야만 하는 어린 소년에 관한 재미있는 이야기다. 『아무도 앤드류의 말을 들어주지 않는다』(*Nobody Listens to Andrew*)는 아이들이 많은 집에서 인기 있는 책이며, 『이 곰이 아니야』(*Not THIS Bear*)는 비슷한 점과 서로 다른 점에 관해 말할 수 있도록 해주는 책이다. 『물고기는 물고기다』(*Fish is Fish*)는 사람이나 새, 개구리 혹은 소처럼 물 밖에서 살고 싶어 하는 물고기 한 마리에 관한 재미있는 책이다. 주인공 물고기는, 물고기는 물고기지 자신이 아닌 다른 것이 될 수 없다는 사실, 즉 물을 떠난 물고기는 죽게 된다는 걸 아슬아슬하게 깨닫게 된다.

아동을 위한 가장 좋은 책들 중 몇 가지는 여성전용 서점에서 찾아볼 수 있는데, 보통 그것들은 매우 엄선된 것들이기 때문이다. 『어른들도 운다』(*Grownups Cry Too*), 『내 몸이 좋아해요』(*My Body Feels Good*), 『혼자는 할 수 없는 것들』(*Some Things You Just Can't Do By Yourself*)은 다른 곳에서는 쉽게 찾아볼 수 없는 훌륭한 책들이다.

『남자 아이와 여자 아이는 어떻게 서로 다른가?』(*What is a Boy? What is a Girl?*)는 특별히 언급할 가치가 있는데, 이 책은 최상급의 화보들을 담고 있으며 소년 소녀, 남녀 간의 신체상의 차이점에 대해 설명하고 있다. 『느낄 수 있는 책』(*The Sensible Book*)은 보고, 만지고, 맛보고, 냄새맡고, 듣는 것에 관해 이야기하기에 유용한 책이다. 『네 안에서 크게 외치고 있는 감정』(*Feelings, Inside You and Outloud Too*) 또한 좋은 책이다.

동화와 전래동화에는 아이들과 작업할 수 있는 풍부한 자료들이 있는데, 나는 내가 어렸을 때 그랬듯이 아이들도 여전히 그런 책 속에 있는 사랑 이야기들을 좋아한다는 사실을 알게 되었다. 『크게 소리내어 읽을 수 있는 알려진 전래동화들』(*Famous Folk Tales to Read Aloud*)이란 책 속에 있는 『작고 푸른 가문비나무』(*The Little Blue Spruce*)란 이야기는 숲에 살고 있는 가문비나무는 아주 훌륭한 나무인데도 숲에 있는 다른 나무처럼 되고 싶어 하는 이야기에 관한 것이다. 『동화선집』(*Treasure Book of Fairy Tales*)에 실려 있는 너무나 잘 알려져 있는 『헨젤과 그레텔』(*Hansel and Gretel*)은 아이들로 하여금 즉시 자신의 가족 상황에 대해 이야기할 수 있도록 해준다.

동화엔 상당히 심리학적인 의미들이 있다고 여겨져 왔다. 사람들이 동의하든 않든 동화는 아이들에게 상당한 호소력과 가치가 있다. 동화와 전래동화들은 민속음악처럼 깊은 인간성의 표현이며, 세대를 초월해서 사람들이 경험하는 모든 종류의 투정과 갈등, 슬픔과 기쁨을 그 속에 내포하고 있다. 이런 이야기들은 가끔 즐겁지 않을 때도 있다. 브루노 베텔하임(Bruno Bettelheim)은 『매력의 가치-동화의 의미와 중요성』(*The Uses of Enchantment-the Meaning and Importance of Fairy Tales*)이란 책에서 다음과 같이 말하고 있다.

> 주요 문화는 (특히 아이들과 관련되면) 인간의 어두운 면이 존재하지 않는 것처럼 가장하고 싶어 하며, 사회가 개량될 수 있다는 낙관론을 표방한다. 동화들은 바로 이런 메시지를 여러 형태로 아이들에게 전해준다. 즉, 혹독한 어려움을 맞아 싸워야 하는 일은 인생에서 피할 수 없으며, 이는 인간실존의 본질적 부분이라는 것이다. 예기치 않게 또 가끔 불공평하게 찾아오는 역경들을 피하지 않고 지속적으로 직면해나가면, 마침내 장애를 극복하고 승리하게 된다는 것이다.
>
> 어린아이들을 위해 쓰인 현대적 이야기들은 이런 것들이 중요한 주제인데도 대부분 이런 실존적인 문제들을 다루는 것을 회피하고 있다. 우리는 아이들이 이런 주제들을 성공적으로 잘 다루어 마침내 성숙에 이르도록 이끌어주기 위해 아이들이 이해할 수 있는 상징적인 방법으로 지도해줄 필요가 있다. '안전한' 이야기들은 죽음이나 늙음, 우리 생존의 유한성이나 영생에 대한 소망과 같은 것들에 관해 언급하지 않는다. 반면 동화는 아이들로 하여금 인간의 기본적 고통을 그대로 직면토록 해준다. (7-8쪽)
>
> 동화는 문학적인 형식이면서, 다른 예술과는 다르게 아이들이 완전하게 이해할 수 있는 예술형식이라는 점에서 독특하다. 모든 훌륭한 예술이 그렇듯, 동화의 깊은 의미는 사람마다 다르게 느끼며, 또한 같은 사람에게도 살아가면서 의미가 다르게 다가온다. 아이들은 자신의 욕구와 흥미에 따라서 동일한 동화로부터 읽을 때마다 다른 의미를 찾아낼 것이다. 아이들은 기회가 주어지면 옛날에 읽었던 동화의 의미를 더욱 깊이 느끼기 위해 혹은 새로운 의미를 발견하기 위해, 그 동화책을 다시 읽어보려고 할 것이다. (12쪽)

동화는 사랑과 미움, 두려움과 분노, 외로움과 소외감, 무가치함과 박탈감과 같은 인간의 보편적인 기본 감정들을 직접 직면케 해준다. 만약 고전동화가 무엇보다도 하나의 예술작품이라는 사실을 도외시한다면 아마 동화가 갖는 영향력은 매우 적을 것이라는 베텔하임 박사의 말에 나는 동의한다. 동화를 읽다 보면 듣는 사람의 마음과 생각을 자연스럽게 넘나들게 하는 리드미컬하고 마술적인 뭔가가 있다. 이런 동화들은 자주 아이들이 이해하기 힘든 단어들을 사용하기도 하지만, 아이들은 이야기 속에 푹 빠져 진심으로 귀 기울여 들으며 그것들을 그대로 받아들인다.

교육가들과 부모들 중에는 동화가 비현실적인 세상을 보여준다는 – 모든 것에 대해 완전하고 마술적인 답을 제시하는 방식으로 – 우려의 말을 하는 분들도 더러 있다. 더군다나 많은 동화들은 성차별적이다: 여성들은 아름다움으로만 가치가 매겨지는 반면, 남성들은 용감한 영웅들로 묘사된다. 이런 결점에도 불구하고 고전동화와 전래동화에는 아이들이 쉽게 동일시할 수 있는 부분들이 많이 있다. 이런 결점을 보완하기 위해, 리차드 가드너 박사는 다음과 같은 동화들을 썼다: 『요즘 아이들을 위한 가드너 박사의 동화』(*Dr. Gardner's Fairy Tales for Today's Children*), 『가드너 박사의 현대 동화집』(*Dr. Gardner's Modern Fairy Tales*), 『현실 세계에 대한 가드너 박사의 이야기』(*Dr. Gardner's Stories about the Real World*).

나는 아이들과 이런 이야기책들을 가지고 작업할 때, 동화 속에 제시된 환상적이고 마술적인 문제해결 방식 혹은 성차별적 선입견들을 아이들의 실제 삶과 비교해보는 것이 도움이 된다는 것을 발견했다. 또한 나는 "그리고 그들은 오래 오래 행복하게 살았답니다."로 끝나는 이야기들이 결코 아이들을 오랫동안 속이는 것이 아니라는 베텔하임 박사의 말에 동의한다. 나는 오히려 영속적인 행복을 추구하는 오늘날의 문화적 요구나 최신 전자제품이나 스포츠카를 열망하는 우리의 갈증이 아이들로 하여금 삶의 가치관에 더 많은 혼란을 가져다준다고 생각한다. 아이들이 혼란스러운 감정을 느끼게 되는 것은 그들이 동화책에서 읽은 내용들 때문이 아니라 그들의 실제 생활을 통제하는 사람들이 갖고 있는 모순된 가치관들 때문이다. 동화 속에 나타난 가치관들은 분명하고 단순하며, 옳고 그름이 분명하다.

이야기치료를 할 수 있는 방법들은 다양한데, 인형작업을 연결시킬 수도 있으며, 혹은 이야기를 연극으로 시연해보거나 직접 이야기를 써보는 방법 등으로 발전시킬 수도 있다. 때로는 집단에서 이야기를 시작한 후, 아이들 각자가 이야기를 하나씩 덧붙여 가면서 '이야기 콜라주'를 만들어보는 것도 재미있다.

때로는 내가 이야기를 시작하고 아이가 그것을 완성하도록 하거나, 혹은 반대로 아이가 이야기를 시작하고 내가 마무리를 한다. 어떤 때는 우리가 읽은 이야기의 결말을 함께 의논해서 다른 종결을 만들어보기도 한다.

『저항을 보이는 아이를 위한 심리치료 접근법』(*Psychotherapeutic Approaches to the Resistant Child*)이란 책에서 가드너 박사는 이야기 기법을 향상시키기 위해 자신이 개발한 몇 가지 게임들에 관해 설명하고 있다. 이들 중 몇 가지를 소개하면 가방에서 인형이나 물건을 끄집어내어 그것들을 소재로 이야기 만들기, 단어 가방에서 단어들을 하나씩 꺼내 그것을 갖고 이야기 만들기, 혹은 '청소년을 위한 단어 맞추기(Scrabble for Juniors)'란 게임의 단어 맞추기를 마친 후 그것을 토대로 이야기 만들기 등이 있다.

글쓰기

나는 좀처럼 아이들에게 글을 쓰라고 하지는 않는다. 그럴 가치가 없어서가 아니라 아이들은 대부분 글쓰기와 관련해 좋은 경험을 갖고 있지 않기 때문이다. 대부분의 아이들이 글쓰기를 싫어한다는 사실을 나는 안타깝게 생각한다. 왜냐하면 글쓰기는 자기를 표현하고 자기를 발견할 수 있는 가장 만족스럽고 가치 있으며, 또한 효과적인 방법이기 때문이다.

아이들이 글을 쓰도록 거듭해서 시도를 해봤지만 아이들은 그것을 싫어했고, 또 글쓰는 즐거움을 발견하도록 도와줄 충분한 시간도 없었기 때문에 나는 다른 방법들을 사용했다.

하지만 글쓰기는 우리가 이야기할 때 사용하는 말과 표현형식이 다를 뿐이므로 나는 아이들로 하여금 그들이 이미 작가라는 사실을 깨닫게 해주려 한다. 아이가 녹음기에 대고 이야기를 하면 나는 그걸 타이핑하여 문자화된 형태로 아이 앞에 내놓는다. 혹은 아이가 하는 이야기를 내가 받아 적거나 타이핑할 수도 있다.

나는 아이의 직접적인 언어표현은 내적인 힘을 기르는 데 상당한 효과가 있다고 믿기 때문에, 치료과정 중에 아이에게 자신이 그린 그림에 대하여 어떤 말을 해보라고 청하곤 한다. 아이가 말하면 나는 그림 위에 그대로 받아 적고, 이를 강화해주기 위해 적은 것을 아이에게 다시 읽어준다. 나는 가끔 좀 더 자연스러운 글쓰기로 이어지도록 도와주기 위해 아이에게 단어 몇 개를 먼저 써보라고 말한다. 예컨대, "네 분노 그림과 어울릴 수 있는 단어면 어떤 것이든 상관없으니 생각나는 대로 몇 개만 써볼래?" 라고 말한다. 이렇게 일러주고 나자 열한 살짜리 소년은 자신의 그림을 가로질러, '나쁜 개 같은 연놈들(Mr. and Mrs. Mother fucker)' 이라고 썼다. 아이들이 자신의 감정을 완전히 표현하도록 해주려면 그들의 표현을 검열해서는 안 된다.

나는 아이들이 학교에서 주로 철자와 어법, 문장구조, 심지어는 습자법 같은 것들을 일차적으로 강조함으로써 아이들의 창조적인 흐름을 막고 질식시키기 때문에 아이들이 글쓰기를 싫어한다고 생각한다. 내 생각엔 문법과 철자법을 배우는 것은 글쓰기와 분리해야 할 것 같다. 이것들은 따로 가르치든가 아니면 아이들이 글쓰기와 친밀해진 다음에 나중에 가르치는 것이 좋을 것 같다. 만약 우리가 아기들에게 어떤 말을 하기 이전에 먼저 완전한 문장을 구사할 것을 요구한다면 어떤 일이 일어날지 상상해보라. 아기들은 주변 어른들이 하는 말을 모방함으로써 말하는 걸 배운다. 우리가 아이들을 참견하지 않고 내버려둠으로써 글쓰기를 두려워하지 않게 만들어 준다면, 아이들은 말을 배울 때처럼 글쓰기도 자연스럽게 배우게 될 것이다.

나와 함께 작업하는 모든 아이들에게 나는 글을 쓸 수 있는 작은 스프링 노트를 한 권씩 준다. 나는 아이들이 잠자리에서 오줌 싼 이야기나, '이번 주 중에 너를 화나게 만든 일' 혹은 꿈꾼 것을 적는 데 그 노트를 사용하라고 할 수 있다. 다음은 아홉 살배기 한 소년이 자기를 화나게 하는 것들에 대해 쓴 것들이다. 1) S씨는 남자 아이들이 소프트볼을 하지 못하게 했다. 2) 난 목욕탕과 목욕통 속의 때를 청소해야 했고, 옷을 세탁하고 수건들을 널어 말려야 했다. 3) 저녁 8시 30분에 자고, 아침 7시 30분에 일어나 아침 먹고, 머리 빗고, 옷 입고, 8시 30분에 집을 나서야 한다.

동일한 주제로 열 살 소녀가 쓴 것은 다음과 같다: 우리 엄마는 내가 어떤 여자 아이에게 말하도록 허락해 주지 않았다. 친구와 말을 좀 하고 싶었는데 목욕하라고 하셨다.

우리는 가끔 겉표지가 있으며, '불평하기', '화남', '행복', '자랑하기', '내가 싫어하는 것들', '내가 좋아하는 것들', '나의 소원', '내가 대통령이라면', '내가 엄마라면' 등의 제목을 가진 작은 책을 만들기도 한다. 이것들 중 한 개는 '나에 관한 어떤 것' 이란 제목의 책이었다. 여덟 살짜리 한 소년은, '눈이 갈색인 평범한 소년' 이란 제목을 붙였다. 또 다른 아이는 자신을 정성들여 그린 후에 "내 머리 색은 흑갈색이다. 난 노랗고 연한 푸른색의 셔츠를 입고 있다. 흰 양말을 신고 있으며, 두 팔이 있다. 두 다리가 있다. 두 개의 초록색 눈이 있다. 양손에 모두 열 개의 손가락이 있다. 나는 열 살이다. 내 키는 4피트 10인치다. 나는 좀 말랐다. 귀가 두 개다."라고 썼고, 여덟 살인 또 다른 아이는 "난 못 생겼다."라고만 썼다. 열 살짜리 한 소년은 "난 개가 이기도록 해주었지요. 나는 1과 2에요. 그 녀석은 저보다 훨신 크지요. 나랑 항상 노라서요." (철자나 문법이 틀린 곳이 많았다.) 아이는 자신보다 훨씬 큰 개와 함께 놀고 있는 작은 소년 하나를 그렸다.

여섯 살 된 아이는 학교에서 자기가 쓴 『감정』이라는 제목의 책을 들고 왔다. 페이지마다 선생님이 칠판에 써놓은 문장을 아이들이 완성하도록 되어 있었는데, 아이들이 이를 노트에 적어 책을 만든 것이었다. 이 아이의 것은 다음과 같았다:

사랑은 …… 어떤 사람이 당신을 사랑한다고 말하면, 그리고 모든 이들이 싸우지 않을 때, 그리고 그것은 모든 사람을 기분 나쁘게 만든다. 그래서 서로 잘 해줘야 한다. (선생님은 '다시 할 것'이라고 써 놓았는데, 아이의 글씨가 마음에 들지 않아서였다.)

나는 언제 두려운가 …… 싸우게 될 때이다. 그리고 낯선 곳에서 길을 잃었을 때이다. (한 소년이 사막 한 가운데 서 있는 작은 그림)

다른 문장들은 다음과 같았다: 내가 공평치 않다고 느끼는 것은 …… 때이다. 너가 행복하다고 느끼는 것은 …… 때이다. 내가 슬프다고 느끼는 것은 …… 때이다. 너가 외롭다고 느끼는 것은 …… 때이다. 내가 노래하고 싶은 것은 …… 때이다. 나의 가장 친한 친구는 …… 이다. 내 자신에 대하여 가장 좋은 점은 …… 이다. 내 일생 동안 일어난 세 가지 가장 중요한 사건은 …… 였다. 내가 가장 잘 할 수 있는 것은 …… 이다. 내가 바라는 것 세 가지는 …… 이다. 내 일생에서 가장 행복했던 순간은 …… 였다. 내게 일어난 가장 재미있었던 일은 …… 이었다. 세상에서 가장 아름다운 것은 …… 이다. 만약 내가 선생님이라면 …… 하겠다. 만약 내가 대통령이라면 …… 을 하겠다. 나의 부모님이 가장 행복해하는 것은 …… 때이다. 만약 내가 아버지라면 나는 …… 을 하겠다. 내가 교장 선생님이라면 …… 을 하겠다.

미완성 문장을 완성하는 것은 아이들로 하여금 자신에 대해 진술할 수 있는 자신감을 주며, 자신의 소원과 바람, 욕구와 실망, 생각과 아이디어, 그리고 감정들과 접촉하도록 도와준다. 문장완성검사들은 이런 작업을 위해 더 풍성한 아이디어들을 제공해 줄 수 있다.

나는 아이들이 인간의 감정과 인격의 양극성에 대해 알아차리기 바라기 때문에, 다음과 같이 서로 상반되는 문장들을 제시해서 완성하라고 말한다. 나는 …… 때 행복하다. 나는 …… 때 화가 난다. 나는 …… 하는 것이 쉽다. 나는 …… 하는 것이 어렵다. 너에 대해 내가 좋아하는 것 한 가지는 …… 이다. 너에 대해 내가 싫어하는 것 한 가지는 …… 이다.

아이들에게 나는 가끔 종이 한 장을 주고 "나는 …… 이다." 혹은 "내가 바라는 것은 …… 이다."를 완성하는 문장을 한 쪽 가득 채워 쓰게 하기도 한다. 열두 살 소년은 다음과 같이 썼다. "나는 소년이다. 나는 행복하고, 나는 웃긴다. 나는 차갑다. 나는 따뜻하다. 나는 이걸 쓰는 게 아주 재미없다." 그리곤 종이 뒤쪽에 '내가 아닌 것들'(자신의 아이디어였음)에 관해 썼다. "나는 바보가 아니다. 나는 여자 아이가 아니다." 등등.

스스로 글쓰기를 좀 해보려고 하는 아이들에게는 다음과 같이 지시해준다: 오늘 네가 이 세상에서 원하는 것이면 무엇이든 다 할 수 있다고 상상해 봐라. 그리고 네가 하고 싶은 것에 대해 써보렴. 혹은: 네 몸의 어떤 부분에게 편지를 써보렴. 예컨대, "사랑하는 위에게: 나는 네게 할 말이 좀 있어."라고 시작하는 거야.

나의 한 동료는 집단에서 아이들에게 종이에 비밀을 한 가지씩 쓰되 이름은 쓰지 말고 접어서 방 한 가운데 모아 쌓아 놓으라고 했다. 다시 아이들에게 각자 차례로 종이를 하나씩 뽑아서 그것을 마치 자신의 비밀인 것처럼 집단 전체에게 읽도록 했다. 그 작업시간은 매우 활기가 넘쳤으며 감동적이었다.

허버트 콜(Herbert Kohl)은 그의 책 『열린 교실에서의 산수, 작문과 게임들』(*Math, Writing and Games in the Open Classroom*)이란 책에서 아이들에게 글 쓰게 하는 어려움에 대해 말하고 있다. 그는 아이들이 적어도 학교에서는 말하는 걸 두려워한다면 글을 쓰려고 하지 않을 것이라고 주장하고 있다. 만일 아이들이 자기가 가장 잘 아는 것 혹은 자신에게 중요한 것에 대해 쓸 수 있다면 글을 쓰려고 할 것이다. 만약 이런 것들에 대해 아이들이 자유롭게 말할 수 없다면, 어떻게 아이들이 글을 쓸 거라고 우리는 기대할 수 있겠는가? 그는 아이들과의 글쓰기 경험에 대해 설명하면서 아이들이 글쓰기를 통해 자신을 표현하도록 격려해줄 수 있는 많은 좋은 제안들을 하고 있다.

아이들과 함께 글쓰기에 관한 다양한 논문들이 실려 있는 두 권의 유익한 저서로 『전체 단어 카탈로그 1과 2』(*The Whole Word Catalogue 1 & 2*)가 있다.

시

아이들에게 시를 지어 보라고 하면 무조건 운율을 맞추려고 애를 쓰는 것을 브게 된다. 나는 운을 맞출 필요가 없다고 주장하는 것은 아니다. 운을 맞추는 것은 또 다른 별개의 기술이다. 시의 운율을 맞추는 것은 자연스러운 표현을 하는데 별로 드움이 되지 못한다.

시는 가슴에서 나오는 것이다. 일상적인 말과 글로 표현하기 어려울 때, 시의 형태를 빌려 표현할 수 있다. 시를 통해서 사람들은 자신을 자유롭게 놓아버릴 수 있다. 때로는 미칠 정도로 자유로워질 수 있다.

아이들의 시 쓰기에 관한 좋은 책들이 몇 권 있다. 가장 좋은 것 중에 케네스 코흐(Kenneth Koch)의 『소원, 거짓말과 꿈』(*Wishes, Lies, and Dreams*)이란 것이 있다. 아이들로 하여금 자유롭게 시를 쓰도록 해줄 수 있는 다양한 방법과 아이들이 쓴 많은 시들을 수록하고 있는데, 아이들의 시는 언뜻 보면, 시를 쓴 아이의 감정과 별로 상관이 없는 것처럼 보이는 것도 있다. 『거짓말』이란 부분에 실린 열한 살 아이의 시를 예로 들면 다음과 같다:

> 밤 12시에 나는 학교로 날아 간다
> 9시에 점심 먹으러 뛰어 간다
> 11시에 집에 가기 위해 땅 밑으로 간다.
> 내 이름은 광대 놀이하는 제임스 뛰어다니는 콩 디에고
> 돌아다니는 지미 그리고 튕겨 넘어지는 탐
> 내 머리는 토성에서 태어났고, 내 팔은 달에서 태어나고
> 내 다리는 명왕성에 있고, 나의 몸통은 지구에 태어났고
> 내 친구 벌은 웅웅거리며, 나를 집으로 데려가네. (196쪽)

낙서작업 혹은 '엄마를 천장에 매달아라(*Put Your Mother On The Ceiling*)'와 같은 환상작업에서처럼, 이 같은 시는 자신의 마음과 영혼에 있는 것들을 자유롭게 흘러나올 수 있도록 해주는 첫걸음이 될 수 있다. 열두 살배기 소년이 쓴 시의 『소음』(*Noises*)이라는 절을 살펴보자:

> 바람은 네 입에서 나온다.
> 어두운 오솔길에 있는 바람과 같다.
> 노인들이 말하는 걸 들을 땐
> 넌 신음소리를 듣는다.
> 자로 의자를 치면
> 총이 발사되는 소리가 난다.
> 강아지 우는 소릴 들으면
> 소방차의 사이렌 소리 같다.
> 두 권투선수가 펀치를 주고받는 걸 보면
> 양철 깡통에 맞는 총알 같다. (124쪽)

나는 아이들이 시 쓰기에 흥미를 느끼도록 할 수 있는 가장 효과적인 방법은 다른 아이들의 시를 읽어주는 것이라는 걸 알게 되었다. 『소원, 거짓말과 꿈』(*Wishes, Lies, and Dreams*), 『내 언니는 배처럼 생겼어요』(*My Sister Looks Like a Pear*), 『나는 넙치』(*Me the Fluke*), 『아무도 모르는 나』(*The Me Nobody Knows*), 『누군가 이 아이들 수도꼭지를 틀어놨어요』(*Somebody Turned on a Tap in These Kids*), 『전체 단어 카탈로그 1 & 2』(*The Whole Word Catalogue 1 and 2*), 『달콤한 세상 시작하기』(*Begin Sweet World*), 『기적』(*Miracles*), 그리고 『다른 나비는 본 적이 없다』(*I Never Saw Another Butterfly*) 등에 실려 있는 시들은 힘 있고, 훌륭하며, 솔직한 것들이다. 내가 가장 좋아하는 시는 『혜성을 본 적이 있니?』(*Have You Seen a Comet?*)이다. 유니세프 미국 위원회에서 편찬한 이 책에는 세계 각국 아이들의 글과 예술작품들이 수록되어 있다.

나는 아이들에게 시를 읽어 줄 때, 아이들에게 눈을 감고 시를 느껴보라고 말한다. 시를 다 읽고 나면, 나는 아이들에게 시에 대한 느낌과 시를 통해 자신이 알아차린 것을 그림으로 그려보라고 한다. 혹은 시로 인해 기억나는 것을 그려 보라고 말한다. 어쩌면 시의 한 단어 또는 한 문장이 아이 내면의 무언가를 건드렸을 수도 있다.

『혜성을 본 적이 있니?』라는 책 속에 실린 『매듭이 있어요』(*There Is A Knot*)라는 시는 아이의 숨겨진 감정을 끄집어내는 능력이 있다. 다음은 여덟 살 난 터키 아이가 쓴 시를 번역한 것이다:

내 안에 매듭이 하나 있다
풀어질 수 없는 매듭
단단하고
아프다
마치 내 안에
돌을 넣어 놓은 것처럼

난 항상 옛날을 생각한다.
우리 여름 집에서 놀던 것을
할머니 집에 가던 것을
할머니 집에 머물던 것을

그 날들이 다시 왔음 좋겠다
그 날들이 다시 오면 매듭이 풀릴 텐데
그렇지만 내 안엔 매듭이 하나 있다
너무 단단해서
그건 날 아프게 한다
마치 내 안에 돌이 하나 있는 것처럼 (32쪽)

이 시를 듣고 난 후, 열 살 난 여자 아이는 언덕 꼭대기에 서서 팔을 벌리고, 가슴엔 검은 점이 있는 사람을 그리고, 그 주위에 "난 네가 미워, 난 네가 미워."라고 썼다. "나의 매듭은 내 안에 있는 분노예요."라고 그 아이는 내게 말했다. 이 아이는 이전까지는 학교와 집에서 반항하는 행동을 하면서도, 자신의 분노를 방어적으로 부인했었다.

아홉 살 난 또 다른 아이는 할머니 집과 그 집에서 좀 떨어진 곳에 서있는 여자 아이를 그렸다. 이 여자 아이 또한 배에 검은 점이 있었다. 그 점을 '내가 엄마에게 한 거짓말'이라고 했다. 아이는 거짓말에 대해 죄책감을 느끼고 있었고, 엄마가 화낼까 봐 말을 할 수 없다고 했다. (이 일에 관해 그때서야 내게 말했다.) 그녀의 할머니는 최근에 돌아가셨는데, 아이가 자신을 정말 사랑한다고 느꼈던 단 한사람이었다. 할머니는 자신이 한 일을 무엇이든 말해도 심한 벌을 주지 않을 단 한 사람이었다. 이 그림을 통해 우리는 아이의 슬픔뿐만 아니라 아이가 염려하는 것도 다루어줄 수 있었다.

집단 시를 만드는 것도 재미있다. 한 아이가 한 줄씩, 예컨대, 소원에 관한 것을 쓴다. 그리고 나는 그걸 모아서 사랑스러운 시로 아이들에게 다시 읽어 준다. 아이들은 자신의 시적인 능력에 감동한다. 가끔 나는 아이들에게 각자가 원하는 대로 선택한 동물이나 계절이나 야채가 되어 몇 줄씩 써보라고 한다. 대개 나는 아이들이 쓴 시를 아이들에게 크게 읽어준다. —아이들의 시는 다른 사람이 읽게 되면 더 근사하게 들린다.

시는 그림그리기와 연계해서 쓸 수 있다. 어떤 집단에서 나는 지금 이 순간의 감정을 색으로 표현하여 그려보라고 했다. 그림을 그린 후, 그린 것을 보면서 느낀 것을 단어나 구절이나 문장들로 표현해보라고 했다. 어떤 아이는 다음과 같이 표현했다. "색들은 나를 씻어주고, 나를 부드럽게 위로하고, 편안하게 해요."

가끔은 시 작업을 시작하기 전에 감정을 표현하는 단어들, 그림을 떠올리게 하는 단어들, 자신이 좋아하는 단어, 거칠게 들리는 단어들에 대해 이야기할 수도 있다. 단어들과 실험하고 단어에 대한 자각을 넓히는 일이 시를 쓰는 데 도움이 된다.

나는 단순한 하이쿠 같은 형태의 시들을 자주 아이들과 사용한다. 하이쿠는 각 줄에 다섯, 일곱, 다섯 마디가 들어가는 세 줄로 된 일본 시다. 나는 단순화된 오행시를 사용하는데, 첫 줄에 한 마디, 둘째 줄엔 첫 마디에 대한 두 마디, 셋째 줄엔, 첫 마디에 대해 좀 더 말해주는 세 마디, 넷째 줄엔, 첫 마디에 대해 좀 더 설명하는 네 마디. 그리고 다섯째 줄에서는 첫 마디를 반복한다.

다음은 아이들이 내게 읽어 준 몇 가지 예다:

여자 아이들 (Girls)
널 사랑해 (Love you)
난 여자 아이들 사랑해 (I love girls)

여자 아이들 무척 좋아해 (Like girls very much)
여자 아이들 (Girls) (8세 소년)

공룡들 (Dinosaurs)
난 바라 (I wish)
그들이 살아 있기를 (They were alive)
난 그들의 등에 타고 싶어 (I'd rather ride their backs)
공룡들 (Dinosaurs) (7세 소년)

로켓들 (Rockets)
검고, 예쁘지 (Black, pretty)
불을 내뿜지 (Blow fire out)
바닥에서 내뿜지 (Blow from the bottom)
로켓들 (Rockets) (8세 소년)

로켓들 (Rockets)
창이 있어요 (Have window)
우주 속으로 가요 (Go in space)
사람들이 우주 속에서 떠다녀요 (Men float in space)
로켓들 (Rockets) (9세 소년)

소년들 (Boys)
어리석은 부랑아들 (Stupid brats)
여자 아이들과 싸우지 (Fight with girls)
못생긴 얼굴들, 헝클어진 머리 (Ugly faces, ugly hair)
소년들 (Boys) (9세 소녀)

소녀들 (Girls)
예쁘고 착해요 (Pretty, good)
예쁜 머리를 하고 있어요 (Have pretty hair)
그 아이들은 항상 착해요 (They always are good)
소녀들 (Girls) (10세 소년)

학교 (School)
도망가요 (Run away)
누굴 때려 줘요 (Beat up someone)
책 읽기 싫어요 (Don't like to read)
학교 (School) (8세 소년)

소년들 (Boys)
소녀들을 좋아해요 (Love girls)
나를 때려요 (Beat me up)
난 어떤 남자 아이들은 좋아해요 (I like some boys)
소년들 (Boys) (8세 소년)

몰라요 (Nothing)
그게 다예요 (That's all)
아무 말도 안 할 거예요 (Won't say nothing)
아무것도 말하지 않을 거예요 (Not going t' say nothing)
아무것도 (Nothing) (10세 소년)

여자들 (Women)
크고 예뻐요 (Big, pretty)
머리가 예뻐요 (Have pretty hair)
사랑스러워, 난 그들을 사랑해요 (Lovely, I love them)
여자들 (Women) (9세 소년)

이 같은 소품시들을 통해 아이들 내면의 생각과 감정에 대해 많은 것들을 알 수 있다. 이것들은 아이들 마음속 밀실의 문을 열어주는 또 다른 작은 창이다. 문에 난 틈새처럼 문을 점점 더 넓게 열어준다.

어른들이 아이들을 위해 쓴 시는 아이들보다는 어른들에게 더 호소력이 있다. 아이들 마음에 와 닿도록 시를 쓰는 게 쉬운 일이 아니다. 가끔 나는 내가 즐기던 책이 생각나면 아이들도 분명히 나처럼 좋아할 거라고 생각하지만, 내가 틀렸다는 걸 깨닫곤 한다. 아이들 마음에 잘 와 닿는 책으로는 쉘 실버스틴(Shel Silverstein)의 시와 그림이 실려 있는 『보도가 끝나는 곳』(*Where the Sidewalk Ends*)이 있다. 신디 허버트(Cindy Herbert)의 『난 한 아이를 보아요』(*I See a Child*)란 책은 아이들과 함께 살며 일하는 어른들을 위한 것이지만, 나는 아이들이 그녀가 쓴 다음과 같은 시를 읽고 감동하는 것을 보았다:

뭔가 없어졌을 때
뭔가 부러졌을 때
나는 미안하다
나는 야단맞게 되지
난 항상 야단만 맞는 것 같아
나는
사과하지
화나고
창피해하면서
그러나 미안한 마음은
없어져버려.

훌륭한 시들은 마음을 만져줄 수 있지만, 대부분의 아이들은 시를 멀리한다. 아마도 학교에서 그들이 시를 배우는 방식 때문일지도 모른다. 『로즈야, 그 빨간 건 어디서 얻었니?』(*Rose, Where Did You Get That Red?*)라는 책에서 케네스 코흐(Kenneth Kcch)는 그가 초등학교 아이들에게 어떻게 블레이크(Blake), 셰익스피어(Shakespeare), 휘트먼(Whitman)과 다른 시인들을 소개했는지에 대해 말해 주고 있다. 그는 아이들이 시를 지을 때, 고전 시인들의 스타일을 모방하도록 격려함으로써 다양한 시인들과 그들의 시에 관심이 생기도록 만들어주었다. 예를 들면, 윌리엄 블레이크(William Blake)의 시, '호랑이(*The Tyger*)'는 다음과 같이 시작된다:

호랑이! 호랑이! 불타듯 빛나는
저녁 숲 속에서
어떤 불멸의 손이나 눈이
너의 무시무시한 균형을 만들 수 있니? (33쪽)

이 시에서 블레이크는 호랑이에게 질문을 하고 있고, 그리고 코흐는 자신의 학생들에게 어떤 신비롭고도 아름다운 창조물에게 비슷한 방식으로 질문해보라고 했다. 그 결과 얻게 된 시는 아름다운 것이었다:

오, 나비여 오, 나비여
넌 어디서 그 붉은 날개를 얻었니? ... (43쪽)
오, 구멍에 사는 작은 개미여
오늘 기분이 어떠니?
장미꽃들은 활짝 피었고, 자주 빛 태양광선은 빛나고 있다
더러운 먼지 폭탄들이 떨어지면 기분이 어떠니?... (53쪽)
넌 왜 그리 작은 곤충이니?
밟히겠다, 작은 곤충아 ... (55쪽)

노래 또한 시다. 오늘날처럼 우리 문화에서 노래 가사만을 위한 창작을 장려한 적은 별로 없었던 것 같다. 오늘날 대중음악에 붙여진 가사들은 힘 있고 감동적이다. 아이들은 언제나 유행음악을 잘 감상할 줄 알았고, 보통 자신의 취향에 맞는 좋아하는 곡들이 있다. 자신만의 노래를 몰래 만드는 아이들이 많다는 걸 나는 알게 되었다. 열두 살 된 어떤 소년은 잘 알려진 록 음정에 맞춰 자신이 쓴 노래를 내게 소개해주었다. 나는 그 내용에 깊은 감동을 느꼈는데, 그 노래는 자신이 바라는 것과 꿈에 관한 것이었다. 나의 한 친구가 자신의 여섯 살 난 딸아이에 대한 이야기를 내게 했던 것이 생각난다. 그녀는 딸아이가 피아노 앞에 앉아 열심히 쿵쾅거리며 노래하는 목소리로 다음과 같이 말하는 걸 들었다고 한다. "선생님 미워. 선생님 못됐어. 내가 하고 싶은 말을 못하게 해. 못됐어. 선생님은 '시간 없다' 라고 말하지..." 그 아이는 부르고 또 불러 노래로 데모를 하더니, 결국 마치고 난 후엔 행복해져서 엄마가 저녁 준비하는 걸 도와주었다고 한다.

인형

아이들에겐 때로는 말하기 힘든 것을 자신이 직접 말하는 것보다 인형을 통해 말하

는 것이 쉽게 느껴진다. 인형은 자신의 감정으로부터 일정한 거리를 만들어줌으로써 아이들이 내면 깊숙이 있는 자기 생각들을 안전하게 표현할 수 있게 해준다.

나는 인형을 갖고 직접 놀이를 하거나, 치료하는 동안 자연스럽게 인형을 사용하거나, 혹은 인형극을 통해 치료작업을 하는 등 인형을 다양한 방법으로 활용해왔다. 여기에 몇 가지 방법들을 소개한다.

아이에게 인형들 가운데서 자신이 원하는 인형을 고르라고 한다 그리고 그 인형의 목소리가 되어보라고 한다. —그 인형이 되어보는 것이다. 그리고 인형에게 왜 자신이 선택되었는지 물어본다. (치료자는 인형에게 "인형아, 왜 존이 널 택했지?"라고 물을 수도 있다.)

존아, 인형이 되어 너를 소개해 볼래? 네 자신에 대해 뭔가 말해줄래?

(어린아이일 경우에 나는 인형에게 "너, 몇 살이니?" "집은 어디니?"라고 물을지 모른다.)

인형이 되어 존을 소개해보라고 요구한다.

네가 아는 어떤 사람을 생각나게 하는 인형을 하나 (또는 두 개) 골라봐.

이런 여러 상황들에서 나는 (만일 집단이면 다른 아이들이) 여러 종류의 질문들을 인형에게 할 수 있다. 상호작용이 더 많이 일어날 수 있는 작업들도 있다:

집단의 다른 아이들이 지켜보고 있는 가운데 한 아이와 나 또는 두 명의 아이가 인형을 고른 후, 이 두 인형들이 얼마 동안 무언으로 상호작용을 한다. 그리고 나서 두 인형이 서로 말을 주고받는다.

한 아이가 집단의 다른 아이들이 지켜보고 있는 상황에서 두 개의 인형을 고른 후 무언으로 상호작용을 하다 말을 주고받았다.

한 인형이 다른 인형 혹은 다른 아이들을 소개한다.

아이가 고른 인형을 통해서 우리는 아이에 대해 많은 것을 알게 된다. 존은 호랑이 인형을 골랐다. "나는 사나워. 모두 나를 무서워 해. 내게 가까이 오는 사람들은 물어버려요." 다음과 같은 질문들을 통해 아이에 대해 더 많은 자료들을 얻을 수 있다. "누가 가장 싫으니, 호랑아?" 또는 "네가 물지 않는 친구들도 있니?" 또는 "호랑아, 네가 어떻게 하길래 사람들이 너를 그토록 무서워하지?" 나는 적당한 시점을 선택해 아이가 호랑이에 대해 한 말들 중에 아이 자신에게도 해당되는 것들이 있는지 물어볼지도 모른다. 가령, "너도 그렇게 한 적이 있니? 너도 그렇게 느낀 적이 있니? 사람들이 너를 무서워하니?” 혹은 “네게 호랑이처럼 무서운 사람이 있니?”라고 물어볼 수도 있다.

나는 인형에게 자신을 선택한 아이에 대해 좋아하는 것과 좋아하지 않는 것에 대해 말해 보라고 하거나, 혹은 그것을 다른 인형들에게 또는 집단에 있는 다른 아이들에게 말해보라고 할지도 모른다. 나는 가능한 한 아이와 함께 놀이에 많이 참여하는 것이 중요하다고 생각한다. 그래서 나는 대개 인형을 선택해서, 나 대신 인형이 물어보는 방법을 선택한다.

가끔 치료 시간 중 다른 방법들이 저항에 부딪히면, 종종 인형작업이 큰 도움이 될 수 있다. 예를 들면, 열 살 된 제니스는 일 년 동안 양부모 집에서 살았다. 어머니가 아이들을 버려서 아이들은 양부모 집에 입양되었다. 아이들의 친권은 법적으로 포기되었다. (아버지는 밝혀지지 않았다.) 결국 제니스는 형제자매와 헤어져 입양가정에 맡겨졌고, 모든 게 순조롭게 진행되는 것 같았다. 하지만 법적인 입양이 진행되는 동안 제니스는 자신의 사회복지사에게 다음과 같이 물었다. “내가 갈 수 있는 다른 집은 없나요?” 그 아이는 입양을 거부했고, 그에 대해 이야기하려 하지 않았다.

그녀는 치료 시간에 와서 나와도 입양에 관해 이야기하기 싫어했다. 그냥 어깨를 으쓱하면서 “몰라요.”라고만 했다.

나는 그녀에게 자신 속에 가끔 자기에게 뭔가를 말해주는 목소리가 있다는 것을 내가 알고 있다고 말하면서, 그 목소리가 되어 보라고 했다. 그녀가 그것을 할 수 없었기 때문에, ‘그녀의 목소리’가 될 인형을 하나 골라 보라고 했다. 그녀는 웃으면서 우스꽝스럽고 늘어져 보이는 여자인형을 집었다. 그녀는 인형목소리를 빌려서 입양되는 게 두렵다고 말했다. 그런데 그녀는 자신의 두려움이 무엇에 관한 것인지는 잘 모르고 있었다. 나는 그녀에게 자신의 두려움을 그려보라고 했다. 그녀는 커다란 검정색의 단단한 상자를 그렸다. 그리고 그녀는 행복한 마음도 있다고 말했다. — 그녀는 두려움을 날려 보내고 분위기를 좀 밝게 만드는 직사각형의 푸른 상자 하나를 그렸다.

그림을 설명한 것은 인형이었는데, 인형은 갑자기 다음과 같이 말했다. “난 무서워 엄마랑 오빠, 언니를 다시는 못 볼 거야.” 그녀는 ‘갇혀 버리는’ 것보다는 양부모 집에서 지내길 더 원했다. 나는 그녀를 보면서 부드럽게 다음과 같이 물었다. “인형이 말하는 게 바로 네가 느끼고 있는 거니?” 그녀는 눈에 눈물이 고인 채 고개를 끄덕였다.

우리는 얼마 동안 그것에 대해 이야기를 했다. 그녀의 불안, 두려움, 그리고 슬픔을 함께 작업해야 한다는 걸 나는 알았고, 또한 우리가 이제 그것을 시작할 수 있다는 걸 알았다. 치료를 마칠 무렵에 그녀는 내게 "미세스 L(그녀가 아주 좋은 관계를 맺어온 그녀의 사회복지사)보다 선생님과 더 잘 이야기할 수 있다니 우스워요."라고 말했다. 나는 "음, 그래서 미세스 L이 너를 이곳으로 보낸 게 아닐까?"라고 말해주었다.

좀 더 어린아이들과 작업할 때 나는 가끔 인형(내가 가장 좋아하는 것은 손가락에 끼우는 작은 생쥐인형)을 가지고 아이에게 말한다. 그렇게 하면 아이들은 기뻐하며 나보다 인형에게 더 빨리 반응한다.

인형극

아이들은 인형극 연출하기를 좋아한다. 인형극장이 있으면 좋지만, 나는 보통 의자 뒤나 커다란 플란넬 보드 뒤에서 한다. 아이들은 이런 소도구 뒤에서 의자나 보드 윗부분을 무대로 사용한다. 개인치료에서는 내가 청중이 된다. 가끔은 두 아이가 합동하여 극을 공연하며, 어떤 때는 내가 공연한다.

인형극은 이야기치료 작업과 아주 유사하다. 즉, 아이가 인형을 통해 자신의 이야기를 하는 것이다. 만약 내가 인형극을 하게 되면, 내가 이야기 주제를 정하거나 혹은 아이에게 주제에 대해 물어본다. "이 연극이 무엇에 관한 것이어야 할까?" 아이의 생활 가운데 문제상황을 토대로, 예컨대 '아이들 관심을 끄는 방법' 같은 것을 주제로 정할 수 있다. 혹은 그냥 오락으로 재미있는 쇼를 할 수도 있다.

아이가 극을 공연할 때는 자기가 하고 싶은 것이 무엇인지 정확히 아는 경우가 많기 때문에, 아이가 시작하는 데 어려움이 있거나 혹은 이야기 중간에 막히지 않는 한 나는 도움을 주지 않는다. 아이들 인형극에서는 다음 두 가지 특성이 자주 나타난다: 낯익은 스토리들과 때리는 것이 그것이다. 나는 아이가 무슨 이야기든 상관없이 이야기를 하도록 격려해 준다. 그리고 인내심을 가지고 때리고 싸움하는 것을 지켜본다. 나는 아이들의 쇼에서 왜 이런 것들이 자주 나타나는지 자주 질문을 받는다. 나는 이유를 단지 짐작만 할 수 있을 뿐이다. '때리기와 쥬디(*Punch and Judy*)'라는 쇼의 영향 때문일 수도 있고, 공격적인 감정들을 안전한 상황에서 표현해보고 싶은 욕구 때문일 수도 있다. 혹은 때리는 것이 그들의 실제 생활을 반영하는 것일 수도 있다.

어떤 아이들은 전혀 도움을 필요로 하지 않는다. 그런 아이들은 하고 싶은 게 뭔지 정확하게 알고 있다. 그들은 신중하게 인형을 선택하고, 그것이 실제건 상상이건 자신의 생활과 밀접한 관계가 있는 큰 주제를 연기해낸다. 그러나 두 인형이 서로 치고받는 끈질긴 반복된 패턴을 극복하기 위해 치료자의 도움을 좀 필요로 하는 아이들도 많다. 이때 나는 어떤 주제를 제안해주는데, 그렇게 하면 아이들은 종종 스스로 좀 더 나은 주제를 찾아내기도 한다. 아이들을 위해 내가 공연하는 인형극은 자신들이 연출하는 인형극의 모델이 되어준다. 아이들은 내가 하는 것을 지켜보면서 다른 가능성들에 대한 아이디어를 얻게 된다.

가끔 나는 인형이 서로 이야기를 주고받는 방법을 사용한다. 아이가 인형극을 끝내고 난 후 나는 동일한 등장인물들을 가지고 공연을 하는데, 어떤 때는 아주 완전히 새로운 내용의 극을, 또 어떤 때는 아이의 극에서 나타난 갈등에 대한 좀 더 나은 결말을 만들어 주는 식으로 한다. 시간이 있으면 나는 다른 이야기치료 상황에서와 마찬가지로 인형극의 내용과 관련하여 아이의 실제 삶에 대해 이야기를 나눈다.

나는 청소년들도 인형극 공연하는 것을 좋아한다는 사실을 알게 되었다. 나는 가끔 이들에게 연기할 수 있는 상황을 주는데, 청소년들의 일상생활 속에서 생긴 문제를 토대로 제시한다. 어떤 청소년들은 자신이 좀 더 깊이 몰입할 수 있는 상황을 실험해보기를 좋아한다. 나는 가끔 "고양이 없는 곳에는 쥐가 왕이다."와 같은 속담을 주면서 그 뜻을 풀어보라고 말한다. 청소년들이 이런 속담에 대한 자신들의 해석을 토대로 공연하는 것을 보면 매우 재미있고, 도전이 되며, 또한 이 청소년들에 대해서도 많이 알게 된다. 어떤 청소년들은 속담 목록이나 속담 카드에서 몇 개를 뽑아내어 나와 집단원들에게 속담의 뜻을 말해보라고 할지도 모른다. (어떤 공공 도서관이든 속담에 관한 책들이 있다.)

나는 아돌프 월트만(Adolf G. Woltmann)의 저서 『교실에서 일어난 갈등』(*Conflict in the Classroom*)에 들어있는 「심리치료에서 인형극의 사용」(*The Use of Puppetry in Therapy*)이란 논문에서 인형극을 재미있게 할 수 있는 방법에 대해 읽었다. 그는 자신의 방법을 병원장면에서 아이들에게 사용했다. 그는 캐스퍼라는 이름의 한 소년을 여러 극들의 주인공으로 선정했는데, 캐스퍼는 점이 있는 모자와 알록달록한 옷을 입었다. 그는 캐스퍼를 등장시켜 아이들의 주된 관심사인 비사회적 행동, 환상적 체험, 도덕적 윤리적 가치 등을 다루는 많은 이야기들을 썼다. 그는 이야기를 하다가 도중에 캐스퍼를 무대에 나오게 해서 아이들에게 다음에 무슨 행동을 하고, 어떤 말을 하면 좋겠는지, 혹은 극을 어떻게 끝내면 좋겠는지 조언을 구하기도 했다.

어떤 이야기에서는 캐스퍼의 아버지가 출근하는 장면에서 극이 시작된다. 엄마는 아빠에게 잘 다녀오라고 키스를 하면서 캐스퍼가 언젠가는 아빠처럼 되기를 바란다고 말한다. 캐스퍼가 혼자 무대에 서서 청중들에게 자기는 아프며, 학교 가기가 지겨워서 꾀를 부릴 작정이라고 말한다. 그는 책을 들지 않고 뛰어간다. 엄마는 캐스퍼가 잊어버리고 갔다고 생각하고 책을 찾아 들고 학교로 뛰어간다. 제2장에서는 캐스퍼가 길가에 혼자 서있다. 꾀부리는 것이 자기가 생각한 것만큼 그렇게 재미있지가 않다. 돈도 없고 외롭다. 악마가 따라와서 도움을 주겠다고 하면서 원하는 것은 무엇이든 될 수 있다고 한다. 캐스퍼는 왕이 되기로 했다. 제3장에서 그는 왕이 되어 성에 있다. 세상에서 자기가 원하는 것을 모두 할 수 있는 힘이 그에게 있다. 그는 청중들에게 학교와 선생님, 병원과 부모 등 이런 것에 대해 자신이 어떤 결정을 내려야 하는지 도와 달라고 청한다. 아이들의 제안대로 캐스퍼의 명령이 수행되면 혁명이 일어나고, 그의 생명이 위협을 받는다. 그는 도움을 외치고, 그를 지옥으로 데리고 갈 준비가 된 악마가 나타난다. 그러나 바로 그때 그의 부모님이 나타나서 그를 구해준다.

이 극을 본 아이들은 매우 흥분하여 열중하게 된다. 다른 많은 의견들이 나오고, 또 많은 논쟁도 생긴다. 그것들은 생각지 못했던 생생한 만남이다. 의상과 세팅을 필요로 하는 이런 종류의 인형극들은 우리들 대부분에게는 너무 야심찬 것일 수 있다. 하지만 이런 아이디어는 흥미로우며, 우리의 필요에 맞게 고칠 수도 있을 것이다.

다양한 종류의 인형들이 있지만 아이들이 사용하기에 가장 쉬운 것이 손 인형인 것 같다. 내게는 어떤 아이들은 재미있어 하는 손가락 인형들이 몇 개 있다. 그런데 많은 아이들은 그걸 조종하는 게 어렵다고 말한다. 나는 막대기 인형들을 사용한다(형상을 그리거나 오려서 자나 막대기에 풀이나 테이프로 붙여 만든 것). 그러나 아이들은 손 인형에 더 열중하는 것 같다. 그것은 아마도 그들의 신체를 더 많이 쓰기 때문인 것 같다.

나는 다양한 인형들을 갖고 있다. 가끔 특정한 스토리에 적합한 인형이 없을 때도 있지만, 아이들은 주어진 인형에 쉽게 적응하여 자기들이 필요한 인물을 투영하여 동일시한다. 나는 남자 인형 한 개, 여자 인형 한 개, 소년 한 쌍, 소녀 한 쌍, 그리고 악마, 악어, 호랑이, 아기, 왕, 긴 귀를 가진 강아지 인형 한 개씩과 몇 개의 작은 헝겊 동물들과 인형들을 인형극에 사용한다. 더 있으면 도움이 되는 것으로는 의사, 경찰관, 늑대, 뱀, 조부모, 그리고 동화 속의 친절한 아주머니 요정인형 등이 있다. 다양한 인형인물들을 통해 아이들은 삶의 상황들을 연기해낼 뿐만 아니라, 선한, 나쁜, 사나운, 천사 같은, 성난, 아기 같은 혹은 현명한 부분 등, 자신의 다양한 부분들과 쉽게 동일시한다. 가끔 인형극을 통해 아이들은 자신의 외적 갈등뿐 아니라 내적 갈등도 해결할 수 있으며, 또한 자신의 여러 부분들 간에 균형과 통합을 이룰 수 있게 된다.

아이들은 가끔 인형 만들기를 좋아한다. 도서관의 아동도서 구역에 가면 이에 대한 방법과 아이디어를 얻을 수 있는 책들이 있다. 나는 직접 펠트천으로 인형을 만든 적이 있는데, 벙어리장갑처럼 내 손에 맞게 앞면과 뒷면을 잘라 양쪽을 맞대어 바느질한 다음, 다시 펠트천 조각을 풀로 붙여 얼굴과 머리카락 모양을 만들어 완성했다.

06

감각 경험

이 책에서 나는 아이들이 자신에게 돌아올 수 있도록 해줄 수 있는 경험들에 관해 쓰고 있다. 즉, 보고, 듣고, 만지고, 맛보고, 냄새 맡는 등 그들이 아기였을 때 처음 발견하고 키워왔던 기본적인 감각들에 대한 알아차림을 새롭게 하고 강화시켜 주는 경험들에 관해 기술하고 있다. 이런 감각적 방법들이 바로 우리가 자신을 경험하고 세상과 접촉하는 방법이다. 그렇지만 자신의 감각에 대한 온전한 알아차림을 어디선가 상실해 버린 사람들이 우리들 가운데 많다. 그들은 몽롱해지고 흐릿해져서 기계적으로 움직이며 자신으로부터 멀어진 것처럼 보인다. 우리는 살아가면서 마치 우리 자신이 오직 커다란 머리에 불과한 것처럼, 생각하고, 분석하고, 판단하고, 이허하고, 훈계하고, 기억하고, 공상하고, 추측하고, 점치고, 검열하는 일에만 몰두하면서 우리의 감각과 신체, 정서는 존재하지 않는 것처럼 살고 있다. 분명히 지성은 우리 정체성의 중요한 부분이다. 우리가 사람들에게 말하고, 무엇을 원하는지 알려주고, 우리의 의견과 태도를 알리고, 우리가 선택한 것을 말하는 이런 모든 것이 바로 우리의 지성을 통해서 이루어진다. 그러나 이는 우리가 돌보고 가꾸면서 사용해야 하는 전체 유기체의 오직 한 부분에 불과하다. 프릿츠 펄스(Fritz Perls)는 자주 다음과 같이 말했다.

"생각을 버리고 감각으로 돌아오시오." 우리는 우리에게 그토록 많은 힘과 지혜를 주는 우리의 다른 부분들을 존중할 필요가 있다.

나는 여기서 사람들의 감각기능을 강화하는 데 도움이 되는 모든 종류의 작업과 실험에 대해 다 기술하려는 것은 아니다. 그 목적을 위해서는 다양한 제안과 아이디어들을 제공해주는 많은 책들이 있다.

나는 각각의 감각들에 대해 간단히 언급하고, 그 감각들에 초점을 맞추는 나의 방식을 보여줄 몇 가지 예를 들겠다. 재미있는 것은 이런 작업들이 언어 예술에 관한 교육도서들뿐만 아니라 연극 예술에 관련된 책들에서도 많이 발견된다는 사실이다. 이 두 분야의 종사자들은 아이들과 어른들의 기술을 향상시키기 위해서 그들에게 감각적인 경험들을 제공해 줄 필요가 있다는 것을 오래전부터 인식해왔다.

촉각

진흙, 손가락 물감, 모래, 물, 그리고 발 물감 등은 훌륭한 촉각 경험을 제공해준다. 『네가 만지기를 좋아하는 게 뭐지』(*What is Your Favorite Thing to Touch*)라는 책은 내가 아이들과 작업할 때 자주 사용하는 책이다. 이 재미있는 책은 많은 감정들에 대해 그리고 만지면 기분 좋아지는 직물들에 관해 말하고 있다. 이 책을 통해 아이들은 자신이 가장 좋아하는 촉각 경험에 대해 얘기하게 된다. 촉각 실험을 위해 나는 다양한 재료들을 모은다: 사포, 벨벳, 털, 리본, 고무, 종이, 나무, 돌, 조개껍질, 금속 등. 우리는 이것들을 만져보고 각 물건들이 어떻게 느껴지는지 그리고 그것들이 우리 생활의 어떤 것들을 생각나게 하는지 등에 관해 얘기를 나눈다.

나는 가끔 가방 속에 여러 가지 물건들을 넣어두고, 아이들에게 가방에 손을 넣어 거칠거나 부드럽거나 매끄러운 것을 꺼내보라고 말한다. 그리고 내 차례가 되면, 내가 뭘 꺼내야 할지 아이들이 말하게끔 한다.

촉감을 통해 분별할 수 있는 능력은 중요한 인지기능의 하나이다. 나는 연필, 작은 자동차, 호두, 종이 클립, 그리고 단추 등을 가방에 넣은 후, 아이들에게 그 속에서 (보지 않고) 어떤 것을 찾아내 보라고 한다. 혹은 "필기할 수 있는 것을 찾아보렴." 혹은 "P자로 시작하는 걸 찾아보렴."이라고 말한다. 아이들이 글자들을 분별하도록 돕기 위해 나무나 플라스틱으로 만든 글자들을 가방에 넣을 수도 있다 모래 위에 쓴 글자나 단어들을 손으로 추적하게끔 하는 것도 좋은 방법이고, 그것들을 찰흙이나 밀가루 반죽을 사용해 만드는 것도 재미있다. 가끔 나는 손가락으로 아이의 등에 어떤 글자나 낱말, 이름이나 물건을 쓰거나 그려 놓고 아이가 무엇인지 알아맞히도록 한다.

촉감에 관해 우리가 생각할 수 있는 모든 낱말들을 써보는 감각 알아차림 작업을 한 적도 있다. 어떤 낱말들을 상징하는 그림을 그리거나(이 단어는 어떤 색깔이지?) 혹은 낱말들이 생각나게 하는 것을 그릴 수도 있다. 혹은 어떤 낱말에 맞는 몸동작을 할 수도 있다. 어떤 낱말들은 울퉁불퉁하고, 보풀거리고, 미끄럽고, 딱딱하고, 부드럽고, 매끄럽고, 끈끈하고, 끈적거리며, 어떤 것들은 따뜻하고, 차갑고, 뜨겁고, 얼게 하는 것 같고, 거칠고, 구멍이 많고, 따끔거리고, 또 어떤 것들은 간질간질하고, 깃털 같고, 고무 같고, 얇고, 스펀지 같고, 물렁거리고, 비단 같고, 털과 같다.

우리는 신발을 벗고 발로 다양한 질감을 느껴보는 실험을 한 적이 있다. 맨발로 실내외를 걸어 보고, 발에 닿는 느낌이 어떤지에 관해 얘기를 나눴다. 우리는 발이 카드보드 위에서, 혹은 신문지나 털, 양탄자, 베개, 모래, 풀밭, 나뭇잎, 수건, 나무, 고무, 벨벳, 사포, 면, 콩, 금속과 시멘트, 벽돌, 먼지, 펠트, 쌀, 그리고 물 위에서 느껴지는 촉감들을 서로 비교했다.

우리는 또한 우리 살갗을 아프게 하는 물건들에 대해서도 이야기를 나누었다.

두 아이가 말없이 제스처와 만지기를 통해서만 서로 대화하는 것을 해볼 수도 있다.

두 아이가 서로 얼굴을 만질 때, 혹은 만짐을 받을 때 어떤 느낌이 드는지에 대해서 말해볼 수도 있다. 이때 눈을 감거나, 혹은 뜨고서 할 수 있다.

우리는 자신의 얼굴이나 머리, 팔, 다리, 또는 몸의 어떤 부분이든 만져보고 느껴지는 감정을 설명하거나 글로 쓸 수도 있다.

우리는 장님놀이를 할 수도 있는데, 눈을 가린 상태에서 누구를 만졌는지 알아맞히는 게임이다.

아이의 눈을 가린 채 산책할 수도 있다. 아이의 눈을 가리고 집 주위나 집 밖을 함께 도는 것이다.

나는 자주 부모들에게 마사지하는 걸 배워 아이들에게 마사지해주라고 권하기도 한다. 아이들은 또한 서로 마사지해주거나 스스로 마사지하는 걸 즐길 수 있다. 집단에서 아이들에게 두 사람씩 짝을 지어, 리더가 지시하는 대로 등이나 머리, 팔, 다리, 발 등을 마사지하게 할 수도 있다.

시각

아이들은 보는 것을 두려워하지 않는다. 그들은 무엇이든지 보고, 관찰하고, 알아차리고, 살펴보고, 검사하고, 때로는 빤히 쳐다본다. 이것이 그들이 세상에 대해 배우는 중요한 방법 중의 하나다. 시각장애 아동들도 다른 감각을 사용하면서 비슷한 행동을 보인다.

흔히 우리는 나이가 들어가면서 "우리의 눈을 잃어버린다." 우리는 『황제의 새 옷』(*The Emperor's New Clothes*) 동화에 나오는 대중들처럼 우리 자신과 세상을 다른 사람의 눈을 통해서 보기 시작한다. 우리 어른들은 아이들로 하여금 그들의 눈을 다른 사람에게 줘버리도록 격려한다. 우리는 그들에게 "빤히 쳐다 보지마!" 또는 "다른 사람들이 우릴 어떻게 생각하겠니?"라고 말한다. 우리는 자신의 아이가 어떻게 옷을 입고, 다른 사람들에게 어떻게 보일지에 대해 염려한다.

자신의 눈을 되찾기 위한 작업에는 자신에 대한 알아차림과 자신에 대한 강화, 그리고 자신과 편해지고 친숙해지는 것, 즉 자신을 신뢰하는 것 등이 포함된다.

우리는 외부와 접촉을 잘하기 위해 우리 주위의 환경과 사람들을 잘 볼 수 있어야 한다. 다른 사람들을 명료하게 볼 수 있으면, 우리의 시야가 넓어진다.

사람들이 버스를 기다리며 서있는 버스 정류장 앞을 걸어 지나가야만 했던 한 어린 소녀를 나는 기억한다. 그 모여 있는 사람들 앞을 걸어 지나가는 것이 그녀에게는 몹시 불편했다. 모든 사람이 자기를 판단하면서 바라보고 있다고 생각했기 때문이었다. 나는 그녀에게 다음번에는 시험 삼아 한 번 아주 천천히 걸으며, 버스를 기다리고 있는 사람들을 잘 쳐다보라고 했다. 또한 자신을 카메라라고 생각하면서 사람들을 보되, 두세 사람을 마음에 잘 찍어 가지고 와서, 본 것을 내게 보고해 달라고 했다. 다음 시간에 그녀는 자신의 경험을 얘기했는데 처음엔 좀 당황했지만(눈을 다른 사람에게 줘버렸다는 확실한 증거이다.), 내가 준 과제를 생각하자 그런 감정은 곧 사라졌다고 했다. 일단 과제에 몰입하게 되면서 그녀는 사실은 과제가 아주 재미있다는 걸 알게 되

에서 루돌프 드라이쿠어스(Rudolph Dreikurs)는 정신병 아동치료에 있어서 음악의 효과에 대해 다음과 같이 설명하고 있다.

> 다른 치료방법들이 실패한 사례들에서 종종 음악을 사용하면 효과가 있다. 음악을 통한 유쾌한 경험이 단순히 배경으로 들리는 음악일지라도 아이들의 참여를 촉진하며, 주의력을 높여주고, 좌절에 대한 내구성을 높여준다. 음악을 통해 현실이 좀 더 즐거워지고 덜 위협적이 되면서, 외적, 내적 긴장이 사라진다. 음악치료에서는 참여에 대한 요구가 너무 미묘하게 이루어져 거절하거나 무시할 수 없게 된다. (201-202쪽)

실어증 아이들에게 말을 가르치기 위해 가락이 있는 억양을 사용한 적이 있다. 말을 익숙한 멜로디에 맞춰 노래를 부르듯이 가르쳤다. 노래를 여러 번 반복함으로써, 그리고 처음엔 가락에 맞춰, 나중엔 점차 가락 없이 시행했다. 이런 것은 음악의 파워를 보여주는 한 예에 불과하다.

음악과 가락에 맞춘 소리는 의사소통의 원시적인 형태이다. 이런 방법들은 아동치료에도 아주 잘 맞는다.

나는 아이들과 음악작업을 할 때 대부분 오래되어 낡았지만, 내게는 편안한 나의 기타를 사용한다. 나는 기타가 아동치료에 아주 좋은 도구라고 생각한다. 학교에서 일할 때, 나는 기타를 매일 쳤다. 그리고 나이에 상관없이 모든 아이들이 막간의 음악 시간을 기다리곤 했다. 기타는 아이들에게 어떤 특별한 종류의 마술인 것 같다. 음악적 소질과는 전혀 상관이 없다. 나도 기껏해야 아마추어 연주자일 뿐이다. 난 그저 단순한 코드를 계속해서 치면서, 아이들과 함께 부르는 노래에 맞추기 위해 되는 대로 아무렇게나 연주한다.

내 딸이 보육원 다닐 때, 모든 엄마들이 일주일에 한 번은 아이들과 함께 보내야 했다. 내가 기타를 칠 줄 안다는 소식이 알려지자마자, 내 당번 날엔 모든 아이들 집단을 위해 기타치는 시간을 가져달라는 부탁을 받았다. 세 살에서 다섯 살 되는 아이들이 적어도 반시간 동안은 꼼짝도 않고 앉아 있곤 했었다. 얼마 지나지 않아 엄마들은 나에게 자기 아이들의 생일파티에 와달라고 부탁했고, 꼬마들을 한 시간 즐겁게 해준 대가로 나는 10달러(그 당시론 괜찮은 액수!)를 받았다. 나는 아이들의 주의를 끌기 위해 특별히 애쓸 필요가 없었다. 그 이유는 선곡을 적절히 잘한 것, 그것들을 상당히 잘 표현하는 나의 능력, 기회가 있을 때마다 아이들의 참여를 유도한 것, 그리고 무엇보다도 기타 그 자체 때문이었다고 나는 생각한다. 전기하프, 드럼 그리고 피아노도 조금 시도해보았는데, 그중에 기타가 가장 강력하다는 걸 나는 알게 되었다. 아마도 연주하면서 아이들과 접촉을 가장 잘할 수 있기 때문일 것이다.

내가 보육원에서 가르칠 때 아이들의 자기표현을 향상시키기 위해 처음에는 음악을 사용했었다. 나는 죽어가는 거위에 관한 노래인 '로디 아줌마에게 가서 말해(*Go Tell Aunt Rhody*)' 란 노래를 불렀는데, 우리는 곧 죽음, 비탄, 슬픔에 관해 말하게 되었다. 또한 음악치료 시간이 끝난 후 어떤 아이는 내게 와서 자기 죽은 고양이에 대해, 또 어떤 아이는 돌아가신 할머니에 관해 얘기하였고, 이 때문에 우리는 함께 죽음에 관한 이야기를 할 기회를 갖게 되었다. 또한 내가 새로 태어난 아이에 대한 가족의 폭력에 대한 노래인 '심바야 엄마의 아기(*Simbaya Mamma's Baby*)' 란 노래를 부르자, 많은 아이들이 그 상황과 동일시할 수 있었다.

어떤 때는 이런 노래들이 이야기책보다 더 강한 영향력을 갖는다. 연령에 상관없이 아이들 마음에 파고들면서, 아이들의 다양한 정서적 측면들을 다루어주는 좋은 민요는 수없이 많다. 예를 들면, 사랑에 관한 것으로는 피터 시거(Peter Seeger)의 '귀여운 어린 아기(*Sweety Little Baby*)' 와 말비나 레이놀드(Malvina Reynolds)의 '마술 페니(*Magic Penney*)', 인정과 소속에 관한 것으로는 '메리는 빨간 드레스를 입었다(*Mary Wore Her Red Dress*)' 와 '기차가 오고 있다(*Train Is a Comin*)', 적대감과 분노에 관한 것으로는 우디 구스리(Woodie Guthrie)의 '심바야, 날 못살게 굴지 마(*Simbaya, Don't You Push Me*)' 와 '모두 같이 놀자(*Let Everyone Join in The Game*)', 슬픔, 비탄, 죽음에 관한 것으로는 '로디 아줌마에게 말해(*Go Tell Aunt Rhody*)', '까마귀 세 마리(*Three Caw*)', '내겐 수탉이 있어요(*I Had a Rooster*)', 우디 구스리의 '엄마가 아기를 가졌어요(*Mamma's Got a Baby*)' 등이 있다.

'쉿! 아가야 조용히 해(*Hush Little Baby*)' 처럼 위로가 되는 노래들이 있고, '제니 젠킨스(*Jenny Jenkins*)' 처럼 아이들의 유머감각에 어필하는 노래들도 있다. 노래들 가운데는 '나무에 달린 사과였으면(*I Wish I Were an Apple On a Tree*)' 이란 노래처럼, 가사들을 만들어 부르게 되어 있는 것들이 많다.

전통적인 민요들 가운데는 아이들을 위한 매우 좋은 노래들이 있으며, 민속 음악들 가운데는 모든 종류의 욕구에 맞는 노래들이 골고루 있다. 모든 감정들과 삶의 상황들에 관한 노래들이 있으며, 의미 없는 노래들도 있고, 이야기를 담고 있는 노래들도 있다. 이런 노래들은 시대를 거쳐 온 것들이라서 인위적이거나 '근사한' 것들은 아니다. 그것들은 아이들의 정서와 상상력과 경험에 생명력과 아름다움과 힘을 실어준다. 이런 노래들은 일반적으로 매우 융통성 있다. 즉, 많이 변화해왔으며 변화에 잘 적응한다. 그것들은 사람들의 가슴 속에서 태어났으며, 사람들로부터 사랑받고 공유되었기 때문에 오랫동안 보전되어 온 것이다. 이런 노래들 가운데 민요 책과 레코드를 통해 찾아볼 수 있는 것들이 많다. 피터 시거, 우디 구스리, 엘라 젠킨스, 말비나 레이놀드, 샘 힌튼, 마르시아 버먼(Marcia Berman), 햅 팔머(Hap Palmer)와 같은 많은 음악가들이 호소력 있는 동요들을 작곡하고 불렀다.

음악은 다양하게 쓰일 수 있다. 아이들이 손가락 물감이나 찰흙작업을 하는 동안 음악을 들려줄 수 있다. 음악은 어떤 활동의 배경이 될 수도 있고, 활동의 초점이 될 수도 있다. 아이들에게 나는 음악에 맞춰 형태와 선과 상징과 색채로 표현해보라고 말한다. 고전 음악은 특히 감정을 접촉하고, 무드와 이미지를 불러일으키는 데 도움이 된다. 존 스티븐스(John Stevens)는 『알아차림』(*Awareness*)이란 책을 통해 특정한 음악작품과 환상을 결합하는 방법에 대한 좋은 제안들을 하고 있다. 예를 들면 다음과 같다(Gabor Szabo: Spellbinder, Side 1, Bands 1 and 2, Impulse AS9123):

> 당신 주변의 공간과 함께 누우십시오. 그리고 눈을 감으세요. 자신이 원시시대 바다 밑에 있는 움직이지 않는 물체라고 상상해보십시오. 당신 주변은 온통 물입니다. - 어떤 때는 부드러운 물결이, 어떤 때는 성난 파도처럼 부서집니다. 움직이지 않는 당신의 표면 위로 물들이 흘러가는 것을 느껴 보세요.
>
> 자, 이제 생명이 탄생하면서 당신은 해초나 바다 밑의 식물이 됩니다. 북 치듯 둥둥거리는 소리에 귀를 기울이고, 물결이 당신을 흔들 때 그 소리가 당신의 움직임 속으로 흘러들어 오게 하십시오.
>
> 자, 이제 바다 밑을 기어 다니는 단순한 동물이 되었습니다. 이 바다 밑 동물이 되어 둥둥거리는 물결이 당신의 몸과 움직임으로 흘러들어 오게 하십시오.
>
> 자, 이제 육지를 향해 천천히 움직입니다. 그리고 육지에 도착하면, 네 발이 생겨나 육지를 두루 돌아다니기 시작합니다. 이 육지 동물이 된 자신의 존재와 움직임을 탐색

해보세요.

자, 이제 서서히 두 발로 바로 서게 됩니다. 그리고 두 발 가진 동물로써 자신이 어떻게 움직이고 존재하는지를 보세요.

자, 계속해서 움직이면서, 눈을 뜨고 이 동작을 통해 다른 사람들과 상호작용해보십시오. (266-267쪽)

이런 종류의 경험들은 아이들의 나이와 작업 공간에 따라 수정되고 개조될 수 있다. 이런 작업을 마치고 서로 감정들을 나누는 것은 언제나 의미 있다. 아이들에게 감정이나 동물들을 자신이 경험한 대로 그려보라고 할 수 있다.

아이들은 음악에 맞춰 움직일 때 색깔 있는 시폰 스카프를 사용하길 좋아하며, 록과 부기와 다른 현대적인 리듬에 맞춰 춤추며 돌아다니기를 좋아한다.

드럼은 아이들에게 매우 호소력이 있다. 전혀 기술이 없는 우리 같은 사람들도 들어줄 만한 소리를 낼 수 있다. 상담자는 아이에게 "네가 슬플 때, 또는 행복할 때 어떤 종류의 드럼 소리를 낼 수 있는지 보여주렴." 또는 "우리에게 네 드럼 소리를 들려주고, 우리가 네 기분이 어떤지 알 수 있는지 한번 보자."라고 말할 수 있다.

아이들은 리듬 악기들을 사용하는 걸 좋아한다. 탬버린, 마라카스(말린 표주박 따위 속에 돌맹이 등을 넣은 손잡이가 달린 타악기), 모든 종류의 드럼들, 종들이 — 사실 소리를 낼 수 있는 것이면 무엇이든지 — 행진하거나, 춤추거나, 음악 듣는 동안 시간을 지키는데, 혹은 기타를 반주하는 데 사용될 수 있다. 그리고 모두 한꺼번에 사용하면 그 자체로 심포니가 될 수도 있다.

아이들의 집단연주를 값싼 카세트 레코더로 녹음한 다음 그걸 다시 들려주면, 아이들은 놀란다. 자신들이 연주한 것을 들으면 아이들은 일종의 성취감으로 얼굴이 빛난다. 그들은 이런 작업을 통해 집단 협동심과 시너지 효과를 배우게 된다.

아이들이나 상황에 대한 서정적인 이야기들을 만드는 것은 재미있다. 학급의 어떤 학생은 자신의 기타 소리에 맞춰 같은 사람에 대한 다른 이야기들을 만들어 내곤 했는데, 아이들이 얘기를 더 들려 달라고 조르곤 했었다고 내게 말한 적이 있다. 아이들 또한 이런 이야기들을 만들어 낼 수 있다.

기타의 파워에 나는 매번 놀란다. 예전에 내가 교생실습을 할 때 5학년을 맡았었는데, 담임선생님이 음악을 싫어하셔서 내가 음악을 담당하게 된 적이 있었다. 내가 기타를 쳐도 되냐고 물었는데, 아이들이 너무 자극을 많이 받게 될 것이라서 (자주 볼 수 있는 잘못된 생각) 안 된다는 말을 들었다. 마지막 날 선생님은 내게 기타를 가져와도 된다고 허락했었다. 그날 수업이 끝날 무렵 어떤 작은 소녀아이가 내게 오더니 왜 전엔 한 번도 기타를 가져오지 않았냐고 몹시 화가 나서 물었다. 그 애는 속은 것 같고 뭔가 빼앗긴 것 같이 느꼈으며, 나는 처음에 내가 좀 더 우겼더라면 좋았을 걸 하는 생각을 했다. 난 음악이 너무 자극적이라고 느껴본 적이 한 번도 없었다. 오히려, 보통 상당히 위로가 되고 안정감을 준다. 아이들이 내 음악치료를 받고 집에 돌아올 땐 흥얼거리며 온다고 부모들은 말했었다.

행동이 산만한 아이들조차도 매우 진정하게 되고 음악에 빠져들게 된다. 그런 아이들과 함께 작업할 땐 나는 말없이 앉아 기타를 집어 들곤 한다. 아이들도 따라서 서둘러 앉게 되고 그리고 행복한 기대감으로 인해 아주 조용해지곤 한다.

전에 나는 '문화적으로 결핍된' 이란 라벨이 붙은 한 4학년 집단을 가르친 적이 있다. 어느 날 우리가 음악을 하고 있는데 교장 선생님께서 교실에 오셨다. 내 기타 반주에 맞춰 우린 '숲에 나무가 한 그루 있었어요' (*In The Woods There Was a Tree*)란 노래를 부르고 있었다. 땅속 구멍에 있는 한 나무에 관한 이 노래는 부를 때 많은 단어들을 순서에 따라 반복해서 부르게 되어 있었다. 나는 자주 더듬었지만, 아이들은 순서를 모두 기억했다. 이 아이들은 학습과 기억에 문제가 있는 아이들이었고, 그래서 교장 선생님은 깜짝 놀라셨다. 그리고는 "수학과 다른 모든 것들도 이런 식으로 가르쳐야 할지 모르겠군요." 라고 하셨다.

맛

혀는 우리 몸의 중요한 부분이지만, 우리는 보통 그것을 당연히 여긴다. 혀는 매우 민감하다. 언제 달고, 시고, 쓰고, 짠지를 알려준다. 혀는 씹는 데, 삼키는 데, 그리고 다른 무엇보다 말하는 데 사용한다. 나는 아이들과 이런 기능들을 실험해보는데, 혀가 하는 일에 대해 아이들이 더 잘 자각할 수 있도록 해주기 위해서다. 혀는 또한 우리가 감정을 표현하도록 도와준다. 어떤 사람에게 혀를 내밀어 보임으로 분노를 만족스럽게 표현할 수 있다. (어떤 문화에선, 혀를 내미는 것은 인사하는 방법이다.) 혀는 또한 가끔 성적인 즐거움을 제공해주는 육감적인 기관이 되기도 한다. 모든 아이들은 핥는 즐거움에 익숙해 있다. 이런 즐거움에 대한 알아차림을 증진시켜주기 위해 나는 자주 핥는 실험을 하게 해준다. (이런 경우 콘 아이스크림이 좋다.)

맛에 대해 이야기해보세요. 자신이 가장 좋아하는 맛과 그리 좋아하지 않는 맛에 대해 말해보세요. 아이들이 맛볼 수 있는 것들을 가져와서 맛과 질감을 비교해보세요. 혀는 달거나 신 것을 알려줄 뿐 아니라, 어떤 것이 울퉁불퉁한지, 딱딱한지, 부드러운지, 거친지, 뜨거운지, 차가운지 알려줄 수 있다. 치아와 입술과 볼은 혀와 밀접하게 연관되어 있다. 토론하고 실험할 때 이런 것들을 빼놓지 않도록 하세요.

냄새

코와 콧구멍과 호흡에 대해 토론해보세요. 코와 입, 각자의 콧구멍을 통해 호흡하는 실험을 해보세요. 공기가 나올 때 손바닥으로 그걸 느껴 보세요.

냄새에 대해 이야기해보세요. 좋아하는 냄새와 싫어하는 냄새에 대해 말해보세요. 꽃이나 과일, 단 것과 매운 것들을 갖고서 냄새를 맡아보세요. 항아리나 그릇에 서로 다른 향기를 내는 다양한 것들을 담아 보세요. 향수, 겨자, 감초, 바나나, 쑥, 마녀 헤이즐, 사과 조각, 초콜릿, 바닐라, 비누, 꽃잎, 양파, 솔방울, 식초, 커피, 오렌지 껍질, 목욕용 파우더, 레몬즙, 셀러리, 나무 잘라낸 것, 박하 등.

아이들이 냄새를 인식할 수 있는지 보세요. 좋아하는 것과 싫어하는 것들에 대해 얘기하고 그것들이 떠오르게 하는 기억들에 대해 얘기해보세요. 소나무 가지, 비누, 나무껍질, 잎사귀 등, 다른 것들도 가져와 보세요.

감기에 걸려 코가 막혔을 때처럼 도무지 아무 냄새도 맡을 수 없다면 당신의 인생이 어떻게 달라질까? 냄새가 전혀 없는 사물 10가지의 이름을 말해보세요. 집안과 집 밖을 돌아다녀보고 맡은 냄새들에 대해 말해보세요.

많은 감각경험들은 실은 여러 감각들이 결합된 것이다. 사실, 여러 종류의 감각들이 포함되지 않은 단 한 가지 감각만을 경험토록 해주는 것은 아마 어려울 것이다.

직관

많은 사람들이 연구하고 있지만 아직도 우리가 아주 조금밖에 알지 못하는 또 다른 능력이 있다. 그리고 이 능력은 우리에게 확실하게 알려져 있는 영역을 넘어서는 어떤 것을 포함하고 있는 것 같다.

이 여섯 번째 감각을 나는 기본적으로 직관적인 것이라고 생각한다. 그런데 이것은 마음이 아닌 우리 몸 어딘가에 머무르고 있는 지식이다. 동물들도 이 감각을 갖고 있는 것 같고, 어린아이들 또한 그런 것 같다. 어떤 말이나 생각이 형성되기 이전에 내 몸이 먼저 아는 것 같다는 사실에 대해 나는 점점 더 많은 주의를 기울이기 시작했다.

나는 이런 종류의 감각을 요하는 작업을 내담자들과 해왔는데, 그들 자신의 이러한 내면의 장소를 좀 더 신뢰하는 경험을 하도록 해주기 위해서였다. 나는 이걸 예-아니요 작업이라고 부르거나 혹은 참-거짓 작업이라고 한다. 나는 아이에게 "난 완두콩을 좋아한다."와 같은 문장을 말해주고 나서, 그것이 참인지 거짓인지를 머리로부터가 아니라 답을 알고 있는 것 같은 신체 부분을 통해 대답하라고 말한다. 내게 있어서 답의 근원지는 어떤 때는 가슴, 또 어떤 때는 배꼽 바로 위인 것 같다. 우리는 연습을 통해 직관적인 진실을 간직하고 있는 것 같은 신체의 부분들에 예민해지는 법을 배울 수 있다.

이 감각에 대하여 구체적으로 이야기하는 것은 어렵지만, 그러나 이것은 개발되어야 할 중요한 부분이라고 생각한다. 이 감각은 다른 감각들과 마찬가지로 연습하면 향상할 수 있다. 우리는 시각, 청각, 미각, 촉각 등을 당연히 여기지만, 우리는 모두 이런 기능들에 대해 훨씬 다양하게 사용할 수 있는 잠재력을 갖추고 있다. 직관적 감각은 범위가 매우 넓으며, 환상, 심상, 창의성, 상상력, 신체 장, 에너지 장 등의 다양한 작용방식을 포함한다. 어떤 사람들은 이 감각이 우리 안의 영혼과 관계가 있다고 느낀다. 즉, 우리의 마음과 몸을 초월하는 우리의 가장 핵심이 되는 부분인 영혼과 연결되었다는 것이다.

나는 환상과 심상 경험을 포함하는 연습들이 우리의 직관적 감각을 향상시킨다고 생각한다. 내가 아이들에게 마음속으로 어떤 것에 관한 그림이 떠오르도록 해보라고 말할 때— 예를 들어 자신의 가족들을 위한 상징들을 상상해보라고 할 때— 아이들은 자신의 직관적 감각을 개발하게 된다고 나는 믿는다. 음악을 들으면서 마음속으로 그림이 떠오르도록 하는 것은 자기 내면의 새로운 세계를 향해 문을 열어주는 작업의 좋은 한 예라고 할 수 있다.

죠셉 쇼어(Joseph Shorr)는 『가서 네 머릿속 영화를 보아라』(*Go See the Movie in Your Head*)라는 책에서 자기성장을 위한 이미지를 만드는 능력을 향상시킬 수 있는 많은 방법들에 대해 말하고 있다. 안내된 심상(guided imagery)은 사람들로 하여금 자신의 내면의 공간들을 새롭게 발견할 수 있도록 도와주는 또 다른 방법이다.

자신의 내적인 지혜와 접촉하는 것이 직관을 사용하는 또 다른 방법이다. 가끔 환상을 통해 삶의 문제들에 대해 답을 알고 있는 내면의 자기를 접촉할 수 있다. 아이로 하여금 환상을 통해 산 속에 사는 현자를 만나 자신이 갖고 있는 삶의 질문들에 대한 답을 듣도록 도와줄 수 있다.

인간 내면의 지혜롭고 창조적인 영역을 접촉하기 위해 어떤 환상작업이든 사용될 수 있다. 내 사무실의 장난감 전화를 갖고 노는 것을 좋아했던 여덟 살 소년 조쉬는 그 전화로 나와 긴 대화를 나누었다. 어느 날 그는 나에게 '문제가 있어 내 사무실을 찾아오는 아이들 가운데 한 아이'와 관련된 질문을 하나 자기에게 해보라고 했다. 그래서 나는 전화에 대고 "조쉬야, 이 아이는 엄마가 잠을 자라고 하는 시간에 절대 자려고 하지 않는단다. (이것이 조쉬 가정의 문제였다.) 내가 그 엄마에게 어떻게 하라고 말하면 되겠니?" "잠시 후에 다시 전화할게요."라고 그는 말했다. 그런 후 번호를 돌리더니 전화에 대고 소리를 질렀다, "여보세요! 여보세요! 화성에서 온 남자세요? 그래요? 잘 됐네요. 제가 충고가 좀 필요해요." 그는 화성에서 온 남자에게 문제의 소년을 어떻게 하면 좋겠냐고 묻고서, 열심히 듣더니 전화를 끊고, 내게 다시 전화를 하는 시늉을 했다. 내가 전화를 받자, 그는 "바이올렛, 그 아이 엄마에게 그 애와 협상을 해야 한다고 말하세요. 여동생이 자러간 후 30분 동안 그 아이에게 텔레비전을 보게 해주면 아무 문제가 없을 거예요."

우리는 이 게임을 자주 했는데 (조쉬의 요청으로), 그의 집에서의 문제와 내면의 많은 어려움들을 접촉하게 되었다. 다른 치료 시간에 나는 "조쉬야, 어린이 야구팀 선수인 어떤 소년이 있는데, 코치는 그 소년이 공을 던지지 못하게 하기 때문에, 그 아이는 매우 화가 났고 최선을 다하려고 하지 않는단다. 그러면서도 그 야구팀을 그만 두고 싶어 하지는 않는단다. 이 문제에 대해 자기 엄마가 코치에게 말하지도 못하게 하기 때문에, 이 모든 일에 엄마는 매우 화가 났지." 화성에서 온 남자가 하는 말을 잠시 듣더니, 조쉬는 다음과 같이 말했다. "화성에서 온 남자가 그러는데 그 소년이 배울 수 있도록 코치가 그에게 공 던질 기회를 더 많이 줘야 한데요. 코치가 그 소년에게 한두 번 기회를 줬다가 잘못 던진다고 이제는 가장 잘 던지는 아이에게만 계속 던지게 한다면, 이 소년이 어떻게 공 던지는 걸 배우겠어요? 그는 공 던지는 걸 아주 좋아한다니까요." 조쉬는 전화기를 내려놓고서 내게 낮은 목소리로 말했다. '만약 우리 엄마가 그에게 말한다면, 모두 알게 될 것이고, 내가 어린 애기인 줄 알 거예요." 그 말을 하면서 그는 흐느꼈다. 우리는 그가 처한 상황의 여러 측면에 대해 얼마 동안 얘기를 나누었다. 그러고는 조쉬가 다음과 같이 말했다. "아마도 나는 공 던지기 연습을 할 수 있는 다른 방법을 찾을 수 있을 것 같아요. 나는 코치에게 말할 수 있을 것이고, 그는 내게 다시 기회를 줄 거예요."

감정

어떤 아이들은 감정이 무엇인지 잘 모른다. 아이들도 분명히 감정을 느끼기 때문에 이 말은 이상하게 들릴지도 모른다. 그러나 자신의 감정을 전달하는 능력이 아이들에게는 제한되어 있다는 걸 나는 알게 되었다. 또한 아이들은 사물을 흑백논리로 생각하는 경향이 있다. 아이들에게 폭넓고 다양한 감정 경험과 그 미묘한 차이들을 느끼도록 해주는 것이 매우 도움이 된다. 아이들로 하여금 자신의 감정을 접촉토록 도와줄 수 있는 게임과 작업들이 있다.

감정에 관한 책들인, 『네 안에서 소리치고 있는 감정』(*Feelings Inside You and Outloud Too*)이나 『어른들도 운다』(*Grownups Cry Too*)와 같은 책을 읽는 것은 사람들의 감정에 대해 이야기를 시작할 수 있는 좋은 방법이다. 감정에 대해 말하는 것이 아이들과의 작업에서 중요한 첫 걸음이 된다. 아이들은 자신에게 어떤 감정들이 있는지 탐색할 필요가 있으며, 무엇보다도 모든 사람들이 다 감정이 있으며, 그 감정들은 표현될 수 있고, 나눌 수 있으며, 또한 그에 관해 말할 수 있다는 것을 알 필요가 있다. 그들은 또한 감정 표현하는 방법을 선택할 수 있다는 것을 배울 필요가 있다.

아이들은 자신이 느끼고 있는 감정들과 접촉하도록 도와주기 위해서 수많은 감정 변화에 익숙해질 필요가 있다. 내가 아이들과 함께 이야기해본 적이 있는 감정표현 단어들에는 다음과 같은 것들이 있다: 행복한, 좋은, 자랑스러운, 화난, 두려운, 마음 아픈, 당황이 되는, 실망스러운, 좌절이 되는, 고통스러운, 외로운, 혼자인, 사랑스러운, 좋아하는, 샘 나는, 부러운, 특별한, 사적인, 나쁜, 기쁜, 즐거운, 아픈, 불안한, 걱정되는, 반가운, 조용한, 안절부절못하는, 바보 같은, 어두운, 텅 빈, 죄스러운, 미안한, 창피한, 구역질나는, 기분 좋은, 확실한, 힘센, 약한, 불쌍한, 공감, 이해, 이해받은, 감탄, 슬픔, 피곤한 등.

나는 아이들과 신체와 감정의 관계에 대해, 즉 모든 감정들은 신체감각을 통해서 경험되고 또한 신체근육을 통해서 표현된다는 것에 관해 얘기를 나눈다. 우리 몸의 자세와 호흡 패턴들은 우리가 느끼는 것을 나타내준다. 우리는 특정 정서를 나타내는 다양한 동작과 자세들을 과장해서 해보는 실험을 하기도 한다. 아이가 나와 함께 있을 때 슬퍼하거나, 두려워하거나, 화가 나거나, 불안하면, 나는 아이가 자신의 신체에 귀를 기울이도록 해서 자신의 감정을 표현하기 위해 자신의 몸을 어떻게 하고 있는지 알아차리도록 도와준다.

때로는 우리는 안에서 밖으로 작업을 한다. 신체에 귀를 기울임으로써 우리는 그 순간 느끼고 있는 감정을 알 수 있다. 우리는 우리가 어떻게 감정을 피해버리는지, 밀어내 버리는지, 모호하게 만드는지, 숨기는지, 덮어버리는지 등에 관해 얘기한다. 그러나 신체는 감정을 저장하며, 결코 사라지게 하지 않는다. 우리가 우리의 감정을 인정하고 경험할 때만이 감정으로부터 풀려나 다른 일에 우리 유기체 전체를 사용할 수 있다. 그렇지 않으면 우리가 무시한 감정들이 우리 자신의 어떤 부분에 지속적으로 머물게 되며, 결과적으로 일상생활을 하는 과정에서 우리 자신의 일부분만을 사용하게 된다. 그래서 우리의 감정에 접촉하기 위해 우리의 신체에 귀 기울이는 법을 배워야 한다.

알아차림 연속(awareness continuum)이라고 하는 테크닉은 우리 신체를 알아차릴 수 있도록 도울 수 있는 아주 좋은 방법이다. 그중엔 아이와 내가 함께 하는 게임도 포함되는데, 우리는 돌아가며 내적, 외적인 알아차림을 보고한다.

나는 당신의 눈이 파랗다는 걸 봅니다(외적 알아차림). 나는 내 심장이 쿵쿵거리는 걸 느낍니다(내적 알아차림). 나는 햇볕이 창문을 통해 들어오는 것을 봅니다. 입이 마릅니다. 나는 당신의 미소를 봅니다. 나는 지금 내 어깨가 굽어져 있다는 걸 깨닫습니다.

이런 게임을 하는 동안, 불변적인 것은 아무것도 없다는 것이 명백해진다. 즉, 우리의 환경은 쉬지 않고 변하고 있으며, 우리의 신체 감각들도 언제나 바뀌고 있다.

나는 아이의 신체, 자세, 얼굴 표정, 그리고 제스처에 많은 주의를 기울인다. 어떤 경우엔 아이로 하여금 자신의 어떤 특별한 제스처에 주목하도록 하고, 그런 제스처를 과장해보라고 하기도 한다. 자신의 다리를 앞뒤로 흔들고 있던 여자 아이에게 나는 그런 동작을 과장해보라고 했는데, 그 아이는 지금 이야기하고 있던 대상을 발로 차버리고 싶다는 것을 알아차리게 되었다. 그녀가 베개(사람)를 발로 차게 됨으로 그 사람에 대한 그녀의 분노가 표출되었다. 그 분노감정은 그녀의 생활에 끼어들어 그녀의 건강한 생활리듬을 방해해온 것이었다.

말하는 동안 웅크리고 앉아 있던 아이에게 나는 그 상태로 계속 머물러 있어보거나 혹은 좀 더 많이 웅크려보라고 하자, 그 아이는 자신이 나를 몹시 두서워하고 있으며 또한 이 치료 시간들을 통해 어떤 일이 일어날지 매우 무서워하고 있다는 사실을 알게 되었다. 이런 것들이 드러나게 되자 우리는 그 문제들을 다룰 수 있게 되었다.

긴장 이완

어른들과 마찬가지로 아이들도 긴장 이완 하는 법을 배우기 위해 많은 도움이 필요할 때가 종종 있다. 아이들도 근육을 긴장시키고, 두통과 위통에 시달리고, 피곤과 짜증을 느낀다. 신체와 정서적 긴장들이 겉으로 보기에 비합리적인 행동으로 표현되는 때도 가끔 있다. 아이들에게 이완할 수 있도록 도와줌으로써 긴장을 풀게 해줄 수 있고, 또 자주 그런 긴장의 원인이 되는 것들을 표현할 수 있도록 도와주게 된다. 교사들은 교실에서 아이들이 긴장을 풀 수 있도록 해주는 것이 도움이 된다는 것을 알고 있다.

상상은 긴장 이완을 도울 수 있는 좋은 방법이다. 어린아이들은 『말하기 시간』(*Talking Time*)에서 발췌한 다음과 같은 연습에 잘 반응한다.

> 네가 눈사람이라고 생각해보렴. 어떤 아이들이 너를 만들었는데, 지금은 모두 가버리고 너 혼자 있어. 네겐 머리와 몸이 있고 두 팔은 밖을 향해 뻗어 있고, 너는 튼튼한 다리로 서 있지. 아침은 아름답고, 햇빛은 반짝이고 있어. 잠시 후 태양은 아주 따뜻해져 너는 네가 녹고 있다는 걸 느낄 거야. 처음엔 머리가 녹고, 다음엔 팔이, 그리고 다른 것들이. 차츰차츰, 조금씩 조금씩, 네 몸은 녹기 시작해. 자, 이제 발만 남았는데 그것들도 녹기 시작했어. 잠시 후면 너는 땅바닥 위에 뒤범벅이 되어 눕게 되지.
>
> 우리가 케이크 위의 촛불이라고 상상해보자. 네가 좋아하는 색깔을 선택해도 좋아. 처음에 우리는 크고 똑바른 자세로 서있지. 우린 꼭 나무 병정처럼 보여. 우리 몸들은 초처럼 반듯해. 자, 이제 태양이 나와서 매우 더워. 너는 녹기 시작해. 처음엔 너의 머리가 수그러지고... 그리고는 너의 어깨가... 그리고 네 팔들이... 초들이 천천히 녹아내려. 너의 다리가 수그러지고 있어 ... 천천히 ... 천천히 ... 마룻바닥 위에 쌓이는 초 더미가 될 때까지 녹게 돼. 지금 다시 네가 꼿꼿이 바른 자세로 서 있는데, 차가운 바람이 "휙... 휙... 휙..." 하고 불어오고 있어. (19쪽)

긴장 이완을 한다고 해서 아이들이 반드시 누워야 하는 것은 아니다. 몸을 구부렸다 폈다 하는 것이 긴장을 푸는 데 더 도움이 될 때가 자주 있다. 요가는 아주 좋은 방법이다. 요즘은 아동을 위한 요가 책들이 서점에 제법 나와 있다. 내가 자주 사용하는 것은 루스 리챠즈(Ruth Richards)와 죠이 에브람스(Joy Abrams)가 쓴 『요가해요』(*Let's Do Yoga*)라는 책이다. 이 책은 훌륭한 삽화들을 싣고 있고, 따라하기도 쉽다. 『아이들을 위한 요가』(*Yoga for Children*)도 『개구리, 새, 나무되기』(*Be a Frog, a Bird, or a Tree*)라는 책만큼 좋은 책이다.

『중심잡기에 관한 책』(*The Centering Book*)은 내가 알고 있는 것 중 아이들을 위한 가장 좋은 긴장 이완법과 호흡법을 소개하고 있다.

> 눈을 꼭 감으세요. 자, 이제 몸의 모든 근육을 동시에 긴장시키세요. 다리와 팔과 턱, 얼굴, 어깨와 배를 긴장시키세요. 자, 긴장한 채로 그대로 머물러보세요. 이제 이완하시면서 자신의 몸에서 긴장이 빠져나가는 것을 느껴보세요. 모든 긴장들이 몸과 마음으로부터 흘러나가도록 해주세요... 긴장이 있던 자리에 조용하고 평화로운 에너지가 흐르게 해주세요... 당신의 호흡이 당신의 몸에 평온과 이완을 가져오게 해주세요... (46-47쪽)

아이들을 편하고 즐거운 환상여행으로 인도하는 것도 효과가 있다. 나는 가끔 아이들에게 눈을 감고 아주 편안한 장소를 상상해보라고 한다. 자신이 실제로 알고 있으며 좋아하는 장소이거나 또는 좋을 것이라고 생각되는 곳으로 가보라고 한다. 잠시 후 나는 아이들에게 다시 현재 있는 방으로 돌아오라고 한다. 이런 경험을 통해 아이들이 더 생생해지고, 편해지고, 한결 더 현재에 충실하게 된다.

가끔 집단 초기에 나는 아이들이 느끼는 긴장감이 방을 온통 휩싸고 있다는 것을 느낀다. 이때 나는 아이들에게 눈을 감고 심호흡을 하라고 하는데, 숨을 내쉴 때 소리를 내면서 내쉬고, 또 집단에 참석하기 위해 집을 나서기 전에 있던 곳에 다시 돌아가 있다고 상상해보라고 한다. 나는 아이들에게 뭔가 끝내지 못한 것이 있으면 그것이 무엇이든지 마음속으로 마무리하라고 말한다. 그리고 천천히 눈을 뜨면서 서서히 현재 있는 곳으로 돌아오라고 한다. 아이들이 방을 둘러보고, 다른 사람들과 눈맞춤 하면서 이 작업을 끝내도록 한다. 이 작업은 긴장을 풀고 현재 상황으로 좀 더 몰입하도록 하는 데 실패하는 법이 없다.

명상

명상은 긴장을 이완하는 좋은 방법이며, 아이들은 명상을 잘한다. 『중심잡기에 관한 책』(*The Cenering Book*), 『중심잡기에 관한 책 제2판』(*The Second Centering Book*), 그리고 『아이들을 위한 명상』(*Meditating With Children*)과 같은 책들은 아이들이 명상을 배울 수 있도록 도와줄 수 있는 좋은 제안들을 싣고 있다. 『아이들을 위한 명상』에 소개된 한 작업은 다음과 같다.

> 눈을 감고 푸른빛의 바다 가운데 있다고 느껴봐. 그 바다 속의 파도 속에 자신이 있다고 생각하고 느껴보렴. 마치 파도처럼 부드럽게 위아래로 떠다니는 것을 느껴봐. 그리고 이제 마치 파도가 바다 속으로 사라지듯 그렇게 자신이 녹아 사라지는 것을 상상해보렴. 그것이 자신을 편하게 해주는 것을 느껴봐. 자, 지금 너는 그 푸른빛의 바다와 하나가 되었고, 거기엔 파도도 없어 바다와 너는 서로 구분이 되지 않아. 자, 귀 기울여 들어보렴…… 아주 조용하게 내면으로... 네 머릿속에 있는 바다의 소리를 들어보렴. 그리고 그 소리와 네가 하나가 되는 것을 느껴보렴. 이제 그 소리가 사라지고, 파도가

> 다시 돌아오기 시작해. 마치 바다의 파도가 사라진 후 또 다른 파도가 만들어지고, 또 다른 파도가 만들어져 돌아와서 해변을 씻겨 내리듯이. 자, 이제 눈을 떠. (66쪽)

이 작업 후 아이들은 손가락그림 작업을 하거나 바다의 파도소리 같은 음악소리에 맞춰 몸을 흔들거나 할 수 있다.

아이들이 명상을 할 수 있도록 돕기 위해 나는 작은 종을 사용하는데, 아이들에게 종소리가 사라질 때까지 귀 기울여 들으라고 한다. 나는 벨을 울려주고 그 소리가 멈출 때까지 따라 듣게 하며, 잠시 동안 이 작업을 계속한다.

명상에 대해 잘 알지 못한다면, 로렌스 르샨(Lawrence LeShan)의 『명상은 어떻게 하나』(*How To Meditate*)라는 소책자가 도움이 될 것이다. 이 책은 명상에 대한 명확하고 깊이 있는 설명을 하고 있는데, 다양한 명상법에 대한 설명뿐만 아니라, 명상을 어떻게 하는지에 관해서도 잘 설명해주고 있다.

명상과 몰입은 매우 밀접한 연관성이 있다. 명상을 통해 자신으로 되돌아오게 되는데, 이것이 바로 중심잡기의 핵심이다.

아이들이 자신을 강하고, 평온하고, 중심 잡힌 상태로 느끼며, 자기 자신으로 돌아올 수 있도록 도와주기 위해 내가 가르친 적이 있는 다양한 합기도 작업들을 여기에 소개한다. 이 작업은 나도 자주 하는데, 이 작업을 하고 나면 즉시 중심이 잡힌 느낌이 든다.

"서거나, 앉거나, 누우세요. 자세는 중요치 않습니다. 눈을 감으세요. 심호흡을 두 번하는데, 매번 내쉴 때 소리를 내세요. 자, 이제 당신의 머리 위에 전구가 매달려 있다고 상상해보십시오. 전구가 당신의 머리에 닿지는 않지만, 머리 위에 떠있습니다. 전구는 둥글며 빛을 발하고 있는데, 아주 환하고 에너지로 가득 차 있습니다. 자, 이제 이 전구로부터 광선이 나와 당신 몸으로 오고 있다고 상상해보십시오. 이 광선들은 계속해서 오고 있습니다. 그 전구에는 충분한 빛과 에너지가 있기 때문이고, 또한 다른 곳에서부터 새로운 빛 에너지를 끊임없이 받고 있기 때문이죠. 이 광선들과 빛들은 당신의 머리를 통해 몸에 들어오고 있습니다. 아주 쉽게, 힘들이지 않고 들어옵니다. 광선이 들어올 때마다, 당신 몸의 어떤 특정 부분을 향해 가고 있다고 상상해보십시오. 한 광선은 당신의 머리를 통과해서 왼팔로 들어간 후 손가락으로 내려갑니다.

그러고 나서 손톱에서 나와 바닥으로 흘러들어갑니다. 또 다른 광선은 당신의 오른팔로 내려갔다가 나옵니다. 또 다른 광선은 몸 뒤쪽으로, 또 다른 것은 앞쪽으로, 그리고 또 다른 광선은 몸의 옆선을 따라 아래로 내려갑니다. 어떤 광선은 왼쪽 다리를 통과하고, 또 다른 광선은 오른쪽 다리를 통과합니다. 충분하다고 느낄 때까지 이 광선들로 몸 안을 씻어내는 작업을 계속하십시오. 광선들이 당신의 전신을 통과해 갈 때, 따뜻하고 기분이 좋습니다. 충분하다고 생각되면, 천천히 눈을 뜨십시오."

신체 동작

『아이들의 감각세계』(*Your Child's Sensory World*)라는 책에서 리제 립간(Lise Liepmann)은 신체동작을 우리의 감각 중의 하나로 분류했다. "동작 또는 운동지각은 일종의 내면화된 촉감이다. 이것은 우리가 우리의 근육과 건, 그리고 관절이 움직일 때 느끼는 것이다."

우리가 어떻게 서고 움직이고, 우리 신체를 어떻게 사용하고 느끼고, 또 어떻게 향상시킬 수 있는가 하는 것은 너무나 중요한 주제이기 때문에 불과 글 몇 줄로 모두 설명할 수 있다고 생각하는 것은 주제넘은 생각일 것이다. 내가 할 수 있는 것은 아이들과 신체작업을 할 수 있는 몇 가지 제안들뿐이기 때문에 나는 독자들 스스로가 이 분야에 관한 책들을 찾아 읽기를 바란다.

아기들은 몸 전체를 사용한다. 아기들이 자기의 손과 손가락을 얼마나 열중해서 들여다보는지 주목해보라. 또한 좀 더 자란 후에 다른 신체기술들, 즉 발로 차기, 손으로 잡기, 구르기, 상체 들어올리기, 떨어뜨리기 등과 같은 기술들을 새로 습득할 때마다 얼마나 기뻐하는지 주의해서 보라. 아기들이 커가면서 자신의 미세근육까지 통제할 수 있게 됨에 따라 엄지와 검지로 물건을 집어 올리는 행동을 할 때 얼마나 몰입하는지를 잘 보라. 아이들이 기어 다니고, 팔을 뻗고 잡아당기고 뒤틀고 뒤집으며, 그리고 결국 몸을 일으켜 세워 걷고 달리고 뛰고 점프하고 깡충거리는 것을 보라. 아이들의 에너지는 무한한 것 같다. 그리고 몸을 움직일 때마다 매번 자신을 그 가운데 완전히 던져 몰입하는 것처럼 보인다. 어려울 때도 있지만, 결코 포기하지 않는다. 지속적으로 시도하고 또 시도하며, 연습하고 연습해서 성공의 기쁨을 맛볼 때까지 결국

해내고 만다.

그러나 아이들이 성장하는 도중에 이런 과정을 차단하는 일들이 발생한다. 아이가 아파서일 수도 있고, 부모들이 성급하게 도와주려다가, 또는 아이가 좌절해서 울고 있는데 부모들이 어떻게 할 줄을 몰라서, 또는 부모들이 은연중에 혹은 공공연히 신체를 통한 기쁨을 맛보지 못하게 함으로써, 또는 아이의 처음 해보는 행동이 어색하고 서툰 것에 대해 비난함으로써 생겨날 수 있다. 신체를 제한하게 되는 일들이 많이 벌어진다. 경쟁이 시작되고, 그런 경쟁은 학교상황을 통해 지속되고, 그래서 아이들은 다른 사람들의 기대를 충족시켜주기 위해 스스로 더욱 자신을 제한한다. 아이들은 눈물이나 분노를 참기 위해, 또는 두려워서 자신의 근육을 이런 저런 방법으로 수축하게 된다. 아이들은 공격이나 다른 사람들의 말을 방어하기 위해, 또는 자라고 있는 자신의 몸을 감추기 위해 어깨를 움츠리고 고개를 숙인다.

아이들이 자신의 몸으로부터 멀어짐에 따라, 자신의 정체성과 신체와 정서적인 힘 또한 잃게 된다. 그래서 우리는 아이들이 자신의 몸을 다시 찾을 수 있도록 도와주어야 한다. 자신의 몸을 알고, 편하게 받아들이고 또 어떻게 사용하는지를 다시 배우도록 도와주어야 한다.

호흡은 신체 알아차림의 중요한 일면이다. 우리가 놀라거나 불안할 때는 호흡이 매우 얕다는 걸 알게 된다. 이런 식으로 우리는 우리 몸의 능력의 많은 부분을 잃어버린다. 그렇기 때문에 호흡연습은 중요하다. 우리는 깊은 호흡을 얕은 호흡과 비교해 보면서, 깊은 호흡의 효과가 우리 신체의 여러 부분들에 미친다는 것을 알게 되며, 또한 호흡하는 동안 확장감과 따뜻함을 느끼게 된다. 호흡을 깊이 할 때 느끼는 감정에 대해서, 그리고 호흡을 억압할 때 우리가 무얼 하고 있다고 상상하는지에 대해 토론을 해보세요. 호흡을 멈추는 것은 방어인 것 같다. 즉, 자기 자신을 막기 위해 방패를 만드는 것 같다. 그러나 이렇게 하면 우리는 자신을 더욱 방어할 수 없게 된다. 호흡을 억압할 때와 호흡을 깊게 할 때 어느 경우에 더 많은 것을 할 수 있는지 비교하는 실험을 한번 해보십시오.

나와 작업한 어린이들 중에 시험시간에 심호흡법을 사용하여 좋은 결과를 얻었다는 보고를 하는 아이들이 많았다. 17세의 한 청소년은 심한 시험 공포에 시달리고 있었다. 그는 공부를 해서 잘 알고 있으면서도 두려움과 불안 때문에 매번 시험을 제대로 치루지 못했다. 머리가 텅 비어 아무 생각도 나지 않으며, 손이 심하게 떨려 펜을 잡고 있을 수도 없을 때도 있었고, 또 심장이 너무 빨리 뛰어 기절할 것 같은 적도 있었다고 했다. 우리는 그의 불안한 감정과 그의 기대와 같은 기본적인 감정들을 다루어주고, 호흡에 대해서도 얘기했다. 그는 스스로 도울 수 있는 어떤 즉각적인 방법들이 필요했다. 그는 신체의 작용방식을 이해하고 또한 호흡을 하지 않음으로써 스스로 자신에게 어떻게 하고 있는지를 이해하기 시작하면서, 이제 그는 그런 상황이 되면 자신의 호흡을 알아차리는 연습을 하기 시작했다. 그는 우리가 함께 연습했던 중심잡기 작업을 실험해보았고, 마침내 심호흡을 하는 습관을 형성하기 시작했으며, 그 결과 더 많은 산소를 발과 다리에 그리고 특히 뇌에 공급해줄 수 있게 되었다. 시험을 치는 동안 그의 안정감은 놀라울 만큼 향상되었다.

새로운 상황을 접해야 할 때마다 아이들은 불안을 느낀다. 새로운 곳에 이사하거나 새 선생님을 만나거나, 새로운 집단에 들어가야 할 때 등등. 내가 만났던 아이들 중에는 심한 불안으로 인해 새로운 상황이나 활동에 전혀 참여하려 하지 않던 아이들도 있었다.

산소와 불안과 흥분 사이에는 밀접한 관계가 있다. 흥분을 많이 느낄수록 그 흥분을 지탱하기 위해 더 많은 산소가 필요하다. 우리는 공기를 충분히 들이마시지 못하게 되면, 유쾌한 흥분감 대신 불안을 느끼게 된다. 어떤 새로운 것을 만난다는 것은 흥분되는 일일 수 있다. 그러나 새로운 상황을 기대하며 상상할 때 흥분해야 되는테, 불안하게 되는 경우가 자주 있다. 심호흡을 통해 그런 불안을 떨쳐버릴 수 있고, 우리 몸 전체에 유쾌하고 흥분되는 감정들이 살아나도록 할 수 있으며, 그런 새로운 상황에서 우리에게 필요한 힘과 지지를 얻을 수 있다.

과잉행동적인 아동들은 몸을 제멋대로 많이 움직이지만, 자신의 신체에 대한 통제감이 없다. 신체를 통제하는 작업들은 그런 아이들에게 필수적이며 즐거운 일이다. 열한 살 동갑나기로 구성된 한 집단의 아이들이 자기들이 만든 어떤 놀이를 계속해서 하고 싶어 했다. 아주 작은 내 사무실에서 여덟 명의 아이들과 두 명의 어른들이 둥그렇게 둘러서서 원을 만들었는데, 가운데 좁은 공간이 생겼고, 우리는 그 안에 베개를 몇 개 가져다 놓았다. 한 아이씩 차례로 가운데로 나가서 어떤 재즈를 부려야 했다. 아이들이 부린 대부분의 재주는 각자 자기 방식으로 베개 위에 쓰러지는 것이었다.

제한된 공간으로 인해서 쓰러질 때 동작을 매우 조심스럽게 했어야 했다. 어떤 아이들은 뒤로 넘어지고, 어떤 아이들은 옆으로, 어떤 아이들은 앞으로 넘어졌었다. 아이들은 이 게임을 매우 좋아했고, 넘어지는 방법을 새롭게 개발해내면서 서로 열심히 격려하며, 자기 차례가 오기를 참을성 있게 기다렸다. 나는 이 작업에 대해 생각하면서 왜 아이들이 이 게임을 그렇게 좋아했는지 생각해보았다. (여러분들 중 많은 분들도 그럴 거라고 생각하는데, 나도 "이게 치료 맞아?"라는 질문을 가끔씩 하는 내 자신을 발견한다.) 결국 나는 학교에서 과잉행동장애라고 분류되었던 이 아이들이 자신의 신체를 통제하는 걸 즐거워한다는 것을 알게 되었다.

아이들은 또한 내 사무실에 있는 콩이 든 헝겊주머니, 너프 공(Nerf balls), 구슬 같은 것들을 좋아한다. 아이들로 하여금 근육의 움직임과 통제를 경험할 수 있도록 도와줄 수 있는 다양한 놀이들을 만들 수 있다. 어떤 아이는 바타카를 방망이 삼아 너프 공을 내게로 향해 치며 매우 즐거운 시간을 보낸 적이 있다.

신체동작에 관해 참고할 수 있는 좋은 책으로는 『모든 연령대의 아동을 위한 동작 게임』(*Movement Games for Children of All ages*)이 있다. 신체동작은 창의적인 연출법의 모든 영역과 연관이 많은데, 즉흥적인 동작은 상당한 수준의 신체동작과 통제를 필요로 하기 때문이다. 연극에 관한 책을 통해 많은 유용한 아이디어들을 얻을 수 있다. 또한 즉흥연출법에 관한 설명을 하면서 나는 신체동작에 관해 얘기하지 않을 수 없다. 그러므로 나는 여기서는 단순하게 신체를 사용하는 것과 관련된 경험에만 국한하여 얘기할 것이다.

요즘에 와서는 신체동작과 학습이 서로 관련이 있다는 것이 받아들여지고 있다. 학습장애아들은 운동기능 발달도 늦는 특징이 있다. 학습장애아들은 서툴며, 어색해 보이고, 신발 끈을 매거나, 뛰거나, 자전거 타는 것 등을 배우는 데 어려움을 겪곤 한다. 그 결과 초래되는 좌절과 불행감은 문제를 더욱 악화시키고, 이는 아이들로 하여금 자신이 필요로 하는 활동을 회피하게 만들며, 그 결과 더욱 자신감을 잃게 된다.

최근에 나는 어떤 고등학교에서 교사와 상담자, 그리고 학교 심리학자들이 모인 가운데 어떻게 하면 학생들의 자존감을 키워줄 수 있는지에 대해 이야기한 적이 있다. 아이들에게도 감정이 있으며 인간이라는 사실을 인정해야 할 필요성에 대해서도 이야기했다. 즉, 아이들이 어떻게 느끼는지, 또 그들의 생활에서 무슨 일이 일어나고 있는지와 같은 것들이 교실에서 학습을 얼마나 잘 할 수 있는가와 밀접하게 연관되어 있다는 점에 대해 말했다. 많은 학교들이 점점 더 기계적이고 비인간적이 되어가면서, 아이들의 교육에 악영향을 미치고 있다고 나는 생각한다. 나는 교사들이 교실에서 아이들과 인간적인 만남을 위한 시간을 가질 필요가 있으며, 학교와 학교 행정당국은 보다 나은 학습을 위해 그런 시간을 허락해주어야 한다고 생각한다.

나는 특히 학교의 체육수업에 관해 말했다. 나와 함께 치료 작업을 했던 대부분의 중·고등학생들은 체육시간을 싫어한다. 아이들 가운데는 어떤 특정한 운동들을 좋아하는 아이들도 있지만, 그런 아이들조차도 운동을 아주 잘하는 경우가 아니면 그런 운동에 대한 관심조차 잃어버리게 된다. 나는 이런 현상이 슬픈 일이라고 했다. 왜냐하면 체육교사에게는 신체 동작과 신체 알아차림 작업을 온전히 할 수 있는 시간들이 주어지기 때문이다. — 신체 동작과 신체 알아차림은 모두 감정 알아차림의 중요한 부분들이다. 수학이나 과학 교사와 달리, 체육 교사는 정규 수업시간을 방해하지 않으면서, 그날의 학습을 방해하는 아이들의 어떤 감정들을 표현할 수 있도록 도와줄 수 있는 위치에 있다.

나는 체육 교사들의 반응에 놀랐다. 그들은 자신들에게 향한 감독자들의 기대에 대해, 그리고 교과과정에 정해진 수업진도를 맞춰야 하는 것 등의 어려움에 관해 말했다. 그들은 학생 개개인의 욕구에 관심을 가지거나, 체육수업을 통한 즐거움과 자기자각을 증진시켜줄 시간을 내는 것이 불가능하다는 것이었다. 그들은 겨우 자신들이 반드시 해야 하는 일들에 대해서만 최소한의 관심을 기울이고 있었으며, 절망적인 분위기로 말을 했다. 다른 교사들은 자신들도 인간적인 대접을 받고 싶으며, 자신들의 감정을 표현할 수 있는 기회가 주어졌으면 좋겠다고 했다.

나는 이제 막 『새로운 게임 책』(*The New Games Book*)과 죠지 레오나드(George Leonard)의 『최후의 운동선수』(*The Ultimate Athlete*)라는 책을 살펴보았다. 이 두 책은 모두 체육교육, 스포츠, 게임, 신체 사용에 관해 전혀 새로운 차원의 제안을 하고 있는데, 모든 사람들의 참여를 강조하고, 놀이의 즐거움과 신체 흐름, 동작과 신체에너지를 경험하는 즐거움, 그리고 선수들 간의 협력과 조화로운 상호작용을 강조하고 있다. 체육 교과과정에 어떤 식으로든 다소의 변화를 가져올 수 있을 거라는 희망을 가지고 나는 이 책들을 교사들에게 소개했다. 그들은 물론 이런 생각들을 실제로 적용하는 일에 관해서는 그리 낙관적이지는 않았지만, 상당히 흥분했다.

우리가 놀이를 하는 방식을 보면 우리의 사는 방식에 대해 많은 것을 알 수 있다. 현재 우리가 살고 있는 방식이 만족할 만한 것이 못된다면, 우리가 살고 있는 방식을 더 많이 알게 될수록, 다른 새로운 방식으로 살아볼 수 있는 선택도 더 많이 할 수 있게 된다. 우리가 게임하는 방식, 즉 우리의 사는 모습을 알아보기 위해 내가 사용해온 놀이의 이름은 '뒤로 밀치기(back off)'이다. 두 사람이 팔 길이가 좀 안 되는 거리를 두고, 발은 약 30센티 간격으로 벌리고 마주 선다. 이 게임의 목표는 다른 사람으로 하여금 균형을 잃게 하는 것이다. — 발을 들거나 움직이면 지는 것이다. 두 사람은 서로 손바닥만 사용해서 해야 한다. 두 사람 모두 손바닥을 펴야 하며, 서로 쳐서 밀어낼 수 있다(두 손으로 함께, 또는 한 손으로). 두 발이 움직이지 않고 바닥에 붙어 있는 한, 몸을 굽히거나 숙이거나 비틀거나 마음대로 할 수 있다. 다양한 파트너와 이 게임을 해보는 것은 재미있는 일이다: 동성, 이성, 키가 큰 사람, 작은 사람, 연장자 등. 게임이 끝나면 다른 파트너를 만날 때마다 사용한 전략과 느낀 감정들을 서로 나눈다.

우리가 우리의 신체를 움직이는 방식은 우리 자신을 주장하는 능력과 자격감(feelings of entitlement), 자기지지(self support) 등과 서로 밀접히 관련되어 있다. 이런 관련성을 명백하게 해줄 수 있는 경험으로는 하이쿠 시(haiku poetry)를 사용하는 것도 포함된다. 얼마 전에 참석했던 마임에 관한 워크숍에서 이 작업을 통해 내 자신에 관해 너무 많은 것을 배웠기 때문에, 그 이후로 나는 다른 이들과의 작업에서 이 방법을 사용하곤 한다. 하이쿠 시의 첫 줄을 큰 소리로 읽으면, 작업에 참여하는 사람들은 자신이 들은 단어들을 어떤 방법으로든 표현하기 위해 자발적으로 움직인다. 그러면 다음 줄을 읽고, 또 다른 동작을 하는 식으로 한다. 예를 들면:

부드러운 눈이 녹고 있다(천천히 땅에 떨어지는 동작을 한다.).

멀리 안개 낀 산에서(한 팔로는 넓게 휘젓는 동작을 하면서, 다른 팔은 흔들면서, 머리는 무릎에 갖다 대고; 그리고는 팔을 밖으로 내뻗으며 일어선다.)

까악 까악 우는 까마귀(새가 나는 포즈를 취하며.)

동작이 처음에는 과장되어 보이고 어색할지 모른다. 연습을 하면 점차 유연해지고, 확장되며, 더 자발적이 되며, 다양해진다.

아이들은 다양한 종류의 음악에 맞춰 움직이는 걸 좋아한다. 나는 아이들과 함께 북을 몇 분마다 리듬을 바꿔가며 쳐본 적이 있다. 또는 아이들에게 뻣뻣하게 힘을 주고 걷거나, 힘을 빼고 걸어보라고 하거나, 키 큰 목초 사이를 걷는 것처럼, 진흙이나 해변의 모래 위를 걷는 것처럼 걸어보라고 하거나, 혹은 물속을 걷거나 자갈 위를 걷는 것처럼, 또는 뜨거운 아스팔트 위를 걷는 것처럼 걸어보라고 하기도 한다. 어떤 때는 여러 종류의 동물이 되어 보기도 하고, 혹은 한 아이가 어떤 특정한 동물처럼 행동하고 우리는 함께 그것이 어떤 동물인지 알아맞힌다. 또는 지렁이처럼 몸을 꿈틀거리고, 비틀고 굴리고 하는 게 어떤 느낌인지, 뱀처럼 기는 것은 어떤 느낌인지, 몸을 꼬는 것은 어떤 느낌인지, 혹은 다른 평범치 않은 동작들을 취해보고 그 느낌이 어떤지 등을 실험해본다. 우리는 가끔 눈을 감은 채 움직이기도 한다.

나는 가끔 아이들에게 어떤 제스처나 동작을 과장하거나 강조해보라고 하고, 어떤 특정한 동작을 하면서 떠오른 생각과 느낌을 말해보라고 한다.

나는 앞에서 아이들이 그림 그릴 때 자유롭게 표현하도록 돕기 위해 낙서(scribble)를 사용하는 것에 대해 언급한 적이 있다. 내 수업을 들었던 한 동작치료사는 자신의 내담자들과 동작치료를 하기에 앞서 낙서를 사용했더니 내담자들의 동작표현들이 훨씬 더 자유로워졌다고 말했다.

모든 정서는 그에 상응하는 신체 부분들이 있다. 우리가 두려워하거나 화나거나 기쁘거나 할 때 우리의 근육들은 특정방식으로 반응한다. 우리는 자주 자연스러운 표현을 억누르면서 제한된 방식으로 반응하곤 한다. 우리는 흥분되고 행복할 때조차 맘껏 달려가서 춤추고 소리를 지르는 자연스러운 반응을 억제하는 경향이 있다.

아이들에게 자신들의 감정(예를 들면, 분노)을 표현하기 위해 어떤 특정한 방식으로 움직여 보라고 하면, 아이들은 자신의 근육들이 하는 동작과 잘 접촉할 뿐 아니라, 그 감정이 내면을 향하지 않고, 밖으로 표출되게 하는 법을 발견해낸다. 아이들이 이런 작업을 할 수 있도록 도와줄 수 있는 가장 좋은 방법은 이야기를 지어내는 것이다. 예를 들면, 어떤 아이에게 무슨 일이 생기고, 그 결과 아이가 몹시 화가 나게 되는 이야기 같은 것이다. "그 아이가 되어서 방안을 돌아다니며, 동작으로 너의 분노감정을 표현해봐. 분노의 춤을 한번 창작해보렴."이라고 한다.

에스더 넬슨(Esther Nelson)은 『모든 연령의 아동을 위한 동작게임』(*Movement Games for Children of All Ages*)이란 책에서 다음과 같은 흥미진진한 게임들을 소개하고 있다.

> 공기가 채워진 풍선을 매듭을 풀어 잡고 있다가, 그것을 공중에 던지고 어떤 일이 일어나는지 보세요. 바람이 빠져나가면서 풍선은 가라앉고, 뒤틀리고, 돌고, 튀어오르면서 제멋대로 춤을 춥니다. 몇 개의 풍선으로 실험을 하고 관찰해보세요. 매번 다르게 움직이는 것을 알 수 있습니다. 아이들에게 풍선들의 움직임을 말로 표현해보라고 하십시오. 움직이는 모양과 방향에 대해 말해보라고 하고, 그것들을 생생하게 표현하는 말들을 찾아보라고 하세요. – 예컨대, 쉭 돌진하다, 휙 돈다, 픽 쓴아진다, 웅웅거린다, 핑핑거린다 등.
>
> 그런 후 아이들이 적극적으로 참여하게 되면, 공기가 빠져나가고 있는 풍선이 되어보라고 한다... '풍선들' 에게 자신의 모든 부분이 움직여야 하며, 뒤에 처지거나 질질 끌려 다니는 부분이 있어서는 안 된다고 상기시켜주세요. 아이들이 발견해냈던 단어들을 계속 사용하십시오. 그렇게 하면 동작들을 신선하고 활력 있게 만드는 데 도움이 될 것입니다. (32쪽)

조각상 놀이는 언제나 아이들이 좋아하는 놀이다. 이 놀이에서는 한 사람이 다른 사람을 빙빙 돌리다가 놓아버리면, 떨어져 나간 아이는 그 자세에서 얼어붙은 듯 그대로 서있어야 한다. 그리고 우리는 그 모습이 무엇인지 알아맞히는 것이다. 좀 변형된 방법으로는 아이를 북이나 음악에 맞춰 춤추게 한 다음, 음악이 멈추면 즉시 그 자세대로 서있게 하는 것이다.

내가 여러 번 사용한 적이 있는 한 가지 방법은 아이들의 눈을 감게 하고 가장 생동감 있게 살아있다고 느꼈던 때를 기억해내라고 하는 것이다. 나는 아이들이 그 때 느낀 감정을 떠올리고, 그때 무엇을 하고 있었는지, 그리고 자신의 몸이 어떻게 느꼈었는지를 다시 상기하도록 해주기 위해, 상상 속에서 그때로 돌아가 그 시간을 재생해보라고 한다. 나는 아이들에게 자리에서 일어나 자신이 원하는 대로 움직이면서 생동감 넘치던 그 당시의 감정을 표현해보라고 말한다. 이 방법은 청소년 아이들이 잃어버린 자신의 생동감을 다시 접촉하는 데 특별한 효과가 있다.

나는 어떤 때는 내담자가 그림을 다 그린 후, 미처 그림에서 다 표현하지 못한 것들을 신체자세나 동작을 사용해서 표현해보라고 하기도 한다. 자신의 약한 면과 강한 면들을 그린 다음, 신체표현을 통해 숨겨진 면들이 더 나타나기도 된다. 예를 들면, 한 젊은 여성은 자신의 약한 모습을 표현하기 위해 바닥에 납작 누웠다. 이 자세를 취하자 감정이 쏟아져 나왔다. 조각이나 찰흙, 콜라주 등을 통한 표현작업에서 신체동작은 표현을 좀 더 할 수 있도록 해주는 중요한 수단이 될 수 있다.

글로리아 카스틸로(Gloria Castillo)는 『왼손잡이 교육』(*Left-Handed Teaching*)이란 책에서 침대 시트를 사용하는 여러 가지 작업들에 대해 설명하고 있다. 아이들에게 다양한 목적에 사용할 수 있도록 각자 더블베드 시트를 한 장씩 나눠준다. 아이가 가진 시트는 자신만의 특별한 공간이 되는데, 그 위에 눕기도 하고, 자신을 보호하기도 하고, 그 안에서 구르기도 하고, 환상의 나래를 펴기도 하고, 춤도 출 수 있는 공간이 된다. 시트 위에 또는 시트 아래 누운 채, 아이는 내가 안내해주는 환상세계로 빠르고 쉽게 들어온다. 다음에 소개하는 것은 그 책에 소개된 연습 중의 하나다.

> 다른 사람이 닿지 않게 둥글게 원을 만들어 앉으세요.
>
> 시트를 머리 위에 둘러보세요.
>
> 자, 아무도 당신을 원하지 않을 때 어떤 느낌이 드는지 생각해보세요.
>
> 여러분은 자신이 원 안에 있다는 걸 알고 있습니다. 원하시면 천천히 원으로부터 멀어지도록 해보세요.
>
> 멈출 곳을 찾아보세요.
>
> 가까이엔 아무도 없이 당신은 완전히 혼자입니다. 당신 자신과 시트와 마룻바닥만이 있습니다. 잠시 동안 온전히 홀로 있어보세요(약 3분 정도 시간을 허락한다.).
>
> 자, 이제 바닥 위에 누우세요. – 아직 얼굴을 시트로 덮은 채.
>
> 최대한 꽉 조이게 시트로 몸을 감으십시오. 조용히 누운 채 몸을 감싸고 있는 시트를 느껴보세요.
>
> 자, 이제 굴러보세요. 몸이 어떤 사람에게 굴러가더라도 여전히 혼자 있고 싶을 수 있겠지요. 그러면, 움직여서 딴 곳으로 가십시오. 누군가와 가까이 있고 싶으면, 당신과 접촉하게 되는 사람 곁에 머물러 계십시오.
>
> 원으로 다시 돌아오십시오.

> 어떤 일들이 일어났는지 이야기해보세요. 혼자였을 때 어떻게 느끼셨어요? 이런 느낌이 실제로 당신이 홀로 있었던 때를 생각나게 했습니까? 한동안 혼자 있고 난 후에 다른 사람과의 접촉이 어떻게 느껴졌습니까? (207쪽)

내가 참석한 한 신체동작 워크숍에서는 지도자가 원 안에 여러 색깔의 옷들을 많이 쌓아놓았었다. 나는 바이올렛 빛깔의 예쁜 옷에 시선이 갔다(내가 내 이름을 좋아하게 된 지난 몇 년 전부터 나는 이 색을 편애하게 되었다). 하지만 그 옷에 대한 나의 처음 충동이 사라질 때까지 기다리기로 하였다. 그 바이올렛 색의 옷이 나를 위해 남아있어서, 나는 줄어들고 있던 옷 무더기로부터 그 옷을 잡아들었다. 우리가 한 활동은 각자의 옷을 자신의 몸에 두르는 거나, 그 위에 눕거나, 춤추며 말아 올리거나, 흔들고 비틀고 하는 것 등이었다. 우리는 다양한 리듬에 맞춰 움직이면서 다양한 인물이 되어보고, 또한 우리 내면의 음악에 맞춰 우리 자신만의 춤을 안무해보라는 지시를 받았다. 주위를 둘러보니 다른 사람들도 나처럼 각자 자신만의 드라마 속에 빠져있다는 걸 알 수 있었다. 마침내 나는 내 옷에 휩싸인 채 누워 나의 감각과 감정, 기억들 그리고 신체를 느끼고 있었다. 이 모든 것들은 나의 바이올렛 빛깔의 옷 속에 감싸져 있는 것 같았다. 그러고 나서 우리는 각자가 체험한 것들에 대해 각자가 원하는 형식으로 자유롭게 글을 썼다. 몇몇 집단원들은 감동적인 경험들을 썼는데, 어떤 사람은 옷의 색깔과 관련된 경험을, 또 어떤 사람은 신체동작을 통해 나타난 감정과 관련된 경험에 대해 썼다. 나는 나의 경험을 다음의 시로 지어서 표현했다.

> 나는 바이올렛을 원해
> 그러나 난 서두르지 않아
> 그건 날 위해 거기 있어
> 결국 난 그걸 갖게 되었지
> 나는 승리감으로 기뻤어
> 난 단지 그 속에 감싸져 있고 싶었어
> 그건 내게 모든 종류의 기분을 나타내
> 기쁨, 비탄, 슬픔, 유쾌함
> 그 무엇보다

나 자신

나는 내게 그 이름을 주신 어머니와 가깝게 느낀다.
나는 그 이름을 살아낸 내 어린 시절과 가깝게 느낀다.
나는 고통으로 힘들어하던 그 작은 소녀와 가깝게 느낀다.
나는 웃으며 기뻐하던 그 작은 소녀와 가깝게 느낀다.
나는 지금 내 내면의 모든 것들과 가깝게 느낀다.

07

시연

창작연극

이제 앨린이 할 차례였다. 그는 집단 한가운데에 카드가 쌓인 곳으로 가서 카드 한 장을 뽑아들었다. 9세의 앨린은 읽기장애가 있었다. 그래서 내게 와서 도와달라고 했다. 나는 아이에게 귓속말로 속삭였다. "여기에 이렇게 쓰여 있어. '너는 인도를 걷다가 길에서 무언가 발견한다. 구부려서 그걸 주어서 살펴본다.' 우리는 네가 그걸 가지고 뭘 하는지를 보면서, 그게 무언지 알아맞혀야 해." 앨린은 심호흡을 하고나서, 항상 숙였던 고개를 바로 들고 방안을 거닐기 시작했다. 아이가 갑자기 멈춰 서서 바닥을 쳐다봤다. 아이가 입을 딱 벌리고, 눈을 휘둥그레 뜨고, 팔을 활짝 벌리며 놀라는 제스처를 해보였다. 아이는 몸을 숙여 상상의 물건을 들고, 골똘히 살펴봤다.

처음에 나는 그것이 동전일거라고 생각했다. 아이가 만지는 것을 보니, 모양이 둥글다는 것을 알 수 있었다. 아이는 물건의 위쪽으로 손가락을 움직였다. 아니다, 그건 동전은 아니었다. 이제 물건을 귀에 대기도 하고 흔들기도 했다. 그러다 아이는 뭔가 다른 것을 하고 있었다. 나는 더 자세히 쳐다보았다. 아이는 무언가의 뚜껑을 여는 것 같이 돌리는 동작을 하고 있었다. 그건 작은 그릇임에 틀림없다. 아이는 그 안을 들여다보고, 위아래로 흔들었다. 그 안은 비어 있었다. 아이는 주머니에 손을 넣어 상상의 물건을 꺼냈다. 그것을 그릇에 넣고, 뚜껑을 다시 닫아서 주머니 안에 넣었다. 그리고 얼굴 가득 미소를 띠고, 눈을 반짝이면서 끝났다고 말했다. 아이들은 짐작했던 것들을 큰 소리로 말했다. 드디어 누군가 맞췄다. 그것은 동전을 넣은 작고 동그란 금속 상자였다. 앨린이 웃으면서 아이들과 함께 바닥에 앉았을 때 나는 기뻤다. 이 아이가 언제나 혼자 떨어져 앉아 웅크리고 긴장하고 찌푸린 표정을 짓던 앨린과 정말 같은 아이일까?

연극은 아이들에게 자신을 벗어나게 허용해줌으로써, 자신에게 더 가까워지도록 도움을 준다. 언뜻 모순적으로 느껴지는 이 말은 의미가 있다. 아이들은 연극을 하면서 실제로는 자신을 전혀 떠나지 않는다. 오히려 즉흥적인 경험을 하면서 자신의 더 많은 부분을 활용하게 된다. 위의 예에서 앨린은 전체적인 자기를 활용했다. 자신의 정신과 몸, 감각과 감정 그리고 영혼 전부를 표현하기 위해 사용했다. 앨린은 늘 혼자 떨어져 앉는, 부끄러워하고 위축된 남자 아이였다. 마치 자신을 가두는 것처럼 공 모양으로 웅크리고 있었다. 연극이 허용하는 대로(그리고 집단에서 경험했던 신뢰감도 함께 작용해서), 앨린은 자신의 전부를 쏟아 부었다. 그리고 다시 자리에 앉았을 때는 자기와의 접촉이 강해졌고, 다른 아이들과 더 잘 접촉하는 것이 자세와 표정에서 분명하게 나타났다.

7세의 카얼라는 성탄절 휴가가 끝나고 만난 첫 치료 시간에, 상담실 바닥에 놓인 커다란 쿠션에 주저앉았다. 아이는 "너무 지쳐서 아무것도 못하겠어요."라고 말했다. 나는 게임을 하자고 제안하고서, '말하기, 느끼기 그리고 행동하기 게임(*Talking, Feeling, and Doing Game*)'을 가져왔다. 이 게임에선 주사위를 던진 후에, 나온 숫자만큼 종이판 위의 말을 옮겨놓는다. 그래서 말이 노란 칸으로 가면, 노란 카드를 선택한다. 하얀 칸이면 하얀 카드를 뽑고, 파란 칸이면 파란 카드를 뽑아야 한다. 카드마다 질문이나 지시가 적혀있다. 많은 카드에는 즉흥연극을 하라고 쓰여 있다.

카얼라는 하얀 칸에 걸렸다. 카드에는 "방금 편지 한 통을 받았습니다. 뭐라고 쓰여 있을까요?"라고 적혀있었다. 나는 여기에 추가해서 지시했다. "네가 우편물을 가지러 우편함에 간다고 해보자. 편지들을 뒤져보는데, 너에게 온 편지를 발견하는 거야. 마치 실제로 일어난 일처럼 연기하는 거야. 그리곤 편지를 뜯고 읽어봐."

카얼라는 일어나고 싶지는 않고, 우편물을 가지러 가는 것을 '머리로' 상상하겠다고 말했다. 여기에 나는 찬성했다. 카얼라는 눈을 감고 조용히 앉아있었다. 갑자기 눈을 뜨고 일어나서 손에 편지가 있다고 말했다. 나는 주소를 읽어보라고 말했다. 아이는 그 '편지'를 들고 돌려보더니 눈에 가까이 대면서 말했다. "어머, 나한테 왔어! '카얼라'라고 쓰여 있어." 그리고 자신의 주소를 읽어주었다. 내가 "누가 보낸 거야?"라고 질문했다. 그러자 아이는 몹시 흥분했다. "난 누가 보냈는지 알아! 우리 아빠가 보낸 거야!"라고 소리쳤다. (카얼라 아버지는 최근에 다른 주로 이사를 갔다.) 나는 "좋겠구나!"라고 말했다. "빨리 뜯어봐! 뭐라고 쓰여 있니?" 카얼라는 편지 뜯는 동작을 천천히 연기했다. 상상의 큰 편지지를 펴고, 한 동안 말없이 쳐다보고 있었다. 나는 잠시 후에 "카얼라, 뭐라고 쓰여 있니?"라고 조용히 질문했다. 나는 아이가 너무나 개인적인 공간에 머무르고 있다는 느낌이 들어서, 서투르게 침범하고 싶지 않았다. 드디어 카얼라가 대답했는데, 그 소리는 간신히 들릴 정도였다. "이렇게 쓰여 있어, '사랑하는 카얼라에게, 크리스마스를 함께 보냈으면 좋았을 텐데. 너에게 선물을 보냈는데, 아직 못 받았을 것 같구나. 사랑하는 아빠가'." 내가 "아빠가 많이 보고 싶었구나, 그렇지?"라고 말했다. 카얼라는 나에게 고개를 끄덕이면서, "이 편지는 내가 상상해서 만든 거예요."라고 낮은 소리로 속삭였다. 내가 고개를 끄덕이자, 아이는 그만 울음을 터뜨렸다.

카얼라는 감정을 회피하기 위해 자기 자신을 잘라냈다. 아이는 피곤하고, 무겁고 무기력하게 느꼈다. 아이는 연기를 하면서, 자신이 닫고 있던 껍질 속에 있던 것들을 밖으로 내동댕이쳤다. 카얼라 스스로 자기가 울 수 있도록 허용했을 때, 치료 시간에 보이는 태도가 완연히 달라졌다. 아이는 아빠에게서 선물을 못 받아서 상처입고 화가 났던 것이다. 그러나 엄마에게 이런 감정을 표현하지는 못 했다. 엄마가 휴가 동안에 아빠의 빈자리를 채우려고 두 배로 노력했기 때문이었다.

아이들은 창작극을 하면서 자기 자신에 대한 자각을 키울 수 있다. 자신의 몸, 상상과 감각에 대한 총체적인 자각을 발달시킬 수 있다. 연극은 잃어버렸고, 숨겨졌던 자신을 찾아내어 표현하게 하고, 힘과 개성을 키우도록 도와주는 수단이 된다.

창작극에서는 자신을 찾을 뿐 아니라, 주변세계도 체험하게 된다. 아이들은 주변세계를 해석하고, 자신의 생각과 행동, 감정과 표현을 전달하기 위해 자기 안의 모든 자원을 동원한다. 즉, 시각, 청각, 미각, 촉각, 후각, 표정, 동작, 환상, 상상과 지성을 활용한다.

이것은 우리 자신의 삶, 그리고 바로 우리 자신을 공연하는 것이다. 우리는 우리의 꿈에 등장하는 인물이나 사물들을 연기하며, 장면들을 창조해내며, 연기하면서 그것들을 수정하기도 한다. 가슴의 통증에 대해 단순히 말하는 것이 아니라, 그것이 목소리를 내게 하거나, 직접 그것이 되어보기도 한다. 엄마 역할이나 자식 역할을 하거나, 자기 안의 비판적인 부분 등이 되어서 연기하기도 한다. 이런 부분을 연기하면서 우리는 우리 자신에 대해 더욱 많이 자각하며, 더욱 몰입하게 되고, 더욱 실존적으로 된다. 우리 자신을 찾고, 자신을 접촉하며, 자신을 더욱 진실하고 충실하고 명료하게 체험한다. 또한 우리는 연극 속에서 새로운 존재 방식을 시도해볼 수도 있다. 우리 안에 억압되었던 부분들이 출현하도록 허용해볼 수 있다. 연극을 통해 우리는 우리 자신에게 일상생활에서 결핍되었던, 심취와 흥분, 즉흥성의 경험을 할 수 있도록 허락해줄 수 있다.

말은 하지 않고 표정과 동작만을 사용하는 무언극으로 단순한 감각 이미지를 표현하는 놀이를 통해 감각에 대한 자각을 크게 향상시킬 수 있다. 더 복잡한 수준의 무언극에서는 침묵을 지키며, 동작만으로 행동과 상호작용을 보여주고 감정과 기분도 전달한다. 또한 인물의 성격을 보여주고 줄거리를 연기할 수도 있다. 더 높은 수준에서는 즉흥극을 하면서 말을 할 수도 있다. 이전에 무언극에 참여해본 경험이 많은 아이의 경우에는 연극적인 무언극에서 말하는 것을 쉽게 느낀다.

다음에는 즉흥게임과 활동, 체험의 예를 몇 가지 들어보겠다.

만지기

상상 속의 물건을 만지고 살펴보고, 반응한 후 뒷 사람에게 넘기세요. 상상의 물건은 칼, 물 한 잔, 새끼 고양이, 낡고 지저분한 지갑, 값비싼 팔지, 뜨겁게 구운 감자, 책 등이 될 수 있다. 집단 리더가 물건을 정하거나 아이들이 물건을 넘겨주는 차례가 되었을 때 결정할 수도 있다. 혹은 한 번 정한 물건을 바꾸지 않고 집단 전체가 돌려보고, 무슨 물건인지 맞춰 볼 수도 있다.

탁자 위에 다양한 물건들이 놓여있다고 상상해보세요. 각자 물건을 하나씩 고른 후 그 물건을 다루는 흉내를 통해 그것이 무엇인지 보여줘야 합니다.

잃어버린 물건, 예컨대 스웨터 같은 것을 찾으러 여러 장소로 가보세요. 그 곳은 아주 큰 방, 컴컴한 벽장, 자기 방 혹은 탈의실일 수 있어요.

보기

당신은 어떤 장면이나 혹은 스포츠를 보고 있어요. 그걸 보면서 느끼는 감정을 표현해보세요. 다른 사람들이 당신이 무얼 보는지 맞춰 볼 수 있습니다. 또는 한 사람이 다른 사람이 보는 것을 이야기할 수 있습니다.

해지는 풍경, 우는 아이, 자동차 사고, 스컹크, 뱀, 길에 풀린 호랑이, 포옹하는 연인들을 보았을 때 어떻게 반응하는지 연기해보세요.

거울 속에 있는 자기를 본다고 상상하세요. 실제로 그런 것처럼 계속해서 보고 반응해보세요.

듣기

다양한 소리들에 반응해보세요. 예를 들어 뭔가 폭발하는 소음, 당신이 확인하고 싶은 작은 소리, 거리를 지나는 군악대 혹은 라디오에서 흘러나오는 유행가 소리에 반응해보세요. 다른 소리의 예로는 아기 우는 소리, 당신이 자고 있는데 어둠 속에서 부랑자가 떠드는 소리, 당신이 아는 사람이 방에 들어오는 소리, 천둥소리, 초인종 등이 있습니다.

당신은 나쁜 소식, 좋은 소식, 어리둥절한 소식 혹은 놀라운 소식을 지금 막 들었습니다.

냄새 맡기

다양한 냄새들, 예를 들어 꽃향기, 양파 냄새, 타는 고무 냄새 등을 맡을 때 어떻게 반응하는지 연기해보세요.

다양한 상황에서 냄새가 나는 것을 상상해보세요. 숲 속을 거닐다가 야영지에서 모닥불 냄새가 납니다. 향수 가게에서 다양한 향기를 맡고 있어요. 불쾌한 냄새를 맡으며 어떤 냄새인지 알아내려고 해요. 혹은 집에 들어오는데, 과자 굽는 냄새를 맡습니다.

맛보기

아이스크림, 레몬 등과 같은 음식을 맛보는 무언극을 해보세요. 다른 사람들이 알아맞히려고 애쓰는 가운데 무언가를 먹는 것을 연기해보세요.

사과를 한 개 먹어보세요. 먹기 전에 사과의 구석구석을 살펴보세요. …… 아주 천천히 그리고 조용히 먹으면서 턱의 움직임을 알아차려보세요.

초콜릿이나 크림캔디 같은 맛있는 것을 먹어보세요. 새콤한 사과를 깨물거나, 또는 전에 먹어보지 못한 것을 시험해보세요.

무언극으로 빨대를 사용해 마시기, 막대사탕 핥기, 휘파람 불기, 풍선 불기를 연기해보세요.

신체 사용

위에서 설명한 연습들에서도 신체를 사용하기는 하지만, 다음은 온몸을 자각하고 움직이는 것에 더 많이 중점을 두는 연습들이다.

『내 머릿속의 연극』(*Theater in my Head*)이란 책에는 "시몬이 말하기를……" 게임의 변형들이 제안되어 있다: "시몬이 말하기를, '줄타기하는 사람이 되어라, 달팽이가 되어라, 괴물이 되어라, 개가 되어라, 발레리나가 되어라……'" 아이들은 차례대로 리더가 될 수 있다.

무언극으로 걷기를 연기해보세요. 서둘러 걸어보세요, 게으름을 피우며 걸어보세요. 구덩이를 건너뛰거나, 잔디 위로 걷거나, 뜨거운 아스팔트 위를 맨발로 걸어보세요. 산에 오르거나, 눈 속을 걷거나, 가파른 길 아래로 걸어보세요. 시냇물 속의 자갈 위를 걷거나, 뜨거운 모래 위를 걸어요. 다친 발로, 혹은 아주 큰 신발이나 작은 신발을 신고서 걸어보세요.

무언극으로 다음의 행동을 연기해보세요. 식탁 차리기, 과자 굽기, 개에게 먹이주기, 옷 입기, 숙제하기 등 미리 행동들을 정해줄 수도 있고, 카드나 접어놓은 종이를 쌓은 더미에서 뽑아서 정할 수도 있다. 또는 집단이 알아 맞혀야 하는 것을 아이들이 생각해낼 수 있다.

당신이 아주 작은 상자 안에 있거나, 아주 큰 상자에 있다고 상상해보세요. 또는 달걀 속의 병아리라고 상상해보세요.

'마치 ~처럼' 이란 실험을 해보세요. 급한 사람처럼 걸어보세요. 학교에 늦은 아이처럼 걸어보세요. 영화배우처럼 걸어보세요. 근시인 사람처럼 걸어보세요. 카우보이처럼 걸어보세요. 침대로 끌려오는 어린아이처럼 걸어보세요. 깁스를 한 사람처럼 걸어보세요. 거인처럼 걸어보세요.

손가락을 다양하게 사용하는 실험에는 바느질, 자르기, 물건 포장하기 등이 있다.

상상의 줄로 줄다리기 게임을 해보세요. 혼자서 다양한 상상 속의 인물들과, 예를 들어 적대적인 사람, 아주 강하거나 약한 사람과 게임을 해볼 수 있다. (또는 두 사람이 게임을 하거나 집단 전체가 할 수 있다.)

계속 모양이 변하는 공을 가지고 노는 상상을 해보세요. 이것은 작은 고무공, 비치볼, 탁구공, 농구공, 축구공, 테니스공, 부드러운 공으로 변할 수 있다. 공의 크기와 무게가 변하고, 공기 돌이나 원반이 될 수도 있다.

상상의 줄을 가지고 집단이 줄넘기를 해보세요.

특정 상황을 무언극으로 연기하기

두 사람이 무엇을 할지 결정하고, 남은 사람들은 그걸 알아맞힌다. 침대 정리하기, 탁구 치기, 장기 게임, 두 사람이 함께 할 수 있는 무엇인가를 한다.

당신은 지금 막 소포를 받았습니다. 뜯어보세요. 반응해보세요.

당신은 친구와 함께 소풍을 갔습니다. 갑자기 혼자 떨어져 있다는 것을 알아차렸어요.

당신은 엘리베이터 안에 있습니다. 엘리베이터가 층 사이에 갑자기 멈춰섰습니다.

잠시 후에 다시 움직이기 시작합니다.

인물 묘사

여러분은 버스를 기다리는 사람들입니다. 각자 다른 사람이 되어보세요(누군지 말하지 말고). 예를 들어, 자녀를 만나러 가는 나이든 여자, 지각한 직장인, 고등학교에 가는 여학생, 버스에 타려면 도움이 필요한 시각 장애인 등이 되어보세요.

당신은 한밤중에 다른 집을 침입하는 도둑입니다. 예상치 못하게 사람들이 집으로 돌아옵니다. 당신은 그 소리를 듣고 도망칩니다.

당신은 식사를 하려고 레스토랑에 갔습니다. 다음에 나오는 사람처럼 연기해보세요. 배가 몹시 고픈 십대 소년, 식욕이 없어서 먹고 싶은 메뉴를 못 찾는 중년 여성, 혹은 배는 고프지만 자기가 지불할 수 있는 음식을 골라야 하는 아주 가난한 노인을 연기해보세요.

다른 아이들이 알아맞힐 수 있도록 다양한 직업이나 여러 유형의 사람들을 연기해보세요. 어떤 아이들에게는 카드에 역할들을 적어 놓아 무선으로 뽑도록 해주는 것이 도움이 된다.

아이들이 어떤 기구나 기계를 연기하고, 집단이 무엇인지 맞춰보세요. 또는 아이들이 특정 색깔이 되게 해서, 그들이 하는 연기를 보고 무슨 색인지 알아맞히도록 해보세요.

나는 아주 어린아이들에게 '마법의 열쇠' 혹은 '마법의 막대'를 사용한다. 나는 마법의 막대를 흔들며 '너는 이제 개야!' 라고 말한다. 그러면 아이는 몇 분 동안 개가 되어본다. 그러고 나서 막대를 흔들며 "너는 이제 노인이야!" 라고 말한다.

말하며 하는 즉흥극

아동이 혼자서 혹은 집단에서 즉흥적인 스토리를 연기하는 데 어떤 물건을 사용하는 것이 도움이 되기도 한다. 맥캐슬린(McCaslin)의 저서 『교실에서 하는 창작극』(*Creative Dramatics in the Classroom*)을 보면, 아동집단이 호각 하나를 소품으로 이용해 섬세한 이야기를 만들어냈다.

나는 집에서 흔히 볼 수 있지만 서로 상관이 없는 물건, 예를 들어 깔때기, 망치, 스카프, 만년필, 낡은 모자, 큰 수저 등을 종이 백에 넣는다. 각각의 백에 4~5개의 물건들을 넣기만 하면 필요한 준비가 다 되었다. 소집단에서 그 물건들을 가지고 온전히 연극을 한 편 만들 수 있다. 아이들이 연기할 수 있는 다음과 같은 다양한 상황들을 말해주세요.

어떤 외판원이 찾아왔다. 당신은 이미 집에 청소기가 있다고 말해도, 그는 다른 청소기를 보여주겠다고 고집스럽게 말한다. 이런 상황에서 어떻게 할 것인가?

당신은 신문 배달을 한다. 어떤 집에 신문을 던져 넣었는데, 현관에 떨어지지 않고 창문을 깨뜨렸다. 부부가 무슨 일이 벌어졌는지 보려고 나온다.

아이들은 자신의 생활에서 일어나는 에피소드를 반영하는 상황을 연기할 수 있다. 그것은 진실일 수도 있고 유추한 것일 수도 있다. 그런 상황에선 즉흥극에서 작업할 갈등이 표출된다. 역할놀이를 위한 가장 좋은 주제는 항상 아이들 스스로 생각해낸다.

아이들은 연극을 하면서 모자나 마스크, 무대의상들을 즐겨 사용한다. 다양한 모자들이 있다면, 아이들은 여러 모자를 바꿔 쓰면서 역할을 재빠르게 바꿀 수 있다.

나는 할로윈 가면을 아주 많이 수집했는데, 많은 아이들이 즐겨 사용한다. 아이가 특정한 가면을 쓰고, 거울을 통해 역할 연기하는 것을 볼 수 있다. 아이들은 인형놀이에서처럼, 가면을 쓰면 평소에는 하지 않을 말들을 하기도 한다.

한 아이는 상담 시간에 모든 가면들을 살펴보고 나서, 쓰고 싶은 가면을 하나 선택했다. 그리고 아이는 괴물, 악마, 마녀 혹은 공주가 되어서 나에게 말했다. 때로 나는 아이에게 가면을 하나씩 쓰고, 그 역할에 어울리는 대사를 한 마디씩 말하게 한다.

어윈 마커스(Irwin Marcus)의 저서 『아동 놀이의 치료적 적용』(*Therapeutic Use of Child's Play*)에 실린 논문에 따르면, 나이가 많은 아이들이 무대의상을 입으면 즉흥 연기를 하고 싶은 자극을 받으며, 따라서 자신의 상상 및 감정과 충격적이었던 상황들을 연기하는 데 도움을 받는다고 한다. 그는 아이들에게 다양한 의상을 제공해주는데 아기, 엄마, 아빠, 의사, 슈퍼맨, 마녀, 악마, 광대, 해골, 발레리나 의상들이다. 또 아이들이 직접 의상을 디자인하도록 색깔 있는 큰 천을 세 장 나눠준다. 아이들에게 그 의상을 이용해서 연극을 만들라고 한다. 마커스는 의상을 입고서 하는 연극이 내용뿐 아니라 아동의 내적 프로세스에 관해서도 풍부하고 유용한 정보를 제공한다는 점을 발견했다.

연극은 의상을 입든지, 마스크나 모자를 쓰고 하든지, 도구나 인형을 사용하든지, 혹은 아무것도 안 하고 하든지, 아동의 내면이 깊게 개입하는 일종의 '이야기하기'(storytelling)이다. 그래서 치료자가 관찰하면서 아동이 자신의 유기체 전부를 활용하도록 도와줄 수 있는 기회가 된다. 여기서 아동의 발달이 뒤쳐지고 강화가 필요한 발달상의 구멍들을 뚜렷이 볼 수 있다. 아이가 어떻게 몸을 움직이고 사용하는지 볼 수 있다. 동작의 경직성과 제한성, 동작의 용이성과 흐름을 관찰할 수 있다. 또 연극의 조직화를 주의해서 볼 수 있다. 그리고 연극 내용과 마찬가지로 연극의 과정에 대해서도 다룰 수 있다. 싸우는 내용이 많은가? 주인공이 패배하는가? 아마도 주인공에게 아무도 귀를 기울이지 않을 수도 있다. 어쨌든 우리는 아주 즐거운 시간을 보낼 것이다.

여기서 언급한 활동들은 집단작업을 위한 것처럼 보이지만, 나는 많은 활동들을 개인치료에도 매우 용이하게 적용할 수 있었다. 나는 자주 여기서 얻은 자료를 개인치료에서 더욱 깊이 있게 다룰 수 있었다.

어떤 12세 소년이 나를 위하여 소품과 의상 없이 연극을 했다. 아이는 모든 역할을 연기했고, 거기에는 아나운서도 있었다. 아이의 학교 성적은 저조해서, 그의 엄마는 아이가 게으르고 나태하기 때문이라고 야단을 쳤고, 아이는 항상 골난 것처럼 보였었다. 그러나 사실 아이는 아주 조직적이었다. 그는 대단히 복잡한 연극을 할 수 있었고, 각각의 인물들을 발전시킬 수 있었고, 환상적인 유머 감각도 갖고 있었다.

나는 어떤 활동이 어떻게 전개될 것인지 전혀 모른다. 8세의 남자 아이와 했던 게임이 생각난다. 그 게임에선 상대에게 맞춰보라고 각자가 동물을 연기했다. 연기가 끝났다고 말을 할 때까지 기다려야 무슨 동물인지 알아맞힐 수 있었다. 여기선 동물의 움직임을 단순히 모방하는 것이 아니라 긴 연극을 할 기회가 있었다. 스티븐은 바닥에 누워 작은 공처럼 몸을 말았다. 그리고 머리를 들더니 앞뒤로 움직이고, 눈도 함께 움직이며 미소를 지었다. 그리곤 공 같은 몸 뒤로 머리를 감췄다. 이것을 여러 번 반복했다.

갑자기 아이가 통증을 느끼는 것처럼 얼굴을 찌푸리며, 온몸을 뒤틀다가 등을 대고 돌아눕고 팔을 뻗은 채 조용해졌다. 그렇게 죽는 것을 연기했다. 연기가 끝나면서 나는 아이가 거북이었고, 무슨 일인가 발생해서 죽었다는 것을 짐작했다. 스티븐은 옛날에 거북이를 키웠는데, 어린 남동생이 그걸 죽였다고 말했다. 나는 아이에게 남동생에게 아주 화가 나고, 거북이를 잃어서 몹시 슬펐을 것 같다고 말해주었다. 내 말에 스티븐은 격렬하게 분노를 느끼며 말했다. "난 동생이 싫어요! 그 자식을 죽여버리고 싶어요!"라며 씩씩거렸다.

스티븐은 실제 생활에서 어린 남동생에게 지나치게 잘했는데, 그러는 대신 엄마에게는 화를 냈다. 그의 엄마는 "그래도 스티븐은 남동생과는 잘 지내요."라고 말한 적이 있다. 나는 스티븐이 동생을 향한 자신의 분노와 복수심이 너무 두려워, 차라리 엄마에게 화내는 것을 안전하게 느낀다고 추측했다. 이런 극적인 경험을 했기 때문에, 나는 스티븐이 동생에 대한 억압된 분노를 찰흙과 (천으로 만든 방망이인) 바타카, 그리고 그림 그리기를 통해 표현하도록 기회를 줄 수 있었다. 스티븐이 느끼던 분노는 거북이 사건 때문만이 아니었다. 다른 조그만 일상적 자극들이 많이 쌓였기 때문에 아이는 동생에게 화를 낼까봐 두려워하고 있었다.

때로는 창작극을 마치며 무엇이 발생했는지, 연극하면서 느낀 점이나 지금의 느낌 등에 대해서 대화를 나눈다. 그러나 그런 토론보다는 경험 그 자체가 움직임을 일으키고 변화를 가져온다고 생각한다. 연극에서 노인역할을 맡았던 한 소녀는 말로는 설명하기 어려운 방식으로 자기 자신과 접촉했다. 그녀가 자신이 느낀 것을 언어로 바꾸어 표현하는 것은 중요하지 않다. 이런 경험이 아이의 성향과 표현을 보다 자유롭게 만들어주어 전보다 더욱 안정되고 자신감 있게 행동하는 것이 나와 주변 사람들에게 뚜렷하게 보였다.

꿈

프릿츠 펄스는 『네 개의 강의록』(*Gestalt Therapy Now의 2장*)에서 자기를 접촉하고 경험하는 데 꿈 작업이 매우 중요하다고 강조하고 있다.

> ……꿈은 실존적 메시지이다. 그것은 미해결된 상황이나 못 이룬 소원을 넘어서며, 예언보다 더 큰 것이다. 그것은 자기에게, 귀 기울여 듣고 있는 자신에게 보내는 메시지

> 인 것이다. 꿈이란 인간 존재의 가장 즉흥적인 표현이며, 삶으로부터 조각해내는 예술 작품이다. 꿈속에 나오는 부분들과 상황들 모두가 꿈꾸는 사람의 창조물이다. 물론 그것의 일부는 기억이나 현실에서 유래한다. 그러나 무엇이 꿈꾸는 사람으로 하여금 특정한 부분들을 선택하도록 하는 것인지가 중요한 질문이다. 꿈의 선택은 우연한 것이 없다. …… 꿈속의 모든 부분들은 꿈꾸는 사람의 것이지만, 그것은 어느 정도 소외되어 있고, 다른 사물에 투사되어 있다. 투사란 무엇인가? 자신의 특정한 부분을 자기 것이 아니라고 여기고 소외시키며, 그것의 잠재력을 활용하기보다는 세상으로 던져 버리는 것이다. 자신의 일부를 세상에다 비워내서, 우리의 내면에는 구멍들과 빈자리가 남았다. 이런 부분들을 자기 것으로 되돌려 놓기를 원한다면, 경험을 동화시킬 수 있는 특별한 기법을 사용해야만 한다. (27쪽)

아동들은 꿈을 편하게 말하지 못하는데, 흔히 기억하는 꿈들이 아주 무섭기 때문이다. 또는 꿈이 너무나 혼란스럽고 괴상해서 마음속에서 잊으려고 애쓴다. 이것이 아이들이 반복해서 같은 꿈을 꾸는 이유 중에 하나라고 생각한다. 아동이 꿈을 쫓아 버리려고 지나치게 노력하니까, 회상시키기 위해 꿈이 돌아오는 것이다. 성인 중에도 아직 해결되지 않은 아동기의 꿈을 기억하는 사람이 드물지 않다. 나타난 갈등이 해결되지 않았기에 꿈도 끝나지 않는 것이다. 분열된 부분들의 통합이 너무나 두려운 것이다. 나는 아이였을 때 자주 꾸었던 두세 가지의 꿈을 기억하고 있다. 최근에 아주 오래 전에 꾸었던 꿈 작업을 했는데, 현재와 관련된 실존적 메시지가 담겨 있음을 깨달았으며, 내 자신과 현재 삶에서 발생하는 것들에 관해서 배우게 되었다.

때로는 아이들에게 꿈을 말하게 하려고, 꿈에 관한 책을 읽어주곤 한다. 뛰어난 책으로는 머서 메이어(Mercer Mayer)의 『벽장 속의 악몽』(*There's a Nightmare in My Closet*)이 있다. 몇 년 전에 나는 동료와 함께 한 가지 공통점이 있는 아동 치료집단을 인도했다. 그 아이들의 아버지들은 어떤 금주 치료프로그램에 참여하고 있었던 것이다. 내 동료가 치료 시간에 이 책을 가져와서 집단에게 읽어주었다. 우리는 악몽을 꾼 적이 있었는지 물었다. 꿈이란 자신의 삶에 관해 무언가 말해준다고 설명하자, 두 아이들이 꿈 작업을 하려고 자원했다.

지미는 10세이었고 다음 꿈을 이야기했다. "나와 우리 가족은 자동차를 타고 고속도로를 달리고 있었어요. 갑자기 가파른 고갯길이 나왔어요. 엄마가 운전하고 있었는데 차를 멈출 수가 없었어요. 브레이크가 작동하지 않았어요. 나는 차가 길옆으로 굴러 떨어질지도 모른다고 생각했어요. 난 실제로 공포를 느껴 운전대를 잡았어요. 별안간 호수처럼 많은 물이 길 끝에 있었어요. 돌릴 수 있는 길은 없었어요. 우리가 차를 돌리면 옆으로 구르거나, 그대로 물속으로 들어가는 수밖에 없었어요. 자동차가 그곳까지 가기 전에 꿈에서 깼어요."

우리는 지미에게 꿈을 현재형으로 이야기하라고 말했다. 그러면서 아이는 거의 꿈을 다시 꾸는 것처럼 보였다. 꿈 작업을 하면서, 꿈이 연극인 것처럼 생각하고, 또 사람들과 사물을 대신해 말할 수 있다고 생각하고, 꿈에 나오는 부분들을 모두 연기하라고 지미에게 말했다. 지미는 자신과 엄마, 아빠, 차 안에 있던 여동생, 자동차, 길, 호수가 되어 연기했다. 모든 상황에서 지미는 공포에 질렸고 통제를 못했다. 그가 호수가 되었을 때는 커다랗고, 깊고, 압도당하는 느낌이었다. 우리는 꿈의 끝 장면을 상상해보라고 말했다. 아이는 "아빠가 수영 못하는 엄마를 구해줘요. 아빠는 침착하고 우리 모두를 구해내요. 나는 어떻게 해야 할지 모르는데, 아빠가 나도 밖으로 데리고 나와요."라고 말했다.

우리는 꿈이 주는 메시지가 무엇이라고 생각하는지, 삶의 현재 상황과 관련해 무엇을 말한다고 생각하는지 지미에게 질문했다. 아이는 "꿈이 무얼 말하는지 알아요! 나는 무서워요, 아빠가 또 술 마실까봐 너무 무서워요! 아빠가 지금은 술을 마시지 않아서 우리 가족 모두 잘 지내요. 아빠가 술 마시고 있었을 때는 너무나 안 좋았어요. 아빠가 다시 술을 마신다면, 다시 아주 나빠질 텐데. 큰일 나요! 그게 너무 무서워요. 마음속으로 정말 두렵지만, 말한 적이 없어요. 무섭다고 부모님께 말하는 것이 두려워요. 다른 사람은 무서워하지 않는 것 같아요. 아빠가 다시 술을 마시면, 내가 할 수 있는 것은 없어요. 나는 가족 중에 가장 어리거든요. 내가 무얼 할 수 있을까요? 꿈에서는 아빠가 우리를 구해주는 것으로 끝을 냈어요. 내가 가족에게 바라는 것이에요."

지미는 자신의 공포에 대해 말하고 나서, 크게 안심하는 경험을 했다. 어느 아홉 살 난 아이도 "나도 그런 길에 대해 꿈꿨어요."라고 말했다. 우리가 그 길에 대해 더 말해보라고 하자, 아이는 "나는 가끔 멈출 수 없는 차를 타고 언덕길을 내려가는 것처럼 느껴요. 나는 차를 조정할 수 없어요."라고 말했다.

13세의 비키도 자기 꿈에 대해 몹시 말하고 싶어 했다. "꿈에서 모든 사람들이 내가 죽었다고 생각해요. 나는 관 속에 누워있어요. 하지만 죽지는 않았어요! 사람들이 내가 죽었다고 생각할 뿐이에요. 친절한 할머니가 보살펴주고, 나는 관 속에서 잠자고 있어요. 그곳이 내 침대예요. 하지만 사람들은 할머니에게 '그 아인 죽었어요.'라고 말하고 있어요. 번개도 쳐요."

나는 꿈에 나오는 번개가 되어보라고 말했다. 비키는 잠시 생각해보더니, 얼굴에 미소를 띠고 일어나 (자기가 번개라고 설명하면서) 번개처럼 하면서 방안을 돌았다. 아이는 모든 사람에게 자기 팔로 번개 치는 모양을 하면서, "번쩍!"이라며 고함쳤다. 비키는 이러면서 한껏 즐거웠다고 말했다. 우리는 이제 꿈속에 나온 할머니가 되어보라고 말했다. 비키는 자기에게 친절하게 대하는 할머니가 되어서, 자신을 관 속의 침대에 눕혔다. 비키는 꿈속의 할머니가 자기 할머니를 생각나게 한다고 말했다. 비키 할머니는 아주 많이 아프시다가 돌아가셨는데, 비키에게 언제나 친절하셨다. 그 분은 비키가 아주 좋아했던 소수의 사람 가운데 한 사람이었다.

여기서 우리는 앞으로의 작업 방향을 선택해야 했다. 즉, 그 꿈에서 벗어나 돌아가신 할머니에 대한 아이의 느낌에 대해 작업을 할지, 아니면 꿈에 계속 머물지를 결정해야 했다. 우리는 꿈을 가지고 계속 작업하기로 하고, 상상의 관에 누워보라고 말했다. 그리고 그것이 뭐 같은지, 무슨 일이 생기는지 질문했다. 비키는 경직된 자세로 바닥에 누웠다. "나는 이 관 속에 누워있어요. 자고 있는 것 같은데, 모두 내가 죽었다고 생각해요. 할머니는 내가 죽지 않았다고 하는데 아무도 듣지 않아요."

치료자: 관 속에 있으니까 어떠니?

비　키: 아주 편하지는 않아요. 많이 움직일 수가 없어요.

(우리가 신호를 하자, 다른 아이들이 함께 비키를 쳐다보는 사람들이 되었다. 우리는 "아, 가엾은 비키. 저렇게 어린데 죽다니. 너무 끔찍해. 정말 안 됐어."라고 말했다. 그리고 비키에게 대답해보라고 했다.)

비　키: 이봐요! 난 안 죽었어요. 울지 말아요. 나 살아있어요. 난 할 수 있어요. 난 할 수 있단 말이에요.

치료자: 네가 무얼 할 수 있니?

비　키: 많은 일들이요. 난 많은 걸 할 수 있어요.

치료자: 우리에겐 네가 거기 누워있는 것 말고 안 보이는데. 너는 다른 것을 선택할 수

있니, 아니면 거기에 계속 누워있고 싶니?

비 키: (일어서며) 나는 여기 누워있고 싶지 않고, 모두 내가 죽었다고 생각하는 것도 싫어요! 보여요? 보이냐고요? (아이는 팔을 펴고 방 안을 뛰며 돌았다.) 난 살아 있어요!

치료자: 네 꿈이 주는 메시지를 한번 말해보렴.

비 키: (잠시 생각하더니, 밝은 표정으로 말했다.) 난 살아있고 선택을 할 수 있어요! 나는 많은 선택을 할 수 있어요.

소비년: 어떤 선택들이니? (집단에 있던 9세의 소년이 말했다.)

비 키: (소년을 바라보며, 잠시 말이 없다.) 글쎄, 나는 할 수 있어.

소비년: 언제?

치 자: 비키야! 방안을 돌면서, 몇 사람을 골라서 그 사람들과 무엇을 할지 선택해봐.

비키는 집단에 있던 모든 사람 앞에 서서 무엇을 할지 선택했다. "너와는 악수하기로 선택했어, 너에겐 안아주는 것을 선택했어, 너에게는 얼굴 찡그리기를 선택했어." 비키와 집단의 다른 아이들은 이것에 몹시 재미를 느껴서, 모두가 방 안을 돌며 차례로 선택하자고 했다.

나는 개인 상담에서도 아동의 꿈 작업을 한다. 내가 만난 많은 아동들에게 비싸지 않은 용수철 공책을 나눠준다. (쓰기를 아주 싫어하는 아동은 제외한다.). 그 공책에 꿈이나 다양한 것들을 적어보라고 말한다. 12세의 소녀 퍼트리셔는 다음과 같이 썼다.

"디즈니랜드의 뒤쪽. 내가 지붕 없는 큰 방에 있으면서 꿈이 시작해요. 바로 옆에 디즈니랜드 풍선이 든 커다란 상자가 있어요. 그리고 만화주인공 의상들이 걸려있어요. 뒤에는 텐트가 있어요. 누군가 들어와 난 숨었어요. 그러나 그 사람은 가고, 나는 숨었던 곳에서 나와 의상을 입고 풍선을 불어요. 그리고 밖에서 그것들을 팔아요."

퍼트리셔는 페이지 끝에 이 꿈에 관한 스케치를 조그맣게 그려 놨다. 내가 종이를 주며, 스케치했던 것을 크게 그려보라고 말하자, 더 자세하게 그렸다. 아이가 그림을 설명했을 때, 나는 아이가 했던 말을 요약해서 적었다.

"지붕 없는 벽. 나는 방 가운데 있다. 누군가 들어온다. 그 사람이 날 혼낼 것 같아서 숨는다. 나는 텐트에 숨는다. 하지만 그는 풍선만 들고 가버린다. 내가 거기에 있는지 몰랐다. 알면 나를 혼낼 것이다. 의상을 입고 있기 때문에, 나 말고는 아무도 알아채지 못한다. 모두 날 그냥 일꾼이라고 생각한다."

퍼트리셔는 치료 시간에 디즈니랜드 그림을 자주 그렸었다. 아이는 이 꿈 작업을 한 뒤에(자기가 꿨던 디즈니랜드 꿈을 기억한 것은 이번이 처음이었다.), 꿈의 메시지를 재빠르게 파악했다. "난 내가 되는 것이 두려워요. 디즈니랜드 캐릭터 같은, 다른 인물인 것처럼 가장하는 것이 편했어요." 드디어 우리는 언제나 은폐하고 숨어 지냈던 퍼트리셔를 발견하기 시작했다.

그 후에 아이는 기억나는 다른 꿈을 가져왔다. 아이는 "이 꿈을 처음 꾼 건 아니에요. 8세 때 꿨었고, 그 후 오랫동안 꿨었는데, 어젯밤에 다시 꾼 거죠."라고 말하며 시작했다. 다음은 아이가 써 놓은 것이다.

"희미한 불빛이 비치는 어두운 방, 침대 한 개, 다리미대와 엄마(실제). 나는 엄마 옆에 있는 침대에 있어요. 갑자기 불이 꺼지고 비명소리가 들려요." 그 종이 구석에 꿈에 관한 조그만 스케치가 있었고, '어두운' 이란 글자가 가로질러 쓰여 있었다.

나는 이것이 아주 중요한 꿈이라고 느꼈다. 퍼트리셔의 친엄마는 8세 때, 살인 사건의 희생자가 되었다(아이의 의붓아버지가 엄마를 총으로 살해하고 자살했다.). 아침에 침실에서 피범벅이 된 시체를 발견한 사람이 퍼트리셔였다. 그 사건이 있고 나서 4년 후에 치료받으러 와서 아이의 아버지한테서 이야기를 들었다. 하지만 아이가 이 꿈을 내게 말하기 전에는, 내가 이 주제에 대해 말할 때마다 퍼트리셔는 언제나 어깨를 으쓱하며 기억이 안 난다고 했었다. 아이는 꿈 작업을 하면서 "엄마가 불빛처럼 꺼졌을 때, 내 삶도 어두워졌어요."라고 말했다. 이것이 퍼트리셔의 다른 많은 감정들과 함께 결코 끝내지 못했던 애도의 시작이 되었다.

아동이 아주 어려도 꿈 작업을 할 수 있다. 6세의 토드는 악몽 때문에 한밤중에 자주 잠에서 깼다. 나는 꿈을 하나 이야기해보라고 말했다. 아이는 괴물이 늘 잡으러오고, 때로는 자동차가 쫓아온다고 했다. 꿈속에 나오는 괴물을 그리라고 하니까 아이가 저항을 해서, 내가 대신해서 아이가 말하는 대로 그려주었다. 그림을 가지고 작업을 하면서 괴물에 대해 무슨 생각이 나는지 질문했다. 아이는 "무섭게 그리지 마!"라고 소리쳤다. 아이에게 이제 괴물이 인형인 것처럼 생각하면서, 괴물이 되는 상상을 하라고 말했다. 아이는 괴물이 되어서 "넌 나쁜, 아주 나쁜 아이야! 널 무섭게 만들어야해!"라고 자기에게 말했다. 나는 아이에게 계속 괴물이 되어 왜 나쁜지 말해보라고 했다. "넌 나빠! 엄마 지갑에서 돈을 가져갔고, 엄마는 그걸 몰라. 바지에 오줌을 쌌는데, 엄마는 그것도 몰라. 너는 나빠, 나빠, 나빠."

토드의 선생님은 학교 수업을 방해하는 행동 때문에 상담을 받아보라고 권했었다. 아이는 꿈 작업을 하면서 최근에 재혼한 엄마에 대해 느끼는 지나친 죄책감과 심한 후회, 그리고 분노감을 표현할 수 있었다. 토드가 새 아빠를 좋아하긴 했지만, 새로 집에 온 사람에게 질투를 느끼고 있었던 것이다. 이런 혼합된 감정들 때문에 아이는 혼란스러웠고, 치료작업을 위해서는 이것들을 모두 드러내어 표현하는 것이 필요했다. 나는 토드에게 그림을 그리라고 하는 대신에 괴물(혹은 자동차)과 소년 인형을 골라 모래상자나 마루 위에서 추격전을 공연해보라고 했었어도 좋았을 것 같다.

일반적으로 아동의 꿈에는 다양한 기능들이 있다. 꿈은 아이들의 걱정이나 불안의 표현일 수 있다. 꿈은 아이들이 생활 속에서 표현할 수 없는 감정들을 표현하는 것일 수 있다. 혹은 꿈은 아이의 소망, 욕구, 환상, 질문과 호기심, 태도를 묘사해준다. 꿈은 아이의 삶에 대한 일반적 태도나 감정을 알게 해주는 지표가 될 수 있다. 꿈은 아이가 직접 드러내놓고 다룰 수 없는 감정이나 경험들, 혹은 상황들을 다루는 한 가지 방법일 수도 있다.

나는 꿈 작업을 하면서, 아동에게 낯선 부분들, 자신의 것으로 만들기를 두려워하는 부분들을 찾아낸다. 핸들이 없는 자동차, 다리 없는 말과 같이 꿈에서 빠진 것들에 주의한다. 꿈속에서 분열된 것과 양극성을 찾기도 한다. 예를 들어 쫓는 자와 쫓기는 자, 평야와 산 같은 것들이다. 집으로 몰아치는 폭풍 같은 접촉 지점이나, 두 사물을 분리시키는 벽처럼 접촉을 막는 부분들에도 주의한다. 또 꿈에 나오는 소망이나 회피 대상에 대해서도 주의한다. 나는 꿈의 프로세스에 집중한다. 바쁘게 돌아가는 꿈, 제대로 되지 않거나 뭔가 상실한 꿈들이 있다. 꿈 시리즈의 패턴을 살펴보기도 한다. 황량한 사막이나 붐비는 거리, 혹은 방이 많은 큰 집 등 꿈 배경의 질이 매우 중요할 수 있다. 꿈을 다시 써보거나, 결말을 만들어볼 수 있다. 나는 가끔 기억이나 백일몽 혹은 환상을 토대로 꿈 작업과 같은 방식으로 작업한다.

우리가 어떤 작업을 하던지, 나는 아이의 곁에 가까이 있다. 아이가 역할을 연기하거나 대화를 하거나 배경을 설명할 때, 나는 아이의 호흡, 몸짓, 표정, 동작, 목소리 변화에 세심한 주의를 기울인다. 그러다가 아이에게 중요한 현상이 일어나면 언제든지 그것에 초점을 맞추며, 또한 꿈 내용에서 중요한 것이 나오면 그것을 다루기 위해 꿈 작업은 그만둔다.

여기서 목표는 아이가 꿈을 통해 자기와 자신의 삶에 대해 배우도록 도와주는 것이다. 나는 분석이나 해석은 피한다. 꿈이 자기에게 말해주려는 것은 아이 자신만이 깨달을 수 있기 때문이다. 아이들에게는 꿈 작업을 통해 배울 수 있는 완전한 능력이 있다.

빈 의자

빈 의자 기법은 치료과정에 더욱 또렷한 알아차림과 명료함을 가져다주기 위해 프릿츠 펄스가 개발한 치료기법이다. 그것은 과거의 미해결된 상황을 지금 여기로 가져오는데도 사용된다. 예를 들어, 오래 전에 돌아가신 부모에 대한 감정과 생전에 말하지 못했던 것들을 마음속에 품고 있다고 하자. 이것들에 대해 그냥 말로서만 설명한다면 느낌과 감정은 회피되기가 쉽다. 하지만 부모가 빈 의자에 앉아 있다고 상상하며 원하는 말을 그들에게 직접 한다면, 그것들에 대해서 말하는 것보다 더 강력하며, 또한 완결하지 못했던 삶의 게슈탈트를 마무리하도록 도와준다. 그렇게 하면 내담자의 몸이 편안하고 이완되는 것이 뚜렷이 나타나고, 한숨과 흡사하게 아주 깊게 숨 쉬는 것을 관찰할 수 있다. 빈 의자 기법을 사용해서 과거의 미해결된 상황을 현재의 집중적인 경험으로 만들 수 있다.

상담실에 와있지 않은 15세의 아들에 대한 분노를 고양되고, 불평하는 목소리로 말하는 엄마가 있었다. 나는 옆에 있는 의자에 아들이 있다고 생각하면서, 지금 했던 말을 하라고 권했다. 그녀는 한동안 의자를 쳐다보면서 부드럽게 말하다가, 갑자기 흐느껴 울기 시작했다. 나는 그녀에게 의자에 있는 아들에게 자신의 슬픈 마음에 대해 말해주라고 했는데, 그녀는 문득 아들에 대한 자신의 죄책감에 대해 토로했다. 이렇게 해서 단순히 그녀의 불평을 들어주는 것보다 더욱 생산적으로 치료가 진행되었다.

때로 자기 내면의 부분들이나 상징들을 빈 의자에 놓을 수 있다. 과식 문제로 치료받던 16세 소녀는 '과식하는 자기'를 의자에 놓고, 과식 문제에 관해 많은 것을 발견할 수 있었다. '과식하는 자기'가 의자에 앉아서 몸무게를 감량하고 싶어 하는 자신에게 대답하면서 과식하는 이유들을 표현했다.

빈 의자 기법은 자신의 분열과 양극성을 명료하게 만들어주는데, 이러한 명료화는 '중심잡기(centering)' 과정에서 매우 중요한 부분이다. 프릿츠 펄스는 반대 극들의 화해에 대해 논의했다. 반대 극들이 생산적으로 결합하고 상호작용을 할 수 있으면, 서로 싸우는 데 에너지를 불필요하게 낭비하지 않아도 된다. 가장 심각한 분열은 펄스가 '상전(topdog)'과 '하인(underdog)'이라 부르는 부분들 사이에서 발생한다.

내면의 상전 목소리는 비판하면서 하인을 괴롭히고 고문한다. "너는 이걸 해야 해." "너는 저걸 해야 해." "실제의 네 자신보다 더 나아져야 해." 이런 상전의 "해야만 해."는 상대방을 위협하고, 자신만의 정당성을 주장하는 특징을 띤다. 상전은 언제나 하인이 해야만 하는 것을 잘 알고 있다.

하인은 상전에 대항하는 세력이다. 하인은 무기력하거나, 피곤하거나, 불확실하거나, 무능력한 척하며, 혹은 반항하고, 자주 속이고, 훼방꾼 노릇을 하며 상전에 대항한다. 상전 요구에 대해 "난 할 수 없어!"(우는소리로), "예, 그렇지만.", "아마드 내일.", "노력해보겠어.", "너무 피곤해." 등으로 하인은 대답한다. 양쪽은 서로 좌절감을 느끼며 살고, 서로 통제하려는 시도를 지속한다. 이런 죽음에 이르는 싸움은 마비 상태나 고갈상태로 이끌고, 유기체가 조화로운 통합 상태에서 매 순간을 온전히 경험하는 것을 막는다.

십대 청소년들은 자주 지속적인 좌절감을 느끼는 상태에 빠지게 만드는 상전과 하인의 갈등으로 괴로워한다. 16세 소녀인 샐리는 집중할 수가 없어서 공부하기 힘들다고 호소했다. 샐리는 친구와 함께 노느라 공부를 소홀히 했지만, 못 끝낸 과제나 제출할 리포트 등에 대한 걱정 때문에 노는 것을 즐길 수도 없었다.

나는 샐리에게 구체적인 상황을 말해보라고 했다. 그녀는 자기가 좋아하는 할머니와 할아버지께서 동부에서 오셔서 가족이 저녁 외식을 하기로 했는데, 다음날 아침에 제출할 에세이를 아직 써놓지 않았다고 했다. 샐리는 학교에서 좋은 학생이었고 자신에 대해 높은 기대를 하고 있었다. 안절부절못하고 불안해서, 자신의 표현을 빌리자면 '미쳐버리겠다.'라고 생각하기 시작했다. 샐리는 빈 의자 기법을 이용해서 자신의 상전과 하인을 연기했다.

상전: (가혹하게) 샐리, 넌 혐오스러워! 오늘 밤에 외출하려고 생각하지도 마. 숙제를 해놓지 않은 것은 네 잘못이야. 넌 할머니와 할아버지가 오실 것을 미리 알고 있었잖아. 넌 오늘 못 나가.

하인: (우는 소리로) 그렇지만 나도 해보려고 노력했었어. 집중할 수가 없었는데 어떻게 하라는 거야. 숙제를 하기에는 피곤해. 오늘 밤에 외출하고 싶어. 아마 선생님께 숙제를 나중에 제출할 수 있는지 여쭤볼 수 있을 거야.

상전: 넌 거기 간다고 해도 좋은 시간이 안 되리라는 것을 알고 있잖아. 아마도 숙제에 대해 걱정하게 될 걸. 내가 그렇게 만들고 말거야!

이런 대화가 한동안 계속되었고, 마침내 샐리는 나를 보고 웃었다. "이런 대화가 내 안에서 항상 계속되었다면, 내가 아무것도 못한 것이 놀랍지가 않네요."라고 말했다.

나는 이런 두 개의 반대되는 힘들이 에너지를 모두 써버렸다는 점이 확실하다고 설명했다. 하인이 아무것도 안 하니까 싸움에서 승리한 것 같지만, 상전도 포기하지 않기 때문에, 결국 아무것도 안 하는 것이 아주 만족스럽지는 않게 된다(상전이 확실히 그렇게 만들어 버린다.). 이러한 내면의 갈등이 명료해지면, 한 걸음 뒤로 물러서서 우리 안의 논쟁하는 두 힘들을 '관찰하는' 것이 좋은 방법이다. 그러면 아마도 우리는 이 양쪽과 조금씩 협상하면서 우리 자신의 자유로운 선택을 할 수 있기 때문이다.

샐리는 상전에게 말했다. "난 할아버지, 할머니와 함께 지내고 싶어. 그분들을 자주 못 보잖아. 제발 나를 더 이상 붙들지 말고, 이제 가게 해줘. 집에 돌아오면, 늦게까지 자지 않고 숙제하겠어." 그리고 하인에게도 "난 오늘 저녁 외식하기로 결정했어. 넌 그걸로 행복하게 느낄 거야. 그러므로 내가 다시 집에 돌아와 숙제할 때, 방해하지 마. 오늘 너는 쉴 기회를 가졌다는 사실을 기억해줘."라고 말했다.

샐리는 외식을 했고, 상전이 나타나려는 것을 여러 번 느꼈지만, 그때마다 상전에게 "꺼져! 난 이걸 선택했고, 나중에 숙제를 할 거야. 어쨌든, 난 지금 숙제를 할 수가 없어."라고 했다고 나중에 보고했다. 실제로 샐리는 집에 가서 새벽 2시까지 멋진 에세이를 쓰는 것이 힘들지 않았다.

그 후의 치료 시간에는 이런 두 개의 강력한 힘들의 원천을 탐색했다. 샐리는 자기 삶에서 그들이 어떻게 방해하는지 배우고, 그들을 다루는 면에서 숙련되었다.

학교에서 정서장애 아동과 작업할 때, 앞에서 기술했던 기법을 빈 의자 게임이라고 불렀다. 항상 의자 두 개가 준비되어 있었고, 이는 아이들이 특정한 상황에서 무얼 하고 있는지 분명하게 깨닫도록 만들고, 갈등을 해결하고, 자기 행동에 대해 책임지고, 문제의 해결책을 찾도록 돕기 위해 사용되었다.

빈 의자 기법의 효력을 몇 개의 사례를 통하여 보여주고자 한다.

12세의 토드: 의자를 사용하는 게 필요해요! (쉬는 시간에 운동장에서 놀다 들어오며)

치료자: 좋아.

토 드: 난 스미스 선생님이 미워요. (나를 향해서) 항상 날 혼내세요.

치료자: 선생님께 그 말을 해봐.

토 드: 난 선생님이 미워요! 언제나 날 야단쳐요! 내 손으로 내가 무얼 하던지 선생님이 참견할 일이 아니에요. (나는 그때서야 토드가 손에 온통 검은 잉크를 묻힌 것을 봤다.)

치료자: 이제 의자를 바꿔 앉아 스미스 선생님이 되어봐. 그리고 선생님이 하실 것 같은 말 혹은 실제로 선생님이 네게 하셨던 말을 해봐.

토 드: (비꼬는 소리로) 음, 토드, 그렇게 해보는 것은 좋은 생각이 아닌 것 같구나. 너의 엄마는 화가 나서 학교가 잘못했다고 말할 걸. 난 네 손에 잉크가 도대체 왜 묻었는지 모르겠구나.

토 드: (자신의 의자로 바꾸면서, 목소리에 비꼬는 소리가 없다.) 하지만 그 일 때문에 그렇게 심술궂게 할 필요는 없어요.

토 드: (스미스 씨로서) 그렇지만 토드, 내가 손 씻고 오라고 말했을 때 안 들었잖아. 넌 무섭게 해야만 듣지.

토 드: (자신이 되어, 낮은 소리로) 내가 꽤 버릇없이 굴었던 것 같아요. (토드는 기대에 찬 모습으로 나를 보았다.)

치료자: 지금 무얼 하고 싶니?

토 드: 가서 손에 묻은 잉크를 지울 수 있는지 해봐야겠다고 생각했어요.
(토드는 방어적이 될 때마다 웅크리던 자세와는 다르게, 몸을 쭉 뻗고 방에서 걸어 나갔다.)

대 니(12세): 의자로 작업하고 싶어요. (아이는 한 쪽 의자에 앉았다.)

치료자: 다른 의자에 누가 앉아있니?
대　니: 선생님요.
치료자: 시작해봐.
대　니: 오클랜더 선생님, 난 지금 수학 공부하고 싶지 않아요. 내게 그걸 시키실 수 없어요.
대　니: (내가 되어) 하지만 지금은 모두 수학을 공부할 건데. 이 시간엔 늘 수학을 했잖아.
대　니: 그렇지만 난 지난번에 하던 것을 마저 끝내고 싶어요. 할 것이 좀 남았어요.
대　니: (내가 되어) 하지만 대니, 네게 허락하면 다른 아이들도 모두 그렇게 하고 싶을 걸.
대　니: 그래도 전 그걸 할 수 있는 5분이 필요해요. 끝나면 수학을 부지런히 할게요.
대　니: (내가 되어) 그럼 좋아, 대니, 일리가 있구나.

대니는 일어나 교실 뒤로 가서 몇 분 동안 자기 것을 하고, 다시 돌아와 전보다 더 부지런히 수학을 공부했다. 나는 그동안 한마디도 하지 않았다. (위의 대화를 하기 전에, 대니는 내게 같은 요구를 실제로 했었고, 나는 "하지 마라."라고 말했었다.)

이런 대니의 연습을 나를 조종하는 것이라고 여기는 사람이 있을지도 모르겠다. 그러나 나중에 대니가 수학 공부한 것을 보면, 나는 이것을 자기지지를 얻고, 자신의 욕구를 충족시키는 것을 배우고, 스스로 책임을 지는 엄청난 노력이었다고 본다. 또 선생님에게는 (그녀의 방법으로) 자기도 좋아하지 않는 시간 계획을, 아이의 욕구보다 더 중요하게 여길 때가 있음을 보여주는 것이라고 생각한다.

다음 사례는 아주 어린아이들에게 빈 의자 기법을 어떻게 사용하는지 보여준다. 지나는 7세의 여자 아이였는데, 놀이터에서 놀다가 다른 아이와 갑자기 격렬한 싸움을 했다. 지나는 울면서 내게 뛰어왔다. 우리는 잔디 위에 앉아있었고, 지나는 흐느껴 울면서 딴 아이가 자기를 원 밖으로 밀쳤다고 이야기했다. 나는 말없이 듣고 있었다. 지나가 말을 다했을 때, 나는 "네가 우는 것을 보니, 상처받은 것 같구나. 그리고 테리에게 화가 난 것 같구나."라고 말했다. 지나는 고개를 끄덕이며 계속 울었다. 지나는 거의 요구하듯이 "선생님, 테리를 혼내실 건가요?"라고 물었다. 나는 "일단 네가 나를 위해 뭔가 해주면 좋겠어. 테리가 바로 여기에 앉아있다고 상상하면서, 테리가 네게 한 행동 때문에 얼마나 화가 났고 상처를 받았는지 말해보렴."

지　나: 넌 못됐어! 네가 미워! 너는 항상 첫 번째가 되고 싶어 해. 네가 날 미는 것이 싫어!

치료자: (나는 잔디 위의 빈 곳에 말을 했다.) 테리, 지나에게 하고 싶은 말을 해봐. 지나, 여기 앉아서 테리가 되어보겠니? (지나는 자리를 옮겼다.)

지　나: (테리가 되어) 지나, 미안해.

치료자: 이제 내가 테리를 불러서 너하고 무슨 일이 있었는지 테리의 생각을 들어볼까?

지　나: 아니에요.

치료자: 상상 속의 테리에게 하고 싶은 말이 또 있니?

지　나: 테리, 내가 널 찼던 것 같아, 나도 미안해.

치료자: 이제 무얼 하고 싶니?

지　나: (활짝 웃으며) 가서 놀래요.

지나는 테리에게 뛰어갔고, 나는 문제없이 함께 노는 아이들을 한동안 바라보았다.

또 다른 경우에 7세의 어린 여자 아이가 도난당한 코트 때문에 의심받고 있었다. 누군가가 이 아이가 버스를 타고 집에 가는데, 그 코트를 입고 있었다고 제보했다. 아이는 아니라고 부인했다. 나는 아이에게 함께 이야기하자고 말하며, 아무도 없는 조용한 장소로 갔다. 아이가 코트에 대해 말할 수 있게 만들어주려고 했다. 아이는 모른다고 부정했다. 그래서 나는 코트를 잃어버린 아이가 옆에 있다고 상상하면서, 모른다고 말해보라고 했다. 아이는 "네가 코트를 잃어버린 거는 안 됐어. 그리고 음, 난 네 코트를 가져가지 않았어. 그리고 ..."라고 말했다. 아이는 울음을 터뜨렸고, 나에게 자기가 그 코트를 가져갔다고 말했다. 나는 빈 의자에 있는 다른 아이에게 코트를 입어보니 어떻게 느껴졌는지 말하라고 했다. 아이는 "난 너의 코트가 좋아. 그건 멋지고 따뜻해. 나도 그런 걸 갖고 싶었어."라고 말했다. 아이에게 다른 말도 하고 싶은지 질문했다. "그거 내일 돌려줄게."

그 아이는 코트를 가져간 사람이 자기라고 인정하기가 어려운 상황에 처했다. 즉, 자기의 행위를 방어하고 부인하는 것이 필요한 상황이었다. 의심을 받고 있는 상황에서 어떻게 다르게 행동할 수 있을까? 하지만 위협적이지 않은 빈 의자 기법을 통해서, 현재 상황을 경험하게 만들어주었을 때 자신의 감정을 숨기지 못했다. 아이가 코트를 돌려주던 날, 우리는 함께 학교 분실물센터에 가서, 아무도 찾아가지 않는 코트들 가운데 아이에게 어울리는 것을 하나 골랐다.

빈 의자로 체면을 유지할 수 있다는 것은 10세의 리처드 사례에서도 볼 수 있다. 리처드는 도서관에 반납할 책을 집에서 가져오는 것을 잊어버렸다. 그래서 도서관 직원은 다른 책을 빌려주지 않았다. 아이는 몹시 울었다. 그리고 다른 아이, 리를 괴롭히기 시작해서 하루 종일 계속했다. 리는 원숭이 인형을 언제나 들고 다녔는데, 리처드는 그걸 숨겨놓거나 기회가 있을 때마다 휴지통에 버렸다. 드디어 리가 참지 않고 대항했고, 리처드는 더 심하게 울게 되었다. 아이는 소리 내어 울며 고함치고, 결국 책상을 바닥으로 밀어뜨렸다. 무슨 일이 일어나고 있는지 모를 정도로 리처드의 감정은 격해있었다. 내가 뭐라고 하든, 아이는 고함지르며 더욱 심하게 울어댔다. 그리고는 아무것도 안 하고, 쉬는 시간에 놀지도 않았다. 마침내 나는 "리처드, 이 의자에 와서 앉아라."라고 말했다. 아이는 재빨리 와 앉았다. 다른 아이들은 시끄럽게 놀고 있었다.

치료자: 리처드, 너를 화나게 만드는 사람이 저 의자에 앉았다고 상상해라.
리처드: 리요.
치료자: 무얼 말하고 싶니?
리처드: 나는 네게 화나지 않았어. 원숭이를 휴지통에 던져서 미안해. 네 잘못이 아냐.
리처드: (의자를 바꿔 리가 되어) 내가 목을 눌러서 미안해.
리처드: (자기가 되어) 화내서 미안해.
리처드: (리가 되어) 괜찮아.

우리는 갑자기 방안이 조용해지는 것을 느꼈다. 다른 남자 아이들이 들으며 관찰하고 있었다. 실제의 리는 방 뒤쪽에서 "그건 괜찮아."라고 말했다. 아이들은 서로 바라보며 웃었다. 리처드는 도서관 직원도 의자에 앉히고 싶어 했다.

리처드: 책 가져오는 것을 잊어서 미안해요. 책 가져오는 걸 기억하려고 노력할게요.
리처드: (도서관 직원이 되어) 규칙은 규칙이야. 그 책을 가져오면 더 많은 책을 가져갈

수 있단다.

이번에는 나를 의자에 앉혔다. 확실히 아이는 그걸 즐기고 있었다.

리처드: 내가 책상을 던진 것이랑, 다른 행동한 것 모두 미안해요.

리처드: (내가 되어) 괜찮아, 리처드, 잘했어. (아이는 아주 기분 좋게 집으로 갔다.)

양극성

나는 양극성 작업의 중요성을 강조하고 싶다. 아이는 자기 안에 있는 분열의 상태와 마찬가지로, 자기 삶에 관련된 어른들에게서 나타나는 분열에 대해서도 놀라워한다. 아이는 자기가 사랑하는 사람에 대해 화가 나고 증오감을 느낄 때 혼란스러워한다. 강인하고 자신을 보호해줄 것 같던 사람이 약하고 무력하게 느껴질 때도 당황한다.

아이들은 자기 자신이 싫어하거나 부모가 비판하는 자신의 모습을 수용하기 힘들어한다. 부모들은 자녀들이 갖는 엄청난 쾌락주의적 태도에 대해 비난한다. 아이가 숙제를 하기보다는 즐기려고 하기 때문이다. 그리고 아이들은 말을 들은 대로 자기가 정말 이기적이고 게으른지 의심한다. 아동이 자기의 이런 면을 경멸하고 외면하게 되면 자신의 양극성 사이의 틈은 더 벌어지고, 자기의 파편화와 소외를 초래한다. 자신의 대극적 모습, 예를 들어 긍정적, 부정적 모습들을 통합하고, 화해시키고, 종합하는 것은 역동적이고 건강한 삶의 과정을 만들어가기 위한 전제가 된다.

나는 많은 연습들과 실험들을 사용해서 아이들에게 양극성 개념을 익숙하게 만들고, 양극성이란 모든 사람의 고유한 인격적 측면이라는 것을 이해하도록 돕는다.

우리는 아이들이 알고 있는 감정과 성격들의 반대 쌍들에 대해 토론할 수도 있다. 예를 들어 사랑과 증오, 슬픔과 행복, 의심과 신뢰, 선과 악, 확신과 불신, 분명함과 혼란스러움, 아픔과 건강함, 약함과 강함 등이다. 나는 이런 양극성에 초점을 맞추기 위해 여러 기법들을 사용할 수도 있다.

그 림: 당신을 행복하게 만드는 것과 슬프게 만드는 것을 그려보세요. 또는 당신이 이완되었을 때와 긴장했을 때 어떻게 느끼는지 그려보세요. 또는 약할 때와 강할 때의 자신을 그려보세요.

찰 흙: 내면적 자기 이미지를 하나 만들어보세요. 다른 사람에게 보여주는 당신의 외적 자기를 하나 더 만들어보세요.

이야기: "옛날 옛날에 친구랑 있을 때는 아주 재미있게 놀다가 집에 있을 때는 아주 심각해지는 코끼리가 살았어요. 이제 네가 이 코끼리가 되어서 나머지 이야기를 해 봐."

신체 동작: 제스처를 이용해서 다른 사람이 맞출 수 있도록 다양한 자기 부분을 묘사해보세요.

콜라주: 자기 안에 반대되는 부분들을 표현해보세요.

심리통합을 위한 기법들에는 내담자에게 하위 성격이라 불리는 자기 안의 다양한 부분들과 동일시하게 도와주는 다양한 기법들이 있다. 어떤 연습에서는 "나는 누구인가?"라는 질문을 반복하고 떠오르는 답을 쓴다. "나는 열심히 일한다. 나는 게으르다. 나는 높은 곳을 무서워한다. 나는 훌륭한 수영선수다." 그런 대답들을 검토하면 자기의 다양한 부분들에 대해 정보를 얻게 된다.

다른 연습에선 자기 부분들에 대한 원형 파이를 그려볼 수 있다. 각 부분마다 자기를 표현하는 글을 쓰거나 스케치를 한다. 갈등이나 요구를 발견하고 각각의 측면을 명료하게 하려면 한 부분이 다른 부분과 대화를 나누게 한다. 아이들이 자기 안의 부분들에 대한 자각이 증가하고 더 많이 이해하고 수용하게 될수록 자기는 힘이 더 세지고, 자신이 선택하고 결정할 기회도 더 많아진다.

08

놀이치료

5세의 로저는 자신이 집과 학교에서 했던 행동들에 대해 엄마가 나에게 말하는 동안 쉬지 않고 의자에서 꿈틀거렸다. 그의 엄마는 로저가 다른 아이들을 때리고, 발로 차고, 덮치고, 꼬집고, 덤벼들어서 다른 부모들이 불평한다고 말했다. 로저는 뾰로통하고, 내게 적대감을 느끼며, 나와 상담실을 싫어하는 기색을 노골적으로 드러냈다. 그러나 나와 둘만 남게 되자 그는 태도가 돌변해서, 상담실에 있는 모든 장난감을 주의 깊게 탐색했다. 그동안 나는 아이 옆에 조용히 서있었다.

다음 시간에는 로저가 의사놀이 세트를 곧바로 가져왔고, 내게 누워보라고 지시했다. 우리는 그 시간 내내 의사놀이를 했다. 나는 환자였고, 그는 의사였다. 의사 놀이를 하는 동안에 그의 태도는 평소와는 전혀 달랐다. 그는 친절하고 온화하고 정중했으며, 내 질병에 대해서 깊이 위로하면서 조용히 말했다. 나는 병원에 가야 하는지 질문했다. 그는 내가 아주 많이 아프며 병원에도 가야한다고 진지하게 말했다. 그리고 나에게 자식이 있는지 질문했다. 나는 어린 아들이 하나 있어, 병원에 가면 누가 돌봐줄지 몹시 걱정이라고 말했다. 또한 아이가 집에서나 학교에서 잘 지낼지 걱정스럽고, 너무 어려서 이해를 못하고 내 걱정을 많이 할 것이라고도 말했다. 그는 골똘히 듣고 있었다. 그러고는 내가 전에 들어보지 못했던 부드럽고 친절한 목소리로 "걱정 마세요. 내가 아이에게 당신은 나을 거라고 설명해줄게요. 그리고 당신이 입원하는 동안 아이를 돌봐줄게요."라고 말했다. 그는 나의 팔을 잡으며 미소를 지었다. 나는 그가 해주려는 좋은 일들에 대해 고마움을 표시했다.

나는 로저와 최소한 5회기를 연속해서 의사놀이를 했고, 매번 그의 지시로 연극의 내용은 더욱 자세해지고 확장되었다. 그는 내게 "집에 있다가 갑자기 아파서 나에게 전화하는 것처럼 해요."라고 말했다.

로저가 치료 시간에 보였던 친절하고 민감한 태도는 학교와 집에서도 계속 연장되었다. 부모와 함께 했던 첫 시간에 나는 그의 엄마가 과거에 많이 아픈 적이 있어서 세 번이나 장기입원을 했었다는 사실을 알게 되었다. 그러나 엄마는 이제 건강했고, 과거에 아팠던 것이 지금 아들이 보이는 공격적 행동의 한 원인이라는 것을 믿기 어려워했다. 그렇지만 로저의 의사 놀이에 대한 강한 관심을 보면, 평소에 집에서 하지 못했던 방식으로 엄마의 입원에 대한 감정을 표현하는 것이 필요했음을 분명하게 알 수 있었다.

놀이란 어린이가 보여주는 즉흥극이다. 또한 놀이는 단순한 즉흥극을 뛰어 넘는 것이기도 하다. 놀이는 아이들이 자신의 세계를 시험해보고 배우는 방식이다. 그래서 건강한 아동발달에 핵심이 된다. 아이들에게 놀이는 심리적, 신체적, 사회적 발달을 성취할 수 있는 진지하고 의미 있는 일이다. 놀이는 일종의 아동 자가치료로서 종종 놀이를 통해 아이의 혼란과 불안, 갈등이 치료적으로 다루어지게 된다. 로저의 경우는 놀이에서 친절하고 사려 깊은 모습을 보여주었지만, 다른 아이들은 거칠고 공격적으로 논다. 안전한 놀이의 분위기에서 아이들은 자신의 새로운 존재 방식을 시도해 볼 수 있다. 놀이에는 아이의 생명과 관련된 기능이 있다. 그것은 어른들이 보통 생각하는 사소하고, 가볍고, 즐기는 활동들을 뛰어넘는 것이다.

놀이는 아이들의 언어로써도 사용된다. 즉, 말을 대신하는 상징이다. 아이는 살아가면서 아직 언어로 표현할 수 없는 많은 경험들을 하기 때문에, 이것들을 조직화하고 동화시키기 위해서 놀이를 이용한다.

4세인 칼리는 인형의 집에 있던 여러 방의 장난감 가구들을 자기가 만족스러울 때까지 힘들여서 옮기고 맞췄다. 그리고 엄마 인형과 아빠 인형을 침실의 침대에 눕혀

놓고, 아기 인형은 다른 방에 있는 침대에 눕혔다. 칼리는 "지금은 밤이야."라고 말하고, 내가 지켜보는 가운데 엄마 인형과 아빠 인형이 애무하는 장면을 보여주었다. 그러고 나서 인형들을 모두 부엌 식탁에 앉히고, "이제 아침이야."라고 말했다.

나는 치료를 위해 이야기, 그림, 모래상자, 인형극이나 즉흥극을 이용하는 것과 같은 방식으로 놀이를 활용한다. 놀이치료의 과정을 설명하면서 내가 어떻게 기법을 적용하는지 예시하겠다.

나는 아이가 놀고 있을 때, 놀이의 프로세스를 관찰한다. 아이가 어떻게 노는가, 아이가 재료들에 어떻게 접근하는가, 무엇을 선택하는가, 무엇을 회피하는가, 아이의 일반적인 스타일은 무엇인가, 아이가 장난감을 바꾸는 것이 어려운가, 놀이가 잘 조직화되었나, 아이의 놀이패턴은 어떤가? 아이가 어떻게 노는지를 살펴보면, 아이가 현실에서 어떻게 살아가는지에 대해 많은 것을 알 수 있다.

또한 나는 놀이 내용도 관찰한다. 아이가 외로움이란 주제를 가지고 노는가? 공격성인가? 보살핌인가? 비행기나 자동차 사고가 많이 발생하나?

아이의 접촉기술도 관찰한다. 아이가 놀고 있을 때, 아이와 접촉하는 느낌이 드는가? 아이가 놀이에 몰두해서 놀이와 자신과 잘 접촉하고 있는 것이 보이는가? 아니면 아이가 계속 접촉을 상실해서 몰두하지 못하는가?

놀이에선 어떤 접촉이 발생하는가? 아이는 놀이 장난감들을 서로 접촉하게 만들어 주는가? 인형이나 동물이나 자동차가 서로 접촉하고 보면서 이야기하는가?

나는 아이와 놀면서 자신의 프로세스와 접촉을 알아차리도록 해줄 수 있는 기회를 찾는다. 나는 다음과 같이 말한다. "너는 그것을 천천히 하길 좋아하는구나." "너는 동물을 사용하는 것을 좋아하지 않는 것 같네, 동물을 만지는 건 전혀 못 봤어." "너는 싫증을 빨리 느끼는구나." "여기는 서로 좋아하는 사람이 없는 것 같네." "비행기가 혼자 있네."

계속 기다리다가 놀이를 마친 후에 이런 것들을 자각시키기도 한다. 만약 놀이에서 어떤 패턴이 반복되면, 나는 아이의 생활에 대해 질문한다. "너는 집이 잘 정돈되었으면 좋겠니!" "사람들이 너의 방을 어지럽히니?" (거의 말을 안 하던 아이가 이 질문에는 "맞아요! 못된 언니가 그래요!"라고 격렬하게 대답했었다.)

나는 단순히 아이에게 자신이 무얼 하는지 알아차리도록 일러주기도 한다. 이를 들어, "군인을 묻고 있구나."라고 말한다.

아이에게 행동을 멈추기, 반복하기, 강조하기, 과장하기를 시킬 때도 있다. 예를 들어, 열 살배기 남자 아이가 자동차와 집, 건물을 배치하여 만든 정교한 장면에서 소방차를 자주 사용하는 걸 관찰했다. 아이는 놀이를 모래상자보다는 바닥에서 그냥 했다. 소방차는 다양한 상황에서 구조하러 달려왔다. 나는 소방차가 구조활동을 많이 하는 것을 봤는데, 내가 볼 수 있게 한 번만 더 해보라고 아이에게 말했다. 아이는 그렇게 해주었고, 나는 이것이 자기 생활과 관련된 것을 생각하게 만드는지 질문했다. 아이는 "엄마는 내가 모든 일을 도와주길 바라거든요. 아빠가 (해군에) 가신 후에, 내가 모든 것을 하길 원하세요!"라고 대답했다.

아동의 놀이나 놀이의 내용에서 표현된 감정을 자각하게 만들기도 한다. "넌 화난 것 같구나!" 또는 "아빠 인형이 아이에게 단단히 화가 났구나." 나는 아이의 몸과 얼굴과 동작을 관찰한다. 아이의 목소리와 암시, 의견도 경청한다. 아이가 했던 말을 반복하라는 요구도 한다.

아이에게 사람, 동물, 사물과 동일시하라고도 말한다. "소방차가 돼보렴, 소방차가 뭐라고 하니? 네가 소방차가 되어서 무얼 하는지 이야기해봐라." 또는 "뱀이 자기에 관해 뭐라고 말하겠니?" "물속의 상어가 되면 어떨까?" 혹은 "너는 이것들 중에 뭐지?"라고 질문한다.

아이에게 사물이나 사람이 되어 솔직한 대화를 해보라고도 시킨다. "만약 말할 수 있다면, 소방차는 트럭에게 뭐라고 하겠니?"

또는 놀이상황을 아이 자신과 아이의 생활에 연결시키기도 한다. "너는 이전에 저 원숭이처럼 느껴본 적이 있니?" "넌 저 두 군인처럼 싸워본 적이 있니?" "너는 혼잡하다고 느꼈던 적이 있니?"

나는 놀이의 흐름을 중단하지 않으려고 주의하는데, 질문을 던지거나 설명하기에 앞서 아이가 쉬는 틈을 기다린다. 내가 아이가 하는 것에 아주 몰두하고 있을 때면, 언제 아이에게 무엇을 시키거나 말하는 것이 적당한지 알게 된다. 아이는 놀면서도 내게 말을 자주 걸고, 때로 나는 자연스럽게 접촉하면서 아이에게 자각시킬 수 있다.

나는 부적절하다고 느껴지거나 아이가 저항을 보일 경우에는 아이에게 놀이의 일부나 놀이 과정 및 내용과 동일시하라고 하거나, 그것을 자신의 것으로 인정하라거나, 그것에 대해 토론하라고 요구하지 않는다. 특히 아주 어린아이들은 자기의 발견과 자각을 말로 표현하는 것이 필요하지 않다. 이들은 놀이를 통해 표현한 것을 자신의 것으로 인정하길 원하지 않고, 그렇게 하는 것이 필요하지도 않다. 단지 그런 감정들과 상황들, 불안을 놀이를 통해 밖으로 표현하기만 해도 어느 정도 통합이 일어난다. 통합은 직접적이지 않은 (놀이를 통한)상징적인 표현을 통해서도 일어나며, 또한 아이가 안전하고 수용적인 분위기에서 놀이 경험을 하는 것만으로도 가능하다. 많은 부모들은 아이가 치료 시간을 마치면 평화롭고 침착해진다고 보고한다.

나는 때로는 인형들로 구조화된 상황을 만들어주며 아이가 놀이를 하도록 해준다. 이때 나는 아이의 생활환경에 맞도록 다양한 물건들을 배열시키거나, 혹은 역할놀이의 과정에서처럼 상상 속의 문제해결 딜레마를 제시해주기도 한다. 예를 들어, 몇 가지 인형의 집 인물들을 고르고, 이것들을 가지고 어떤 장면을 공연해보라고 말한다. 또는 내가 (인형을 조정하면서) "여자애가 침실에서 자려고 하는데, 엄마와 아빠가 부엌에서 싸우는 소리를 들어. 그 다음은 어떻게 될까?" 혹은 "식탁에 온 가족이 앉아 있어. 지금 전화벨이 울려. 전화를 건 경찰은 아들이 절도죄로 붙잡혀 경찰서에 있다고 말했어. 무슨 일이 일어날까?"라고 묻는다.

아홉 살인 여자 아이는 비행기를 몹시 무서워해서 부모가 비행기를 타고 여행 가는 것을 싫어했다. 나는 공항과 비행기, 아이와 부모님을 상징하는 인형들을 골라 세웠다. 나는 이런 가상의 상황에서 아이가 느끼는 감정을 표현해보라고 말했다. 놀이를 하면서 아이는 부모가 비행기를 타려는 것을 막았다. (이전에 우리는 아이가 비행기에 대해 느끼는 불안과 예상되는 절박한 재난, 버려짐에 대한 공포 등과 관련된 감정들을 탐색했었다.) 나는 상황을 다시 구성했는데, 아이와 키스한 후에 부모님은 비행기에 탔고, 그녀에게 공항에 남겨진 인형이 되어 자기 감정을 말하라고 했다. 여기서 아이의 얼어붙는 공포와 관련된 자료들을 그전보다 훨씬 많이 얻었다.

때로는 아주 어린아이들과 (4~5세) 작업을 할 때, 아이가 엄마와 함께 노는 치료 시간을 마련한다. 두 사람이 인형들을 직접 고르거나, 내가 몇 가지 선택해주기도 한다. 이런 식으로 아이와 엄마의 상호작용에 대한 유용한 정보를 얻을 수 있다. 나는 아서 크라프트(Arthur Kraft)의 『당신은 아이에게 경청하고 있습니까?』(*Are You Listening to Your Child?*)라는 책을 읽고 나서, 이렇게 해야겠다는 동기가 생겼다. 이 책에서 크라프트는 부모들에게 자신의 아이들과 놀이치료를 하는 방법을 지도했던 자기 경험에 대해 썼다.

브렌트는 5세이었고 나무토막, 농장 동물, 몇 대의 자동차와 덤프트럭, 인형들을 가지고 엄마와 함께 상담실 바닥에 앉았다. 나는 내가 골라준 장난감들을 가지고 한 번 놀아보라고 말했다. 두 사람은 처음에 이런 상황을 인위적이고 부자연스럽게 느꼈지만, 놀이는 곧 진지해졌다. 브렌트는 각자가 나무토막으로 농장을 만들고, 동물들을 나눠 갖자고 제안했다. 동물들은 자기가 책임지고, 엄마에게 보내길 원하는 동물들을 트럭에 실어서 운송해주겠다고 결정했다. 엄마도 그의 결정에 찬성했다.

이렇게 브렌트가 결정한 뒤에 나무토막이 더 많이 필요했고, 엄마가 짓고 있는 구조물에서 몇 개를 가져오고 싶어 했다. 이번엔 엄마가 허용하지 않았다. 브렌트는 엄마에게 논쟁하고, 애원하고, 나무토막을 뺏기도 하고, 소리를 지르고, 바닥에 웅크리고 울기도 했다. 엄마는 결국 몇 개의 나무토막들을 내주었다. 별안간 브렌트는 나무토막과 동물인형들을 가지고 노는 것이 싫증났다고 말했다. 그리고 우리를 위해 꼭두각시 인형극을 보여주겠다고 했다. 아이는 꼭두각시 인형을 하나씩 자세히 살펴보고, 다소 어렵게 한 손에 악어 인형을 들고, 다른 손에 숙녀 인형을 들었다. 그리고 악어는 숙녀를 공격했고, 웃고 기뻐 날뛰며, 날카롭게 소리를 지르면서 잡아 먹어버렸다. 나는 끝날 시간이라고 말해주고, 함께 인형들을 정리했다.

나는 브렌트와 엄마가 함께 놀면서 발생한 것들에 대해 토의했다. 그의 엄마는 상담실에서 일어난 일이 모든 생활에서 똑같이 일어난다고 말했다. 브렌트는 자기 마음대로 할 수 있는 동안은 괜찮지만, 점점 더 많은 것을 요구하고 자기가 하고 싶은 대로 못하면 짜증을 낸다는 것이다. 그래서 그녀는 아이가 원하는 대로 허락해주지만, 막상 그렇게 되면 모든 것이 시들해지고 아이는 즐거워하지 않는다는 것이다. 우리는 상담실의 놀이상황이 보여주는 아주 생생한 예를 통해, 브렌트와 엄마 사이에 존재하는 권력의 갈등에 대해, 그리고 놀이 초기에 엄마가 강력한 지도자 역할을 해주기 바라는 아이의 욕구에 대해 다룰 수 있었다. 그녀는 보통 5세 정도의 아동은 스스로 혼자서 지나치게 많은 자신의 경계를 만들어야만 하는 입장에 놓이게 되면, 그 상황에서 좌절감을 느끼고 반항적이 된다는 사실도 깨닫게 되었다.

더 나이가 든 아동들도 놀이치료에 반응을 잘한다. 10세의 남자 아이 제이슨이 탁자 위에다 작은 나무토막으로 건물을 짓는 데 시간이 좀 걸렸다. 아이는 자기가 짓는 것이 감옥 같은 구조라고 설명했다. 그리고 감옥 안에 카우보이를 집어넣었다. 아이는 놀면서 카우보이와 그가 이룬 업적에 대해 자세하게 이야기했다. 마침내 아이는 일어나 앉으면서 끝났다고 말했다. 나는 다양한 구조들과 사람들에 대해 몇 가지 질문하고, 감옥 안에 있는 카우보이가 돼서 어떻게 느끼는지 설명해보라고 말했다. 이것을 선택했던 이유는 감옥에 갇힌 외로운 카우보이에게 내가 흥미를 느꼈기 때문이었다. 이에 아이는 기꺼이 따랐고, 나는 "감옥에 갇힌 카우보이처럼 느껴본 적이 있었니?"라고 질문했다. 이렇게 해서 제이슨은 자기 생활 속에서 느꼈던 아주 강한 감정들을 털어놓을 수 있게 되었다. 구체적인 상황에 대해 우리가 해줄 수 있는 것은 별로 없었지만, 내게 자기의 깊은 속내를 말한다는 것 자체가 그에겐 중요했다. 이런 감정을 내면에 간직하고 있으면 그 자신을 약하게 만들 뿐이다. 만일 상황이 변하게 되면 이전에 표현하지 못했던 감정들은 묻히고 정체되어 불필요하게 짐이 될 것이다.

나이 든 아이들은 언어발달과 더불어 언어를 통한 의사소통이 용이해지지만, 가끔 놀이를 통해 자신을 표현하는 것을 더 안전하고 편안하게 느낀다. 즉, 동물 인형을 가지고 서로 공격하거나, 찰흙을 세게 때리거나 모래 속으로 인형을 파묻으면서 적대감을 표현하는 것이 덜 위협적으로 느껴진다.

때로 나는 아이에게 방안을 둘러보고 특정한 인형 하나를 골라보라고 말한다. 그리고 아이에게 자기가 그 인형이라고 상상하며, 자신이 어떻게 사용되는지, 무엇을 하며, 어떤 모습인지, 무얼 하고 싶은지 말하게 한다. 예를 들어, "나는 코끼리입니다. 나는 무겁고 사람들은 날 어리석다고 생각합니다." "나는 바위입니다. 내겐 아주 거친 면이 있습니다. 하지만 나의 다른 면은 아주 부드럽고 좋습니다." 매번 아이는 자신이 표현한 내용을 "자기 것으로 인정할 수 있었고", 이렇게 인정하고 나면 감정의 새로운 영역으로 통하는 길이 열렸다. 이런 유형의 연습은 어떤 연령에서나 유용하다. 나는 가끔 더 많은 자료를 얻게 해주는 질문을 한다. 그럴 때 나는 "지금 말한 것 중에 너와 관련된 것이 있니? 이런 것들 가운데 한번 해보고 싶은 것이 있니? 네가 말한 것 중에 너의 삶과 관련된 것이 있니?"라고 질문한다.

여섯 살인 여자 아이가 쓰레기 차를 골랐다. 아이는 자기가 거리를 다니며 쓰레기를 치운다고 묘사했다. 아이는 치워야하는 쓰레기가 너무 많아, 거리의 빨간 신호등에도 달린다고 말했다. 나는 혹시 아이도 어떤 규칙을 위반했었는지 질문했다. 아이는 웃으며 고개를 끄덕였다. 우리는 이것에 대해 토론하면서 흥미로운 시간을 보냈다.

아동이 수용하는 분위기에서 놀이를 한다고 해도, 이때 한계가 전혀 없는 것은 아니다. 실제로 치료에서 한계란 중요한 측면이다. 그런 한계들은 정해진 시간과(나는 보통 아이들과 45분간 상담한다.), 장난감과 놀이방의 파손을 금지하는 규칙, 놀이방에서 장난감을 가져가지 못하는 규칙, 나에게 혹은 아동 자신에게 신체적인 폭력을 금지하는 규칙 등이 있다.

치료 시간이 끝나갈 때 아이에게 시간이 조금 남았음을 알려주는 것이 좋다. "이제 5분밖에 안 남았어." 혹은 "곧 끝내야 해." 아이가 한계를 넘어보고 싶은 욕구를 가졌다면, 비록 한계는 지켜져야 하지만, 그 욕구 자체는 수용해주고 인정해주는 것이 필요하다.

상담실에서의 놀이는 직접적인 치료과정만이 아니라 다른 목적에서도 유용하다. 아이는 놀면서 즐거워지고, 이것은 치료자와 아이 사이에 필요한 신뢰관계를 형성하는 것을 돕는다. 방안에 가득한 매혹적인 인형들을 보았을 때, 흔히 아이가 느끼는 초기 공포와 저항은 극적으로 줄어든다.

놀이는 좋은 진단 도구이기도 하다. 나는 '평가' 해야 할 때, 아이에게 노는 시간을 갖도록 해준다. 그렇게 하면 아동의 성숙, 지능, 상상력과 창의성, 인지적 조직력, 현실 지향성, 스타일, 주의력의 범위, 문제 해결능력, 접촉 기술 등에 대해 많은 관찰을 할 수 있다. 물론 성급한 판단을 내리는 것은 피한다.

아이가 자신의 감정과 생각을 표현하는 것을 회피하기 위해 놀이를 이용할 수 있음을 깨닫는 것도 중요하다. 이런 아이는 한 종류의 놀이만 계속하거나, 혹은 반대로 어떤 놀이든 그것에 충분히 몰입하는 것에 저항할 수 있다. 치료자는 이런 점을 알아차려서 직접적이면서도 부드럽게 다뤄줘야 한다.

나는 가끔 부모와 이야기할 때 자녀들이 집에서 갖고 놀면 좋을 놀이재료를 일러주는데, 이것이 도움이 되는 것 같다. 아이들은 흔히 집에서 사용해본 적이 없는 평범한 재료, 즉 찰흙이나 물감 등에 큰 흥미를 나타낸다.

모래상자

모래는 어떤 연령의 아이들과 작업을 하든 항상 사용할 수 있는 신기한 매체다. 치료매체로서 모래를 사용하는 것은 전혀 새로운 것이 아니다. 마가렛 로웬펠드(Margaret Lowenfeld)는 『아동기의 놀이』(*Play in Childhood*)란 책에서 모래놀이가 지니는 가치에 대해 썼다. 그녀가 사용하는 모래상자의 크기는 가로 45cm, 세로 70cm에 깊이가 5cm이고, 방수용 나무로 만들어졌다.

> 모래와 물을 사용해 아주 다양한 환상들을 실제로 보여줄 수 있다. 예를 들어, 터널 만들기나 침수시키기, 전원이나 바다풍경을 만들어 볼 수 있다. 모래가 젖으면 자유롭게 변형할 수 있고, 마른 모래는 만지는 느낌이 좋다. 물을 조금씩 섞으며 많은 촉각 실험을 해볼 수도 있다. 젖은 모래는 다시 말릴 수 있고, 마른 모러는 다시 물로 적실 수도 있다. 물을 더 부으면 '질벅하게' 되고, 마른 부분이 완전히 잠기면 물이 된다. (47–48쪽)

로웬펠드는 모래상자 놀이를 사용할 때, 그녀가 '세계' 재료라고 부르는 현실세계를 대표하는 여러 사물들을 함께 사용한다.

많은 융 학파의 심리치료사들은 아동과 마찬가지로 성인에게도 모래상자 치료기법을 사용하고 있다. 특정한 상징적 의미를 갖는 조그만 모형들과 인형들을 많이 이용한다. 그리고 모래상자 작업장면들을 꿈에 나타나는 장면들과 같다고 생각한다. 치료기간 동안 했던 모래상자 작업을 사진 촬영해두고, 치료가 진전되는 것을 관찰하기 위해 활용한다.

나는 장난감 가게에서 곱고 하얀 모래 한 자루를 샀다. 그리고 수영장용품 가게에서 본래 족탕기로 판매하는, 가로 세로 60cm 크기의 플라스틱 용기에 모래를 넣어 사용한다. 모래상자는 낮은 플라스틱 탁자 위에 놓고 사용하는데, 밖으로 흘러나오는 모래를 모으기 위해 탁자 아래 플라스틱 깔판을 깔아놓았다. 옆에 있는 선반 위에는 여러 가지 물품들을 담은 바구니들을 놓았다. (여기 있는 물품들은 이 장 끝에 적어놓았다) 나는 아이들에게 모래 위에 만들어 보고 싶은 '장면'이나 '그림'을 위해 필요한 물품들을 고르라고 말한다. 때로는 특정한 상황에 집중하기 위해서 내가 물품들을 고르기도 한다.

모래놀이가 갖는 장점은 아주 많다. 우선 선반에 있는 모형들을 선택하기만 하면 되니까, 그림이나 다른 예술치료에서처럼 아이들이 재료들을 직접 만들지 않아도 된다. 모래는 장난감 모형들을 한 장소에 있도록 붙들어주는 좋은 기반이 되어준다. 언덕 혹은 평지를 만들거나, 호수를 만들려면(용기가 파란색이다.), 모래를 움직이거나 옮겨놓기만 하면 된다. 모형들을 모래에 파묻을 수도 있고, 어떤 상황을 연기하기 위해 여기저기 움직여 볼 수도 있다. 모래를 만지는 손가락과 손의 느낌은 놀라우리만큼 멋지기 때문에, 아이들은 아주 이상적인 촉각 경험과 운동감각을 체험하게 된다. 아이들에게 모래상자 놀이는 특별한 놀이이기에, 많은 아이들의 관심을 불러일으킨다. 모래 위에다 자신만의 작은 세상을 건설할 수 있다. 그리고 아이들은 모래라는 매체를 이용해서 직접 말을 하지 않더라도 많은 이야기를 할 수가 있다.

9세인 마크는 모래에서 전쟁놀이를 많이 했다. 놀이를 할 때에 군인이나 중세기사, 카우보이와 동물들을 다르게 사용했다. 언제나 전쟁놀이가 끝날 때면, 한편은 살아남은 유일한 생존자가 사망한 동료의 시체를 땅에 묻으며 슬퍼하고 있었다. 다른 편에선 간혹 있는 한두 명의 사상자를 묻어주며, 전투에서의 승리를 축하하였다. 마크에게 어떤 인물과 동일시를 했었는지 물으면, 늘 승리한 편의 대장이나 지도자를 선택했다. 마크는 인생에서 승리한 편에 속하기를 열망했다. 여러 회기가 지나고 나서야 마크는 친구를 갖고 싶은 욕구를 '자신의 것으로 인정' 할 수 있었고, 패배한 팀의 외로운 생존자와 동일시할 수가 있었다. (최소한 마크는 아직 살아남았다!) 그제야 우리는 마크가 친구를 사귀는 데 어떠한 어려움이 가로놓여 있었는지 직접적으로 살펴볼 수 있었다.

7세인 데비는 수양부모와 함께 살면서 친엄마를 한 달에 두 번씩 주말에 만나고 있었다. 아이는 엄마를 만난 다음에 아주 공격적으로 행동해서 상담을 받게 되었다. 그녀는 엄마를 만나면서 느낀 진짜 감정을 말하지 못했고, 실제로 알아도 자기가 기분이 나빴던 이유를 말하려고 하지 않았다. 수양모는 그녀가 친엄마를 만난 후에 공격적인 행동을 보이자 점점 친엄마를 만나지 않기를 바라게 되었다.

어느 시간에 나는 데비에게 모래상자에다 친엄마를 만나는 장면을 만들어보라고 했다. 그녀는 수양부모와 함께 사는 다른 아이들을 위한 인형들을 골랐다. 그리고 자신과 친엄마, 현재 다른 수양부모와 살고 있는 여동생을 위한 인형들과 친엄마를 만나러 갈 때 항상 데리러 오는 엄마의 친구 인형도 골랐다. 작은 나무토막을 사용해서 많은 집을 만들었고, 장난감 가구들로 방도 만들었다. 거기에 자기 인형과 다른 인형들을 적절하게 배치했다. 그리고 엄마를 만나러 갔다가 다시 수양부모의 집으로 돌아오는 과정을 보여주었다. 그녀는 객관적이고 냉정하고 사실적인 목소리로 이야기하고 있었지만, 지켜보던 나는 아이가 엄마와의 만남을 무척 힘겹게 여김을 확실히 알 수 있었다. 그녀가 인형들을 움직이고, 자신의 감정과 생각을 오가며 '기어 변속'을 하는 것을 보면서 나는 기운이 빠졌다.

아이에게 나는 전체 장면을 보면서 피곤했다고 말하고, 인형들과 그녀의 느낌에 대해 어떻게 상상하는지도 말해 주었다. 아이는 잠시 내 눈을 집중해 쳐다보았고, 나도 아이를 바라보고 있었다. 아이 얼굴이 일그러지고 몸에 힘이 빠지면서 울음을 터뜨렸다. 아이는 내 무릎에 엎드려 한동안 흐느껴 울었다. 이렇게 해서 아이와 어른들은 친엄마를 만나러 가는 과정과 관련된 몰랐던 측면을 알게 되었다. 그리고 만남의 출발부터 도착할 때까지 느끼던 긴장감을 줄이고 좀 편해지도록 변화시킬 수 있었다.

물론 모래를 사용하지 않고도 아이들 삶 속의 실제 상황을 효과적으로 보여줄 수 있다고 생각한다. 하지만 아이들이 모래를 아주 좋아하기 때문에, 자신을 더욱 자유롭게 표현할 수 있다. 위 사례는 내 안에서 일어나는 것에 대해 주의하는 것이 중요함을 보여주는 좋은 사례라고 생각된다. 나는 성인과 작업할 때 내 감정과 신체감각을 신뢰하고 활용하는 것을 배웠다. 이런 측면은 아이와 작업할 때 더욱 중요해지는데, 아이는 아주 섬세하고 예민하게 관찰하기 때문이다. 내가 겉으로 관심 있는 척해도 실제로 지루하게 느끼면 아이를 속이기 어렵다. 데비는 내 눈을 보는 순간에, 내가 진실한 감정을 말하고 있어서 신뢰해도 된다는 것을 알았던 것이다.

리사는 13세이었고, 수양부모 집에서 살고 있었는데 친부모를 전혀 만나지 않고 있었다. 아이는 비행청소년 진단을 받았다. 나는 리사에게 모래상자에 좋아하는 장면을 만들어보라고 말했다. 그녀는 매우 집중해서 사막의 장면을 만들었는데, 여기저기 작은 덤불숲들이 몇 개 있고, 토끼와 구멍 속으로 들어가는 뱀, 그리고 언덕 위에는 소녀 하나가 서있었다. 그녀는 이야기를 하고 싶어 하지는 않았고, 내게 단순히 모래 위의 장면을 기술하였다. 하지만 그녀는 기꺼이 장면이나 인형들과 동일시했다.

그녀는 매번 자신의 존재를 쓸쓸함과 황량함으로 묘사했다. 자신이 묘사한 것이 자기 삶에도 해당되는지 물어보니까, 그녀는 자기가 느끼는 지독한 외로움에 대해 말하기 시작했다. 치료 시간에 이런 감정을 표현할 수 있게 되면서, 그녀의 행동화(acting-out) 문제는 점점 줄어들었다.

가끔 아이들은 치료 시간 중간에 즉흥적으로 모래상자에 가려고도 한다. 13세인 그레고리는 고함을 지르는 엄마를 칠판에 큼지막하게 그렸다. 나는 엄마가 되어 자기에게 고함을 질러보라고 말했다. 아이는 소리를 지르기 시작했다. "너, 그거 하지 마! 또 그러면 텔레비전 못 볼 줄 알아! 이거 안 돼, 저거 안 돼, 안 돼, 안 돼, 안 돼, 안 돼, 절대로 안 돼! 그걸 하면 24시간, 아니 48시간, 아니 72시간 동안 너하고는 말 안 할 거야!" 그는 이렇게 말하면서 칠판에 낙서하기 시작했다. 그리곤 갑자기 모래상자 놀이가 필요하다고 말했다. 그는 모래상자에 레고블록으로 커다란 집을 지었고, 수많은 동물 인형들을 세웠다. 큰 코끼리, 기린, 뱀, 당나귀, 새, 상어, 호랑이와 다른 동물들을 세우고, 나무, 수풀과 담도 둘러놓았다.

집안에는 한 남자가 혼자 살고(그는 집안에 남자 인형을 놓아두었다.), 동물들은 밖에서 살았다. 그 남자가 자동차로 직장에 가면(그는 이것도 연기했다.), 동물들은 정원이나 집을 난장판으로 만들면서 놀았다. 그중에 코끼리가 집을 가장 많이 망가뜨렸다. 이 놀이는 오래 계속되었다. 드디어 남자가 귀가해서 집을 치우게 하려고 동물들과 회의를 했다. 남자는 동물들을 경청하고, 그들의 요구에 대해서 토론했다. 남자가 다시 떠나자, 동물들은 코끼리의 지휘 아래 집을 다시 짓고 모든 것을 바로 세우고, 수풀과 담을 더 놓고 다리도 놓았다. 남자는 돌아와 보고서 칭찬을 했다. (그레고리는 내게 인형들을 움직이면서 설명해주었다.)

그는 놀이를 마치고, 한동안 의자에 조용히 앉아 있었다. 그는 쉬고 싶다고 말했다. 치료 시간이 끝나가자, 나는 그에게 코끼리와 동일시했었는지 질문했다. 그는 "당연하지요."라고 말했다. (그레고리는 상당히 뚱뚱했고, 그 때문에 그는 괴로워했고, 엄마도 속상해했다.) 그는 환하게 미소를 지으며 집으로 갔다. 가기 전에 아이는 종이에다 무언가 써서, 문밖으로 나가면서 내게 주었다. 종이에는 "선생님이 좋아요."라고 적혀 있었다.

나는 보통 모래상자 놀이를 할 때면, 아이들에게 바구니에 있는 물건들을 사용해서 어떤 장면을 하나 만들어 보라고 말한다. 어린 아동들은 흔히 전투장면 같은 것을 만들며 놀지만, 어떤 아동들은 확실한 계획 없이 그냥 모형들을 모래 주변에 조심스럽고 신중하게 배치한다. 좀 더 큰 아동들은 아주 조심스럽게 선택한 모형들을 가지고 꼼꼼하게 장면을 만드는 것 같다. 모래상자 놀이엔 나이 제한이 없다. 나는 청소년에게 너무 많이 계획하지 말고, 선반에서 마음에 드는 물건들을 고르라고 한다. 또 보고 느끼는 그대로 자신의 세계를 만들어보라고 제안한다. 나는 "눈을 감고, 잠시 너의 세상을 그려봐. 이제 마음의 눈으로 보았던 장면을 만들어 봐."라고 말한다.

나는 그림이나 꿈을 이용하는 것처럼 모래상자를 가지고 작업한다. 아이들은 모래상자의 장면을 기술하거나 이야기하고, 무슨 일이 벌어지는지 혹은 앞으로 무엇이 발생할 것인지 말해준다. 나는 아이들에게 다양한 사물들과 동일시하라거나, 사물들 간의 대화를 해보라고 말한다. "호랑이가 사람들을 전부 잡아먹으려고 해요."라고 아이가 말한다면, 나는 그렇게 해보라고 말한다. 때로는 행동하면서 전혀 새로운 것이 발생하기도 한다. 예를 들어, 호랑이가 모두 잡아먹어 버렸지만, 불쌍하게 여겨 작은 토끼 한 마리는 살려둘 수 있다.

나는 전체 장면에 대해 일반적인 평가를 하기도 한다. "네가 만든 동물원은 아주 혼잡한 것 같구나. 집에서 그렇게 느낄 때가 있니?" 또 과정에 대해서도 언급한다. "너는 물건 고르는 것이 힘들구나. 결정하는 것이 어렵니?"

수잔은 과거에 무서운 경험을 한 적이 있었다. 한 남자가 집에 들어와 방에서 자고 있던 수잔에게 폭행하고 집에 불을 질러버렸다. 그녀는 감정이 느껴지지 않는 단조로운 목소리로 그 사건에 대해 말했다. 나는 치료 초기에 그녀에게 원하는 모래상자 장면을 만들어 보라고 말했다. 10세인 그녀는 선반에서 물건들을 무심히 골랐다가, 다시 가져다 놓고 새로운 것을 시도했다. 드디어 모래상자에다 모형들을 세우고 작업했다. 그리고 뒤로 물러나 앉으며 다했다고 말했다. 나는 그녀에게 설명해보라고 말했다.

수　잔: 음, 이건 거리에요. 여기에 집이 있고, 앞에 차들이 몇 대 주차해 있어요. 그리고 거리 끝에 있는 큰 건물은 박물관이에요. 여자가 일하고 집에 오고 있어요. 버스를 타고요. 여자는 간호원이에요. 박물관에는 아주 비싸고 귀중한 물건들이 많이 있어요. 그래서 이쪽 경비실에 보초 (군인 인형) 두 명이 서있어요. 그들은 박물관 때문에 거리로 오는 사람들을 조사해요.

치료자: 넌 이 거리에 있니? 어디 있어?

수 잔: 아, 나는 저 집들 중 한 곳에 있어요.

치료자: 거리에 보초가 있는 것에 대해 여기 사는 사람들은 어떻게 느낄까, 넌 어떠니?

수 잔: 아, 모두가 좋아해요. 나도 좋아요.

치료자: 왜 그렇지?

수 잔: 낯선 사람들은 조사를 받아야만 다닐 수 있잖아요. 사람들은 그걸 좋아해요.

치료자: 수잔, 넌 이런 거리에 살고 싶은 거니? 그 사건이 있은 후에 이런 경비실이 있는 거리에서?

수 잔: 아! 맞아요! 내가 여기서 뭔가 할 때마다, 언제나 같은 것으로 돌아오네요! 그 일은 생각지도 않았는데요!

비로소 우리는 수잔이 느끼던 두려움에 대해 다룰 수 있었다.

최근에 마른 모래상자 옆에 다른 모래상자를 가져다 놓았는데, 여기엔 물을 부어 놓았다. 젖은 모래는 바닷가에서처럼 어떤 모양을 만들거나 틀에 찍어낼 수 있다. 아주 어린아이들에게 젖은 모래는 인기다. 모래에 물을 부어도 된다고 하면 아이들은 더 많은 물을 붓고 싶어 한다.

5세의 남자 아이가 모래상자에 물을 더 부어도 되는지 내게 물어봤을 때, 기꺼이 물병으로 더 부어주었다. 그래도 아이는 물을 더 달라고 했다. 나는 물이 튀어도 될 여유만 남기고 그릇의 한계까지 부어주었다. 케니는 모래로 해변 모양을 만들었다. 그리고 여러 마리의 공룡들과 악어 한 마리가 마른 모래 위에 있던 군인들과 수중에서 혹은 해변에서 전투하는 아주 흥미로운 놀이를 하였다. 거기서 공룡들이 승리했다. 케니가 나와 놀이에 대해 토의할 때, 군인들은 공룡이나 악어에게 전혀 이기지 못한다고 말했다. 공룡이나 악어는 아주 크고 강했지만, 군인들은 조그마한 보통 사람들에 불과했다. 나는 아이에게 자신이 거인들 사이에 있는 작은 존재라고 느껴본 적이 있는지 물어봤다. 이때 진짜 거인은 아니지만, 자신이 그렇게 느낀 경우라고 말했다. 아이는 싱긋 미소를 지으며 고개를 끄덕였다. “그래요, 맞아요!”

다음은 내가 모래상자에 사용하는 장난감들이다. 차량에는 자동차, 트럭, 보트, 오토바이, 기차, 탱크, 지프차, 비행기, 헬리콥터, 구급차, 경찰차, 소방차가 있다. 동물 인형에는 가축 (고양이와 개), 농장 동물, 동물원 동물, 야생동물, 공룡, 새, 여러 종류의 말들, 뱀, 미국산 악어, 아프리카산 악어, 수많은 부드러운 고무인형들, 물고기들, 상어들이 있다. 인형에는 모든 종류의 사람들이 있다. 카우보이, 인디언, 군인, 중세 기사, 발레리나, 신부, 신랑, 배트맨, 백설 공주와 일곱 난쟁이, 산타클로스, 악마, 마녀, 커다란 곰 등이 있다. 풍경 모형에는 가구들, 작은 나무토막들, 건물들, 나무들, 잔디, 수풀, 멈춤 신호, 전화기, 깃발, 다리, 비석, 조개, 조약돌, 장작, 조화, 담, 레고 블록들(자주 사용함) 등이 있다.

나는 항상 장난감 가게나 기차 모형 가게, 수족관, 취미용품 가게, 약국, 파티용품 가게, 철물점, 싸게 파는 가게, 창고떨이 행사 등에 갈 때마다 흥미롭고 저렴한 물건들을 발견하면 그것들을 사 모은다.

나는 구입한 물건들을 다양한 크기의 바구니에 잘 분류해 놓는다. 조리용 알루미늄 호일은 바구니에 담는 것보다는 덜 매력적이지만 마치 작은 상자처럼 좋은 용기가 된다. 물건들을 종류별로 분류하여 뚜껑이 없는 용기에 넣어 선반에 올려놓으면 찾기가 쉽다.

게임들

내가 학교에서 행동장애 아동들을 치료할 때, 사회 훈련을 위해 자주 사용하던 도구가 바로 게임이었다. 이런 아이들은 차례 지키기, 속이지 않기, 게임에서 뒤질 때 인내심 갖기, 무엇보다 게임에서 졌을 때 받아들이기를 힘들어했다. 어떤 아이들은 게임에서 지면 방구석으로 달려가 얼굴을 팔에 묻고 엉엉 울어대곤 했다. 또 다른 아이들은 비명을 지르거나, 고함을 지르고, 울거나 때리기도 했다.

관찰자의 입장에서 볼 때 이건 단지 게임일 뿐인데, 아이들의 이런 행동은 분명히 지나친 것이라고 생각할 것이다. 그러나 직접 게임을 하는 아이들에겐 그것은 바로 그들의 인생살이와 직결되는 문제이다. 아이가 게임에서 속였다고 비난받는 것은 그들의 일상에서 항상 듣는 비난의 또 다른 예에 불과하다. 게임에서 자신을 방어하는 것은 아이들 각자에게는 죽느냐 사느냐의 문제로 다가온다. 소동이 가라앉으면 우리는 다시 게임을 계속하곤 했다.

아이들이 게임을 하는 방식은 그들이 실제 삶에서 어떻게 대응하는지 보여주는 좋은 지표가 된다. 아이들이 계속 말썽을 부렸는데도 우리는 몇 년간 꾸준히 게임을 계속했는데, 아이들은 놀이하는 태도에서 대부분 눈에 띄게 그리고 몇몇 아이들은 괄목할만한 변화를 보여줬다. 아이들은 게임을 통해 생활 속에서 타인과 관계 맺는 법을 배워나갔으며, 또한 점차 생활 속에서 더 강해지면서 그들의 게임 태도도 향상되었다.

행동장애를 보인 이 아이들은 게임하는 동안 자주 심한 부정적 반응을 보였지만, 그래도 계속 게임하길 원했고 게임을 사랑했다. 이것은 놀라운 일은 아니었다. 아이들은 대개 게임을 좋아하기 때문이다. 하지만 이런 행동장애 아동들은 그들의 부정적 놀이태도 때문에 대부분 집에서 게임할 수 있는 기회를 별로 가지지 못했다. 그래서 많은 아이들은 집에 있던 게임들을 가지고 와서 집단에서 함께 다른 아이들과 나누면서 싸우기도 하고, 마음대로 실컷 게임을 했다.

치료에서 게임을 사용하는 것에는 여러 목적들이 있다. 때로 한 가지 치료작업이 끝나고 시간이 남으면 게임으로 마무리를 한다. 아이들은 언제쯤 마치는 것이 필요한지 잘 안다. 중요한 상황이나 감정을 표현하고, 충분히 이야기를 나눈 다음에 흔히 아이들은 갑자기 "이제 게임해요."라고 말한다. 이것은 아이들이 "이제 그만해요. 오늘은 이 정도면 됐어요. 오늘 경험한 것들을 동화시키고, 이것들이 통합되도록 시간을 허용해주고, 그것들에 대해 좀 생각해보고 싶어요."라고 말하는 의미를 담고 있다.

단순히 즐거움과 이완을 목적으로 게임을 하는 것은 아니다. 치료자는 게임을 통해 아이를 알 수 있고, 초기 저항을 극복하고 서로 믿음과 확신이 있는 관계를 촉진할 수 있다. 게임은 특히 의사소통이 어렵거나 집중하는 활동이 필요한 아동들에게 좋다. 또한 치료상황에서 접촉기술을 향상시키는 데도 유용하다. 치료자가 아이와 함께 게임을 하는 동안에 아이의 내적 프로세스와 삶의 자세가 드러나게 된다.

정신분석 치료자는 흔히 아동과 치료자 사이의 '전이' 상태를 촉진하기 위한 방법으로 게임을 사용한다. 아동이 치료자를 엄마나 아빠같이 자기 삶에서 중요한 성인처럼 대하게 되면, 치료자는 이런 전이행동을 치료과정에 활용한다. 설령 나를 대하는 아동의 이러한 반응이 중요하다 하더라도, 나는 환상을 조장하는 것에는 관심이 없다. 나는 아이 엄마가 아니라, 그냥 나다. 나는 아이와 나의 다른 면들을 탐색하며, 나 자신으로서 그와 관계를 맺을 것이다.

나는 복잡한 게임들, 즉 강한 집중력과 몰입과 시간이 필요한 모노폴리 게임이나 체스 같은 것들은 싫어한다. 오히려 단순한 게임인 중국 장기나, 삼차원의 3목 놓기(tic-tac-toe, 많은 아이들이 좋아하는 게임), 멍청이(Blockhead, 내가 좋아하는 게임), 잭스(jacks), 나무토막 뽑기(pick-up-sticks, 아이들이 좋아하는 게임), 메모리(Memory), 퍼펙션(Perfection), 커넥트 4(Connect 4), 구슬치기, 얼음 깨뜨리지 말기(Don't Break The Ice), 도미노, 몇 개의 카드 게임들과 체커(checkers, 서양장기)를 선호한다. 종종 아이들은 집에서 자신의 게임을 가져온다.

나는 체커같이 내가 그다지 좋아하지 않는 게임은 피하는데, 그래도 아이가 아주 많이 원하면 이런 내 감정을 알려주며 게임을 한다.

집단을 위한 뛰어난 활동으로서 집단을 둘이나 셋으로 나누어 소집단마다 다른 게임을 하는 방법이 있다. 그 게임을 한 후에 소집단은 다른 게임으로 바꿀 수 있고, 그 후에 소집단은 경기자들을 바꿀 수 있다.

요즘은 감정에 대한 카드게임이나 보드게임들이 시판된다. 그런 게임의 전형적인 예로는 '언게임'(Ungame, 경쟁적이지 않은 가족놀이 카드게임)과 '말하기, 느끼기, 행동하기 게임'(Talking, Feeling, and Doing Game)이 있는데, 나는 이것들을 자주 사용한다. 이런 게임에서 아이들은 자신의 감정과 삶에 관련한 질문에 답한다. 이때 아이들은 흔히 게임의 기계적인 측면들, 예컨대 점수기록용지, 게임 판, 게임 동전, 주사위 등을 즐기는 것이 관찰된다. 이런 종류의 게임을 스스로 만들어 볼 수도 있다. 여기에 필요한 종이 판자, 닦을 수 있는 카드, 점수기록 용지, 주사위, 게임 동전 등은 모두 학용품 가게에서 살 수 있다.

레고 세트나, 수선공 장난감세트, 링컨의 통나무(Lincoln Logs) 같은 건축 관련 세트는 치료 상황에 사용하기에 아주 뛰어난 재료들이다. 이런 놀이들은 아이들의 초기 저항을 극복하고 이완하는데 도움이 된다. 어떤 아이는 치료자와 대화하면서 손으로 만지는 것을 필요로 한다. 이런 그것은 창조적인 감정의 배출구가 되고, 모래상자나 다른 놀이 상황에서 재료로서 사용될 수 있다. 건축 과제에 접근하는 방식을 통하여 아이의 프로세스가 분명하게 드러난다.

어떤 아이들은 퍼즐놀이를 즐긴다. 아이들은 단순한 조각그림 맞추기나 복잡한 삼차원의 퍼즐게임에 호감을 느낀다. 나는 아이들과 퍼즐을 자주 하는데, 가끔 아이들은 이완하기 위해 이런 놀이를 한다. 때로 퍼즐에 도전하는 자세는 게임이나 생활 속에 나타나는 아동의 프로세스와 유사하다.

나는 아동치료에서 마술을 사용하기도 한다. 리차드 가드너는 아동치료에서의 마술사용에 대한 글을 썼던 소수의 치료자들 중 한 명이다. 그는 『저항하는 아동에 대한 심리치료적 접근』(*Psychotherapeutic Approaches to the Resistant Child*)이란 책에서 다음과 같이 썼다.

> 아동에게 매력적으로 보일 수 있는 확실한 방법 중에 하나는 몇 가지 마술을 보여주는 것이다. 치료자가 "마술을 보고 싶지 않니?"라고 질문했을 때, 좋아하는 반응을 하지 않을 정도로 반항적이고, 비협조적이고 산만한 아동은 드물다. 마술이 아주 효율적인 주된 치료 방편은 아니지만, 아동이 치료자와 관계를 맺도록 촉진하는 데 매우 유용할 수 있다. 단 5분의 그런 활동이 중요한 치료회기를 만들어 줄 수 있다. 일반적으로 불안한 아이는 덜 긴장하게 되어 고차원의 치료활동에 더 자유롭게 참여할 수 있다. 매우 저항하는 아이는 그런 '서먹서먹함 풀기' (ice breaker) 활동을 한 뒤에 다소 덜해질 수 있다. 몰두하지 못하거나 주의가 산만한 아이는 보통 마술에 상당한 관심을 보이고, 더 적극적으로 치료활동에 참여하려는 마음을 갖게 된다. 간단히 말하면, 마술기법은 주의를 집중하고 몰두하게 만들어준다. 이에 더해 마술을 사용하면, 치료자가 더 재미있고 매력적으로 보이게 만들어 준다. 그래서 이미 강조했듯이, 마술은 치료과정의 받침목이 되어주는 치료 관계를 심화시키는 데 기여한다. (56-57쪽)

「마술사의 제자 혹은 아동 심리치료에서 마술의 활용」(*The Sorcerer's Apprentice, or the Use of Magic in Child Psychotherapy*)이란 논문에서, 죠엘 모스코위츠(Joel Moskowitz)는 3~15세까지의 아동을 대상으로 하는 마술 기법 사용에 대해 자세히 기술했다. 그는 마술이 관계를 형성하고 신뢰를 갖게 하고, 영어를 잘 못하는 아동들에게 만국 공통 언어의 일종으로서 보완을 해준다고 했다. 또 부주의하거나 서툴다고 알려진 아동들에게는 안정감과 자신감을 갖게 해준다는 점을 발견했다. 대도시에는 어디에나 저렴하고 쉽게 배울 수 있는 마술기법을 판매하는 마술가게들이 있다.

치료기법으로 활용되는 투사검사들

많은 투사검사와 질문지들이 진단도구로써 고안되었는데, 그것들을 치료적으로도 사용할 수 있다. 비록 이런 검사들의 진단의 정확성은 의심되지만, 표현매체로서는 유용하게 사용할 수 있음은 확실하다. 나는 이런 검사재료들을 이야기나 그림, 꿈 혹은 모래상자 장면 등과 똑같이 취급하면서 작업한다.

해석지침서에 나온 해석을 큰 소리로 읽어주는 것도 매우 유익한 기법이다. 이때 아이는 자기가 보는 자신에 대해 표현하도록 고무된다. 아이가 "닻아요, 난 그래요, 옳아요."라고 하거나 "아니오, 난 전혀 그렇지 않아요."라고 하던가, "음, 가끔 그게 맞아요." 혹은 "어떤 사람에겐 그렇게 하고, 다른 사람에겐 안 그래요."라고 말하는 능력은 더 많은 토의를 가능하게 해주며, 또한 자신에 대해 구체적이고 명확한 언급을 함으로 해서 아이에게 추가적인 힘과 자기 지지를 느끼게 해준다. 자기에게 맞지 않는 말들은 분명히 아니라고 말하는 것을 배우는 학습은 이 과정에서 아주 중요한 부분이다.

아동 주제통각 검사(*Children's Apperception Test*) 나는 아동에게 제시한 그림에 대해 이야기를 만들어보라고 말하고, 그것을 다른 이야기작업들과 마찬가지로 작업한다.

주제통각 검사(*Thematic Apperception Test*) 특히 10대 청소년들에게 유용한 검사다. 아이들에게 그림에서 무엇이 일어나고 있다고 생각하는지 말하라고 하고, 그걸 가지고 위에서처럼 작업한다. 때로는 몇 가지 그림에 대해 보이는 아이의 반응들을 적고, 해석지침서에서 말하는 반응의 의미를 읽어주곤 한다. 나는 아동에게 (해석지침서가 틀릴 수도 있다고 설명해주면서) 해석지침서가 옳다고 생각하는지 혹은 틀리다고 생각하는지 질문한다. 예를 들어, 나는 "너의 그림 반응을 해석지침서에서 보면, 너는 '나이 많은 남자에게 성적으로 끌리거나, 엄마의 죽음을 바란다.'라고 쓰여 있다."라고 말한다. 이런 해석이 말도 안 된다고 느끼는 젊은 친구들은 보통 (역시 이러한 해석지침서의 설명이 무의미하다고 생각하는) 나와 함께 이런 해석에 대한 자신들의 감정에 대해 활발하게 토론할 것이다.

인물화 그리기 검사와 집-나무-사람 검사(*Draw-A-Person Test and the House-*

Tree-Person Test) 자주 해석지침서를 가져와서 아이가 동의하는지 혹은 아닌지 알아보려고 그림에 대한 해석을 읽어준다. 필요할 경우엔 아이가 이해할 수 있는 말로 바꿔 설명해준다.

그림 이야기 만들기(*Make A Picture Story*) 아이에게 자기 이야기를 하도록 요구하면서 치료적으로만 사용한다.

동적인 가족 그리기에서의 행동, 스타일과 상징들(*Actions, Styles And Symbols in Kinetic Family Drawings*) 이 검사에선 아동이 자기 가족이 무언가 하고 있는 것을 그린다. 나는 이것을 다른 그림처럼 사용하거나, 아이의 동의를 확인하기 위해 해석지침서의 해석을 읽어준다.

로르샤하 카드(*Rorschach Cards; ink-blots*) 나는 아이들에게 무엇을 보는지 말해보라 하고, 그것들을 갖고서 다른 환상들을 가지고 한 것처럼 똑같이 작업한다. 예를 들어, 아이들에게 이야기를 만들어 보라고 하거나, 자기가 본 것이 되어보라고 하거나, 혹은 그림 부분들 사이에 대화를 해보도록 지시한다.

자신만의 잉크반점 디자인을 만들 수 있는 손쉬운 방법은 식용 물감을 사용하는 것이다. 다양한 색들이 들어있는 작은 플라스틱 병들은 1달러 정도면 구입할 수 있다. 종이 한 장에 몇 가지 색들을 눌러 짜서 점이나 선을 긋고, 종이를 접어서 부드럽게 누른다. 그리고 펴보면 온갖 종류의 사물들을 볼 수 있는 자신만의 색채 잉크반점을 갖게 된다.

루셔의 색 검사(*The Luscher Color Test*) 이것은 10대 청소년들이 좋아하는 도구이다. 그들은 가장 좋아하는 색과 가장 싫어하는 색을 고르고, 나는 다시 그들의 반응들에 대한 해석을 읽어준다.

손 검사(*The Hand Test*) 여러 모습의, 예를 들어 뻗거나 잡는 동작을 하고 있는 손들을 포함하는 다수의 그림이 있다. 아이는 그림을 보고 손이 무엇을 하는지 추측해서 말한다. 이것은 이야기나 인상을 불러일으키는 데 좋다. 우리는 이야기나 인상을 다루거나 이들을 확장시킬 수 있으며, 혹은 해석지침서에 있는 반응에 대한 해설을 살펴볼 수 있다.

문장완성 검사(*Sentence Completion Tests*) 검사에 보인 반응을 치료적으로 다루는 것은 매우 생산적이다.

테일러와 존슨의 기질 분석(*The Taylor Johnson Temperament Analysis*) 이 검사는 피검자가 수많은 양극성의 관점에서 자기에 대해 어떻게 느끼는지 보여준다. 양극성의 예를 들면, 신경질적–안정적, 우울한–즐거운 등이 있다. 이 검사는 프로파일 형태의 결과를 가지고 작업하도록 고안되었다. 나는 가끔 더 많은 반응을 얻기 위해 초기 검사질문들을 다시 하기도 한다.

무니의 문제 체크리스트(*The Moony Problem Check List*) 이것은 나이가 든 아이들과 어린 10대 청소년이 작업하는 데 가장 좋은 도구 중에 하나다. 리스트에는 중학교나 고등학교 학생들과 관련된 210개의 진술들이 있다. (대학 수준의 것도 한 개 있다.) 나는 진술들을 읽어주고, 그것이 옳은지 아니면 틀린지, 혹은 그런지 아닌지 아이들의 반응을 보려고 질문한다. 진술에는 "나는 두통을 자주 느낀다."에서 "내가 한 것에 대해 부끄러움을 느낀다." 등이 있다. 아이들은 제시된 진술의 본질적 특성에 대해 잘 반응하는데, 이전에 하지 않았던 자신에 관한 많은 이야기들을 한다. 검사가 끝난 뒤에 우리는 일부 반응들에 대해 더 깊이 다룬다.

디스퍼트의 우화 검사(*The Despert Fable Test*) 본래는 이야기마다 갈등이나 위기 상황을 주제로 삼아 개발되었다. 다음은 검사에 있는 한 예이다.

> 나뭇가지 위의 둥지 속엔 아빠 새, 엄마 새, 그리고 어린 아기 새가 자고 있었습니다. 갑자기 강한 바람이 불어왔습니다. 바람이 나무를 흔들어 둥지가 땅에 떨어졌습니다. 잠들었던 세 마리 새들은 갑자기 깨어났습니다. 아빠는 재빨리 소나무 위로 날아갔습니다. 엄마는 다른 소나무로 날아갔습니다. 어린 아기 새는 무엇을 할까요? 아기 새는 이미 어떻게 나는지 좀 알고 있습니다.

여기서 언급하지는 않았지만 활용할 수 있는 많은 검사들이 있다. 그리고 여러분은 그런 검사들이 어떻게 치료적으로 사용될 수 있는지 쉽게 알 수 있을 것이다.

이런 검사들이 진단용으로 사용될 때는, 검사 결과를 받아들이는 데 매우 주의해야 한다. 보통 아동은 자기에 관한 진술내용에 반응할 기회가 없으며, 전문가가 내린 결론에 반대할 기회도 없다. 검사 결과는 비인격적이고 최종적인 특성을 지녀서, 한 번 서류에 기록되면 대항하기가 어렵다. 때로는 이런 것들이 아동에게 매우 해를 끼치게 된다.

한 사례에서 심리학자가 아동에게 일련의 형식적인 검사를 실시한 후에 정신분열증이란 진단을 내렸다. 진단내용은 사회기관의 서류철에 영구적으로 보존되어 있었다. 나중에 나는 이 소년을 치료하기 위해 만나게 되었고, 그전에 검사 결과들의 복사물을 받았다. 내가 5분 동안 아이를 만난 후에 그가 정신분열증이 아니라는 것을 알았다. 하지만 아이는 자기를 검사했던 심리학자를 상당히 무서워했었다. (아이가 내게 나중에 말했다.) 그래서 아이는 침묵의 껍질 속으로 들어가 숨었다. 심리학자가 의도적으로 겁을 준 것은 아니었지만, 어쨌든 아이는 겁을 내었었다. 아마 심리학자는 최선을 다 했고 좋은 의도를 가졌었겠지만, 여기서의 문제는 진단이 잘못되었다는 점이다. 검사 결과가 나온 뒤부터는 모든 사람들이 이 아이를 아주 심한 장애자처럼 대했다.

최근에 학교에서 '검사 결과' 정신지체라고 진단된 아이가 내게 보내졌다. 나는 첫 만남에서 아이가 정신지체가 아닌 것을 느낄 수 있었다. 아이는 미국의 인디언으로 태어나서부터 7세가 될 때까지 인디언 보호 지정구역에서만 살았다. 아이는 새 학교로 전학오면서 벌어진 상황에 압도당하고 있었을 뿐이었다.

아동그림에 대한 심리학적 해석에 관심이 있다면, 죠셉 디 레오(Joseph H. Di Leo)의 『진단 보조수단으로서 아동그림』(*Children's Drawings as Diagnostic Aids*)을 추천하고 싶다. 저자는 아동의 특정한 생활상황의 맥락에서 이해한 아동 그림의 의미를 제안해준다. 그림은 꿈과 마찬가지로 그림 그릴 당시 아이의 생활에서 진행되는 것들을 정확하게 진술할 수 있다. 그러나 이것은 아이만이 사실 확인을 해줄 수 있고, 어떤 방식으로든 확인되지 않는다면 (오직 아이 자신만에게라도), 내가 내린 진단의 진정한 가치는 없는 것 같다. 진단 관련 가설들은 단지 치료과정을 안내해주는 도우미로 이용될 수 있을 뿐이다. 만약 틀린 길로 간다면 아이는 내게 알려줄 것이다. 나는 다만 아이가 알려주면 인식하는 것이 필요하다.

잘못된 해석의 좋은 예를 『청소년기의 인물그림』(*Human Figure Drawings in Adolescence*)이란 책에서 찾아볼 수 있다. 13세의 아이가 의사 지체된 아동기 정신분열증(pseudoretarded childhood schizophrenia)으로 진단받았고, 아이의 그림에 대해 다음과 같은 평가가 내려졌다.

> 진단은 이러한 놀라운 생산물들을 통해 명백해진다. 환자는 자기 자신을 이인화된 상태로 지각하고 있으며, 일종의 할아버지 같은 존재로 본다... 시계의 숫자들은 거꾸

> 로 되어 있으며, 안테나가 밖으로 뻗어 나와 있다. 진자 추는 떨어져 나와 있으며, 배꼽처럼 보인다. (109쪽)

내게 이것은 텔레비전을 그린, 매우 훌륭한 그림임이 분명하다. 그리고 만약 아이가 질문을 받았다면, 이 사실을 확인해 주었을 것이라고 나는 상당히 확신한다. '떨어진 진자 추'는 켜고 끄는 스위치일 것이다. '거꾸로 가는 숫자가 있는 시계'는 채널 선택기이다. 이 아이처럼 텔레비전을 자세히 본 사람이라면 채널 선택기에 있는 숫자는 언제나 시계반대 방향임을 확실히 알 것이다.

아동의 그림을 공부하는 사람이라면, 정상 아동들의 그림 그리기 능력 발달에 대한 지식을 갖추는 것이 매우 중요하다. 다양한 아동 발달단계에서 나타나는 전형적인 그림에 대해 기술한 좋은 책들이 많이 있다. 루스 켈로그(Ruth Kellogg)는 이 분야를 폭넓게 연구했고, 『아동예술의 분석』(*Analyzing Children's Art*)이란 저서는 훌륭하고 포괄적인 책이다.

아주 오래전 내가 유치원에서 교생이 되었을 때, 나를 자꾸 반복되는 무력감과 좌절감으로 눈물을 흘리게 만들었던 사건을 겪었다. 당시 내게 배정된 지도교사는 '모범교사'라고 평가받았지만, 내 의견으로는 아동에 대해 전혀 모르는 사람이었다. 어느 날 아이가 즐거워하며 이젤에다 그림을 그리고 있었는데, 갑자기 교사가 그림을 낚아채더니 조각조각 찢으며 "너의 팔은 머리에 달렸니?"라고 소리쳤다. 내가 나중에 이것에 관해 질문했더니, 그는 아이들에게 정확하게 그리는 법을 가르치는 것이 자신의 의무라고 주장했다. 나는 대부분의 아동들이 팔과 다리가 머리에 달린 것을 그리는 단계를 거친다는 것을 교사에게 이해시킬 수 없었다. 그녀는 아이들에게 자기가 지시한 대로 정확하게 따르기를 요구함으로써, 그들의 성장과 창조력, 표현과 학습을 방해하였다. 한 번은 우리가 항구에 갔을 때, 아이들은 항구의 모습을 나무토막을 사용해 만들게 되었다. 모든 아이의 빌딩은 사용한 나무토막의 수까지 정확하게 똑같이 보였다. 교사는 나에게 자기는 사물을 정확하게 보는 법을 교육시킨다고 말했다! 그는 조용하고 질서정연하고, 품행이 단정한 자신의 학급으로 인해 매우 칭송받고 있었다.

나는 아이들과의 작업에서 검사를 강조하지 않지만, 부모와 학교 그리고 사회 기관에서는 아이들에게 검사를 받길 매우 원한다. 그리고 그들은 검사 결과에도 크게 영향을 받으며, 마치 특수검사를 통해 아동들에 대한 자신들의 관찰 결과를 확인받고 싶어 하는 것 같다. 그래서 내가 몇 가지 공인된 검사를 실시한 후에, "위의 검사 결과에 따르면, 아동은 반사회적으로 행동하는 경향을 보입니다. 아이는 장애가 있으며 두려워하고, 자기를 향한 강한 잠재적인 분노를 가지고 있습니다. 그리고 때로 타인에게도 분노를 표출하고 있습니다."와 같은 특정한 결론을 보고서에 기록하면 그들은 매우 기뻐한다. 우리 모두가 이미 아동의 이런 문제들에 대해 어떻게든 알고 있었지만, 검사들이 그것을 '*진실로*' 만들어 준 것이다. 그래서 이제 문제가 무엇인지 알았다고 안도하며, 치료라는 과업에 매달릴 수 있게 되는 것이다.

09

치료과정

치료를 받으러 온 아이

부모들이 자녀에게 치료를 받게 만드는 동기는 무엇일까? 무엇인가 잘못되고 있음을 암시하는 행동들이 많은 아이들한테서 나타난다. 그런데도 많은 부모들이 도움받기를 주저한다. 나는 자기 아이가 전문가의 도움이 필요한 문제를 가지고 있다는 것을 믿고 싶지 않는 부모들이 많다고 생각한다. 그들은 "이것은 지나가는 단계에 불과해. 크면 없어질 거야."라고 말한다. 자신이 부모로서 완벽하지 못했음을 인정하고 싶은 사람이 어디 있겠는가?

또한 아이를 치료실로 데려오는 데 걸리는 시간만이 아니라, 치료비 부담도 만만치 않게 느끼는 부모들이 많다. 그리고 아이를 치료전문가에게 데려와서 어떤 결과가 나올지도 위험스럽다. 어떤 부모들은 도움이 필요한 사람은 정작 자기라고 암암리에 느끼면서도, 이것을 쉽게 직면하지 못한다.

내 딸은 열한 살쯤에 틱 장애를 보였다. 아이는 목 근육을 스트레칭 하듯이, 머리를 뒤로 젖히곤 했다. 아이가 자주 그러면서 일종의 성가신 버릇처럼 굳어졌다. 우리가 찾아간 의사는 걱정할 필요가 없다고 했다. 하지만 아이는 멈추지 않았다. 나와 아이 아빠는 모두 심리치료 전문가였는데도, 틱 증상 뒤에 숨은 것을 찾도록 도와줄 수 있는 사람에게 서둘러 데려가지 않았다. 우리는 아이의 몸이 무엇을 말하고 있는지 주의하지 않았던 것이다. 다행스럽게 시간이 지나면서 아이는 그런 행동을 멈췄다. 그때를 돌이켜 생각해보면, 우리도 다른 많은 부모들처럼 심리학적 도움을 받는 데 너무 오래 망설였다. 만약 아이가 목 근육이 손상될 정도로 계속했더라면, 우리는 뒤늦게 도움을 구했을 것이다.

부모가 치료실에 처음으로 전화를 할 때는, 일반적으로 견디고는 있지만 아이나 부모에게 매우 힘들어진 상태이다. 부모들은 아이의 행동에서 직접적인 영향을 받지는 않더라도, 불편하고 불안해서 어떤 조치를 취해야 한다고 느낀다. 때로는 아이들이 특별한 사건을 겪으면서 느끼는, 감당하기 힘든 감정들을 표현하고 해결되었는지 확인하려고 데려온다. 예를 들면, 사랑했던 사람의 사망이나 질병, 학대나 추행, 사고나 지진처럼 몹시 놀란 경험들이다.

가끔씩 아이들이 나를 만나려고 직접 질문해오기도 한다. 많은 10대의 청소년들은 자발적으로 치료를 받는다. 이전에 내게 치료받던 아이들은 도움을 요청하곤 한다. 과거에 3개월쯤 치료받았던 9세의 여자 아이는 자기 엄마에게 "엄마, 바이올렛 선생님과 만날 수 있게 약속 좀 해주세요."라고 말하곤 했다.

아이들이 치료를 받아야 할 정확한 시기에 대해 나에게 질문을 한다면, 사실 뭐라고 말해야 할지 모르겠다. 어떻게 그런 '정확한 시기'를 알아내거나, 문제가 저절로 해결될 것임을 알 수 있겠는가? 물론 갈등이나 문제가 생길 때마다 치료전문가에게 달려온다면 우스꽝스러울 것이다. 나는 부모가 '주거지의 치료사'가 되는 방법을 직접 배우는 것이 필요하다고 절감한다. 비록 아이들이 부모에게 속마음을 항상 털어놓고 싶어 하지는 않지만, 부모들이 일상생활에서 일어나는 여러 상황에 대처하는 방법을 배울 수 있다. 이 책에 기술된 많은 기법들이 그런 부모들에게 유용할 것이다. 좋은 부모훈련 같은 프로그램에서 아이들과 의사소통하는 방법을 배울 수 있도록 도와준다면, 여러 상황에서 필요한 대처법을 습득하게 된다. 때로는 내가 아이를 만나보면, 부모를 조금만 지도해주어도 나머지는 부모가 충분히 혼자서 해결할 수 있는 일이라는 것을 느낄 수 있다. 열심히 협조하는 부모들과 2~3회기 정도 만나는 것으로 대개 충분하다.

9세인 다이애나와 그 가족은 야영지에서 만난 어떤 청년과 친해졌다. 하루는 다이애나의 부모가 장을 보러 시내에 다녀올 동안 아이와 함께 있어달라고 그 청년에게 부탁했다. 부모가 가고 나서 20세가량인 그 청년은 다이애나를 무릎에 앉히고, 입에다 키스하고 애무했다. 나중에 다이애나는 이것을 엄마에게 말했는데, 그녀는 몹시 당황했고 아빠에게 말하지 않도록 주의를 주었다. (아이는 신체적으로 다친 곳이 없었고, 청년이 보여준 관심을 즐겼다고 했다.) 그 후에 다이애나는 아프다면서 텐트 속에만 있으려고 했다. 휴가가 끝나고 집으로 돌아왔을 때, 엄마는 아이를 데리고 치료실에 왔다. 다이애나는 악몽을 꾸었고 위통이 있었다. 그리고 학교 가는 것을 거부하고 있었다.

다이애나는 나와 따로 만났을 때, 엄마가 했던 반응에 대해 무척 궁금해했다. "엄마가 왜 당황했을까요? 왜 아빠에게 그 일을 말하는 것을 싫어했을까요?" 하지만 다이애나는 이미 대답을 알고 있었다. 아이는 성 지식에 매우 왕성한 관심을 보였고, 부모들은 이 사실을 무시하기로 했었던 것이다. 2회에 걸친 상담 동안에 아이와 부모는 성에 대해 자유롭게 토의했다. 20세의 청년이 9세의 아이를 애무하는 것은 부적절하다는 점에 대해서도 이야기를 나누었다. 아이는 이전의 모습을 되찾았다. 부모는 이전에 금기시했던 주제에 대해 아이와 솔직하게 터놓고 토론하는 새로운 통로를 발견하게 되었다. 다이애나는 치료를 종결하면서 마지막으로 "그 남자가 내가 아닌 자기 또래 여자랑 안고 뽀뽀해야하는 거라면, 그런 여자는 무섭고 나는 안 무섭나 봐요. 그는 더 커야 될 것 같아요. 아마도 어렸을 때, 자기 엄마가 많이 안아주지 않고, 뽀뽀도 안 해줬나 봐요."라고 말했다.

언제 아이의 치료를 시작하는 것이 좋을지 판단하기는 쉽지 않다. 흔히 아이 자신이 어떤 방식으로든 누군가 알아차릴 때까지 계속적으로 투쟁함으로써 어떤 조치가 이루어지도록 만든다. 보통 학교가 이것을 처음으로 알아차리지만, 상태가 심각해지기 전에는 도움을 받아보라고 권하지 않는다. 남자 아이가 운동장에서 반사회적으로 행동하면, 먼저 몇 주 동안 쉬는 시간과 점심시간에 교장실에서 벌을 받은 후에야 부모에게 연락이 간다. 부모들은 만일 아이에게 적절한 도움을 받도록 조치하지 않으면, 특수학급으로 보낼 것이라는 경고를 듣게 된다.

나는 법원으로부터 많은 내담자들을 의뢰받는다. 이런 아이들의 대다수가 체포되기 오래 전부터 행동장애를 보였다. 법원명령으로 치료를 받으러 왔던 16세 소년의 엄마는 아이가 초등학교 1학년 때부터 '문제를 일으켰다'고 말했다. 아이는 학교에서 조용히 앉아있지 못했고, 읽기학습을 무척 어려워했다. 그녀는 그것이 모든 문제의 출발이었던 것 같다고 말했다. 그러나 아이는 그동안 어떤 심리상담적 도움도 받지 못했다.

의사들은 심리적 원인의 신체증상을 보이는 아이들을 진료한다. 그중의 일부 의사들은 심리학적 도움을 받아보라고 진지하게 권하거나 설득하지 않은 채로 그들을 그냥 돌려보낸다고 한다. 10세의 한 여자 아이는 심한 위통 때문에 아파했다. 의사들이 철저하게 검사한 후에, 통증의 원인이 신체적인 것이 아니고 불안과 긴장 때문이라고 결론을 내렸다. 하지만 그들은 진정제를 처방해주었을 뿐, 심리치료를 받으라고 말해주지 않았다. 나중에 아이가 계속 통증을 느끼니까 부모가 치료를 위해서 데려왔다.

내 생각에 부모들이 치료적 도움을 받는 데 주저하는 또 다른 중요한 이유는 치료가 아마도 몇 년 동안 계속되는 오래 걸리는 과정이라고 여기기 때문인 것 같다. (이에 대해 치료의 종결 부분에서 더 많이 논의하겠다.) 분명히 오랜 기간의 치료를 필요로 하는 아이들도 있다. 그러나 일반적으로 3~6개월 동안 일주일에 한 번 치료하면 아동의 많은 문제들을 다룰 수 있다.

때로는 아이와 치료를 시작하기 전에, 아이에 대한 일련의 서류뭉치를 받게 된다. 검사 결과와 진단평가 보고서, 법정 판결문과 학교 보고서들이다. 그런 서류를 읽는 것은 흥미롭지만, 막상 아이를 대할 때 나는 아이가 내게 보여주는 문제의 한도 내에서만 그것을 다룰 수 있다. 아이의 작업을 위한 기초로서 내가 받은 정보에 의존한다면, 아이가 아니라 서류기록을 다루는 것이다. 이런 서류기록은 타인의 지각이고 결론이며, 부당한 평가들이 자주 들어있다.

15세의 여자 아이는 "엄마가 나를 애리조나의 학교로 전학시켜주면 좋겠어요. 거기라면 날 아는 사람이 없으니까 처음부터 시작할 수 있어요."라고 내게 말했다. 아이는 타인들이 자신에 대해 갖는 부정적인 기대의 수렁 속에 빠져있었고 좌절감을 느끼고 있었다. (부정적인 기대들은 행정서류에 정성들여 기록되었다.)

그러므로 나는 아이에 대해 내가 들은 것들, 읽은 것들, 심지어는 진단까지도 무시하고 *아이와 내가* 함께 있는 곳에서부터 시작해야만 한다.

그렇게 함으로써 그녀는 자기에 대해 선입견이 없고 판단하지 않는 사람, 순간적인 자기 모습 그대로를 인정해주는 사람과 접촉하게 된다. 그럴 때 아이는 부모와 교사에게 표현하기 힘들었던 자신의 모습을 아마도 부드럽고 반응을 잘하는 모습을 보여줄 수 있다. 보고서상에는 아이가 공격적이고 목소리가 크다고 쓰여 있고, 내가 했던 검사에서도 방어적이고 적대적이라는 결과가 나왔다고 하더라도, 아이가 나와 함께 있을 때에 온순하고 수용적이라면, 나는 이 순간의 모습, 즉 아이가 이 순간 선택한 방식과 관계를 맺을 수 있다. 아이는 여러 방식으로 존재할 수 있는 다면적인 인격체이다.

내가 13세의 제니퍼와 처음으로 대면하기 전에 다양한 기록들이 들어있는 두꺼운 서류철을 넘겨받았다. 그것은 학교기록과 정신의학적 평가, 심리검사 결과 및 보호관찰자의 보고서들이었다. 거기엔 아이가 적대적이며, 어떠한 도움이나 제안에도 저항한다고 적혀있었다. 또 무단결석이나 가출, 가게에서 좀도둑질, 난잡한 성행위에 대해서 양심의 거리낌이 거의 없으며, 학교나 미래에 대한 관심도 없다고 쓰여 있었다. 아이의 예후는 임신하거나, 감옥으로 보내질 반사회적 행동을 계속할 것이라고 보았다.

나는 제니퍼와 만날 생각에 몹시 불안했고, 아이가 했던 이전의 상담 경험들을 생각하면서 어떻게 도와주기 시작해야 할지 고민스러웠다. 나는 거칠고 냉소적이며 회의적인 소녀의 모습을 상상했다. 하지만 아이가 여성이 아니면 다른 '의사'를 거부한다는 기록을 읽고는 궁금해졌다. 그리고 내가 직접 내담자와 개인적으로 접촉하기까지는 판단을 보류한다는 원칙을 상기했다.

제니퍼와 아버지가 함께 치료실에 찾아왔을 때, 아버지는 아이가 있는 자리에서 자신은 아이를 위해 무엇인가 할 수 있다는 희망을 모두 버렸다고 말했다.

나는 제니퍼와 둘만 남았을 때, 우선 내가 이전에 들었던 내용들 때문에 얼마나 불안했었는지 말해주었다. 마르고 연약하고 창백한 모습의 아이는 놀라면서 쳐다봤다. 내가 그녀에 대해 어떻게 상상했었는지 나는 일어서서 연기까지 해보이면서, 함께 웃음을 터뜨렸다. 아이는 내가 자기를 지금은 어떻게 보는지 궁금해했다. 그래서 나는 다시 일어서서 몸은 구부리고 어깨는 움츠리며, 고개를 숙이고 주저하는 종종걸음으로 방안을 걸었다. 나는 "내가 이렇게 걸을 때는, 마치 놀란 작은 생쥐처럼 느끼고 있어."라고 말했다. 아이는 "선생님은 그걸 알아차리셨군요."라고 대답했다.

나는 제니퍼에게 여자 심리치료사와 만나고 싶었던 것에 대해 질문했다. 아이는 "남자가 내게 말하는 방식이 싫어요."라고 말했다. 자기에게 말을 거는 방식이 싫었다면, 어떻게 그런 사람에게 자기와 자신의 깊은 감정들에 대해 말문을 열 수 있었겠는가?

첫 시간

일반적으로 부모들은 첫 상담 약속을 하기 위해 전화를 걸어 아동의 문제를 설명하려고 한다. 나는 부모들에게 나중에 아이가 있는 자리에서 문제가 무엇인지 다시 말해달라고 요청한다. 나는 아이가 함께 있는 것이 중요하다고 생각한다. 왜냐하면 자신이 뭐가 잘못되었는지에 대한 아이들의 나쁜 상상들을 완화시키기 위해서다. 언제나 아이들은 뭔가 잘못됐음을 알고 있으며, 흔히 실제보다 더욱 나쁘게 상상한다.

나는 부모가 나와 함께 치료실에 있는 동안 아이를 대기실에서 기다리게 하지 않는다. 부모가 무엇을 말하든지 아이가 있는 곳에서 해야 한다. 그러면 아이의 반응과 아이와 부모 간의 역동도 관찰할 수 있고, 양쪽 의견을 모두 들어볼 수도 있다. 이렇게 하면서 아이와 신뢰하는 관계를 맺기 시작한다. 아이는 내가 공정하고 중립적인 참여자이며, 모든 사람에게 관심을 가지며 특히 자기에게 관심이 있음을 알게 된다.

그래서 가족이 치료실을 방문하면 무슨 계기로 부모가 아이를 데리고 왔는지 질문한다. 보통 엄마가 말을 시작한다. 우선 몇 마디 말을 듣고 잠시 멈추게 한 다음에, 아이에게 지금 부모가 말했던 것에 동의하는지 직접 묻는다. 흔히 부모들은 복잡한 단어들을 사용하며, 아이의 머리 위로 내게 말을 전하려고 한다. 나는 이런 것을 매우 주의해서 관찰하며, 이런 일이 일어나도록 허용하지 않는다. 부모가 "아이가 학교에서 몹시 파괴적인 행동을 해요."라고 말한다면, 나는 아이에게 엄마가 무슨 말을 하고 있는지 알아듣는지 묻는다. 아이가 알아듣는다고 말할지라도 나는 엄마에게 그것이 무엇을 의미하는지 내게 구체적으로 말해달라고 한다. 어떤 아이는 부모가 말하는 '파괴적'이란 단어에 대해서, "나는 그런 것 없어요."라며 마치 홍역과 같은 병이 없다는 듯이 대답했다. 다른 아이는 '움츠러든' 이란 말에 대해 똑같이 반응했다.

나는 이럴 때 보통 아이가 말을 하지 않거나 의사표현을 하지 않는 것에 대해 별로 신경 쓰지 않는다. 대신에 부모가 말하는 것을 아이가 듣고 있는지, 나를 잘 볼 수 있는지에 대해 관심을 갖는다. 아이는 내가 관심을 가지고 보고 들으며, 정중하게 대하는 것을 발견한다. 나는 아이에게 말을 낮추거나 무시하거나 경멸하지 않으며, 토론거리의 대상처럼 여기지도 않는다. 나는 사실들을 아이에게 확인하거나, 눈으로 접촉하는 등 모든 가능한 방법으로 아이를 대화에 참여시키려고 한다. 아이는 내가 자기에게 매우 진지하게 말하는 것을 곧바로 알아차린다.

나는 부모님이나 선생님이 아이의 행동에 대해 걱정하시는 말을 들었다고 아이에게 확실하게 알려준다. 그러나 내가 들은 것을 고정된 사실로 수용하는 것도 아니라는 것을 분명하게 밝힌다. 나는 그것이 누구의 문제인지 밝혀낸다. 만약 아이가 문제가 있다고 동의한다면 나는 그것이 무엇인지 물어본다. 아이가 이에 동의하지 않을 때는 학교나 부모는 문제로 생각하지만 아이에겐 아니라는 사실을 알고 있다고 말해준다. 이것이 아이의 마음을 매우 가볍게 만들어준다.

예를 들어, 어떤 엄마가 6세인 딸을 치료실로 데려왔다. 아이가 다른 아이들을 물거나 때리고, 친구가 없어서 치료를 받아보라는 선생님의 권고로 왔다고 말했다. 우선 우리는 아이에게 가능한 대로 상담이란 무엇인지를 이해시켜야했다. 그리고 아이에게 다른 아이들을 물고 때리는지, 친구가 없다는 것에 동의하는지 질문했다. 아이는 "나도 친구가 있어요."라고 대답했다. 나는 "네 선생님은 걱정하시는 것 같아. 그건 선생님의 문제인 것 같아. 웬일인지 선생님은 네게 친구가 없다고 생각해서 걱정하셨어. 그리고 네가 다른 아이들을 때리거나 문다고도 생각하시는 것 같아."라고 말했다.

나는 엄마한테 딸에게 친구가 없다고 생각하는지 질문했다. 그녀는 "글쎄요, 얘는 주로 집에서 지내지만, 길에서 함께 노는 작은 친구 한 명이 있어요."라고 말했다. 그래서 나는 "그러면 당신은 그것이 별로 문제라고 생각하지 않는군요."라고 말했다. 그녀는 그렇다고 하면서, "나는 그걸 문제라고 생각해본 적이 한 번도 없어요."라고 말했다. 결국 그것은 선생님의 문제라고 결론지었다. 이것은 아이를 매우 만족스럽게 만들었고, 아이는 더욱 이완되었다.

나는 첫 면담 시간에 기록용지를 사용하지 않는다. 내가 하는 '접수'는 첫 회기에 부모와 아동을 만나서 상담하러 온 이유에 대해 질문하고 이야기하는 과정으로 이루어진다. 심리치료사인 내 친구는 아동과 청소년에게 사용하는 아주 간단한 접수질문지를 고안했는데, 그녀는 이것이 초기 긴장을 푸는 데 도움이 된다고 생각한다. 질문지에는 이름, 주소, 생일, 취미, 아동 가족구성원, 자기 방이 있는지, 함께 사용하는지, 그리고 학교와 학년 등을 묻는 질문들이 있다.

그러나 나에겐 이런 형식적 접수면접이 특별히 편하지는 않다. 아이나 부모는 접수면접이 끝나면, 내가 아이에 대해 알아야 할 모든 정보들을 수집해 기억하고 있어서 필요할 때 사용할 것이라 믿는 것 같다. 하지만 나는 여러 상담회기 동안에 의미있는 맥락 속에서 나오는 정보들에 따라 아이를 차츰 알아가는 것을 더 선호한다. 내가 첫 시간에 아이들에게 그림을 그리게 해서 시작하는 방식과 비슷하게 다른 사람들은 접수면접을 활용하는 것 같다. 우리는 모두 어떻게 해서든 관계를 시작할 수 있는 방법을 발견해야만 한다. 그것이 처음에는 어색하고 쉽지 않기 때문이다.

치료할 문제가 정해진 후에, 나는 부모에게 내가 아이와 함께 이야기할 동안 밖에서 좀 기다려 달라고 요청한다. 나는 아이에게 문제를 해결하기 위해 우리가 무얼 할 수 있는지에 대해, 그리고 앞으로 재미있는 것들을 함께 할 것이라는 것에 대해 말해준다. 그리고 내가 아이를 알아갈 것이고, 아이도 역시 자신에 대해 알게 되길 바란다고 말한다. 또한 비밀보장에 대해서도 말해준다. 이때쯤이면 아이들은 치료실을 둘러보고, 호기심을 자극하는 게임들과 장난감들, 그림도구와 모래상자를 보면서 흥미로워한다. 시간이 더 있을 경우 나는 아이들에게 가까이 가서 살펴보고 확인해보라고 권한다. 혹은 아이에게 사람이나 집, 또는 다른 것들을 그려보라고 말한다. 나는 아이에게 우리가 치료실에 있는 것들을 사용하게 될 것이고, 이야기도 좀 할 것이라고 설명해준다. 우리는 감정에 대한 이야기도 할 것이고, 때로는 감정들을 그릴 때도 있을 것이라고 말해준다.

나는 대체로 검사의 가치에 대해 매우 회의적이지만, 일부 검사를 사용하기도 한다. 비록 검사가 거리감을 느끼게 할 수 있지만, 치료를 시작하면서 아이와 관계를 맺기 위해 검사를 활용할 때도 있다. 또는 무엇을 할지 아직 모를 때도, 시간을 보내기 위해 검사를 실시한다. 인물화 검사나 집-나무-사람 검사는 많은 아동들이 완성할 수 있는 간단한 과제들이다.

어떤 것도 동일한 상태에 계속 머물러있지 않기 때문에, 실제적인 평가과정도 진전되어야 한다. 우리와 아이들은 지속적으로 변화하는 흐름 가운데 있으며, 변화하는 주변 사건에서 영향을 받는다. 나는 아이가 자기를 그릴 때, 아이에 대해 많은 것을 알게 된다. 검사가 끝나고 매뉴얼에 있는 해석을 읽을 때보다, 그림 그리는 과정에 주의함으로써 더 많이 배운다. 아이가 어떻게 과제에 접근하는지를 보면 많은 것을 알 수 있다. 아이가 주저하거나, 자기는 못 그린다고 자꾸 말하거나, 연필이나 자를 요구하는 것은 불안정하다는 신호다. 아이의 그림은 조직적이지 못하거나 심지어 괴상할 수 있으며, 혹은 다채롭고 창의적이며, 유머로 가득할 수도 있다. 어떤 아이는 과감하게 선을 긋거나, 작업하면서 웃거나 흥얼거리며 내게 말을 건다. 그러나 어떤 아이는 매우 조용하며, 침묵을 지키고, 거의 손을 움직이지 않는다. 어떤 아이는 아주 부지런하고 정확하게 정성들여 작업하지만, 어떤 아이는 엉성하게 적당히 그릴 수도 있다. 아주 자세하게 그리거나 다양한 색을 사용하는 아이가 있는가 하면, 거의 그림자나 윤곽만을 그리는 아이도 있다. 그림의 성숙도는 아이의 연령과 반드시 일치하지 않는다. 아이가 그림을 *어떻게* 그리는지 보면 그가 실제 생활 속에서 어떻게 사는지혹은 나와 함께 치료실에 있는 순간을 어떻게 느끼는지 짐작할 수 있다.

아이가 그림에서 많은 것을 보여주지만, 나는 잠시 판단을 보류한다. 해석이 다음 단계의 탐색을 위한 단서로 사용되지 못한다면 그 가치가 매우 적을 것이다. 예를 들어, 아이들은 다양한 이유 때문에 손을 빠뜨리고 그릴 수 있다. 진짜 이유는 오로지 아이들만이 알고 있다. 만약 아이가 큰 종이의 구석에 아주 조그만 인물을 그렸다면, 실제로 아이가 무서워하고 불안정할 수 있다. 그러나 아이의 공포와 불안정함은 나를 만나는 상황에서만 나타날 수 있다. 집에서라면 아이가 마음 놓고 그릴 수도 있다.

내가 사람을 그려보라고 말하니까, 8세의 아이는 "왜요?" 라고 질문했다. 나는 그렇게 하면 내가 그에 대해 더 잘 알 수 있을 것이라고 대답했다. 아이는 그림을 그린 후에, 내가 무엇을 발견했는지 알고 싶어 했다. 나는 그림을 보며 "흠, 너는 빨간색을 좋아하네. 네가 그린 사람이 웃고 있으니까, 아마 기분이 지금 아주 좋은 것 같아. 또 아주 작게 그린 것을 보니까, 오늘 그림을 크게 그리고 싶지 않았고(팔로 몸짓을 하면서), 작은 부분에만 그리고 싶었던 것 같아. 그리고 넌 꽃을 좋아하는 것 같아. 왜냐하면 거기에 많은 꽃들이 있잖아. 내가 했던 말 중에 맞는 것이 있니?"라고 질문했다. 아이는 환하게 웃으며 고개를 끄떡이면서, 나의 추측에 동의했다.

때로는 첫 시간 내내 제기된 문제를 파악하는 데 시간을 사용한다. 우선 부모와 함께 상담한 후에 아이와 따로 상담한다. 나는 문제를 솔직하게 직면해야 한다고 확신한다. 우리 모두가 여기에 왜 왔는지, 그 이유를 알면서 왜 문제를 다루지 않겠는가? 이것이 분명해보여도 어떤 가족들은 상담하면서 문제를 회피하거나, 마술 같은 순간이 올 때까지 숨기려고 한다. 혹은 "우리는 문제에 대해서 말할 필요가 없어요. 저절로 해결될 겁니다."라는 태도로 임한다.

13세 남자 아이가 만성적인 야뇨증 때문에 부모와 함께 찾아왔다. 소개를 한 후에, 나는 "좋아요, 지미가 오늘 여기에 온 이유가 야뇨증 때문이라는 점에 모두 동의하고 있어요. 이제 각자 지미의 야뇨증에 대해 어떻게 느끼는지 알고 싶습니다."라고 말했다. 아빠는 눈물을 글썽이며, "이 문제에 대해 어떻게 느끼는지 개방할 수 있어 마음이 참 가벼워졌습니다. 지난번 치료사는 상담 약속을 잡기 위해 전화했을 때 상황을 설명한 이후로는 이 문제에 대해 전혀 언급하지 않았습니다. 그리고 그것에 대해 말하지 말라고 충고까지 했었습니다. 우리 셋이 함께 만난 적도 없었습니다."라고 말했다. 지미는 두 번째 회기에서, 자다가 젖은 침대 위에서 깨는 기분이 어떤지 묘사하려고 아주 큰 바다를 그렸다. 그리고 지미와 지난번 치료사가 야뇨증에 대해 말해본 적이 없었다는 사실을 확인했다.

나는 '드러난 문제'는 드러난 증상에 불과하다고 이해한다. 그리고 문제를 보통 (늘 그렇지는 않지만!) 더 깊은 수준에서 다루어야한다고 알고 있다. 하지만 나는 깊게 다루는 방법을 알기 전에, 우리가 가진 것에서 시작해야한다고 생각한다. 즉, 문제를 보고, 경험하며, 탐색해야 한다. 내가 앞으로 나아갈 수 있기 전에, 문제가 무엇인지 다루어야만 한다.

9세인 제프는 엄마가 자기를 데려온 이유에 대해 이야기할 때 말수가 아주 적었다. 엄마가 방에서 나간 후에, "제프야, 너는 날 무서워하는 것처럼 보이는구나. 내가 무섭니?"라고 질문했다. 제프는 어깨를 으쓱하며 자기 발을 내려다보았다. 아이의 얼굴은 이전보다 더 많이 창백하고 위축되어 보였다. "네가 학교에서 교장실로 불려갈 때에도 이렇게 두렵니?" 아이는 약하게 고개를 끄덕거렸다. "그리고 의사 선생님 방에서도 그러니? 의사 선생님에게 가는 것이 무섭니?" 아이는 나를 정면으로 바라보며, "예."라고 대답했다. 나는 "네가 느끼는 걸 말해 주겠니?" 하고 요청했다.

제프는 자기의 두려움에 대해 조금씩 말하면서 이완하기 시작하고, 아이의 목소리는 더 커졌다. "오늘 배운 마술인데, 보실래요?" 드디어 우리는 접촉을 좀 했다. 제프는 내게 마술을 보여주었고, 시간이 다되어 내가 엄마와 다음 약속을 할 때, 기뻐하는 것처럼 보였다.

루시는 8세 여자 아이였다. 루시의 엄마는 남편과 별거하는데, 이에 대한 아이의 반응을 걱정해서 찾아왔다. 아이는 특이하게 위축되고 조용해보였다. 그리고 많이 먹지 않았고, 전체적으로 '평소와 다르게' 보였다. 엄마가 말할 때에 아이는 침상 구석에 웅크리고 앉아있었다. 나는 루시의 엄마에게 걱정스러운 점을 딸에게 직접 말해보라고 요구했다. 엄마가 말을 하자 루시는 어깨만 으쓱해보였다.

루시의 엄마는 나를 쳐다보았다. "보셨지요? 내가 말하려는 것이 바로 저거예요. 얘가 내게 말을 안 해요. 감정표현이 필요한데, 아무 말도 안 해요." 그러자 루시는 "나는 말할 수 없어요. 말해봤자 아무 소용도 없잖아요."라고 말했다. 엄마는 울기 시작했고, 별거 때문에 느끼는 슬픔에 대해 말했다. 루시는 듣고 있었지만, 아무 말도 하지 않았다. 엄마는 "내 느낌에 대해 말하면, 많은 도움이 된다는 것을 알고 있어요."라고 말했다.

첫 시간에 우리만 남았을 때, 나는 가족을 그려보라고 루시에게 말했다. 아이는 아빠를 포함해서 온 가족을 그렸는데, 서로 기대고 서있었다. 각자의 얼굴은 경직된 미소를 짓고 있었고, 모두 같은 색의 옷을 입고 손을 뒤로 감추고 있었다. 아이는 그림에 대해 말하려 하지 않았지만, 그림은 그 자체로 아이에 대해 많은 것을 말해주고 있었다.

현재 자신이 겪는 상황에 대한 루시의 진술은 분명했다. 아이는 말하지 않으려고 했다. 말해봤자 무슨 소용이 있겠는가? 나는 아이의 그림을 보면서, 자유롭게 감정표현하기를 두려워한다고 짐작했다. 아이는 서로 기댈 수 있는 가족의 지지를 원했고 필요로 했다. 아니면 아이의 세상 전부가 무너져 내렸을 것이다. 이미 아이의 세상은 무너졌지만, 아직은 대처할 수 없었다. 첫 시간은 강한 영향을 주었다. 치료의 과정이 정해졌으며, 앞으로의 치료 작업을 위한 길도 마련되었다.

나는 첫 시간이 끝난 뒤에 이 시간에 무엇을 했는지, 무엇이 발생했는지, 내 느낌과 반응, 관찰한 것들에 대해 기록해둔다. 이전에는 집중해서 기록하는 것을 안 좋아했다. 그런데 최근에 나의 태도가 변했다. 때로는 아이와 함께 앉아서, 다음 회기에 계속하고 싶은 것을 기억할 수 있게 써놓는다. 또는 숙제를 기록해 둔다. (예를 들어, 숙제는 "보통 때는 하지 않지만, 자기를 돌봐주는 것이 어떤 느낌인지 알기 위해 매일 자기에게 좋은 일을 하나씩 하기.")

나는 치료 시간이 끝날 때마다 기록하는 것이 중요하다고 여긴다. 시간마다 우리가 무엇을 했고, 무슨 일이 벌어졌는지 기록한다. 보통 이런 기록들은 짧다. 때로는 치료 시간이 아주 흥미로워서 전체를 문서로 남긴다. 가끔은 녹음하기도 한다. 치료 시간에 녹음기를 사용하는 것이 치료의 일부인 경우가 아니라면, 아이들과 녹음하기는 대체로 힘들다. 많은 아이들이 녹음기가 켜져 있다는 것을 알면, 자기를 상당히 의식한다.

나에게 이런 기록들은 치료과정의 중요한 부분이다. 기록을 통해 무슨 일이 있었는지 알 수 있다. 그리고 다음 회기를 위한 활동에 필요한 것을 결정할 수 있다. 내가 너무 강한 압력을 주었다고 느끼면, 다음에는 좀 편안하게 하려고 한다. 나는 일시적인 안내지침으로 사용하기 위해 나의 느낌과 반응을 적어놓는다.

나는 이런 기록들을 부모들에게는 보여주지 않는다. (작업 과정을 전반적으로 요약해서 알려줄 뿐이다.) 반면에 아이들에게는 자주 읽어준다. 나는 아이들이 서류에 적힌 내용에 대해 매력을 느낀다는 것을 발견하였다. 아마도 아이들은 학교에 있는 서류 때문에 이런 매력을 느끼는 것 같다. 아이들은 학교에 이런 기록들이 있음을 알고, 자기에 관해 뭐라고 쓰여 있는지 궁금해한다. 나는 아이들이 알고 싶어 하면, 자기에 대해 뭐라고 말하는지 혹은 쓰여 있는지 알 권리를 가졌다고 생각한다.

아이들은 내가 뭐라고 썼는지 듣는 것을 좋아한다. 13세 여자 아이는 서류에 무엇이 기록되어있는지 궁금해서, 내가 보호관찰 공무원에게서 자기 서류를 좀 요청해 받아볼 수 있는지 물었다. 그녀는 그들이 자신에 대해 뭐라고 기록했을지 매우 걱정하고 있었다. 나는 보호관찰 공무원에게 전화를 걸었다. 그는 서류를 복사해서 보내줄 수는 없지만, 아이의 치료 작업을 돕기 위해서 기록된 핵심내용을 전화로 말해주었다. 나는 아이가 자기에 대한 인상을 많이 걱정한다고 전했다. 그와 전화 통화하면서 기록한 내용을 아이에게 그대로 읽어주면서, 내가 들었던 것들을 말했다. 아이는 내게 "이게 그가 말한 내용의 전부인가요?" 라고 여러 번 질문했다. 나는 그 내용을 다시 읽어주었다. 우리는 아이가 '서류'에 대해 느끼는 불안과 공포에 대해 이야기했다. 아이는 가출청소년으로 경찰에 잡혔을 때 함께 있던 남자 아이의 이름이 서류에 없어서 무척 안심이 된다고 내게 말했다. "나 때문에 그 아이에게 문제가 생길까봐 무척 걱정했었어요."

나의 치료실

사람들은 나의 치료실에 대해 자주 질문을 한다. 아마도 거대한 놀이터나 엄청난 장난감이 있는 놀이방을 상상할 것이다. 하지만 내 치료실은 아주 좁다. 가로 3미터, 세로 5미터 정도의 크기다. 거기엔 작은 침상 한 개와 의자 두 개, 작은 탁자 몇 개가 있다. 이 가구들은 내가 어른들을 상담할 때 주로 사용한다. 또한 미술 탁자로 사용하고 있는, 오래되고 무거운 커피 테이블이 있다. 그 밑에 있는 선반에는 그림 물감통과 물감병들, 신문지와 종이수건과 붓들을 놓아두었다. 다른 예술치료 재료들을 보관해두는 적당한 크기의 문이 달려있는 장도 하나 있다. 거기에는 종이, 크레파스, 파스텔, 잉크 펜, 손가락 물감, 찰흙, 나무와 나무 작업을 위한 연장 등을 넣어두었다.

그리고 모래상자가 있고, 그 옆의 커다란 책 상자엔 많은 장난감들과 모래상자 도구들과 게임들, 그리고 책이 들어있는 바구니들이 있다.

다음은 일반적으로 가장 유용한 장난감들이다. 미니 나무블록들, 인형의 집과 인형가구들, 거기에 맞는 인형들, 각종 운송 장난감들(자동차, 비행기, 보트, 트럭, 경찰차, 소방차, 구급차), 레고 블록, 의사놀이 세트, 장난감 전화, 군인, 탱크와 지프차, 손인형, 작은 장난감 동물들(특히 야생 동물), 커다란 고무 뱀들, 바다괴물, 공룡, 상어.

칠판이 있고 던져서 맞추는 다트 판과 코르크 판이 있다. 그리고 고무인형 펀초가 있는데, 커다란 풍선인형으로 바닥에 무게 중심이 있어서, 주먹으로 세게 치거나 때리면 다시 일어선다. 또 천으로 만든 큰 인형도 유용하게 사용한다.

치료실 바닥에는 카펫이 깔려있고, 큰 방석들이 몇 개 있다. 벽에는 칼라 포스터들이 붙어있다. 이곳은 치료 작업을 위한 이상적인 공간은 아니다. 나는 더 큰 방과 바깥에 공간이 있었으면 좋겠다. 나는 작업 공간에 만족하지 못하지만, 아이들은 전혀 신경 쓰지 않는다. 아이들은 일반적으로 이곳에 매력을 느끼고, 편안하고 행복하게 받아들인다. 우리는 대부분 바닥에 앉아서 작업하거나 이야기한다. 그게 덜 형식적이고 더욱 즐겁다. 그리고 내가 아이들과 하는 작업에도 잘 어울린다.

치료과정

아이들이 내 치료실에 들어오면서 "오늘 이거 하고 싶어요."라고 말하지는 않는다. 만약 아이가 나를 알고 믿는다면, 오늘 할 것에 대해 즐거운 기대를 한다. 아이들이 무슨 매체를 이용해보고 싶은지, 무엇을 가지고 놀고 싶은지 알 때도 있다. 때로는 지난 번 만남 후에 있었던 일들에 대해서 말하려고 한다. 아이들은 무엇을 탐색하고, 무슨 작업을 원하는지, 자신에 대해 발견하고 싶은 것이 무엇인지 잘 모른다. 대부분의 시간 동안 아이들은 이것들이 자기가 할 수 있거나, 하고 싶은 것들이라는 사실조차도 인정하지 않는다.

십대 청소년들에겐 나와 토론해보고 싶은 상황들이 자주 생긴다. 그러나 보통 자기 생활에서 일어난 일들을 단순히 이야기하거나, 학교나 가족에 대해 불평하는 것으로 대체하고 싶어 한다. 그들은 자기 안으로 더 깊이 들어가기 직전에 멈춰버린다.

그래서 그들의 내면세계로 향한 문과 창문을 열 수 있는 방법을 제공해주는 것이 내 과제다. 나는 그들에게 자기 감정을 표현하는 방법을 제공해줌으로써, 그들이 마음속에 억제하고 있는 것들을 개방해 밖으로 나오게 함으로써 이것들을 함께 다룰 수 있도록 해줘야 한다. 이렇게 함으로써 아이는 자신의 문제를 종결짓거나, 새로운 선택을 할 수 있고, 오래 가지고 있을수록 무거워지는 마음의 짐들을 가볍게 만들 수 있다.

내가 아이들에게 사용하는 대부분의 기법들은 투사가 일어나도록 격려한다. 아이가 그림을 그리거나 이야기를 하는데, 언뜻 보기에는 아이 자신이나 아이의 삶과 아무런 관련이 없는 것처럼 보인다. 투사된 것은 '저기 밖으로' 나와서, 안전하게 느껴지거나 재미있기도 하다. 우리는 흔히 투사가 '방어기제'로 불린다는 것을 안다. 즉, 내면의 자기에게 상처를 주지 않으려는 방어이다. 사람들은 자기 안에 있는 직면하기 힘든 감정들을 타인에게 투사한다. 또는 타인의 눈을 통해서만 자기를 보고, 타인이 자신을 어떻게 보는지 계속 걱정한다.

그러나 투사는 예술과 과학의 모든 영역에서 창조성을 위한 기초가 되기도 한다. 치료에서 투사는 매우 유용한 수단이 된다. 우리의 투사는 우리의 내면으로부터 나오고, 경험에서 생겨나며, 우리가 알고 관심 있는 것에서 생긴다. 그렇기 때문에 우리의 자기존재감에 대해 많은 것을 말해준다. 나는 아이가 '저기 밖으로' 표현하는 것들이 아이 자신의 환상, 불안, 공포, 회피, 좌절, 태도, 패턴, 조종, 충동, 저항, 분노, 죄책감, 소망, 욕망, 필요, 욕구, 감정들이라는 것을 안다. 아이가 '저기 밖으로' 표현하는 것들은 조심스럽게 다루어야 할 강력한 자료다. 치료자로서 이런 자료를 어떻게 다루는지가 매우 중요하다.

투사는 흔히 아이가 자신을 열어 보이는 유일한 통로다. 아이는 인형이 되어 말을 하거나, 내게 직접 말하지 않을 것들을 인형에게 말하기도 한다. 투사는 말을 안 하는 아이들에게 유용하다. 왜냐하면, 예를 들어 그림에서 나타나는 것은 매우 표현적이고, 아이 대신에 '말해주기' 때문이다. 투사는 말을 너무 많이 하는 아이에게도 유용한데, 아이가 했던 많은 말들 밑에 깔려있는 속마음에 초점을 맞춰주기 때문이다.

일반적으로 나는 아이가 투사를 통해 보여주는 자료를 해석하지 않는다. 하지만 내가 보고들은 내용을 아이와 어떻게 상호작용해야 할지 알려주는 정보로 이해하려고 한다. 나는 내가 하는 어떤 해석도 아이를 위한 치료에서는 소용없다고 생각한다. 기껏해야 해석은 내게 방향을 알려줄 수는 있지만, 그것도 어디까지나 내 감정과 경험에 근거한 내 생각일 뿐이다. 그래서 나는 그것을 잠정적인 것으로 여긴다. 나의 해석에 근거한 방향으로 아이를 이끌어 갈 때, 나는 두 배로 조심해야 한다.

주로 내가 하는 것은 '자기-자각'과 '자기-책임(소유)'으로 통한 문을 열 수 있도록, 아주 친절하고 부드럽게 아이를 도와주는 것이다. 많은 아이들이 자신의 투사를 선뜻 수용하고 인정하게 될 수 있다. 내가 어떻게 아이가 안전하게 밖으로 내놓은 것을 자기 것으로 인정하도록 도와주는지는 어느 정도 그 자체로 분명하다. 그러나 당신이 내 지시에 단계적으로 따른다고 해서, 언제나 결과를 확신할 수 있다고 보장할 수는 없다. 치료자마다 자신의 길을 발견해야 한다. 치료는 예술이다. 즉, 자기의 기술과 지식, 내면의 직관적이고 창조적이며 흘러넘치는 감각의 경험을 결합시켜야 한다. 그렇게 못한다면, 아마도 많은 것들이 생겨나지 않을 것이다.

나에게 또 한 가지 아주 확실한 것은 아이와 작업하려면 그들을 진심으로 좋아하고 존중해야 한다는 점이다. 그렇다고 아이가 당신을 괴롭히거나, 짓궂게 굴거나, 화나게 만들지 않는다는 것은 아니다. 내가 그렇게 되면 그것은 마치 빨간 신호등이 켜지는 것 같다. 나는 멈추고, 아이가 무엇을 하는지, 그것에 내가 어떻게 반응하는지, 내 반응이 어디에서 생긴 것인지 검토해본다. 이렇게 숙고한 내용은 치료과정을 위한 값진 자료로써 사용될 수 있다. 그러면 나는 아이를 걱정하는 마음 때문에, "얘야, 나는 여기서 벌어지는 일이 마음에 걸리는구나!"라고 말할 것이다. 그리곤 함께 벌어지는 일에 대해 이야기한다.

나는 어떤 아이들은, 특히 아주 어린아이들은 자기 행동의 내용과 방식에 대한 자각과 발견, 통찰을 반드시 언어적으로 표현할 필요는 없다고 생각한다. 아이들의 정서적인 성장 과정을 가로막는 행동과 막힌 감정을 개방하도록 하는 것만으로도 충분한 것처럼 보인다. 그러면 아이들은 통합적이고, 책임감 있고 행복한 존재가 될 수 있다. 또한 세상에서 성장하면서 겪게 되는 많은 좌절에 더욱 잘 대처할 수 있게 된다. 아이들은 함께 지내는 또래 친구들이나 어른들과 더욱 긍정적인 관계를 맺기 시작할 수 있다. 아이들은 평안함을 느끼고 즐겁고, 자존감을 느낄 수 있다.

치료기법들은 무수히 많다. 나는 아이들과 작업할 수 있는 새로운 방법을 계속해서 찾고 있다. 주변의 세상으로부터 아동치료과정에서 사용할 수 있는 자원들이 무한하게 제공될 수 있다. 그러나 기법들이 결코 하나의 속임수에 불과하거나, 아무런 목적 없는 활동 처방전은 아니다. 우리를 위해 선택한 기법 자체가 목적이 되어서는 안 된다. (예를 들어, 많은 교사들의 '강의계획'이 그런 것처럼 말이다.) 누구든지 아이마다 독특하다는 점에 유념해야 한다. 좋은 치료자라면 어떤 특수한 기법을 사용하든 아이와 함께 그 과정에 참여한다. 절차나 기법은 단순한 촉진제에 불과하다. 아이들과 상황에 따라서, 각 치료회기는 미리 예측할 수가 없다. 하나의 생각은 또 다른 생각을 떠오르게 하고, 창조적 표현을 위한 새로운 기법들은 계속해서 발전한다. 창조적 과정이란 끝없이 계속된다.

내가 아이와 무언가 하면서, 그것을 왜 하는지 항상 아는 것은 아니다. 때로는 실험으로 하거나, 재미로 하거나, 또는 아이가 원해서 한다. 가장 좋았던 치료 시간들의 일부가 이렇게 해서 가능했다. 내 동료는 최근에 10세 남자 아이에 대해 말했다. 그녀가 치료했던 아이는 학교에서 미국이 어떻게 여러 주들로 나누어져 있는지 배우고 있었는데, 이것에 대해 말하고 싶어 했다. 아이는 주의 경계선이 있는 미국지도를 그렸다. 아이는 국가가 나누어져있다는 생각에 매력을 느끼는 것 같았다. 내 동료는 아이에게 이전에 자신이 나눠진 듯 느껴본 적이 있었는지 질문했다. 아이는 자기와 자기의 분열상태, 즉 행복, 슬픔, 분노 등을 그렸다고 한다.

나는 치료 시간마다 놀라운 일들이 발생한다는 인상을 주고 싶지는 않다. 겉으로 봐서 흥분되거나 중요하다고 여길 만한 일이 없는 경우도 흔하다. 그러나 아이는 상담 시간마다 나와 함께 있다. 아이는 내가 자기를 수용해주고, 정직하게 대한다는 것을 곧 알아차리게 된다. 아이가 원하지 않으면, 그냥 이야기하거나 음악을 듣는다. 하지만 보통은 아이가 내 제안들 중에 한 가지를 하고 싶어 하는데, 열정적으로 원할 때도 빈번하다. 가끔 아이가 하고 싶은 것을 정확히 알고 있을 때도 있다. 이런 활동을 하면서 치료적으로 의미 있는 것들이 발생하지 않을 수도 있다. 그러나 나는 그런 동안에도 무언가 일어나고 있음을 안다.

내가 기술한 기법들은 어떤 것도 내가 직접 개발하지는 않았다. 많은 기법들은 이전부터 알려진 것들이다. 어떤 것들은 주변 환경 가운데 있어서 그냥 사용하기만 하면 된다. 어떤 것들은 다른 사람에게서 배웠던 것이고, 어떤 것들은 다른 사람의 아이디어를 내 방식으로 변화시킨 것이다. 어떤 기법들은 아주 자주 사용된다. 내가 시도하거나 생각하지 못한 많은 기법들이 있고, 알면서도 전혀 사용하지 않은 기법들도 있다. 내가 언급한 기법들에 대해 가능한 문헌자료를 언급했다. 그리고 이 책의 부록에 상당히 포괄적인 도서목록과 다른 자료목록을 첨부했다. 당신은 이 목록들을 활용하여 당신과 아이들의 욕구에 맞춰 당신의 방식으로 수정하여 사용할 수 있을 것이다.

저항

아이들은 내가 해보라고 권하는 것에 대해 조심스러울 때가 자주 있다. 10세 남자 아이에게 붉은색으로 그려보라고 하니까, "선생님, 미쳤어요?"라고 말했다. 아이들은, 특히 집단 속에서 '미친 짓' 하기를 부끄러워할 때가 있다. 마음을 너무 닫고 긴장하고, 방어적이어서 자유롭게 상상의 나래를 펴지 못할 때가 있다. 이럴 때는 그 아이에게 가장 적절하다고 생각하는 방식으로 대한다. "이것이 힘들다는 건 나도 알아." 라고 부드럽게 말해준다. (혹은 바보 같고, 미친 짓 같은 걸 나도 안다고 말해준다.) 그러고는 "그래도 한번 해봐." 라고 말한다. 나는 저항을 극복하길 원하면서도 존중해준다. 아이들의 항의에 가볍게 고개를 끄덕이면서 계속 요구한다. 보통 이런 상호작용을 하면서 나는 웃지 않는다. 진지하게 저항을 수용하는 것이다. 나는 저항을 인정해주면서도 아주 조심스럽게 대처하며, 그것을 넘어가거나 우회한다.

저항하는 아이들은 낄낄거리며 웃거나, 혐오스러운 소리를 내기도 한다. 그들은 내 요청이 좋거나 현명하다고 생각하지 않는다는 것을 다른 아이들과 내게 확실히 보이려고 한다. 나는 가짜로 기절해서 마루에 쓰러졌던 아이들도 보았다. 그렇지만 나는 저항 때문에 괴롭지 않다. 오히려 그것을 예상하고 수용하며, 내 일을 계속한다. 나와 다른 아이들이 모두 이런 행동들을 심각하게 생각하지 않는다는 것이 확실해지면, 아이들은 금방 작업에 몰입한다. 이런 저항은 한두 번 있은 후에 사라진다.

어떤 아이들은 의식적으로 저항하지 않지만, 지나치게 억압하거나 긴장해서, 자유롭게 상상할 수 있는 안전한 활동이 필요하다. 다른 아이들은 내가 제안한 방식대로 따르는 것을 몹시 두려워한다. 이럴 때는 아이의 저항 뒤에 숨은 공포를 직접 다뤄야 한다. 또는 아이가 어려운 일에 대해 모험할 준비가 되면, 스스로 결정할 수 있게 허락한다. 아이의 신뢰감이 커질수록, 마음을 더 열 것이다. 아이의 자신감이 커질수록, 위험을 더 잘 감수할 수 있다.

아이들이 환상과 다양한 투사적 표현을 이용해 자기를 편안하게 표현하면, 그들이 현실로 돌아올 수 있게 부드러운 안내를 한다. 아이들은 노출한 자기 모습을 인정하고 수용함으로써, 새로운 정체감과 책임감을 느낄 수 있다. 또한 자기를 지지하는 느낌을 갖는다. 이것은 많은 아이들에게 어려운 일이다. 그래도 나는 아이들이 상징적 표현과 환상으로부터 자기의 현실과 삶에서 겪는 실제 경험으로 돌아오는 길을 계속해서 인도한다. 나는 확고하게 대할 때도 있고, 아무런 지시를 하지 않고 그대로 있는 것이 좋다고 생각할 때도 있지만, 보통 아주 부드럽게 접근한다.

아이들을 가로막는 장애를 극복하는 가장 효과적인 기법 가운데 하나가 모델링이라고 알려진 기법이다. 개인 또는 집단치료에서 아이에게 원하는 바를 내가 직접 해보이면 그들도 따라한다. 예를 들어, 아이가 두세 번 시도 끝에 자신의 낙서에서 그림을 못 찾아내겠다고 말하면, 내가 찾아준다. 아이는 내가 요구하는 것을 깨닫게 되며, 이 작업에 매료된다. 내가 하는 것을 한 번 보고 나서, 이제 자신이 성긴다.

나는 게임이나 인형놀이, 제스처게임, 상상연습이나 그림연습을 아이와 함께 한다. 나는 가능한 한 정직하게 참여하며, 내 약점과 문제, 개인사를 개방하는 것을 두려워하지 않는다. (어떤 소년은 내가 이혼했다는 사실을 알고 큰 관심을 보였다. 내 아이가 어떻게 반응했었는지 무척 궁금해했다.) 아이들이 시작하길 두려워하면, "네가 네 살이라고 생각하고 그려봐."라고 말한다. 나는 아이들에게 시작하는 데 자신감을 주기 위해 막대 인물이나 막대동물을 어떻게 만드는지 보여줄 때도 있다.

흔히 아이가 그림을 그리는 방식은 그 아이가 삶에 접근하는 방식과도 일치한다. 아마도 아이는 많은 것들에 대해, 특히 새로운 것들에 대해 조심스럽게 접근할 것이다. 아이가 그림 그리기를 아주 불안해하면, 나는 억지로 그리라고 강요하지 않는다. 우리는 아이가 느끼는 불안에 대해 이야기를 나누거나, 혹은 덜 위협적인 것을 한다. 나는 아이에게 칠판이나 마술 그림판을 사용하라고 말할 것이다. 마술 그림판은 비닐 덮개를 들어 올리면, 그려 놓은 것이 사라진다. 두 가지 모두 자기 그림이 계속 남아 있을까봐 걱정하는 아이들에게 유용하다. 자신의 창조물을 빨리 지울 수 있다는 것을 알면 안전감을 느낄 수 있다.

어른들처럼 아이들도 그들이 있는 바로 그곳에서 수용받아야 한다. 아이들이 존재하는 곳, 즉 그들이 현재 서있는 자리와 경계에서, 점점 더 안전하고 소중하게 자신을 바라볼 수 있는 곳으로 옮아갈 수 있다. 통상적으로 아이들은 부드럽고 위협적이지 않은 방식으로 접근하면 무언가를 시도하려 한다. 가끔 아이에게 내가(상담자) 무엇을 그릴지 말해달라고 하는 것이 도움이 될 때도 있다. 또는 아이가 (매혹되어) 지켜보는데, 내가 아이를 그리는 것도 좋다. 내 그림 솜씨는 별로 없으며, 오히려 아이들처럼 그리는데, 이런 점이 아이들의 자기 능력에 대한 자신감을 더 키워줄 수 있다.

아이가 치료기법에 참여하지 않으려는 저항 말고, 당신과 처음 만날 때 보이는 초기저항이 있다. 이런 저항을 극복하는 것은 매우 미묘한 과정이라서 말로 표현하기 힘들다. 여기에는 당신의 직감이 매우 중요한데, 아이에게 다가서기 전에 먼저 당신의 직감을 알아차리고 거기에 주의를 기울이는 것이 필요하다. 아이의 직감 또한 중요한데, 즉 상담자인 당신이 신뢰할만한 사람이라는 것을 알아차리는 아이의 감각이다.

첫 시간에 당신과 부모, 그리고 아이에게 무슨 일이 생기는지가 결정적으로 중요하다. 아이는 당신을 지켜보고 말을 듣고, 당신을 평가할 것이다. 아이들은 어른에 대해서 그리고 아이를 대하는 그들의 방식에 대해 빠르게 평가하는 섬세한 감각을 가지고 있다.

당신이 아이하고만 있을 동안에 당신이 개방적이고 정직하며, 진실하고 올바른 사람이고, 편견이 없고 수용적이며, 상냥한 사람이라는 것을 알려줄 기회가 생긴다. 아이는 여러 상황에서 당신의 이런 점들을 알아낼 수 있다. 당신이 간단하게 말하거나, 단순한 접수질문을 할 때에 알아차릴 수 있다. 또는 아이가 방과 가구를 둘러보는 동안, 당신이 옆에 그냥 서있거나, 간단히 게임하거나 위협적이지 않은 활동들을 소개할 때도 그럴 수 있다.

아이가 당신과 관계 맺어도 되고, 당신이 신뢰할만한 사람이라고 결정하는 데 단지 1회기면 충분할 수 있다. 혹은 확신을 갖기까지 3~4회기가 필요할 수도 있다. 한 번 아이가 결정하면, 당신은 이것을 즉시 알아차릴 수 있다. 아이가 그런 결정을 내리지 않고 있다면, 그것도 당신은 알아차릴 수 있다. 그때는 시간을 좀 내서 당신과 아이 사이에 어떤 일이 일어나고 있는지 살펴봐야 할 것이다.

무엇보다도 아이의 저항과 방어에는 합당한 이유가 있음을 알아야 한다. 내가 반복해 말했듯이, 아이들은 생존과 자기 보호를 위해 그들이 해야 하는 것을 한다. 아이들은 혼란스러운 세상에서 살아가며, 보통 학교는 엄격하고, 아이들을 방치하며 돌보지 않는다. 이런 상황에서 아이들은 자신을 보호하고 외부의 침입을 막기 위해 자신이 할 수 있는 모든 것을 해야 한다는 것을 배운다. 아이가 나를 신뢰하기 시작하면서 조금씩 마음의 문을 열면서, 좀 더 상처받기 쉬운 상태가 된다. 그러므로 나는 편안하고, 천천히 부드럽게 진행해야 한다.

내가 자문위원으로 소속된 치료자 집단의 슈퍼비전 사례가 있다. 한 치료자가 아이의 저항에 부딪히면서 좌절했던 경험에 대해 말했다. 나는 내가 아이의 저항을 극복할 수 있는 온갖 방법들을 치료자에게 제안하고 있다는 것을 갑자기 깨달았다. 치료자의 편이 되어 아이에 대해 대항했던 것이다. 내가 치료자와 동맹을 맺어 치료자를 강하게 만드는 것은 실제로 아이의 저항을 증가시켜줄 뿐이다. 나는 내 자신에게 물었다. "어이, 잠깐 기다려봐. 자네는 아이가 저항하지 말아야 한다고 생각하나?"

왜 아이는 저항해서는 안 되는가? 아이는 그럴만한 이유가 있어서 그러는 것이다. 우리는 저항을 수용하는 것을 배워야 한다. 저항에 대해 방어적이거나 공격적으로 대할 것이 아니라 사실적으로 대하면서 수용하는 것을 배워야 한다.

어떤 아이들은 계속해서 저항을 한다. 아이의 초기 경계심이 사라진 후에도, 아이의 저항에 다시 부딪히곤 한다. 아이는 "그만! 여기서 멈춰야 해요. 이건 너무 많아요! 너무 힘들어요! 너무 위험해요. 나를 보호해주는 벽 너머에 무엇이 있는지 보고 싶지 않아요. 그걸 직면하길 원치 않아요." 아이와 함께 이런 지점에 도달할 때마다, 우리는 앞으로 나아가고 있는 것이다. 모든 저항의 벽에는 새로운 성장의 영역으로 통하는 새 문이 달려있다. 여기가 무서운 곳이다. 아이는 자신을 잘 보호하고 있다. 왜 보호하지 않아야 하는가?

나는 가끔 이 지점이 프릿츠 펄스가 막다른 골목이라고 부른 것과 비슷하다고 생각한다. 우리는 막다른 골목으로 들어선 사람을 볼 때, 그가 마치 지금까지 사용해왔던 과거의 전략은 포기했지만 새로운 전략은 아직 수립되지 않았기 때문에, 전혀 지지가 없는 상태에 놓인 것을 목격하게 된다. 그는 이런 상태를 회피하려고 자기가 할 수 있는 모든 것을 한다. 즉, 이 상태로부터 도망치거나 이 상황을 흐리게 만들려고 일부러 혼란 속으로 빠져들기도 한다. 만일 우리가 아이가 이런 막다른 골목에 처해 있다는 사실을 있는 그대로 인식할 수 있다면, 아이는 지금 새로운 존재 방식의 경계점에 이르렀다는 것을, 즉 곧 새로운 발견을 할 것이라는 것을 알 수 있게 된다. 그래서 저항이 나타날 때마다, 그것이 경직된 경계선이 아니라, 여기서 뻗어나가 성장할 수 있는 지점에 이른 것임을 알 수 있게 된다.

치료의 종결

부모들이 아이에게 심리학적 도움 주기를 주저하는 중요한 이유 하나가 일단 치료를 시작하면 장기적으로, 아마도 수년간 걸린다고 여기기 때문이라고 나는 생각한다. 이것이 심리치료에 대한 전통적인 이미지였다. 물론 경우에 따라 장기간 치료받아야 하는 아이들도 있다. 그러나 나는 일반적으로 아이들은 장기치료를 해서는 안 된다고 생각한다.

아동에겐 성인이 가진 여러 층의 미해결 과제들이나 수년간 모아놓은 '오래된 테이프들'이 없다. 나는 아이들에게 3~4회기의 단기간에 극적인 치료 효과가 나타나는 것을 보았다. 아이의 생활에 아주 특별한 상황이 없는데도 아이가 어떤 치료자에게서 아주 오랜 기간 동안, 예를 들어 1년 이상 치료를 받고 있다면, 나는 그 치료 관계에서 어떤 일이 벌어지고 있는지 자세히 들여다보고 싶어질 것이다.

보통 3~6개월 정도 지나면 치료를 종결할 수 있을 만큼 충분한 진전이 있다. 이 기간에 아이들은 고원상태, 즉 치료의 정점에서 계속 평평하게 머무르는데, 이때가 치료를 종결하기에 적합한 시점이다. 아이들에겐 자신의 자연스러운 성숙과 성장, 치료결과의 변화를 통합하고 동화할 수 있는 기회가 필요하다. 이런 고원상태는 존중되어야 할 저항의 신호이기도 하다. 마치 아이는 이 저항의 벽을 현재로서는 극복할 수 없다는 것을 아는 것 같다. 아이에겐 더 많은 시간이 필요하고, 더 많은 힘이 필요하다. 아마 아이는 좀 더 커서 이 장소를 다시 찾아와야 할지 모른다. 아이들은 이런 사실을 인식하는 내적 감각을 가진 것 같다. 치료자는 이와 같은 종결시점과 이전에 나타났던 장애물들 간의 차이를 알아야만 한다.

종결시점을 알려주는 단서들이 있다. 한 가지는 아이의 행동이 변했다는 학교나 부모의 보고이다. 아이가 갑자기 집 밖의 활동, 예를 들면 야구나 클럽활동 혹은 친구들과 하는 활동에 참여하기 시작한다. 이런 시점에선 차츰 치료가 아이의 생활에 방해가 된다. 보통은 치료 초기의 경계심이 풀리고 나면, 고원상태에 이르기 전까지는 아이는 즐거이 치료에 온다. 만약 그렇지 않다면 자세히 이유를 살펴봐야 한다.

단순히 행동이 좋아진 것만으로는 치료종결을 위한 충분한 이유가 되지 못한다. 아이의 행동 변화는 아이가 치료자에게 자기의 깊은 내면을 열어 보이고 표현했기 때문일 수 있다. 따라서 작업 자체에서도 단서들을 찾아봐야 한다. 치료 시간에 나오는 자료들은 종결시점을 알려주는 좋은 지표가 될 수 있다.

유치원 교사와 엄마가 모두 '싹수가 없는' 아이라고 낙인찍었던 5세 남자 아이가 한동안 행동상의 변화를 보였고, 이제는 '싹수가 있는' 아이로 간주되었다. 그러나 치료 시간에 아이는 감정들을 계속해서 발견해나갔고, 나는 아이에게 감정들을 표현하고 다룰 수 있도록 도와주었다. 그러나 3개월 후에 나는 어떤 변화를 감지했다. 아이는 나를 '데리고 놀기' 시작했다. 그래서 치료 시간은 더 이상 '치료 작업'의 분위기가 느껴지지 않았다.

어느 날 나는 이야기하기에 사용하는 그림 몇 장을 아이에게 보여주었다. 한 그림에는(아동 주제통각 검사에서 가져온) 토끼 한 마리가 어두운 방에 있는 침대에 앉아있고, 방문이 반쯤 열려있었다. 일반적으로 이 그림은 공포를 느끼거나, 버려진 느낌 혹은 외로움의 반응을 불러일으킨다. 아이는 "작은 남자애가, 그 토끼 말이에요, 잠에서 깨어 방안에 앉아 있어요. 너무 일찍 일어나서 아침이 될 때까지 기다리고 있어요."라고 말했다. 나는 "어두워 보이는데, 아이가 무서워하는 것 같니?"라고 질문했다. 아이는 "아뇨, 아이는 무서워하지 않아요. 왜 무서워하겠어요? 엄마랑 아빠가 옆방에 있는데."라고 반응했다. 나는 "왜 문이 열려 있는지 궁금하네."라고 말했다. 아이는 의아한 듯이 날 쳐다보며 말했다. "그래야 아이가 들어오고, 나갈 수 있잖아요." 나는 이제 아이가 괜찮다는 것을 알아차렸다.

이 아이에게 엄마 캥거루의 주머니에 아기 캥거루가 들어있고, 뒤에서 세발자전거를 타고 있는 작은 캥거루가 그려진 그림을 보여주었다. 엄마 캥거루는 식료품 바구니를 손에 들고 있었고, 아기 캥거루는 풍선을 들고 있었다.

빌　리: 그들은 가게를 막 다녀왔고, 지금은 소풍을 가요. 아기는 풍선을 가지고 놀고, 남자 아이는 자전거를 타고요.

치료자: 엄마는 뭐 하시지?

빌　리: 엄마는 뭔가 먹고 싶어 해요. (빌리의 엄마는 먹는 것을 지나치게 좋아한다.)

치료자: 남자 아이가 아기가 들어있는 주머니에 들어가고 싶어 하니? (빌리의 가족은 아기가 있었다.)

빌　리: (아주 오랫동안 그림을 바라본 후) 아뇨. 그가 아기였을 때, 그곳에 있었어요. 그는 이제 자전거를 탈 정도로 컸어요. 하지만 아기는 아직 못 걸어요.

치료자: 네가 아기였을 때 기회가 있었으니까, 이제 동생 차례란 말이니?

빌　리: 맞아요!! (활짝 웃으며)

아이는 충분히 치료를 받았기 때문에 이제 스스로 작업을 할 수 있는 경우가 많다. 이는 특히 아이의 치료와 병행하여, 부모가 따로 자신의 치료를 받아 아이를 새로운 방식으로 대하는 것을 배웠을 경우에 그렇다. 가끔 아동의 치료가 끝난 후에, 부고 중

한 사람 혹은 두 사람이 모두 자신의 갈등과 감정을 탐색하기 위해 치료를 받으려고 결심한다. 아이를 치료에 데려온 경험을 통해서, 부모들은 치료받는 것을 좀 편하게 생각하며, 때로는 몹시 원하기도 한다.

아이가 함께 치료를 받으면 부모는 안심하고 기분이 나아져서, 집안의 분위기가 더욱 이완된다. 이것은 아이가 치료에서 더욱 많은 것을 얻도록 도와주며, 아이는 아주 긍정적인 행동 변화를 보이기 시작한다. 학교 선생님들이 이것을 알아차리고 좋아하기도 한다. 그러는 동안에 아이는 더 자라고 현명해진다. 아이도 같이 성장하고 성숙해지는 것이다. 이런 모든 변인들이 치료에 추가적으로 함께 작용한다. 즉, 좋은 것들이 서로 더해져서 눈덩이 효과를 일으키고, 시너지 효과가 발생한다.

물론 치료를 조기에 종결하는 것도 가능하다. 7세의 여자 아이에게서 종결시기에 나타나는 모든 징후들이 보였다. 아이는 학교와 집에서 잘 지내고, 친구들과도 잘 어울렸고, 치료에서 생산적인 '작업'은 점점 줄었다. 나는 아이를 6개월간 만나왔다. 나는 어느 날 치료 시간에 모든 것이 이대로 좋게 유지된다면, 종결을 계획해도 좋겠다고 아이와 엄마에게 말했다. 그날 아이는 집에 가서 과거에 했던 행동들의 일부, 즉 방화, 도벽, 재산 파괴 등을 다시 시작했다. 아이 엄마는 다음 치료 시간에 이 문제에 대해 혼란스러워하며 말했다. 아이는 "내가 좋아지면, 바이올렛 선생님을 만날 수가 없잖아요."라고 말했다. 그 순간 나는 아이에게 종결에 대한 준비를 제대로 못시켰거나, 종결을 위한 아이의 준비 상태를 잘못 판단하고 있었다는 것을 깨달았다. 이처럼 아이들은 우리가 알아야 하는 것을 말해준다.

아이에게 종결을 준비시키는 것은 중요하다. 우리는 아이의 독립과 자기지지를 가능한 한 많이 북돋아주지만, 또한 동시에 서로 애착을 형성하기도 한다. 그래서 우리는 좋아하고 돌보는 사람과 헤어질 때, 작별과 관련된 감정들을 다루어주는 것이 필요하다.

종결은 이 단어가 의미하는 것처럼 반드시 최종적일 필요는 없다. 종결이란 단지 이번에 끝내는 시점이고, 치료를 중단하는 시점에 도달했음을 의미한다. 어떤 아이들은 필요할 때 다시 올 수 있다고 확인해주는 것이 필요하다. 나는 치료종결 여부를 탐색할 때, 보통 1회기 정도 부모도 참가시켜 이런 문제들을 개방적으로 토의한다. 하지만 이렇게 하는 것이 불가능할 때도 있다. 내가 인턴생활을 하던 곳을 떠난 뒤에,

8세의 여자 아이로부터 다음 쪽에 있는 쪽지를 받았다.

나는 아이와 만나는 것을 갑자기 멈추는 것을 싫어한다. 나는 두세 번이나 그 이상으로 격주로 만나자고 제안한다. 우리는 치료에 대해, 그동안 무엇이 발생했는지 함께 이야기 나누며 일종의 평가를 한다. 우리는 아이의 서류철 그림들을 함께 보면서, 이야기했던 것들을 회상하기도 한다. 8세의 여자 아이는, "이별을 위한 카드를 만들어 드리고 싶어요."라고 말했다. 나는 승낙을 했고 재료를 가져왔다. 아이는 꽃이 가득한 밸런타인 카드를 만들어 주었다. 아이는 내게 카드를 주며, "선생님이 보고 싶을 거예요."라고 말했다. "나도 네가 보고 싶을 거야."라고 말했다. 그러자 아이는 울기 시작했다. 아이는 내 무릎 위에 앉았고, 나는 아이를 안아주면서 이별하기가 때로는 얼마나 힘든지 말해 주었다. 아이는 고개를 끄덕이며 울었고, 나도 조금 울었다. 그러자 아이가 일어나서, "내가 선생님께 다른 카드를 하나 만들어 드릴게요."라고 말했다. 아이는 웃으며 장난스럽게 윙크를 했다. 아이는 만화 같은 아주 재미있는 카드를 만들었다. 우리는 함께 웃었고, 나는 주소와 전화번호를 주면서 언제든지 하고 싶으면 전화하고 편지를 보내라고 말했다.

내가 학교에서 근무할 당시에 일반학급으로 이동했던 아이들에게 전화번호를 알려주었다. 그 아이들 중에 한 아이는 가끔씩 전화하곤 했다. 그런 통화는 일반적으로 아주 짧고, 전화상으로 하는 단순한 접촉 같은 것이었다. 나는 그런 통화가 좋았고, 한 순간도 의존적인 관계를 조장하는 것이라고 느끼지 않았다. 그것은 이전에 아주 친했던 사람들 사이에서 하는 사교적인 연락 같은 것이었다. 반면에 개인치료를 받는 아이들의 전화는 드물었고, 대신에 비슷한 의미에서 편지를 받았다. 나는 간단한 글을 적은 카드 답장을 보내주었다. 나는 이런 식으로 연락하길 원하던 아이들이 한두 번 편지를 교류한 후에 만족해하는 것을 알게 되었다.

나는 학교 선생님들이 아이들에게 방학 동안 무엇을 하려는지 그려보라고 하면서 수업 마지막 날을 종결하는 것이 선생님들이 저지르는 전형적인 실수라고 생각한다. (그리고는 가을엔 학생들에게 여름에 무얼 했는지 그려보라고 한다.) 아이들이 완전히 확신할 수 없는 것에 대해 생각하라고 하면, 지금 이 순간 무엇이 일어나는지 완전히 자각하는 것을 막게 된다. 아이들이 방학을 맞아 교실을 떠나는 지금의 느낌을 색과 선, 형태를 이용해 그림으로 그려보라고 하는 것이 더 낫다.

바이올렛 선생님께,
선생님이 보고 싶어요.
선생님을 사랑해요.
선생님이 필요해요.

학교에서 두 집단을 지도했던 사회사업가는 학년이 끝나면 직장을 옮기기 때문에 앞으로 아이들을 다시는 못 보게 될 것을 생각하면 슬프다고 내게 말했다. 하지만 학교를 떠나는 것이 다른 한편으론 무척 기쁘기도 하다고 말했다. 그녀는 자신의 양가감정과 다가올 이별에 대한 감정들을 어떻게 다루어야 할지 혼란스러워했다. 그녀는 떠나는 것이 슬프다고 하면서, 동시에 기쁘다고 말함으로써 아이들을 기분 나쁘게 하지 않을까 걱정하고 있었다. 하지만 내게는 이것이 아이들과 혼합된 감정들을 이야기할 수 있는 아주 좋은 기회로 보였다. 즉, 그녀가 느끼는 두 가지 감정을 모두 진솔하게 표현할 수 있는 좋은 기회라고 생각했다. 아이들도 자주 혼합된 감정들을 느끼며, 그 때문에 상당히 혼란스러워한다. 그녀는 "그래요, 내 감정을 아이들에게 표현하는 것이 아주 중요하다는 말씀이 옳다고 생각해요. 이별은 정말 힘들어요. 나도 다른 상황에서 나를 아껴주었던 사람들이 내게 그런 감정을 더 많이 표현해주었더라면 하고 아쉬워했던 것 같아요."라고 말했다.

우리는 모두 언제나 이별하고 헤어지는 것과 관련된 미해결 과제를 조금씩은 갖고 있는데, 이것 때문에 종결하는 것이 더욱 힘들다. 우리는 그런 상황에서 자신의 감정을 접촉하면서, 이를 솔직하게 표현하기를 어려워하지 말아야 한다. 헤어지는 것에 대해 슬픔을 느끼는 것은 (혹은 기쁨도 마찬가지다.) 전혀 잘못이 아니기 때문이다!

10
구체적 문제행동

이 장에서는 아이들이 치료를 받으러 온 계기가 된 특정문제들에 대해 좀 논의하겠다. 나는 아이들이 보이는 문제들이 때로는 보기 안 좋은 때도 있지만 결코 그것들이 병이라고는 생각지 않는다. 나는 그것들은 아이들이 살아남기 위해 애쓰는 행동이며, 아이들이 갖고 있는 생명력의 증거로 본다. 아이들은 이 세상에서 살아남기 위해 자기가 할 수 있는 모든 것을 다 한다. 그들은 성장이라는 자신의 소명을 달성하기 위해 자기가 생각하기에 최선이라고 여기는 일들을 한다.

보통 사람들이 생각하는 것과는 달리 아동기는 매우 어려운 시기다. 존 홀트(John Holt)는 그의 저서 『아동기로부터의 도피』(*Escape from childhood*)에서 어른들의 잘못된 생각에 대해 논했다.

> 많은 사람들은 아동기를 아이들이 지혜롭고 강하게 성장할 때까지 험한 세파로브터 그들을 안전하게 보호해주는 방호벽에 둘러싸인 정원에서 곱게 지내는 시기로 생각한다. 물론 어린 시절을 그렇게 잘 보내는 아이들도 더러 있다. 나는 그런 아이들의 행복한 낙원을 깨부수거나 그들을 낙원으로부터 쫒아내고 싶지 않다. 그런 좋은 환경에 있

> 는 아이들이라면 그 곳에 머물게 해주고 싶다. 하지만 내 생각엔 아이들 대다수가 점점 더 어린 나이에 그들의 어린 시절을 낙원이 아니라 감옥으로 경험하는 것 같다.
>
> 나는 모든 아이들이 그것도 항상 불행하다고 말하는 것은 아니다. 하지만 천진난만한, 행복하고, 안전하고, 보호받는 그런 어린 시절을 보내지 못하는 아이들이 너무나 많다. 많은 아이들에게 있어 어린 시절은 참을 수 없을 정도로 너무 길게 느껴지며, 그들에게는 이 시기를 상처받지 않고 고통 없이 무난히 피해나갈 뾰족한 방법이 별로 없다. (9쪽)

나는 홀트의 이러한 의견에 동의한다. 나는 많은 아이들이 어린 시절의 '감옥'에서 살아남기 위해 극단적인 방법을 선택하는 것을 보아왔다. 그들은 언젠가 자신이 어른이 되면 마침내 사람들로부터 존중받고 정당한 대접을 받으며, 스스로 자신을 책임질 수 있는 날이 올 것이라는 희망을 갖고, 그때까지 모든 어려움을 참고 때를 기다린다. 하지만 그들은 어른이 될 때까지 너무나 오래 기다려야만 한다.

공격성

어른들은 흔히 아이들이 직접적이고 자발적인 행동을 하는 것을 공격적으로 지각한다. 그들은 흔히 이런 아이들을 '행동화(acting out)' 한다고 규정하는데, 이들이 억제하지 못하고 세상에 대항한다고 해석하는 것이다. '행동화' 란 말은 내가 생각하기에 부적절한 딱지다. 수동적이고, 철회적이며, 복종적인 아이들 심지어 '긴장 부동형적(catatonic)' 아이들조차도 사실은 그들 나름대로 행동화를 하고 있다. 우리들 모두가 어쩌면 우리 각자의 독특한 방식으로 무언가를 행동화하고 있는지 모른다.

학교에서 적극적 행동을 함으로써 '행동화' 라는 딱지를 받는 아이들이 선생님 눈에 제일 먼저 띄게 된다. 이런 아이들은 안절부절못하고, 충동적이며, 특별한 이유 없이(가끔 이유가 있을 때도 있다.) 다른 아이들을 때리며, 말을 안 들으며, 큰 소리로 떠들고, 수업을 방해하며, 다른 아이들을 괴롭히거나 시비를 걸고, 아이들을 끌어들여 함께 말썽을 피우기도 하며, 자기 주장대로 하려고 한다. 어른들은 아이들의 이런 행동을 좋아하지 않는다. 우리가 편하게 생각하는 사회적 분위기를 파괴하기 때문이다.

그런데 아이들의 이런 행동들은 객관적으로 볼 필요가 있다. 왜냐하면 이런 행동은 어른과 아이들 사이에 이중적 잣대를 들이대는 사회체계 속에서 나타나기 때문이다. 예컨대, 어른들은 아이들의 말을 방해한다고 야단맞는 일이 없다. 아이들의 행동은 때로 어른이나 아이들에게 모두 성가신 것은 사실이다. 하지만 아이들의 이런 행동들을 '공격적', '반항적', '행동화', '무례한', '불순종적' 등의 형용사를 써서 딱지를 붙이는 것은 가치판단적인 평가이다. 나도 가끔 이런 표현들을 쓸 때가 있지만, 이런 용어들은 분명히 평가적인 말이며 딱지를 붙이는 행위다.

때로는 아이들이 단순히 분노감정을 표현하는 것일 뿐인데도 공격적이다고 평가된다. 아이가 화가 나서 접시를 깨뜨리거나 혹은 다른 아이를 때릴지도 모른다. 하지만 대체적으로 볼 때 공격적 행동들은 분노를 제대로 표현했다기보다는 공격행동을 통해 오히려 진정한 분노감정을 회피해버리는 경우가 많다. 흔히 반사회적 행동이라고 불리는 공격적 행동에는 남의 물건을 부수거나 훔치는 행동 혹은 방화 등의 파괴적 행동이 있다.

적대적이고 말썽을 피우며 파괴적 행동을 하는 아이들은 깊은 분노감정과 버림받은 느낌, 불안감과 불안정한 느낌, 상처받고 혼란된 자기 정체감을 느끼는 아이들이다. 이런 아이들은 자신에 대해 잘 모르며, 또한 자신이 느끼는 감정을 표현하는 것에 대해 두려워하며 꺼린다. 이 아이들이 만일 자신의 감정을 표현한다면 더 이상 공격적 행동을 할 수 없게 될 것이다. 이들은 자신이 살아남기 위해 이런 공격적 행동들을 해야 한다고 느낀다.

클라크 무스타커스(Clark Moustakas)는 그의 저서 『아이들과의 심리치료』(*Psychotherapy with Children*)에서 문제아동들을 목표가 정해지지 않은 미분화된 분노와 공포감에 의해 이끌려 행동하는 것으로 묘사했다. 이들은 거의 모든 사람, 모든 것들에 대해 적대감정을 나타낸다. 흔히 부모나 선생님들은 이런 장애가 아이의 내부에서 비롯된다고 생각한다. 즉, 아이의 내면의 그 무엇이 아이들로 하여금 이렇게 행동하게 만든다고 믿는다. 그런데 사실은 정반대다. 아이들을 혼란시키는 것은 외부환경이다. 아이들은 자신의 내부에 의해서가 아니라 외부로부터 자극을 받는다.

한편, 아이들에게 부족한 것은 자신들을 화나게 만들고 공포를 느끼게 하는 외부의 도발에 대해 적절하게 대처하는 능력이다. 아이들은 단지 불친절한 환경에 의해 유발된 분노감정을 어떻게 처리해야 할지 모르는 것이다. 따라서 아이가 어떤 문제를 일으키면 그것은 아이가 어떻게 다른 방법으로 행동해야 할지 모르기 때문이다. 실제로 환경은 때때로 아이들이 반사회적 행동을 하도록 도발한다. 아이들은 대체로 갑자기 공격적으로 되지는 않는다. 얌전하고 착한 아이가 어느 순간 갑자기 돌변해서 길가에 서있는 차에 불을 지르거나 스프레이 페인트를 뿌려대지는 않는다.

변화의 과정은 대개 서서히 일어난다. 아이는 처음에 자신의 욕구를 조용히 표현하지만 어른들이 그것을 무시한다. 마침내 극단적인 방법으로 자신의 욕구를 표현할 때 비로소 어른들은 주의를 기울인다. 어른들이 반사회적이라고 부르는 이런 행동들은 아이들이 사회적으로 다시 연결되기 위한 처절한 시도로 보아야 한다. 아이들은 자신의 감정을 외부에 알리기 위해 지금 자기가 하고 있는 이런 행동방식 이외의 것들에 대해서는 알지 못한다. 마치 아이들은 이 세상에서 살아남기 위해 자기가 알고 있는 유일한 행동방식을 수행하는 것처럼 보인다.

이런 아이들이 내 상담실에 오면 공격적 행동을 하는 일이 거의 없다. 나를 신뢰하기 시작하면서 아이의 놀이나 이야기, 그림 혹은 찰흙작업에서 서서히 공격성이 나타나기 시작한다. 나는 이처럼 아이가 자신을 드러내면 비로소 작업을 시작한다. 표현되지 않은 공격성에 대해서는 치료를 할 수가 없다.

첫 시간에 대개 부모는 아이의 문제행동에 대해 이것저것 막 불평을 늘어놓는다. 이때 아이는 찌푸린 얼굴을 한 채 소파 구석자리에 앉아 부모의 이야기를 안 듣는 척, 관심없는척 한다. 그러다가는 가끔 "아니야!" 혹은 "안 그랬어!"라고 말하며 항의한다. 이때 나는 많은 아이들 그리고 그 가족들과의 치료 경험을 통해 문제는 아이가 아니라 오히려 부모에게 그리고 아이 행동에 대한 부모의 감정적 반응에 있을지 모른다고 추측한다.

하지만 나는 무조건 일반화하여 모든 사람에게 가족치료나 부모치료를 제안하는 대신 좀 더 구체적인 증거가 있을 때까지 기다린다. 그렇게 하기 위해서는 아이를 좀 더 자세히 알 필요가 있다. 이 아이와 아이의 가족들이 구체적으로 어떻게 행동하고 있는지 좀 더 자세히 알아야 한다. 따라서 나는 아이의 공격성에 대해 이야기하기보다는(그렇게 하면 아이는 나를 소외시키게 될 것이다.) 아이가 위협적으로 느끼지 않는 어떤 놀이를 제안하여 아이와 나 사이에 관계 형성과 신뢰감 조성을 시도한다.

아이는 내가 부모님에게서 자신의 문제에 대해 들었다는 사실을 안다. 하지만 나는 아이에게 무조건 부모의 말만 믿는 것이 아니라 직접 자신의 이야기를 들어볼 생각이라고 말해준다. 그리고 모두 행복해질 수 있도록 함께 노력해보자고 말한다. 나는 때로는 이런 것들을 말로 표현하지 않고 행동이나 태도를 통해 아이가 느끼게 해준다.

내게는 오히려 공격적이고 행동화하는 아이들이 억제되고 철회적 행동을 하는 아이들보다 다루기가 더 쉽게 느껴진다. 공격적인 아이들은 매우 빨리 자신의 문제가 무엇인지 보여준다. 나는 이런 아이들에게 무엇이든 자신이 하고 싶은 행동을 한번 해보라고 말하면서 작업을 시작한다. 그는 나와 함께 할 수 있는 게임을 고르거나 아니면 그림이나 찰흙 또는 모래상자나 총을 든 군인을 선택해서 놀이를 시작한다. 만약 아이가 무엇을 하고 싶은지 모르겠다고 말하면 내가 어떤 놀이를 제안하기도 한다.

일반적으로 나는 이런 상황에서 진단을 내리지 않는다. 이런 아이들은 대체로 의심이 많고 방어적이다. 어떤 의미에서 나는 아이에게 즐거운 경험을 제공하여 다시 상담소로 오고 싶도록 유도한다. 아이는 내가 제공해주는 종류의 관심에 매우 목말라 있기 때문에 관계 맺기가 그렇게 어렵지 않다.

이런 이유에서 나는 처음 몇 시간은 너무 직접적인 질문은 하지 않으며 문제를 직접 다루지도 않는다. 따라서 "네가 공격적이라고 들었어. 톰을 때렸다며?"라는 식으로 말하지 않는다. 나는 아이가 놀이나 그림을 통해 보여주는 자료들을 갖고서 작업을 한다. 즉, 아이가 좋아하는 것들을 하면서 치료를 한다. 그러다가 차츰 정서가 나타나면 좀 더 의도적인 활동을 하면서 치료를 한다. 보통 분노감정이 제일 먼저 표면으로 떠오른다. 분노감정 아래에는 상처가 있을 수 있다. 하지만 먼저 떠오르는 것은 분노감정이나 격노이다.

분노

분노는 솔직하고 정상적인 감정이다. 누구나 화를 낸다. 나도 화를 낸다. 당신도 화를 낸다. 분노감정이 있을 때 우리는 화를 낸다. 분노를 인정하느냐 않느냐에 따라 또는 어떻게 표현하느냐에 따라 문제가 발생한다. 분노를 처리하는 방식에 대해서는 문화의 영향이 적지 않다. 우리의 문화는 화내는 것에 대해 좋지 않게 생각한다. 아이들은 이 점에 대해 이중 메시지를 받는다. 즉, 아이들은 어른들이 화내는 것을 직접 경험하거나 혹은 차가운 냉대의 형태로 간접 경험을 하지만 아이들이 직접 자신의 분노를 표현하는 것은 대부분 허용되지 않는다. 어릴 때부터 그들은 분노를 억제하는 것을 배우게 된다. 엄마가 아이에게 화를 내면 아이는 자신이 나쁜 사람이기 때문에 엄마가 화냈을 거라고 생각하여 수치심을 느끼며, 어쩌다가 자신의 분노를 참지 못하여 화를 내면 화낸 것에 대해 야단맞게 되므로 죄책감을 느낀다.

아이들은 TV나 영화의 폭력물이나 군대나 경찰의 행동을 통하여 분노감정의 표출을 관찰한다. 혹은 폭력적 범죄나 전쟁에 대한 뉴스를 듣는다. 그 결과 아이들은 자신들이 화가 날 때 매우 놀라거나 대료되기도 한다. 따라서 분노감정은 내면에 숨어 있는 괴물과 같아서 항상 눌러 억제하거나 못 본 척하거나 혹은 회피해야 할 대상이 된다.

나는 아이들과 분노감정에 대한 작업을 할 때 다음의 4단계로 나누어서 한다.

1) 아이가 자신의 분노감정을 표현할 실제적 방법들을 가르쳐준다.
2) 아이가 간직하고 있는 분노감정을 접촉해서 표현하도록 격려한다.
3) 자신의 분노감정을 상대에게 솔직한 언어로 표현하도록 도와준다.
4) 아이와 함께 분노에 대해 그것이 무엇인지, 언제 분노감정을 느끼는지, 그것을 어떻게 표현하는지, 분노를 느낄 때 무엇을 하는지 등에 대해 이야기한다.

아이들은 분노를 표현하는 것을 매우 어려워한다. 반사회적 행동들(사회적 규범에 어긋나는 행동들)은 분노감정의 표현이라기보다 진정한 감정의 회피라고 보아야 한다. 상처받은 감정들은 대개 분노감정 아래에 숨겨지는데, 아이들이(어른들도 마찬가지다.) 표면의 분노감정을 뚫고 내려가 그 아래의 상처받은 감정을 직접적으로 표현한다는 것은 매우 두렵고 어려운 일이다. 물건을 부수거나 반항적 행동을 하거나 혹은 냉소적으로 됨으로써 에너지를 흩어버리는 것이 더 쉬운 방법이다.

우리의 모든 감정들은 근육이나 신체기능을 사용함으로써 물리적 에너지를 쓰는 것과 관련되어 있다. 만일 우리가 어떤 형태로든 직접적으로 분노를 표현하지 않으면 그것은 마침내 우리에게 해로운 형태로 분출된다. 나는 아이가 분노를 억누르고 통제하고 있다고 느껴지면 아이가 적절한 형태로 분노를 표현하도록 가르친다. 이때 여러 가지의 방법이 가능하다.

케빈은 6세 남아인데 심한 자해행동 때문에 의뢰되어 왔다. 그는 온몸을 긁어댔는데, 몸에 상처를 내지 않을 땐 물건을 부수었다. 그가 침대 매트리스를 찢기 시작하자 어른들이 더 이상 견딜 수 없어 데려온 것이다. 그는 분노감정을 심하게 억누르고 있었지만, 이를 직접 표현하는 것에 대해서는 매우 두려워하고 있었다. 그는 현재 보육원에서 살고 있었는데, 벌써 너댓 번이나 다른 시설로 옮겨졌었다.

찰흙작업을 하면서 케빈은 학교 친구 한 명에 대해 언급했다. 그 소년에 대해 말하면서 케빈은 찰흙을 맹렬하게 공격하기 시작했다. 나는 그 아이와의 관계에 대해 "그 애랑 뭘 하며 노니?"와 같은 아주 부드러운 질문을 했다. (이런 순간에 아이는 조심스럽게 껍질 속에서 밖으로 고개를 내미는 자라와 같아서, 아이가 놀라 다시 숨지 않도록 부드럽고 조심스럽게 접근해야 한다.) 케빈은 기어들어가는 목소리로 대답했다. 나는 다시 물었다. "걔가 가끔 너를 화나게 만드니?" 케빈은 고개를 끄덕이면서 그 아이가 자기를 괴롭힌다고 말했다.

나는 베개를 세워놓고 그 아이라 생각하고 자신이 어떻게 느끼는지 말해주라고 했다. 내가 먼저 베개에게 말하는 방법을 보여줬다. 곧 케빈도 따라서 그 아이에게 여러 가지를 말했다. 화난 감정도 표현했다. 나는 케빈에게 베개를 쳐보라고 말했다. 이번에도 내가 먼저 해보였다. 케빈은 처음엔 매우 주저했지만 곧 익숙해져 그 아이에게 말하면서 신나게 베개를 때렸다. 나는 케빈에게 그 아이에게 혹은 다른 사람에게 화날 때마다 집에서 베개나 침대를 때려보라고 제안했다.

그의 양모는 케빈이 첫 주에는 학교에서 돌아온 후 매일 몇 시간씩 베개를 때렸는데, 지금은 차츰 횟수가 줄었고, 이제는 몸을 긁거나 침대 매트리스를 찢는 행동을 멈추었다고 했다. 물론 우리는 다른 작업도 했다. 케빈의 생모에 대한 감정 그리고 자신의 삶에서 있었던 여러 일들에 대한 작업이었다. 하지만 이런 것들을 다루기 전에 표면에 있는 사건들과 그와 관련된 분노감정을 먼저 다루어야만 했다. 케빈은 이를 어떻게 다뤄야 할지 몰랐기 때문에 도움이 필요했다.

나는 분노를 표현하는 수단으로 베개를 때리는 것 외에도 신문 찢기, 종이 구기기, 베개 차기, 깡통 차기, 골목 돌기, 테니스 라켓으로 침대 때리기, 샤워하면서 고함지르기, 생각할 수 있는 최대한 많은 욕을 종이에 적기, 분노에 대해 글쓰기, 분노감정에 대한 그림 그리기 등 여러 다양한 방법들을 제안했다.

나는 아이들에게 분노감정은 신체적인 현상이므로 어떤 형태로든 밖으로 표현되어 나와야 한다고 설명해준다. 분노가 밖으로 표현되지 않으면 머리나 위, 가슴의 근육들을 조여서 두통이나 위 통증, 가슴 통증으로 나타난다고 해주면 아이들은 대체로 쉽게 이해한다.

아이들은 주위 어른들의 반응에 대해 매우 민감하다. 12세 소년이 나에게 '고함 상자'를 두 개 만들어, 하나는 내게 주고 하나는 자기가 가졌다. 그는 상자 속에 신문지를 구겨서 넣고, 윗부분에 구멍을 내서 종이 타월을 말아 꽂은 후, 거기다 고함을 질러보였다. 그랬더니 소리가 상자 속으로 흡수되어, 어머니가 놀라서 달려오지 않게 되었다.

또 13세 소년은 나에게 "만일 내가 정말 하고 싶은 말을 교장 선생님에게 한다면, 아마도 그는 당장 나를 퇴학시킬 거예요."라고 말했다. 이런 아이는 자신의 분노감정을 직접 '다루는' 대신 운동장에서 다른 아이들을 괴롭히거나 교실에서 여러 가지 과잉행동들을 할 것이다. 어른인 나도 무척 화가 나면 비슷한 행동을 한다. 즉, 몸을 흔들거나 발을 동동 구르거나, 손톱을 물어뜯거나 껌을 짝짝 씹는다. 이렇게 하면 기분이 한결 나아지는 것 같지만, 감정을 억누르고 있으면 한 가지 일에 집중하기가 매우 어렵다.

위에서 분노감정을 '다룬다'라고 한 것은 교장 선생님 앞에 똑바로 서서 그의 눈을 쳐다보며 화난 감정을 말하거나 혹은 고함을 지르는 것을 의미한다. 이때 중요한 것은 아이가 자신의 분노감정을 알아차리는 것, 즉 자기가 화났다는 사실을 아는 것이다. 이렇게 함으로써 아이들이 자신의 감정을 회피하거나 다른 해로운 방법으로 표출하는 대신, 스스로 온전해지면서 강해지는 첫걸음을 내딛을 수 있게 된다.

다음으로 아이들은 분노감정을 직접 상대에게 표현할지 아니면 다른 방법으로 개인적으로 해소해야 할지 상황을 평가하는 것을 배워야 한다. 나는 종종 아이들과 분노에 대해 토론을 한다. 또한 아이들에게 자신들이 화났을 때 사용했던 혹은 생각했던 단어들을 모두 말해보라고 하고, 아이들이 말하는 것을 일체 평가하지 않고 그대로 칠판에 받아쓴다.

12세 소년 하나는 내가 금지된 단어들을 아무렇지도 않게 칠판에 써나가는 모습을 보며 배를 잡고 데굴데굴 구르며 웃었다. 다 쓴 뒤에 우리는 칠판에 적혀 있는 단어들을 함께 쳐다보았다. 밖으로 향한 공격적인 단어들도 있었고, 내적으로 느끼는 단어들도 있었다. 우리는 그런 것들에 대해 잠깐 이야기를 나누었다.

이어서 우리는 각자 자신의 분노를 다루는 방식들에 대해 토론했다. 나는 다시 아이들에게 "언제 화가 나니?" "그럼 어떻게 되니?" "그땐 어떻게 행동하니?" "화가 났지만 싸움을 피하고 싶다면 어떤 방법이 있니?"라고 물었다. 또 아이들에게 자신의 분노감정 혹은 자신을 화나게 만드는 대상 혹은 화가 났을 때 하는 행동 등을 그림으로 표현해보라고 말했다. 아이들이 그리는 그림은 매우 동적이고 표현적이며, 정서의 움직임이 잘 묘사되어 있다. 10세의 한 소년은 미로를 그렸는데 우측 상단에 여러 명의 아이들을 그렸고, 좌측 하단에 한 아이를 그렸는데 바로 옆에 '어디로 가야 하나'란 글귀가 있었다. 그리고 그림 맨 위쪽에는 '외로움'이란 제목을 달아 놓았다.

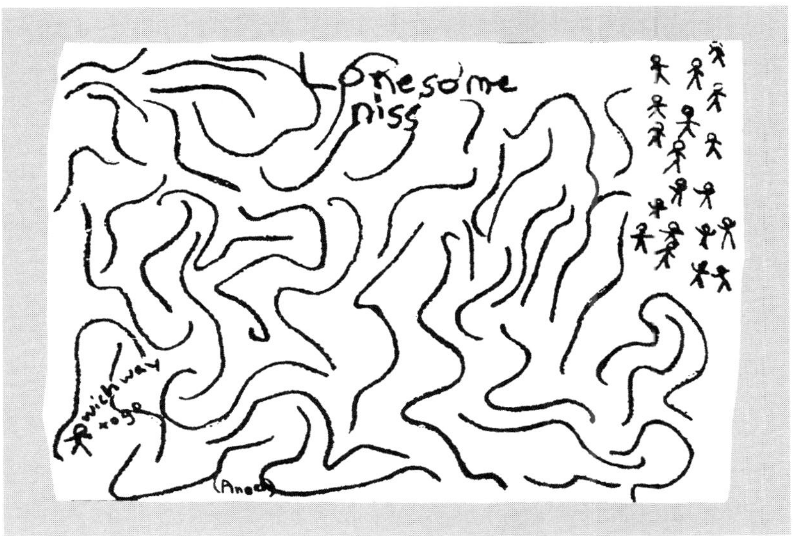

그림을 설명하면서 이 아이는 친구들에게 화가 났을 때 느끼는 외로움에 대해 털어놓았다. 그는 어떻게 친구들에게 다시 돌아가야 할지를 몰랐다. 그는 자신의 분노감정을 어떻게 해야 할지 몰라 혼자 따로 떨어진 느낌이며, 그래서 외롭다고 했다. 내게 개인치료를 받던 9세 소년도 종이에 화난 감정을 낙서로 표현한 뒤 "나는 화가 났을 때 외로움을 느껴요. 화난 감정은 나를 매우 외롭게 만들어요."라고 한 적이 있다.

가끔 치료 시간에 아이들의 분노감정이 올라오는 것을 볼 수 있는데, 그 자리에서 바로 분노감정을 체험하고 표현하도록 해주는 것이 필요할 때가 있다. 아이들은 자신의 분노감정을 직접 만나고 인정하는 것이 두렵기 때문에, 이를 놀이나 그림을 통해 간접적으로 표현하는 경우가 종종 있다. 자신의 감정을 직접 경험하고 인정하는 것이 가장 효과적이지만, 상징적인 형태로 분노를 표현하는 것도 도움이 된다.

6세인 지미는 가구와 인형들이 갖추어진 인형의 집 놀이에 열중해 있었다. 그는 한 인형이 강도짓을 하도록 하고는, 다른 인형들이 화가 나서 그 인형을 마구 공격하는 놀이를 하고 있었다. 지미는 자신의 분노감정을 인형을 통해 합법적인 방식으로 표현하고 있었다. 지미는 내가 이 놀이 상황을 자신의 실제 삶과 연관지으려고 하자 거부했다. 이런 현상은 흔히 있는 일이다. 특히 어린아이들의 작업에서는 그렇다.

지미는 인형을 통해 자신의 감정을 표현하기까지 매우 많은 시간이 걸렸다. 하지만 이제는 이 놀이가 지미에게 매우 중요한 의미를 갖게 되었다. 이전에는 지미는 "인형은 여자애들이 갖고 노는 거예요." "나는 인형 놀이는 싫어요." "인형 갖고 노는 것은 이상해요."라고 말하곤 했었다.

지미는 자신의 강도당한 체험(타인이 자기 영역을 침범한 것, 무언가를 빼앗아 가버린 것)을 놀이를 통해 표현하는 것 같아 보였다. 그는 화난 인형과 동일시하면서 이러한 침범에 대해 항의하는 것 같았다. 하지만 나는 이를 해석하지는 않았다. 왜냐하면 많은 아이들처럼 지미도 스스로 자신을 치료하는 것 같았기 때문이다.

만일 내가 (내 스스로 만족하기 위해) 지미가 하는 놀이의 의미에 대해 해석을 하고자 했다면 아마도 "이전에 네게 중요한 사람이나 물건을 빼앗긴 경험이 있니?" 혹은 "지금 다시 찾을 수 있다면 가장 갖고 싶은 것이 있다면?" 혹은 "살면서 중요한 것을 잃어버린 적이 있니?" 등과 같이 물었을 것이다.

나는 지미가 가족이 없으며, 여러 보육원에서 자랐다는 사실을 안다. 만일 내가 놀이를 중단시키고 이런 질문을 했더라면 지미는 대답을 안 했을 수도 있을 것이다. 나중에 우리의 관계가 좋아졌을 때, 나는 지미에게 자기 엄마와 함께 살 수 없고 또 양자로 갈 수도 없는 지금의 처지가 어떻게 느껴지는지 직접 물어볼 수 있었다.

자신의 분노감정에 대해 매우 솔직한 아이들도 있다. 5세의 남자 아이가 나에게 얼굴을 하나 그려 달라고 하더니 그것을 벽에 걸린 다트 판에 붙여달라고 했다. 아이는 그것이 자기 아버지라고 했다(이 아이는 아버지를 한 번도 만난 적이 없다.). 그는 얼굴을 향하여 다트를 던지기 시작했다. 나는 아이에게 다트를 던지면서 말을 하라고 시켰는데, 아이는 "나는 네게 화가 났어!" "넌 멍청이야!"라고 외쳤다. 아이는 다트를 던지면서 매우 즐거워했다. 잠시 후 아이는 내게 얼굴에 눈물을 그려달라고 했다(아마도 자신의 슬픔을 투사). 그리고 다시 웃는 얼굴을 하나 그려 달라고 하더니 "이제 됐어!"라고 말했다.

3개월 정도 다른 치료자로부터 치료를 받은 경험이 있는 7세 소녀 로라의 사례다. 어떤 이유에선지 치료에서 좋지 않은 경험을 했던 로라는 상담소에 가기를 대우 꺼렸으며, 내게도 오지 않으려고 했었다. 로라는 어려운 일들을 겪고 있었으며, 물건을 훔치거나 승용차 좌석을 칼로 찢거나 차에 스프레이를 뿌리거나 불을 지르는 행동 등으로 자신의 억압된 감정을 표출시키고 있었다. 우리는 서로 관계 맺기가 매우 어려웠다.

나는 치료를 진전시키기 위해서는 지난 번 치료자에 대한 로라의 감정을 먼저 다뤄줘야겠다고 생각했다. 이 주제를 두어 번 꺼낸 적이 있었는데 매번 로라는 눈을 감고 입을 꽉 다물었다. 그런데 이번에 다시 이 주제를 꺼낸 것이다. 로라는 무언가를 중얼거리며 다리를 앞뒤로 흔들며 마치 뭔가를 차는 듯한 동작을 했다. 나는 "다리로 뭔가를 차는 듯이 보이네?"라고 물었다.

그랬더니 "그래요! 난 정말 그 사람을 차고 싶어요!"라고 로라가 대답했다. 나는 그녀에게 그 사람이 의자에 앉아 있다고 생각하고 한번 차보라고 했다. 그녀는 벌떡 일어서더니 의자를 발로 차기 시작했다. 나는 계속 차면서 매번 무슨 말을 해보라고 했다. 그녀는 "나는 당신이 싫어! 당신 때문에 기분이 나빠졌단 말야!"라고 말했다. 나는 의자를 꽉 붙들어 주었고, 그녀는 한동안 계속 발길질을 했다. 그러고는 갑자기 중단하더니 의자에 앉아 내게 미소를 지어보이고는 화제를 바꿔버렸다. 그녀의 몸은 편안히 이완되었고, 나에 대한 태도도 친절하고 상냥하게 바뀌었다. 이후 나와 그녀의 관계는 매우 협조적이고 성공적으로 변했다.

치료 시간에 아이들의 분노 표현을 도와주는 다른 유용한 도구들에는 바타카(손잡이가 달린 거품고무를 입힌 배트), 고무로 만든 칼, 다트 총, 풍선인형 등이 있다. 찰흙으로 실제 혹은 상징 인물을 만들어 주먹이나 고무망치로 때리는 것도 좋다.

한 남자 어린이는 찰흙으로 만든 동생의 얼굴을 손으로 망가뜨리면서 분노감정을 표현했다. 나는 아이에게 망가뜨리는 행동을 하는 동안 동생에게 말을 해보라고 했다. 이런 방식으로 작업함으로써 그냥 동생에 대한 불만을 이야기하는 것보다 훨씬 많은 자료들이 나왔다. 작업이 끝났을 때 그는 찰흙을 다시 곱게 이겨서 동생의 얼굴을 새로 만들었다. 그리고는 "앤, 오늘은 이만하면 됐어요!"라고 말했다. 찰흙은 아이들이 망가뜨린 다음 쉽게 원상 복구를 할 수 있어 매우 편리하다.

나는 가끔 아이들에게 그들의 분노를 그려보라고 말하는데, 어떤 아이들은 나의 요청에 쉽게 응한다. 9세의 빌리는 공립학교를 다니는데 교실과 운동장에서 매우 반항적이고 말썽을 피우는 관계로 의뢰되어 왔다. 그들의 부모는 학교로부터 빌리가 특수학급으로 보내지지 않으려면 상담을 받는 것이 좋겠다고 연락받았다. 그의 집은 9년 동안 아버지의 직장 관계로 여러 곳으로 이사를 다녔으며, 그는 이 과정에 잘 적응하지 못했다. 첫 시간에 부모가 자신의 여러 소행에 대해 불평을 늘어놓는 동안 빌리는 묻는 말에 대답도 않고 소파의 구석자리에 웅크리고 앉아 있었다. 나중에 혼자 왔을 때도 그는 말하기를 거부했고 놀이도 하지 않았다. 하지만 그림 도구가 있는 테이블 쪽으로 흘끔흘끔 쳐다보았다. 다음 시간에 왔을 때 나는 그에게 무엇이든 자기가 원하는 그림을 한번 그려보라고 말했다. 그는 마지못해 응했는데, 내가 지켜보고 있는 동안 매우 열심히 그렸다.

빌　리: 이건 화산이에요!

치료자: 그것에 대해 좀 말해줄래?

빌　리: 학교에서 배웠어요. 이건 활화산은 아니에요. 휴화산이에요. 이건 뜨거운 용암인데(두터운 벽으로 둘러싸인 갈색 화산 안의 붉은색 선), 아직 밖으로 폭발하지 않았어요. 이건 화산에서 뿜어져 나오는 연기에요. 밖으로 김을 좀 내보내야만 해요.

치료자: 빌리야, 화산에 대해 다시 말해주겠니? 이번에는 화산이 목소리를 낼 수 있다고 상상해봐. 화산이 말을 할 수 있다고 말이야. 그런데 목소리는 네가 내는 거야. 마치 인형놀이할 때처럼 말이지. 자, 이제 화산에 대해 말해주겠니? "나는 화산이야!"라고 말하면서 시작해봐.

빌　리: 알았어요. 나는 화산이야. 나는 내 속에 뜨거운 용암이 있어. 나는 휴화산이야. 나는 아직 폭발하지 않았어. 하지만 곧 할 거야. 나는 지금 회색 연기를 내뿜고 있어.

치료자: 빌리야, 네가 정말 화산이라면, 네 몸이 화산이라면 말이야, 뜨거운 용암이 어디쯤 들어 있니?

빌　리: (매우 진지하게 생각하더니 손을 배에다 갖다 대면서) 바로 여기에요!

치료자: 빌리야, 그 뜨거운 용암이 화산이 아니라 소년인 네게는 뭘 뜻하지?

빌　리: (눈이 매우 빛나면서) 화에요!

나는 빌리에게 단지 모양과 색 그리고 선만을 사용해서 그의 화가 어떻게 생겼는지 한번 그려보라고 말했다. 그는 아주 굵은 붉은색 원을 그리고는 안에다 색칠을 했다. 나는 빌리가 불러주는 대로 그의 그림 한 쪽에 다음과 같이 받아썼다.

"이것은 빌리의 배 안에 있는 화다. 그것은 노랗고, 빨갛고 회색이며 오렌지색이다. 연기가 나오고 있다." 또 그를 화나게 만드는 것 몇 가지를 받아 적었다. "여동생이 방을 어질러놓을 때, 싸움할 때, 자전거 타다 넘어질 때, 열쇠가 망가졌을 때, 스케이트 타다 넘어졌을 때."

여기쯤 말했을 때 빌리는 자신에 대해 너무 많이 말했다고 생각했는지, 자신의 분노에 대해 더는 말하려 하지 않았다. 우리는 장기를 한 판 두고 시간을 마쳤다.

빌리는 아직 그림을 통하지 않고는 자신의 분노에 대해 표현하려 하지 않았다. 그는 분노가 자신의 내부에서 끓고 있다는 것을 알고 있었다. 나중에 빌리는 차츰 자신의 분노에 대해 더 말하기 시작했는데, 그와 동시에 학교에서의 문제행동들도 조금씩 줄었다. 학교에서 친구가 생기기 시작했고, 야구팀에 들어갔으며, 차츰 유쾌하고 명랑한 모습이 나타났다. 빌리의 행동 변화에 대한 증거로서 가장 인상적인 부분은 치료를 시작한 지 3개월쯤 지났을 때, 학교에서의 행동을 체크하기 위해 학교 상담교사에게 전화를 했을 때, 그는 빌리가 누군지 기억하지 못했다는 점이다.

나는 분노를 억압하기 위해 사용되는 에너지가 부적절한 행동을 일으키는 원인이 된다는 사실을 자주 관찰한다. 아이들의 경우 어른들과 달리 억압한 분노의 층이 두껍지 않기 때문에 변화가 매우 신속히 일어난다. 나는 아이들이 쓰레기 더미를 헤치고 나와 어느 날 다시 건강하고 온전한 존재로 회복되어 있는 것을 발견할 때마다 놀라움을 금치 못한다. 건강을 되찾는 과정이 매우 힘들 것 같은데, 실제로는 매우 단순하고 분명하다.

법원으로부터 비행청소년으로 분류된 12세의 데비는 자신의 분노를 굵은 검정색 경계선으로 둘러싸인 노랑색과 오렌지색 그리고 회색의 낙서로 표현했다. 그녀는 자신의 그림을 설명하면서 "분노가 내 안에 있는 좋은 감정들을 둘러싸 옥죄고 있어, 그것들이 밖으로 나올 수가 없어요."라고 말했다. 이는 자신의 마음을 아주 간결하게 표현하고 있다. 자신의 분노를 표출할 수 있도록 도와주자 그녀의 좋은 감정들이 쏟아져 나오기 시작했고, 반항적 행동은 급격히 줄어들었다.

9세인 보비는 치료받으러 왔을 때, 학교에서나 집에서 항상 두통이 있다고 호소했다. 나는 그에게 두통을 한번 그려보라고 말했다. "눈을 감고 네 두통을 한번 바라봐. 그것이 어떤 모양을 가졌는지, 어떤 색깔을 띠었는지 보렴. 자, 그럼 그걸 그려봐." 보비가 두통을 묘사한 것을 내가 다음과 같이 받아 적었다.

> 가운데 있는 점이 가장 아픈 곳이야. 가장자리도 상당히 아파. 중심 부분을 둘러싸고 있는 곳은 그렇게 아프지 않아. 두통은 이마에 있어. 오렌지색 부분이야. 때로는 뒤통수 쪽이 아파. 초록, 빨강, 회색 그리고 흑갈색이 가장 아픈 곳이야. 청색, 오렌지, 자주색, 노랑, 황갈색 부분은 별로 아프지 않아. 나는 두통을 죽여서 안 아팠으면 좋겠어. 나는 햇빛에 많이 돌아다니면 두통이 생겨. 때로는 아침에 일어나자마자 머리가 아파. 그리고 화가 날 때 머리가 아파. 저녁 먹을 때도. 지금은 조금 아파.

이렇게 설명한 뒤 보비는 다시 심한 두통을 앓고 있는 얼굴을 그렸다. 두통을 좀 느껴보도록 지시했더니 보비의 두통이 현저히 줄어들었다. 그런데 나는 보비가 "나는 두통을 죽여버리고 싶어.", "내가 화가 날 때, 그리고 저녁 먹을 때 머리가 아파."라고 한 말에 흥미가 갔다.

나는 보비에게 종이에 그려진 두통에게 죽여버리고 싶다고 말해보라고 했다. 나의 격려에 의해 보비는 이 말을 몇 번 했다. 그리고 나는 보비에게 자기가 아는 어떤 사람을 죽여버리고 싶은 마음이 있는지 물었다. 그러자 그는 즉시 "응, 우리 형!"이라고 대답했다. 나는 보비에게 형의 얼굴을 그려보라고 했다. 그리고 자기가 형에게 얼마나 화가 났는지 말해주라고 했다. 그는 크고 추하게 생긴 얼굴 하나를 그려서 연필로 얼굴을 콕콕 찌르며 분노를 터뜨렸다. 보비는 자신의 분노를 내면으로 억압하여 두통을 앓는 대신, 좀 더 건강한 방식으로 분노감정을 해소할 필요가 있었던 것이다.

아이들이 배우기 가장 힘든 것 중에 하나가 자신의 분노에 대해 솔직해지는 것이다. 그들은 자신이 원하는 것을 달라고 직접 말하고, 자신이 좋아하는 것과 좋아하지 않는 것을 숨김없이 바로 말하는 것을 배울 필요가 있다. 아이들은 자신들의 직접적이고 정곡을 찌르는 질문에 대해 어른들이 조종적이며, 돌려서 말하고, 간접적으로 말하는 것을 보고 이런 방식을 따라 배우게 된다. 아이들, 특히 청소년들은 종종 자신의 감정을 직접적으로 표현했을 때 어른들로부터 야단맞았던 경험들을 내게 이야기한다. 아이들은 어른들의 이런 부정적 반응들을 아주 어렸을 때부터 경험하므로 솔직한 의사소통의 기술을 연습하지 못한 채 어른이 되어버린다.

치료받는 아이들의 가족들을 보면 어른들을 포함하여 대부분 서로 의사소통에 문제가 있다. 가족 성원들에게 서로 각자에 대해 좋아하는 점과 마음에 안 드는 점 한 가지씩을 말해보라는 아주 간단한 연습을 시켜도 종종 매우 놀라운 효과가 나타난다. 이런 연습을 한 뒤 한 아이는 행복한 눈물을 흘리며 그의 형에게 "형이 나에 대해 좋아하는 점이 한 가지라도 있으리라곤 생각도 못 했어!"라고 말했다. 나는 이 연습을 서로 잘 모르는 아이들의 집단에서도 해봤는데, 아이들이 솔직한 표현을 배우는 데 매우 유용했다.

8세의 남자 아이가 그의 아버지는 자기와 놀아준 적이 없다고 내게 불평을 했다. 그의 아버지는 아들에 대한 애정이 있었지만 너무 바쁜 사람이었다. 나는 아버지를 가족치료에 나오라고 요구하는 것보다 아이가 평소 징징거리거나 조종적인 행동을 하는 대신 직접 아버지에게 자신의 욕구를 표현하는 것을 배울 수 있는 기회를 마련해주는 것이 낫겠다고 생각했다.

나는 아이에게 아버지가 빈 의자(인형이나 꼭두각시, 그림 그리기 혹은 칠판을 사용할 수도 있음)에 앉아 있다고 생각하고, 아버지에게 직접 자신의 불만과 자신의 욕구에 대해 말해보라고 했다. 아이는 그렇게 했다. 나는 아이에게 집에 가서 아버지에게 똑같이 해보라고 했다. 다음 시간에 왔을 때 아이는 아버지가 자신의 이야기를 잘 들어주었고, 함께 뭔가를 해볼 계획을 마련했다고 말했다. 그는 기분이 무척 좋아졌고 이 경험으로 인해 자존감이 매우 높아졌다.

한 어머니가 다섯 살 난 아들 제프의 심한 분노발작 때문에 그를 데리고 왔다. 어머니가 자신의 소행에 대해 말하고 있는 동안 그는 안 듣는 척하며 몸을 꿈틀거리며 안절부절못했다. 나는 그를 대화에 끌어들일 심산으로 어머니에게 잠시 멈추고 제프 때문에 제일 괴로운 상황 하나를 그림으로 그려달라고 부탁하고, 제프에게도 똑같이 엄마 때문에 괴로운 상황 하나를 그려보라고 했다.

그는 싫다고 했다. 하지만 어머니가 마루에 누워 팔을 쫙 벌리고, 버둥거리며 울면서 온 몸에서 붉은 선이 물결처럼 퍼져 나오는 자신의 모습을 그리는 것을 물끄러미 바라보고 있었다. 이것은 그가 분노발작을 하는 모습이었다. 이윽고 그도 그림을 그리기 시작했다. 그는 마루에 누워 있는 한 아이를 그린 후, 그 옆에 자기를 내려다보고 있는 훨씬 더 큰 사람을 하나 그렸다. 이어서 그는 "이것은 내가 분노발작을 할 때 나에게 고함지르는 엄마야!"라고 말했다.

나는 어머니에게 자기 그림 속의 아이에게 그가 분노발작을 할 때 어떻게 느끼는지 말해주라고 했다. 그리고 제프에게도 자기 그림 속의 어머니에게 자신의 감정을 말해주라고 했다. 두 모자는 곧 그림을 통해 대화를 하기 시작했으며, 제프는 대화에 매우 집중했다. 그는 어머니가 자신에게 너무 많은 것을 기대하는 반면, 세 살 난 동생에게는 모든 걸 다 봐준다고 말했다. 나는 그에게 좀 더 구체적으로 말해달라고 했다. "어머니가 네게 바라는 것이 뭔지 한 가지만 말해볼래? 어머니에게 그게 뭔지 말씀드려!"

그는 "엄마는 동생이 어질러놓은 장난감들을 단지 그것이 내 것이라는 이유로 항

상 내가 치우기를 바라지요. 내가 그걸 말하려 하면 엄마는 한 번도 듣지 않았어요. 그래서 나는 분노발작을 하는 거에요!"라고 대답했다.

나는 제프에게 해결책을 한번 제시해보라고 말했는데, 그는 곧 매우 좋은 아이디어를 생각해냈다. 두 모자는 각 해결책들에 대해 토론을 했고, 마침내 한 가지 방안에 대해 합의한 후, 다시 제프의 다른 불평에 대한 토론으로 넘어갔다. 나는 제프를 단 세 번밖에 안 봤지만 두 모자가 서로 말을 듣기 시작하자 분노발작은 멈추었다.

모든 문제들이 이렇게 쉽게 풀리지는 않는다. 하지만 이 사례는 아이가 얼마나 강력한 힘을 가질 수 있는지 보여주는 좋은 예다. 아주 간단하고 명백하며, 쉽게 해결할 수 있는 문제일지라도 그대로 방치하면 아이는 부모를 미치게 만들 수 있는 힘을 갖고 있다.

10세 소녀 린다는 한 남자에게 성추행을 당했는데, 아무에게도 그 일에 대해 말하려고 하지 않았으며, 다른 일들에 대해서도 사실상 거의 말을 안 했다. 내 추측으로 린다는 많은 감정들을 갖고 있었다. 즉, 분노, 공포, 수치심, 그리고 죄책감 등이다. 치료에서는 이것들을 하나씩 따로 다루어줘야 한다. 나는 린다에게 성추행 사건에 대해 자신이 느끼는 감정을 그림으로 표현해보라고 했다.

린다는 말없이 펜을 집어서 한 소녀를 그린 후 '나'라고 썼다. 다시 반대편에 검정색으로 한 남자를 그린 후 '남자'라고 썼다. 그녀는 활을 들고 있는 자신의 모습을 그린 뒤 남자의 모습 주변에 수많은 화살을 그렸다. 둘은 집 밖의 보도 위에 서있었다. 린다는 그림 속의 자기가 무엇을 하는지에 대해 몸짓을 해가며 화난 목소리로 설명했다.

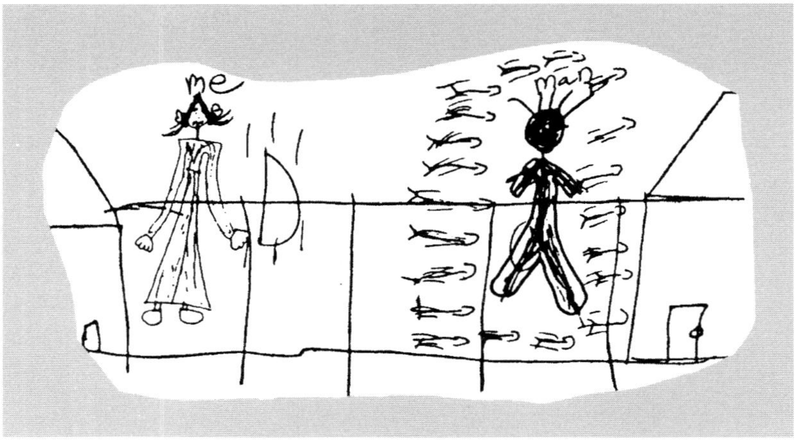

만약 린다가 그림 그리기를 거부했다면, 나는 아마도 그냥 떠오르는 대로 그림을 그리거나 모래 위에 어떤 장면을 만드는 것과 같이 좀 덜 위협적인 작업을 하라고 요구했을 것이다. 만일 별 감정이 올라오지 않았다 하더라도 나는 가끔 한 번씩 이 주제를 꺼냈을 것이다. 언젠가는 그녀가 자신의 감정을 표현하고 싶은 마음이 생길 거라는 것을 알기 때문이다.

9세 소녀 데비에게 행복했을 때와 화났을 때의 느낌을 그려보라고 했다. 그녀는 종이 위에 선을 내리긋고는 왼쪽에는 '화남', 오른쪽에는 '행복함'이라고 썼다. '화남' 쪽은 크레용으로 작은 반점을 찍어 표현하고, '행복함' 쪽은 훨씬 넓은 면적을 차지하여 밝은 색을 칠했다. 데비는 화난 감정을 인정하기가 어려웠는데, 먼저 좋은 감정을 그리도록 해주니까 긴장이 풀리면서 불편한 감정을 직면하기가 좀 수월해졌다. 우리는 그녀의 '행복한' 측면에 대해 이야기를 했다. "언제 행복하니?"라고 질문했더니 데비는 "놀러가는 것, 아빠와 있는 것, 선생님과 말하는 것"이라고 답했다. 나는 이것들을 데비의 그림 위에 써놓았다.

다시 우리는 '화남'에 대해 이야기했다. 그녀는 "오빠가 나를 괴롭혀요! 작은 일 갖고서 자꾸 시비를 걸어요. 그리고 학교에서도 선생님에게 질문을 했는데 망신만 줬어요. 다시는 질문하지 않을 거야. 내 속에 정말 여러 가지가 들어있어요!"라고 말했다. 그러더니 갑자기 나를 쳐다보며 "고함을 지르고 싶어요!"라고 말했다.

나는 데비에게 고함을 지르고 싶을 때의 기분을 그림으로 그려보라고 말했다. 그녀는 팔을 휘저으며 그림을 그렸다. "엄마가 '숙제해라, 피아노 연습해!'라고 잔소리하는 것이 제일 싫어요! 늘 잔소리, 잔소리, 잔소리만 해. 정말 싫어! 엄마 머리가 뚝 떨어져 나가버렸으면 할 때가 있어요!"라고 했다. 그러고는 얼른 "아니에요!"라고 번복했다. 아이들은 매우 화났을 때 가끔 몸을 토막 내거나 상대가 죽어버렸으면 하는 상상을 한다. 그런데 이런 상상은 자신을 깜짝 놀라게 만들고, 그래서 자신의 분노를 더 꽁꽁 가두어 두게 된다. 데비와 나는 그녀의 끔찍한 상상에 대해 잠시 이야기를 나누었다.

9세 소년 존이 자신의 분노감정을 검정색과 자주색 그리고 빨강색을 사용해서 낙서로 표현했다. 우리는 존의 그림 뒷면에 "이것은 존의 분노감정이다. 상처도 있다. 나는 형이 내게 욕하는 것 때문에 화가 났다. 또 부모님이 내가 마치 이 세상에 없는 사람인 것처럼 행동하는 것에도 화가 난다. 그들은 나를 무시한다. 그들은 내가 묻는 말에 대답을 하지 않는다. 나는 기타를 칠 줄 모르는데, 기타를 배우고 싶다. 그런데 부모님이 레슨을 시켜주지 않는다."라고 썼다.

11세 소녀 수잔이 자신의 경험에 대해 말했다. 집에 강도가 들어 자기 방에 들어와 자기를 심하게 구타해서 온 몸에 멍이 들었으며, 집에 불을 지르고 나갔다고 했다. 그런데 수잔은 신문에도 났던 이 사건에 대해 이야기하면서 아무 느낌 없이 단조로운 목소리로 말했다. 우리는 마루에 앉아 이야기하면서 찰흙작업을 했다. 나는 수잔에게 찰흙으로 만든 그 남자의 모습을 향해 자신의 감정을 표현해보라고 했다.

처음엔 내키지 않아하더니 몇 번 권하자 그녀는 찰흙을 손가락으로 쿡쿡 찔렀다. 찰흙은 찌르는 대로 쉽게 들어갔다. 자신의 감정을 좀 더 분출하도록 허용하자 그녀는 차츰 방어가 풀리면서 찰흙을 주먹으로 세게 치기 시작했다. 나는 그녀에게 그 남자에게 하고 싶은 말을 해보라고 했다. 그녀는 이런저런 말을 하다가 갑자기 멈추더니 눈물이 핑 도는 것이 보였다. 그러더니 갑자기 나를 응시했다.

"지금 무슨 생각을 하니?"라고 조심스럽게 묻자 그녀는 속삭이듯 대답했다. "엄마에게 화가 났어요! 엄마에게 정말 화가 났어요!" 그녀는 엄마가 자기가 고함지르는 것을 못 듣고 자다가 연기냄새를 맡고서야 깼다는 것에 대해 화가 났었지만, 엄마에게 지금까지 그 말을 못 했다고 했다. 엄마가 강도 사건으로 너무 충격을 받았기 때문에 여태껏 엄마에게 화난 감정을 털어놓을 수가 없었다고 했다.

나는 그녀가 자신의 감정을 엄마에게 솔직히 말할 필요가 있으며, 내게만 말하는 것은 별로 도움이 안 될 것이라 느꼈다. 나는 다음 시간에 그녀의 어머니를 오게 해서 이번 사건과 관련된 엄마에 대한 그녀의 감정을 다루었다. 끝날 때쯤 모녀는 함께 붙들고 울었다. 어머니는 그 사건이 있은 후 딸이 우는 것을 본 것은 이번이 처음이라고 말했다.

수잔은 어머니를 포함해서 모든 사람들이 자신의 감정을 표현하는 것이 매우 중요하다는 것을 배웠다. 대부분의 아이들은 슬퍼하고 있는 부모를 또다시 놀라게 하거나 부담을 줘서는 안 된다고 생각해서 자신의 감정을 꾹꾹 눌러버린다. 나는 지금까지 분노감정에 대해 상당히 길게 썼는데, 그 이유는 분노는 우리의 가장 중요한 정서이며, 내면의 가장 깊은 곳에 숨어서 우리가 온전히 우리 자신을 느끼고 행복하게 살지 못하도록 방해하는 정서이기 때문이다. (분노감정은 가장 두렵고, 피하고 싶고, 눌러버리고 싶은 위협적인 정서다.)

과잉활동 아동들

과잉활동 행동의 원인과 치료법에 대해서는 오늘날 상당히 많은 논란들이 있다. 과잉활동 아동들이 보이는 행동양상에 대해서는 대부분 전문가들이 일치된 견해를 보인다. 이런 아이들은 가만히 앉아 있지 못하며, 안절부절못하며, 계속 돌아다니며, 때로는 지나치게 말이 많으며, 가끔 이상한 버릇이 있으며, 다른 아이들을 때리거나 싸우고 말썽을 피우며, 욕구를 통제하지 못하며, 충동적이며, 동작이 섬세하지 못하고 서투르며, 물건을 잘 떨어뜨리며, 우유를 엎지르곤 한다. 이런 아이들은 주의집중에 어려움이 있으며, 쉽게 한눈을 판다. 때로는 많은 질문을 하지만, 정작 대답을 기다리지 않고 딴 짓을 한다.

나는 꽤 많은 과잉활동 아동들을 치료했다. 그 아이들은 함께 지내기가 어렵다. 학교에서는 선생님에게 가장 먼저 눈에 띄어 특수학급으로 보내진다. 이런 아이들은 흔히 시각, 청각 그리고 가끔 촉각의 손상으로 인해 심한 학습장애를 보이기도 한다. 운동신경의 미발달로 인해 손과 눈의 협동이 잘 안 되어서 글씨를 잘못 쓰며, 환경의 과다한 자극 때문에 부대끼고 혼란을 느낀다.

이 아이들에게 어려움을 가져다주는 다른 많은 요인들이 있다. 어른들은 이 아이들의 행동을 참지 못하며, 믿지 못하고, 고함을 지르며, 싫어한다. 이들은 대인관계 기술이 부족하기 때문에 친구가 적다. 아이들이 놀리기 때문에 모욕감을 느낀다. 아이들이 괴롭히고 욕을 한다. 그리고 공부를 잘 못하는 것에 대해 열등감을 느끼며, 대개 자기 이미지가 매우 부정적이다. 하지만 이 아이들은 자신을 가혹하고 부당하게 대하는 세상에서 그래도 살아남기 위해 눈물겨운 노력을 한다.

의사들은 이 아이들을 진정시키기 위해 쉽게 약물처방을 내린다. 가끔 약물복용을 하는 아이들 중에는 책상에 오랫동안 앉아 공부를 할 수 있게 되거나, 혹은 공격적이고 밉살스럽던 아이가 갑자기 착하고 얌전한 아이로 성격이 바뀐 것이 아닐까 싶을 정도로 확 달라진 경우도 본 적이 있다. 하지만 대부분 행동수정 기법들이 표면적 증상만을 다루듯이, 약물치료를 받은 아이들도 궁극적으로 세상을 살아갈 내적인 힘을 기르지는 못한다. 그들은 단지 약물을 몸을 지탱할 지팡이로 사용하거나, 혹은 더 안 좋은 경우는 상대를 조종하는 수단으로 사용한다. 더러는 "내가 얌전해지도록 약 좀 주세요!"라고 말하는 아이들도 있다.

나는 약물 사용이 초래할 생리학적 손상에 대해 상상하면 무서워진다. 나는 좋은 영양이나 다중 비타민 요법에 대해서도 끌리지 않는다. 흔히 과잉활동 아동들이 영양상태가 안 좋다는 사실을 나는 안다. 어른들은 과잉활동 아동들이 말을 잘 들을 때 혹은 이들을 조용히 시키기 위해 설탕이나 패스트푸드를 많이 준다.

과잉활동을 보이는 아이들은 흔히 고통스러운 감정을 회피하기 위해 그러고 있는 것이다. 감정을 표현할 수 없거나 하기 싫어하는 아이는 아마도 한 자리에 가만히 앉아 주의를 집중하기가 어려울 것이다. 하지만 이들은 신경학적 이상에 의해 지각장애나 운동장애를 보이는 것은 아니다. 흔히 불안한 아이들은 어떤 활동에든 관여하는 것을 두려워한다. 그들은 끊임없이 관심의 대상을 이리저리 바꾸며, 어느 한 가지에도 온전히 머물러 집중하지 못한다. 공포나 분노 혹은 불안을 가진 아이들은 이처럼

'과잉활동 아동'으로 간주되기 쉽다.

5세인 죠디는 전형적으로 이런 유형의 아이였다. 그는 과잉활동장애로 진단받았고, 매일 리탈린(Ritalin) 10밀리그램을 복용했다. 어머니는 죠디가 1년 동안 약을 먹었는데도 과잉활동이 줄어들지 않았다고 말했다. 내 사무실에서 죠디는 이리저리 뛰어다녔으며, 어느 한 가지에도 집중하지 못했다. 장난감을 하나 집어 들고 잠시 놀다가는 금방 집어던지고 다른 곳으로 갔다. 찰흙놀이나 그림 그리기 등, 내가 제안한 놀이를 잠시 시작했다가는 금방 "싫어! 이제 안 할 테야!"라고 말했다. 나는 매번 "좋아!"라고 말하며, 그가 놀던 장난감을 함께 치웠다.

네 번째 시간에 와서 죠디는 내게 꿈 이야기를 했는데, 괴물이 자기를 죽이려고 했다고 했다. 나는 죠디에게 그 괴물을 그려보라고 말했다. 그는 매우 열중해서 그렸다. 이윽고 다 그렸다고 말하며 물러섰을 때, 나는 죠디에게 괴물에게 무슨 말을 해보라고 했다.

죠 디: 네가 무서워! 나를 죽이려고 그래!
치료자: 죠디야! 그가 어떻게 너를 죽이려고 그래?
죠 디: 나를 잡아먹을지도 몰라.
치료자: 그에게 그렇게 말해보렴.
죠 디: 너는 나를 잡아먹으려고 해! (어깨를 움츠리며) 오오오오. 네가 무서워!
치료자: 괴물이 되어서 네게 말해봐!
죠 디: 그의 목소리가 되라고?
치료자: 그래. 네가 괴물인 것처럼 해봐. 그가 네게 뭐라고 말하니?
죠 디: 그가 말하길, "나를 조심해. 너를 잡아먹을 거야."(굵고 으르렁거리는 목소리로)

우리는 이런 식으로 좀 더 계속했다. 마침내 나는 "죠디야, 네가 괴물이 되어 보니 기분이 어때?"라고 물었다. 죠디는 "기분이 좋아!"라고 대답했다. 이때 시간이 다 되어 우리는 마쳤다. 이 시간에 죠디의 주의는 한 번도 딴 곳에 쏠리지 않았다. 다음 시간부터 죠디는 점점 더 자기가 고른 놀이에 집중하기 시작했다. 그의 놀이는 주로 폭력적 상황에 초점이 맞춰졌다. 그는 가구와 식구들로 인형 집을 정성스럽게 꾸미고는, "폭탄이 떨어져 모든 식구들이 다 죽어요!"라고 말했다.

그는 조그만 차들을 줄을 세워 놓고는 트럭을 갖고 와서 모두 쓰러뜨리기도 했다.

또 모래 위에 병정들을 세워놓고는 한 명씩 쏘아 넘어뜨리기도 했다. 나는 기회가 있을 때마다 죠디에게 "폭탄이 되어봐!", "트럭이 되어봐!"라고 말했다. 나는 죠디가 자신의 힘을 느껴보기를 원했다. 죠디는 이처럼 안전한 상담실 분위기에서 체험한 자신의 힘을 나중에는 집으로 가져갈 수 있었다. 즉, 그는 자신이 느낀 분노나 불안을 나에게나 엄마에게 좀 더 직접적으로 표현하기 시작했다. 드디어 죠디의 어머니는 죠디가 훨씬 차분해졌고, 함께 지내기가 편해졌다고 말했다.

과잉활동장애로 의심받는 아이들이 내 상담실에 와서는 실제로 과잉활동을 브이는 아이들이 드물다는 사실이 무척 흥미롭다. 그들의 학교에서 보낸 보고서에는 과잉활동에 대한 부분이 많고, 내가 학교에 가서 봐도 과잉활동을 하는 것을 볼 수 있었다. 부모님들도 아이들의 과잉활동에 대한 보고를 했고, 내 사무실에 와서도 대기실 소파 위에서 뛰거나 가구를 타고 올라가거나 이리저리 방안을 뛰어다니는 것을 볼 수 있었다. 하지만 상담실에 들어와서는 다소 안절부절못하는 모습은 볼 수 있지만, 일대일 상황이 되면 소위 '과잉활동'이라고 할만한 행동들은 나타나지 않는 것이 참 신기하다. 이 아이들은 타인의 주목을 받으면, 그리고 자신들의 이야기를 들어주고 진지하게 받아주면, '과잉활동' 증상들을 최소한으로 줄일 수 있는 것 같다.

이 아이들과 작업하는 방식은 공격적이거나 분노가 많은 아이들과의 작업방식과 별로 다르지 않다. 나는 아이들이 현재 처해 있는 위치에서 시작하며, 구체적으로 보고된 문제 혹은 현재 나타나고 있는 문제에 초점을 맞춘다. 만일 과잉활동 증상들이 분명하면 나는 다음의 두 상반된 접근법 중 하나를 사용한다.

1) 아이에게 찰흙이나 모래, 물 혹은 손가락 물감 등 진정효과가 있다고 알려진 재료를 준다.
2) 아이의 주의가 수시로 바뀌는 과정을 그냥 따라가며, 아이에게 자신이 하고 있는 것에 주의를 기울이도록 해서 그것을 좀 더 온전히 체험하도록 도와준다.

이 아이들에게 신체감각을 느낄 수 있는 경험을 하게 해주면, 좀 더 자기 자신에게 초점을 맞추며, 따라서 자신을 좀 더 잘 알아차릴 수 있게 된다. 즉, 자기 몸과 자기 느낌을 알아차리게 된다. 학교에서 과잉활동이나 반사회적 행동 등 정서적 문제가 있는 아이들과 작업할 때 나는 종종 손가락 물감을 사용하여 좋은 결과를 얻었다. 나는 식당에서 쟁반을 몇 개 빌려다 그 위에 각각 밀가루 풀을 펴다 놓고, 다시 풀 위에다 가루로 된 포스터용 물감 한두 색을 뿌려놓는다. 그러면 아이들은 테이블에 올려놓은 쟁반에 둘러서서 매우 즐겁게 논다.

나는 이 프로그램을 지난 6년 동안 여러 연령층의 아이들, 여러 종류의 문제를 가진 아이들을 대상으로 집단 혹은 개인치료에 사용해왔다. 그런데 여태껏 한 아이도 물감을 다른 아이나 벽에 칠한 적이 없었다. 그들은 모두 서로 즐겁게 이야기하면서 아름다운 디자인을 만드느라 혹은 여러 다른 물감들을 섞는 실험을 해보느라 정신이 없었다. 마칠 때가 되면 우리는 큰 종이 한 장을 가져와서 쟁반 위에 최종적으로 완성된 디자인 위에 덮어 눌러 찍어내면 아주 신기한 그림이 만들어지곤 했다. 그러면 아이들은 이를 말려서 나중에 예쁜 색깔의 마분지를 사용해 액자를 만들어 그림을 완성했다. 아이들은 작업이 끝나면 각자 자기 앞에 놓인 부분들을 깨끗이 청소했다.

이 작업의 가치는 매우 컸다. 아이들이 만든 그림은 정말 예뻤다. 물론 아이들은 자신이 만든 그림에 대해 그리고 자기 자신에 대해 매우 자랑스러워했다. 그들은 한 시간 이상 깊이 몰입해서 즐거운 경험을 했으며, 또한 함께 우정을 느끼며 작업을 해본 것은 이 아이들에게 절실히 필요한 경험이었다.

이 작업의 특성상 촉감과 운동감각을 많이 느끼도록 되어 있는데, 이는 아이들이 자신의 신체를 좀 더 잘 자각하는 데 도움이 된다. 이 아이들은 사소한 자극에 아주 쉽게 주의가 팔리고 혼란되기 때문에 자기 자신에 대한 느낌을 되찾는 것이 매우 중요하다. 촉감과 운동감각 경험은 자신의 신체 그리고 자기 자신에 대한 새롭고 더 강한 자각을 촉진한다. 자신에 대한 자각이 증가되면 느낌과 생각 그리고 아이디어에 대한 자각도 새로워진다.

이런 작업을 하는 동안 아이들은 많은 것들에 대해 이야기하는데, 가끔 논리적 사고과정에 대한 복잡한 토론을 하기도 한다. 때로는 자기 자신에 대해 이야기하기도 하고, 이전에 말하지 않았던 자기 자신의 느낌에 대해서 말하기도 한다. 흔히 종교나 죽음, 가족 문제, 일상적 경험, 약물 혹은 다른 주제들에 대한 토론을 하기도 한다. 지금 내가 쓰고 있는 내용은 공립학교에서 정서장애 아동들과 작업을 해본 사람들에게 특히 의미 있게 다가올 것이다. 나는 이 아이들의 이야기에 귀 기울이면서 가끔 놀랄 때가 있다. 이 아이들의 내면에는 아주 풍성하고 깊이 있는 것들이 많은데, 좀처럼 이것들이 밖으로 나올 기회가 없다는 것을 생각하면 마음이 정말 슬퍼진다.

나는 가끔 아이들이 손가락 그림을 그리는 동안 클래식 음악을 틀어준다. 음악을 듣는 동안 대화는 하지 않는다. 아이들이 좀 더 새로운 방식으로 자기 자신과 온전히 하나가 되는 경험을 맛보도록 해주기 위해서다. 찰흙이나 물, 모래는 다른 종류의 촉감 경험을 하게 해준다. 내가 공립학교에서 일할 당시 학교 운동장에 놀이시설이 있었는데, 나는 가끔 아이들을 데리고 나가 모래사장에서 놀았다. 8~12명의 아이들은 제각기 자기가 놀 공간을 차지했다.

물놀이도 고유의 장점을 갖고 있다. 모든 놀이도구 중에 물은 가장 진정효과가 있다. 교실에 싱크대가 있는 경우 나는 가끔 아이들에게 플라스틱 장난감을 줘서 싱크대에서 놀게 해준다. 내게 오는 많은 아이들이 어렸을 때 모래나 진흙 혹은 물놀이를 한 번도 해보지 않은 것을 보고 놀랐다. 이런 놀이는 아이의 발달에 아주 중요하다. 과잉활동 아동들과 개인작업을 할 때 나는 (내 상담실에 싱크대가 없기 때문에) 가끔 대야에 물을 떠와서 놀게 한다. 물을 옮겨 부을 그릇도 함께 갖다 놓는다. 6세 소년 하나는 항상 물놀이를 한참 하고 난 뒤에야 비로소 내게 자신의 감정을 표현하곤 했다.

만지기나 근육운동은 아이들의 자기감각을 증대시키고, 심신을 안정시키는 데 효과적이므로 마사지는 과잉활동 아동들에게 도움이 되는 것 같다. 나는 가끔 정서장애가 있는 아이들에게 읽기나 산수를 가르칠 때 아이의 등을 손으로 가볍게 아래위로 문질러준 적이 있다. 아이들은 이런 것을 매우 좋아했으며, 계속 해달라고 요구하였다. 마사지는 아이들이 조용히 앉아 집중하는 데 도움이 되었다. 그때 이후로 나는 부모님들께 아이들에게 가끔 마사지를 해주라고 말한다. 초심자를 위한 마사지 기본 안내서들이 많이 나와 있다. 충격적 경험을 겪은 아이들에게도 마사지가 상당히 효과가 있다. 공포와 불안이 근육긴장을 낳으므로 마사지를 통해 이완시킬 수 있다.

과잉활동 아동들을 위한 나의 다른 접근법은 진정시키고 달래며 집중하도록 하는 등의 방법과는 반대되는 방법이다. 아이가 안절부절못하며 이것저것 집중을 하지 못하는 것을 보면, 나는 한동안 그냥 지켜보다가 이런 행동을 더 하도록 격려한다. 즉, 이것저것을 계속 하도록 시킨다. 나는 이때 그가 하는 행동을 비판 없이 알아차리도록 해준다. 나는 아이가 자기가 하고 있는 행위를 알아차리도록, 그리고 가능하면 그것을 받아들이도록 도와준다.

아이들이 물건이나 소리, 그림, 빛 등에 주의가 쏠리거나, 이것저것 질문을 하면서 대답은 들으려고 하지 않거나, 다른 사람의 반응은 살피지도 않고 자신의 말만 막 늘어놓는 경우 그들은 사실 아무와도, 아무것과도 접촉을 하지 않고 있다. 그들은 다음 대상과 접촉하기 전에 지금 현재 대상과 온전히 접촉하지 못한다. 아이들의 이런 행동을 보면서 나는 아이들이 주의를 기울이는 대상에 대해 일일이 한 마디씩 언급하거나, 한두 가지 질문을 한 다음 다른 대상으로 주의를 돌리도록 해준다.

이렇게 하면 아이들이 자기가 하고 있는 행동을 계속하게 해주면서 동시에 자기가 하는 일을 좀 더 많이 체험하게 해준다. 예컨대, 아이가 촛불이 있는 곳으로 가서 양초를 집어 들면 나는 "양초를 봐! 뭐가 보이지? 물렁물렁한 부분을 한번 만져봐. 오렌지색이 보이니?"라고 묻는다. 그의 주의가 딴 곳으로 쏠리는 것을 보면 나도 바로 그곳으로 주의를 돌린다. "밖에서 무슨 소리가 나지? 소방차가 지나가는 소리 같은데?"라고 말한다. 나는 이 아이들이 자기가 하는 행동의 일부분이라도 알아차릴 수 있도록 도와주고 싶은 것이다. "네가 그처럼 다리를 흔들흔들하면 다리의 느낌이 어때?" 혹은 "너는 네가 한 질문의 답은 별로 듣고 싶지 않은 모양이구나?"라고 말하기도 한다.

학교에서 아이들이 공부를 할 때 밖에서 무슨 소리가 들리면 금방 주의가 그쪽으로 팔리며, 때로는 창가로 달려가기도 한다. 그러면 선생님은 "제 자리로 돌아가! 딴 데 신경 쓰지 말고."라고 말한다. 내 생각엔 그런 방법이 가장 잘못된 것이다. 차라리 "자! 그럼 모두 창가로 가서 밖에 뭐가 있는지 다 같이 내다보자!"라고 말하고, 그것이 무엇이든 함께 바라보고, 머물러 있다가, 마무리 짓고, 다시 하던 일로 돌아오는 것이 현명하다고 생각한다.

주의력결핍 아동치료에 대한 한 가지 이론은 아이들에게 최소한의 자극만을 주는 환경을 마련하는 것이 중요하다는 것이다. 나는 내 자신도 그런 환경에서 편안하게 느끼지 않으므로 아이들에게 그런 접근법은 쓰지 않는다. 나는 내 사무실에 여러 색깔의 다양한 볼거리들을 놓아둔다. 개인치료나 집단치료에 오는 아이들이 이것들을 보고 주의가 팔릴 때마다 그것에 주의를 기울여 완결짓도록 해주었더니 모두들 별 문제 없이 잘 넘어갔다.

아이들은 자신의 주변에 일어나는 현실에 잘 대처해나가는 것을 배울 필요가 있다.

아이들은 자극에 집중하는 법을 배우면 주변자극에 대처하는 것을 쉽게 배운다. 즉, 아이들은 새로운 물건이나 소리에 더 주의를 기울이게 되고, 지각 기술이 더 세련되며, 그렇게 되면 세상에 대처하는 능력이 더 많아진다.

자극을 제거하거나 무시함으로써 자극을 회피하는 것은 아이들의 능력을 약화시키며 자칫 살아가는 태도가 나쁘게 형성될 수 있다. 공을 잘 받지 못하는 아이는 포수 역할을 회피할 것이다. 하지만 포수 역할을 맡도록 용기를 북돋워 자꾸 기회를 주면 그의 능력은 점점 향상될 것이다. (나는 공을 잘 던지는 아이에게 계속 투수 역할을 맡겨, 다른 아이들은 그 역할을 점점 더 못하게 만드는 선생님이나 코치들에 대해 매우 안타깝게 생각한다.)

아이가 만일 내가 새로 한 목걸이나 벽에 새로 걸린 그림 혹은 이전에 듣지 못하던 새로운 소리를 알아차리면, 나는 그것을 비난하거나 좌절시키지 않고 오히려 그의 자각을 칭찬하고 증진시킨다. 나는 과잉활동 아동들이 자신에게 더 집중할 수 있는 방법을 매우 중요시한다. 자신에 대한 감각이 발달하면서 이 아이들은 지금까지 부족했던 내적 통제력을 갖기 시작한다.

일반적으로 나는 단순한 감각이나 촉감(모래, 물, 찰흙, 손가락 물감)을 사용하는 놀이로부터 출발해서 좀 더 많은 움직임을 동반하는 놀이로 이어진다. 호흡이나 이완연습을 기본으로 해서 점차 더 큰 신체 움직임으로 나아간다. 이런 아이들의 활동에 어떤 구조나 한계를 만들어 주어야 하지 않겠느냐는 것에 대해 많은 논란이 있지만, 아이들이 스스로 자기 자신의 내적 구조를 창조하고 발달시킬 수 있도록 도와주는 방법에 대한 논의는 거의 없는 것 같다. 아이들에게 자기 스스로 선택하고, 자기통제를 스스로 창조해 나갈 수 있는 기회가 주어져야 한다.

나는 아이들에게 뭐든 다 허용하자고 주장하는 것은 아니다. 아이들의 안전을 의해 그리고 나 자신의 평안을 위해 어떤 규칙을 만드는 것은 필요하다그 본다. 나는 보통 내가 필요하다고 생각하는 한계를 신속히 정한다. 예컨대, 찰흙은 반드시 탁자 위에서만 사용해야 하고, 방에서 던지거나 해서는 안 된다. 사실 이런 규칙을 상담실에 오는 아이들에게 이야기해야 하는 경우는 별로 없다. 아이들은 우리가 생각하는 것보다 자기들이 지켜야 할 규칙들에 대해 훨씬 더 잘 알고 있다. 한계를 넘는 행동을 하는 아이들의 경우는 일상적으로 주변 어른들이 자신들에게 그런 행동을 기대하기 때문이다.

나는 아이들과 목재작업을 많이 한다. 이는 심한 과잉활동 아동들의 치료에도 효과가 좋은 작업이다. 지금까지 어른들은 대부분 이 아이들에게 톱이나 망치 근처는 얼씬도 못하게 했으며, 함께 뭔가를 만든다는 것은 상상도 할 수 없는 일이었다. 나는 작업을 시작하기 전에 아이들에게 톱과 망치의 사용법과 안전에 대해 설명해주었다. 그리곤 아이들에게 목재와 망치, 못, 톱, 드릴, 기타 잠재적으로 위험이 있는 물건들을 주었다. 아이들은 여러 가지 대단한 것들을 만들어낸다. 배나 상자, 비행기 등을 만드는 새로운 방법들을 실험하며, 문제를 해결하고, 가끔 도움을 요청하기도 하고, 서로 도와주며, 연장을 돌려가며 쓴다. 나는 아이들이 화살이나 총, 대포를 만드는 것을 볼 때 불편한 마음이 된다. 그땐 아이들에게 내가 불안해서 그러니 그런 건 만들지 말아달라고 부탁한다. 그러면 아이들은 쉽게 내 요구를 들어주며, 다시 자신들의 일에 몰두한다. 한 번은 우리가 이런 공작에 몰두하고 있을 때, 롱비치 캘리포니아 주립대학의 교수 한 분이 우연히 인턴학생을 만나러 교실에 들러서 이 광경을 보게 되었는데, 그는 "아니, 이 아이들은 보통 아이들과 똑 같지 않은가!" 라고 말했다. 정말 이 아이들은 우리들과 마찬가지였다.

나는 보통 학급에서 실시한 재료들을 이 아이들에게도 사용하는데, 그 이유는 이것들이 아주 어려운 상황에서도 효과적이라는 것을 보여주고 싶어서다. 특수학급에 보내진 아이들은 학교에서 수없이 패배감과 수치심 그리고 분노를 느끼기 때문에, 학교에 가는 것 자체를 무척 싫어한다. 그들은 학교규칙의 그늘 아래 숨어 웅크리고 있으며, 비록 수업과 선생님을 좋아할지라도 낙오자로 분류되어 낙인이 늘 따라다닌다.

이 글을 쓰는 동안 내가 과잉활동 아동들의 긴장을 완화시키고 그들의 자기 지지를 향상시키기 위해 실시했던 몇 가지 조그만 작업들이 생각난다. 학교 강당에서 프로그램을 실시해달라고 초청받으면 (초청받는 것이 항상 쉽지는 않았다.) 나는 아이들에게 최대한 빨리 달려가서 어느 한 지점에서 나를 기다리라고 말했다. 그러면 이 아이들은 (줄 맞춰 걸어가는 아이들의 부러움을 받으면서) 그 지점으로 재빨리 달려가서는 얌전하게 내가 도착할 때까지 기다리곤 했다. 교실에서 한참이나 앉아 있었던 아이들이 이렇게 강당에서 한바탕 뛰고 나면 힘을 좀 뺀 관계로 다시 한동안 얌전하게 앉아 있을 수 있게 된다.

나는 아이들을 군사훈련시키듯 줄 맞춰 서게 하거나 걷게 하는 것을 좋아하지 않는다. 나는 아이들과 산책을 갈 때, 아이들이 어떻게 짝지어 가든 그들이 원하는 대로 그냥 내버려둔다. 교실 문 앞에서 교실로 들어오기 위해 기다릴 때 아이들은 삼삼오오로 모여 재미있는 이야기들을 나눈다. 그들을 남자 여자 따로 일렬로 줄 서서 아무 말도 못하도록 하면서 기다리게 하는 것은 정말 우스운 방식이다. 그렇게 하면 아이들이 더 안절부절못하며 좌절감과 짜증만 가중될 것이다. 나는 줄 서서 아무 말도 하지 않고 기다리는 것은 좋다고 생각지 않는다. 나는 어른들이 줄서서 기다릴 때 대화가 금지된 경우는 여태껏 보지 못했다. 식당 같은 곳에서 줄을 서야 할 필요가 있을 경우에는 아이들은 그 목적을 이해하기 때문에 쉽게 질서를 지켰다.

교실에서 우리는 공부를 하거나 집중해야 하는 상황에서는 모두가 조용해주기를 기대하지만, 다른 상황에서는 말하는 것이 더 자연스러운 경우도 있다. 조용히 집중하는 것이 그리 중요하지 않은 활동일 경우, 아이들은 서로 함께 이야기하기를 좋아했다. 즉, 아이들은 사회적 상호작용을 원했다. 아이들이 쓴 가장 창의적인 이야기들은 아이들이 서로 말하면서, 웃으면서, 그들이 쓴 내용들을 서로 보여주면서, 필요하면 도움을 요청하면서, 집단 속에서 함께 쓴 것들이었다.

선생님들 혹은 아이들과 일하는 사람들은 아이들이 시끄러운 것을 억압하는 경향이 있는데, 그 이유는 어른들이 시끄러운 것을 못 견디기 때문에 혹은 아이들에 대한 통제를 잃어버릴까 두려워서 혹은 아이들을 잘 통제하지 못한다고 다른 사람들로부터 비난받을까 두려워서인 것 같다. 만일 소음이 어른이나 아이들에게 방해가 된다면 이 문제는 집단에서 논의되어야 한다. 아이들은 "시끄럽게 떠드는 아이는 돗된 아이다."라든가 "시끄럽게 하는 것은 나쁜 일이다."라는 등의 불합리한 이유 대신 "시끄러워서 머리가 아프다."라는 것과 같은 합당한 이유를 말할 경우, 조용히 하는 데 협조해준다. 아이들은 어떤 신호를 보내면 주목하도록 사전에 약속을 하면 잘 따라준다. 사회봉, 종, 드럼, 차임벨, 후레쉬 등 무엇이든 다 사용 가능하다. 아이들은 때로는 매우 창의적인 아이디어로 함께 사용할 신호를 생각해내기도 한다.

과잉활동 아동으로 간주되는 아이들을 포함해서 어린이들도 똑같은 사람이라는 사실을 잊지 말자. 우리는 모두 일을 할 때 각자 자신의 내적 리듬에 따라 한다. 어떤 사람들은 매우 신속히 하고, 어떤 사람들은 천천히 한다. 한 가지 일을 끝내고 다른 일로 넘어가는 속도도 각자 다르다. 어떤 집단의 아이들과 작업을 하더라도 개인은 각자 행동방식이 다르다는 사실을 명심할 필요가 있다. 아이들은 동일한 방식으로 행동하는 로봇이 아니다.

끝으로 나는 선택의 중요성에 대해 강조하고자 한다. 아이들에게는 자신이 하고 싶은 것을 선택해보는 경험이 중요하다. 과잉활동 아동들에게는 특히 자신의 의지와 판단을 사용해볼 기회를 갖는 것이 매우 중요하다. 선택을 하기 위해서는 자신에 대한 감각이 있어야 한다. 즉, 어떤 결정을 하기 위해서는 자신의 생각과 느낌을 알아차리고 그것에 주의를 기울일 수 있어야 한다.

자신의 선택에 대한 책임을 지는 것은 학습 경험에 의해 가능해진다. 과잉활동 아동들은 자신의 삶에서 한계와 구조 그리고 일상적인 질서를 필요로 하는데, 이런 것들을 생성하도록 돕는 과정에서 치료자는 아이들 스스로 선택하는 과정을 충분히 경험하도록 해주어야 한다. 나는 아주 심한 과잉활동장애를 보이는 한 아이에게 여러 색깔의 마분지를 주고서 그중 3가지 색을 고르라고 한 적이 있는데, 그 아이는 아주 진지하게 몰입해서 한참 동안 움직일 줄 모르고 서 있었다.

그는 종종 어느 색을 골라야 좋을지 몰라 매우 고민하면서 차라리 내가 골라주기를 바랐다. 만약 잘못되면 나에게 책임을 돌릴 수 있기 때문이었다. 물론 나는 거절했고, 아이는 골똘히 생각을 했는데 고민하는 모습을 역력히 관찰할 수 있었다. 이런 연습 과정을 통해 아이는 점점 선택과 책임능력이 강해진다. 얼른 봐서 간단한 일인 것처럼 보이지만 이 아이들에게는 선택하는 것이 그렇게 쉽지 않다. 이 아이들로 하여금 스스로 선택하는 경험을 하도록 기회를 계속 제공해주는 것이 매우 중요하다. 아이들의 자기 정체감을 기르는 데 이보다 더 좋은 방법은 없다.

움츠려든 아이들

'움츠려든(withdrawn) 아이들'의 의미가 무엇일까? 나는 부모나 교사들이 이런 용어를 사용하는 것을 자주 본다. 사전을 찾아보면 '부끄러운', '철회되어 있는' 등으로 설명되고 있다. '움츠려들다'라는 동사가 흥미롭다. 다시 사전을 보면 이는 '뒤로 가져가다' '수축시키다' '취소하다' '후퇴하다' 등의 뜻이다. 따라서 '움츠려든 아이들'은 세상이 너무나 고통스럽기 때문에 뒤로 물러나 있는 것이라 할 수 있다.

내 상담실에는 이런 아이들이 좀처럼 오지 않는데, 그 이유는 이 아이들은 별로 말썽을 피우지 않기 때문에 부모들이 좋아하며, 따라서 치료받으러 데려오지 않기 때문이다. 대체로 아이가 심하게 수줍음을 보일 때 비로소 문제가 된다. 즉, 좀처럼 말을 하지 않거나 아예 말을 않는 것이다. 말을 해도 기어들어가는 소리로 한다. 무엇이든 두려워하며 새로운 것을 하지 않으려고 한다. 친구가 없거나 아주 적으며 외톨이가 된다.

성역할의 차이를 없애려는 노력에도 불구하고 여자 아이들이 이러한 행동을 보일 때는 그냥 받아들이고 지나가게 된다. 하지만 남자 아이인 경우에는 좀 더 활발하게 행동하도록 요구받는다. 대개 여자 아이들이 조용하고 부끄러움을 타면 귀엽게 봐준다. 여자 아이들이 이런 문제로 상담 받으러 오는 경우는 나이가 더 들었으며, 남자 아이들은 조기에 데려오는 경향이 있는데 이는 무척 흥미로운 현상이다. 부모들은 대체로 남자 아이가 움츠려든 모습을 보고 싶어 하지 않는다. 여자 아이들은 이런 행동을 지지받으므로 계속 안주하게 되고, 훨씬 나이가 들어서야 문제시되는 것이다.

'움츠려든 아이들'은 참고 억제하는 아이들이다. '철회하다' '(진술을) 취소하다' 등의 정의가 이들을 잘 묘사하고 있다. 자라면서 이 아이들은 입을 다무는 것을 배웠다. 침묵하라는 어른들의 메시지를 지속적으로 받아 마침내 그렇게 하기로 결심해버린 것이다. 아이는 자신의 모든 감정이나 느낌을 안으로 억제하고 드디어 조개처럼 입을 꽉 다물어버린 것이다. 입을 꽉 다문 아이들과 이야기를 시도해 본 적이 있는 사람들은 이런 아이는 아무리 말을 걸어도 말을 하지 않는다는 것을 안다.

이 아이들을 치료하려면 조심스럽게 접근해야 한다. 이들은 입을 다문 상태에서 많은 권력을 느끼기 때문에 좀처럼 이 권력을 포기하려고 하지 않는다. 어떤 엄마가 내게 자신의 딸에 대해 이렇게 말했다. "얘는 절대 말을 하지 않으려고 해요! 나를 미치게 만들어요." 이 아이는 침묵을 어머니의 요구에 대한 유일한 저항도구로 사용하고 있었다. 그녀는 공부도 잘하고 자기 일도 잘했다. 규칙을 잘 지키고 무엇을 해달라고 떼를 쓰지도 않고, 울거나 싸우거나 고함을 지르지도 않았다. 하지만 그녀는 "소금 그릇 좀 건네줘요!" 처럼 꼭 필요할 때만 말을 했다.

이 아이는 의도적으로 침묵을 무기로 삼는 것은 아니다. 그녀는 성장과정의 어느 시점에서 침묵해야 한다는 것을 배웠고, 시간이 지난 지금 상황이 변했지만 아직도 그 행동을 하고 있을 뿐이다. 혹은 그녀는 침묵을 깨고 말하는 것이 위험스럽다고 느끼기 때문에 말을 안 하는지도 모른다. 그녀가 왜 말을 안 하는지를 아는 것은 내게 그리 중요하지 않다.

중요한 것은 그녀가 말 안 하는 것 이외에 자신의 권력을 느낄 수 있는 또 다른 영역을 발견함으로써 말을 할지 안 할지를 선택할 수 있도록 도와주는 것이다. 그렇게 하면 말하고 싶을 때 하고, 말하고 싶지 않을 때 안 하게 될 것이다. 그렇게 자신을 꼭 닫고 있으면 그녀는 자기 자신과 삶의 많은 영역을 단절시키게 되어, 자유롭게 실험하고, 탐색하면서 많은 영역에서 자신을 성장시키고 발전시킬 수 없게 된다.

나는 조심스럽게 접근한다. 억지로 열려고 하면 조개는 열리기보다는 깨어질 우려가 있다. 나는 되도록이면 내 말은 적게 하면서 현재 아이의 마음이 있는 곳에서 만난다. 첫 시간에 아이는 부모가 하는 호소를 곁에서 다 듣는다. 하지만 그녀는 아무 말도 않는다. 둘이 있을 때 그녀는 내 말에 고지식하게 복종한다. 그녀는 말 대신 주로 어깨를 움츠리거나, 얼굴을 찡그리거나 "몰라요!"와 같은 간단한 말로만 의사표시를 한다. 나는 이 아이의 권력에 대해 잘 알고 있다. 조심하려고 애쓰는데도 나는 가끔 나도 모르게 목소리가 커지거나, 말이 많아지거나, 강압적이 되는 자신을 발견한다.

아이는 비록 말을 하지는 않지만 듣고 있는 것은 분명하다. 그래서 나는 아이에게 그녀가 말이 없는 것에 대해 어머니가 걱정하고 있다고 말해준다. 나는 아이가 엄마가 걱정하는 것에 대해 잘 이해하지 못할 것이라 생각한다. 왜냐하면 말 없는 아이들은 대개 자신의 침묵이 문제라고 느끼지 않기 때문이다. 그들은 단지 자신이 별로 할 말이 없다고 느낄 뿐이다. 이런 이야기를 해주었더니 아이는 고개를 끄덕였다. 나는 아이에게 앞으로 함께 놀이를 하면 할 말이 좀 더 생길 거라고 말해주었다. 말없이 움츠린 아이에게는 표현 기법들이 매우 유용하다. 이 기법들을 사용하면 아이는 침묵을 포기할 필요 없이 의사소통을 시작한다.

10세 소녀 앤지는 첫 시간에 한 마디도 하지 않았다. 아이 부모는 어찌할 바를 몰랐다. 학교에서 성적은 좋았지만 말이 없는 것에 대해 선생님도 걱정했다. 그녀는 자기가 왜 말이 없는지에 대해서도 부모에게 말하려고 하지 않았다. 그녀는 부모에게 아무 말도 하지 않으려고 했다. 부모들은 그녀가 지금까지 항상 조용하고, 착하고, 모범적이며 성적도 좋았기 때문에 별로 걱정하지 않고 지내왔다. 하지만 이제 드디어

부모는 아이에게 뭔가 문제가 있다는 걸 깨닫기 시작했다.

부모들이 대기실에서 기다리는 동안 앤지에게 사람을 그려보라고 했더니 그녀는 아무 말 없이 순종하여 열심히 그렸다. 그녀가 그린 사람은 눈동자가 없었고, 얼굴에 미소를 띠고, 팔을 벌리고 있었다. 나는 앤지에게 그 사람의 이름이 뭔지, 나이가 몇 살인지, 그밖에 생각나는 것을 모두 말해보라고 했다. 그녀는 어깨를 으쓱하고, 이마를 찌푸리고는 고개를 내저었다. 나는 그것이 자기를 그린 것인지 물었다. 그녀는 다시 고개를 저었다. 나는 그림을 그려줘서 고맙다고 말하고 세션을 끝냈다.

다음 시간에 나는 모래상자 위에 장면을 하나 만들어보라고 말했다. 그녀는 마치 "선생님이 원하신다면!" 이라고 말하듯 어깨를 으쓱해 보였다. 내가 옆에 앉아 지켜보고 있는 동안 그녀는 매우 깊이 몰두하여 작업을 했다. 그녀는 선반에 있는 바구니마다 다 조사를 해서 동물, 울타리, 나무, 사람, 집, 바위 등을 골랐다. 그녀는 동물원 장면을 만들었다. 동물마다 울타리를 해서 사람들이 구경할 수 있도록 했다. 그리고 그녀는 다시 배열을 하고, 자리를 바꾸고, 넘어진 것들을 일으켜 세우고, 자리가 비좁도록 열심히 만들었다.

이 작업을 하는 동안 그녀는 한 마디도 하지 않았다. 숨 쉬는 소리도 잘 안 들렸다. 문득 전에도 움츠러든 아이가 숨을 충분히 깊게 쉬지 않는 것을 본 기억이 났다. 동물원의 한쪽 구석에 그녀는 조그만 다리를 만들어놓고, 다리 위에 작은 오리 한 마리를 올려놓았다.

그녀는 이제 작업이 끝났다는 듯이 나를 힐끔 한 번 쳐다보고는 물러나 앉았다. 나는 그녀에게 제일 좋아하는 동물이 어느 것이냐고 물었다. 그녀는 다시 어깨를 으쓱해보이고는 아무 대답도 하지 않았다. 나는 다시 좀 힘주어 "만일 저 동물 가운데 네가 있다면 어느 동물이겠니?" 라고 물었다. 그녀는 동물원을 들여다보더니 다리 위에 있는 오리를 가리켰다.

나는 "네가 만든 동물원은 매우 비좁구나. 이 오리 말고는 모든 다른 동물들은 비좁게 살고 있네. 너도 이 동물들처럼 비좁다고 느낀 적이 있니?" 라고 말했다. 그녀는 다시 어깨를 으쓱했다. 나는 다시 "그런데 네가 선택한 동물은 그래도 자리가 좀 여유가 있네? 너는 집에서 네 방이 따로 있니?" 라고 물었다. 이번에는 그녀가 분명하고 큰 소리로 "아뇨!" 라고 답했다.

"누구하고 방을 쓰니?" "여동생요!" "네 방이 따로 있으면 좋겠니?" "네! 여동생도 자기 방을 갖고 싶어 해요. 우리는 함께 방 쓰는 것을 싫어해요!" 그리고는 다시 말이 없었다. 그녀는 동물원을 계속 응시했다. 나는 방해하지 않고 그냥 놔두었다. 이윽고 나는 그녀가 동물원을 보면서 무슨 생각을 했는지 물었다. 그녀는 다시 어깨를 으쓱하고는 답이 없었다. 그리고는 시간이 다 되었다.

나는 무척 행복했다. 두 번째 시간에 내가 일어나리라고 기대했던 것보다 훨씬 많은 것들이 일어났기 때문이다. 올 때마다 앤지는 그림을 그리면서 혹은 환타지 작업이나 모래상자 작업을 하면서 점점 더 많은 말을 했다. 나는 앤지에게 공책에 글을 써보라고 권했다(그녀는 작문을 잘 했다.). 그녀는 꿈이나 자신의 생각 혹은 느낌들을 썼다. 우리는 찰흙작업을 하는 동안 대화를 했다. 앤지는 마침내 그림을 통해 이야기를 했다. 어느 시간에는 콜라주 작업을 했는데, 그녀는 이 작업을 매우 좋아했으며 이어서 많은 이야기를 했다.

이런 작업들을 통해서 점점 많은 정보들이 발굴되기 시작했다. 그녀가 느낀 감정들, 그녀가 좋아하는 일들, 좋아하는 색깔들, 좋아하는 노래들에 대한 이야기들이 나왔다. 그녀가 왜 그토록 오랫동안 말을 안 했는지는 밝혀지지 않았다. (나는 그녀의 가족사를 안다. 따라서 원인을 추측해볼 수는 있다. 하지만 그런 것들이 무슨 소용이 있을까? 때로는 부모들이 내게 원인에 대해 물어본다. 나는 내 생각을 말해주지만 그것은 단지 추측일 뿐이라고 말해준다.) 앤지는 내게 말을 하기 시작했고, 부모나 여동생, 선생님 그리고 친구들에게도 말을 하기 시작했다. 그녀는 자기에게도 할 말이 있다는 것을 발견한 것이다.

나는 또 11세의 질이란 아이와도 작업을 했는데, 그녀는 말은 했지만 속삭이듯이 했다. 그녀는 5남매의 장녀였다. 그녀는 유능했으며 남동생들과 여동생들을 잘 보살폈다. 학교 성적이 좋았고, 품행도 반듯했다. 그녀의 어머니는 이혼했고 직장에 나갔다. 나는 이전에 그녀의 남동생을 분노발작 때문에 치료한 적이 있었다. 그 아이가 좀 나아졌을 때 어머니는 질을 좀 봐달라고 했었다. 몇 번의 가족치료를 한 적이 있었고, 어머니를 따로 치료한 적도 있었다. 질의 어머니는 차츰 인간행동에 대해 새롭게 이해하기 시작했고, 딸이 말수가 적은 것에 대해 걱정하기 시작했다. "우리는 질이 무슨 생각을 하는지 아무도 몰라요. 그런데 이건 분명히 안 좋은 것 같아요."라고 그녀는 말했다.

우리는 함께 많은 작업들을 했고, 질은 내게 자신의 감정을 표현하기 시작했다. 하지만 항상 속삭임으로만 했다. 나는 당시 아동집단을 운영하고 있었기 때문에 나는 질을 집단에 넣기로 했다. 질은 침묵을 지키고 있었는데, 나는 흥미로운 것을 발견했다. 집단의 모든 아이들은 질의 사랑스러운 붉은 머리와 주근깨에 대해 한 마디씩 했다. 개인치료 시간에 왔을 때 나는 그녀에게 붉은 머리를 가진 것이 어떤 느낌인지 한 번 그림을 그려봐 달라고 했다.

그녀는 붉은 머리카락과 깊게 파인 검은 주름을 가진 소녀를 그리고는 '나(ME)' 라고 제목을 붙였다. 다시 주변에 다섯 사람을 그린 후 각자의 이름을 쓰고, 각자의 입에 말 풍선을 그렸다. '소년(BOY)' 이라고 이름이 붙은 한 아이는 "야, 불덩이!" 라고 말하고 있었고, '남자(MAN)' 라고 이름 붙여진 한 사람은 "너, 그 붉은 머리와 주근깨는 어디서 가져왔니?" 라고 말했다. 한 여자는 "나는 항상 붉은 머리를 갖고 싶었어!" 라고 말했고, 작은 소년은 "주근깨 얼굴은 딸기 같아!" 라고 말했다. 그리고 다른 한 소년은 "붉은 불꽃!" 이라고 말했다. 그림을 다 그리자 그녀는 벌떡 일어나서 각자가 한 말을 빈정거리는 투로 큰 소리로 흉내내면서 내게 연기를 해보였다.

질이 속삭임이 아닌 목소리로 말한 것은 이번이 처음이었다. 나는 그녀가 불러주는 대로 그림 위에다 다음과 같이 썼다. "이것이 붉은 머리를 가진 느낌이다. 가는 곳마다 사람들은 내 머리에 대해 말한다. 만약 사람들이 그렇게 많은 말을 하지 않는다면, 아마 나는 그렇게 기분이 나쁘지 않을 것이다." 나는 질에게 어떤 색의 머리를 갖고 싶은지 물었다. "검은색요!" 그녀는 분명하고 큰 소리로 말했다. 나는 그녀와 함께 그녀가 나이가 좀 더 들면 염색을 하는 것에 대해 토론을 했다. 그녀는 내게 사람들이 한 번도 자기 머리와 주근깨에 대해 말 안하고 넘어간 적이 없었다고 불평을 털어놓았다.

질은 오랫동안 숨겨왔던 분노감정과 슬픔 그리고 짜증을 간직하고 있었다. 그녀는 아버지에게서 버림받은 느낌이 있었으며, 동생들을 보살펴야 하는 것에 짜증이 나 있었고, 괴롭고 일에 지쳐있는 어머니 때문에 불안해하고 있었다. 그녀의 목소리가 풀리면서 이런 모든 깊은 감정들이 밖으로 나오기 시작했다. 어느 날 그녀는 내게 자신의 붉은 머리를 그대로 간직할지도 모른다고 말했다. 그녀는 "때로는 바보 같은 머리 때문에 사람들의 관심을 받는 것이 즐겁기도 해요. 하지만 주근깨는 아직 맘에 안 들어요!" 라고 말했다.

아홉 살 난 산드라도 속삭이듯이 말했으며, 자주 위가 아팠다. 우리는 함께 여러 번 그녀의 위통에 대해 그렸다. 위통을 그려보라는 말에 어리둥절해하는 것을 보고, 내가 먼저 한 장을 그려주었다. 어느 날 그녀는 보자기 판 위에 플라스틱 인형들을 놓으면서 오랫동안 작업을 하고 있었다. 주인공은 소녀 인형처럼 보였다. 나는 그녀에 대해 말해달라고 부탁했다.

산드라: (속삭이며) 그녀는 아무도 함께 놀 사람이 없어요.
치료자: 그녀는 예쁜데? 아무도 같이 놀 사람이 없다니 어떻게 된 걸까?
산드라: 그녀는 괴로워요. 그녀는 가족들에게 정말 화가 많이 나서 그들의 목을 잘라 버렸어요.

그리고 그녀는 더는 아무 말도 하지 않으려 했다. 한참 후 나는 산드라에게 물었다.

치료자: 너, 화났니?
산드라: 아뇨! (그녀는 숨소리를 내지 않고 있었다.)

모래상자 놀이를 하면서 그녀는 매우 권위적인 사슴이 다른 동물들을 거느리는 장면을 연출했다. 장미 덤불 환상에서 그녀는 장미 덤불의 꽃으로서 말했다. "나는 사람들이 오면 안으로 들어가. 풀들과 언덕이 내 친구야. 나는 그들과 말해." 이제 나와 이야기할 때 그녀는 조금 덜 속삭이는 듯했다.

어느 날 그녀는 내게 와서 들릴락 말락한 소리로 말했다. "엄마가 없는 동안 이번 주말에 아빠가 와서 있다 갔어요!" 나는 그래서 어땠는지 물었다. "아빠와는 불편해요. 엄마가 더 좋아요!" 그녀의 목소리, 표정, 태도, 자세가 처음 봤을 때보다 더 움츠러든 것 같았다. 우리는 함께 마루에 앉았다. 나는 그녀가 아버지의 어떤 점에 대해 불편한지 물었다. 산드라는 고개를 돌렸다. 나는 부드럽게 그녀의 얼굴을 내게로 돌려 눈을 쳐다보았다. 그녀는 "아버지가 나를 만져요."라고 말하고는 울기 시작했다. 성추행에 대한 많은 이야기들이 정상적인 목소리로 쏟아져 나왔다. 산드라는 이 이야기를 지금껏 누구에게도 하지 않았다고 했다.

움츠려든 아이는 흔히 자유롭고 안전한 대인관계 의사소통에 참여할 수 없기 때문에 고립상태에 있는 경우가 있다. 아이는 분노감정뿐 아니라 애정의 감정을 표현하는 데도 어려움을 느낀다. 아이는 거부당하거나 상처받지 않으려고 자신을 안전한 장소에 두려고 한다. 다른 사람이 스스럼없이 자유롭고 유연하게 행동하는 것을 보면 부러워하지만, 정작 자신은 자발적으로 행동하는 것이 익숙하지 않으며 두려움을 느낀다.

사람들은 이런 아이들을 온순하고, 겁이 많고, 수줍고, 억제된 모습으로 지각한다. 이들은 때로는 다소 건방지거나 혼자 있고 싶어 하는 모습으로 비치기도 한다. 그리고 이들은 별로 의사소통을 하지 않기 때문에 학교 성적이 좋은데도 불구하고 의사표현이 서투르거나 지능이 떨어지거나 둔해 보이기도 한다. 심지어는 분열성 장애로 낙인찍히는 경우도 있다.

나이가 들수록 사람들은 자신이 만든 방호벽을 뚫고 나오기 힘들다. 하지간 성인들은 달라져야겠다는 결심을 하고 노력하면 변화가 가능하다. 그런데 어린아이들은 자신을 방어할 필요성에 너무나 몰두한 결과 (막연히 무언가 잘못되고 있다는 것을 느끼기는 하지만) 자신의 철회된 상태를 전혀 자각하지 못한다. 상담소를 찾는 십대들은 대개 주변 친구들이 자유롭고 즐겁게 노는 것을 보면서 비로소 자신의 답답함을 깨닫고 이로부터 탈출하고자 찾아온다. 그들의 방호벽은 애초에 자신을 고통과 상처로부터 보호하려는 목적에서 만들어졌지만 이제 더 이상 그 목표를 달성할 수 없다. 이제 그들은 많이 고통스럽지 않다면 상담자의 도움을 받아 방호벽을 뚫고 나와 즐거운 감정을 느끼고 싶어 한다.

17세의 존은 주변 친구들과 자신이 다르게 느껴진다며 상담을 받으러 왔다. 그는 친구가 별로 없었으며, 학교에 가면 친구들이 즐겁게 어울려 노는 것을 보면서 자신은 그렇게 하지 못하는 안타까움을 느꼈다. 그는 항상 그렇게 살아왔으나 이전에는 그런 생활이 별로 불편하게 느껴진 적이 없었다고 한다. 그는 지금껏 우표수집이나 동전수집 등 여러 가지 수집 취미가 있어 그런 것에 몰두했었다고 한다.

그의 가족생활은 매우 안정적이었고, 특별히 사람들의 교제를 회피할 이유가 없었다. 이것이 내 질문을 받고 그가 한 대답의 전부였다. 그는 더는 할 말을 찾지 못했다. 나는 그가 나와 말하도록 만들기가 무척 힘들었고, 시간이 끝날 때쯤이면 몹시 힘들고 지쳤다. 나는 아마 그와 접촉한 많은 사람들이 느꼈을 감정이 이와 비슷하지 않았을까 상상해보았다.

존에게 그림을 그려보라고 말했을 때 그는 너무나 억제되어 있어, 이 작업을 무척 어렵게 느꼈고 거의 불가능한 일 정도로 여겼다. 그는 내게 자신의 감정을 잘 설명하지 못했는데, 그의 답답한 행동에 대한 나의 느낌을 말해줬는데도 여전히 어떤 감정을 느끼지 못했다. 넉 달 동안의 치료과정을 통해 그는 변화하기 시작했다. 아래에 그의 치료기록의 일부를 소개한다.

첫 시간: 자신의 수줍음에 대한 불만 토로. 친구관계 형성 어려움. 여자 친구를 사귀고 싶어 함. 데이트 경험 무. 가끔 친구들과 함께 놀러감. 하지만 대체로 다시 연락 안 옴. 학업성적 양호. 대학진학 계획. 여자 친구 교제 어려움, 친구 없음 외에는 별 문제 없다고 봄. 친구 없는 이유 이해하지 못함. 위의 이야기 끌어내기 매우 힘들었음. 친구 만들기 원함, 가족생활 즐겁게 보내기, 어린 시절 잘 보내기 바람, 그 외에는 고민이나 문제 없음.

둘째 시간: 자신의 장점과 단점을 보여주는 그림을 색채와 선 그리고 형태만을 사용해서 그려보라고 요구. 그리기 시도. 많은 어려움. 포기. 지금의 느낌 물음. 반응실패. 내가 말을 많이 하는 현상을 발견함.

다음 몇 시간: 지난 시간과 매우 유사. 한 주 동안 있었던 일에 대해 말함. 여기 오는 것이 좋다고 말함. 나와 이야기하는 것이 좋다고 함. 나는 그와 이야기하는 것이 힘겹다고 말함. 반응 없음. 어깨 움츠리고 미소. 아마 다른 사람도 비슷하게 느낄 것이라 동의함.

다음 시간: 종이를 주고 "나는 ...... " 문장완성 연습을 시킴. 다음과 같은 내용 작성. 나는 소년이다. 나는 사람이다. 나는 학생이다. 나는 아들이다. 나는 확신이 잘 안 선다. 나는 나다. 나는 완전하지 않다. 나는 민감하다. 나는 현실주의자며 또한 이상주의자다. 나는 홀로 독립적이다. 나는 확신이 부족하다. 나는 자유다.

다음 시간: 찰흙 놀이를 함. 눈감고 자신의 모습을 만들어 보라고 함. 찰흙놀이를 불편하게 느꼈지만, 나의 요구에 응함. 매우 감동적인 시간이었음. 자신감이 없기 때문에 자기를 어떻게 묘사해야 할지 모르겠다고 말함. 무언가를 말하면 바보 같은 말

을 해서 어리석게 보일지 모르고, 그래서 상처받을지 모른다고 불안해함.

다음 몇 시간: 꿈을 기억해내기 시작함. 꿈 작업을 원함. 그중에 하나는 거의 익사할 뻔했는데, 필사적으로 노력해서 살아나온 꿈.

다음 시간: 그의 몸과 마음, 감정에서 무엇이 일어나는지 좀 더 잘 알아차리도록 돕기 위해 알아차림 연속연습 시행. 나와 함께 하는 놀이로 함. 돌아가며 각자 자신이 알아차린 것, 본 것, 들리는 것, 신체에서 느낀 것, 자신의 생각(떠오르는 생각들에 대해 이름을 붙임) 등을 말하는 방식으로 진행함. 매우 성공적이었음.

다음 몇 시간: 점점 말이 많아짐. 자기가 하고 싶은 작업에 대해 적극적인 의사표시를 함. 비웃음 받는 것에 대한 공포 작업. 그것에 대한 그림을 그렸음. 이번에는 그림 그리는 데 문제가 없었음. 어린 시절 비웃음 당한 경험 회상함. 분노감정을 표현함. 갑자기 분노를 느꼈던 여러 사건들 기억이 남.

그는 새로운 활력을 갖고 대학에 입학했다. 그는 대학에 들어간 후 친구들이 생겼고, 행복했으며, 말이 매우 많아졌다. 그는 매우 영리했고, 아이디어가 많았으며, 말을 잘 했다. 그는 오랫동안 이런 능력을 자신 속에 꽁꽁 묻어두고 있었던 것이다. 그는 간혹 옛날 감정들이 올라올 때가 있으나, 이제 그것에 대해 어떻게 대처해야 할지 안다고 말했다. 그는 이제 삶이 너무 풍성해졌다며 치료를 종결했다. 이는 감상적인 성공 스토리처럼 들릴지도 모른다. 하지만 가끔 삶은 믿기 어려울 정도로 단순하다.

공포

아이들은 우리가 상상하는 것보다 훨씬 두려움이 많다. 아이들이 실제로 표현하는 두려움보다 말하지 않고 혼자만 간직하는 것들이 훨씬 더 많다. 우리 사회에서는 두려움은 겁쟁이와 쉽게 연관지어진다. 부모들은 아이의 공포감정을 인정하고 수용하기보다는 두려움을 느낄 필요가 없다고 설득하는 데 많은 에너지를 소모한다. 아이들은 부모님을 기쁘게 해드리기 위해, 혹은 부모님들이 놀라지 않도록 하기 위해, 자신의 공포를 깊숙이 억누르는 것을 학습한다.

공격적 행동이나 움츠려든 행동 혹은 신체증상 때문에 내게 의뢰되어 온 많은 아이들을 치료하다 보면 그동안 숨겨왔던 공포감정이 나타나는 경우가 많다. 아이들은 이런 감정들을 표현해야 한다. 그들이 느끼는 두려움 중에 어떤 것은 잘못된 지식 때문에, 또 어떤 것들은 그들이 실제 처해 있는 상황 때문에 나타난다. 많은 부분은 우리 사회에서 차지하고 있는 아이들의 부당한 대우에서 비롯한다. 어떤 경우든 두려움은 인정받고, 수용되고, 존중되어야 한다. 그들의 두려움이 있는 그대로 공개적으로 인정받고, 관심받을 수 있을 때 비로소 아이들은 험난한 실제 삶을 이겨나갈 힘을 얻게 된다.

어떤 아이들의 두려움은 공포증으로 발전한다. 그들의 두려움은 때로 너무 지나친 나머지 공포의 대상을 피하기 위해 들이는 노력이 일상생활을 방해할 정도이다. 10세 소년 한 명은 높은 곳에 대한 두려움이 아주 심하여 2층 이상 올라가지 못했으며, 등산은 상상도 못했다.

나는 비록 아이의 공포가 원래 대상에서 일반적 대상으로 바뀌어 나타난 것이라고 추측하지만, 나는 주어진 증상을 토대로 작업할 수밖에 없다. 나는 보통 매우 직접적이고 직면적으로 작업한다. 나는 바로 아이에게 공포를 그리라고 요구하거나 혹은 인형이나 연극기법을 사용해서 아이로 하여금 공포를 체험할 수 있는 상황을 연출하도록 요구한다.

나는 소년에게 뭐든지 자기가 하고 싶은 것을 골라보라고 했다. 우리는 서로 알기 위해 좀 더 시간이 필요하다는 것을 느꼈다. 소년은 모래상자에 거리와 집 그리고 나무들을 만들었고, 모래 한 가운데 레고 블록으로 열심히 고층건물을 하나 만들어 세웠다.

나는 그에게 고층건물 옥상에 인형을 하나 올려놓고, 그 인형이 되어보라고 하고, 그때 기분이 어떤지 물었다. 소년은 기꺼이 내 제안을 따랐는데, 마치 균형을 잃고 아래로 떨어질 것 같다고 말했다. 그의 몸은 경직되어 딱딱해졌고, 그의 호흡은 답답해졌다. 신체와 호흡은 공포반응에 대한 좋은 단서를 제공해준다. 공포는 신체반응을 통해 매우 명확하게 드러난다.

심리치료의 첫 단계에서는 구체적인 공포와 관련된 표현되지 않은 감정과 접촉하는 것으로부터 시작한다. 나는 이 소년이 갖고 있는 공포의 한 원인은 통제력 상실과 관련 있다는 것을 발견했다. 즉, 그는 가장자리로 다가가서 떨어질지도 모른다는 막연한 공포가 있었다.

우리는 함께 조그만 사다리를 오르내리거나 밧줄타기 혹은 판자 위를 걷는 등 신체 통제와 신체 균형을 연습하는 시간을 가졌다. 조금 자신이 생기자 그는 좀 더 높은 곳에 올라가는 실험을 계속했다. 나는 그에게 연습하는 동안 옛날 습관 때문에 다시 공포를 느낄 수 있지만, 그럼에도 불구하고 자기가 원하는 실험을 계속할 수 있을 것이라고 말해줬다.

연습을 하면서 그는 내게 직접적으로 공포증과 연관 없어 보이는 자신의 많은 감정들을 표현했다. 자신의 감정과 숨겨진 생각들을 통제하지 않고 말해버림으로써 그의 공포는 차츰 줄어들기 시작했다. 어떤 것이든 통제를 하거나 붙들고 있으면, 그것은 결국 우리의 삶에 많은 영향을 미치게 된다. 우리가 좀 더 많은 것들을 놓아버리고 포기해버릴수록 우리는 좀 더 많은 통제감과 균형감을 느끼게 된다. 한편, 이 작업에서 우리는 소년이 느낀 공포의 '구체적 원인'을 맞닥뜨렸는지는 알 길이 없다.

다른 한 아이는 물에 대한 심한 공포가 있었다. 우리는 안내된 명상을 통해 그녀의 공포의 근원을 찾아낼 수 있었다. 그녀는 어렸을 때 오빠가 갑자기 물에 빠뜨리고는 물속으로 끌어내렸던 경험이 생각났다. 그때 그녀는 기겁을 했고, 정말 죽는 줄 알았다. 어머니에게 물어보니 이 기억이 사실로 드러났다. 우리는 이것에 대해 깊은 작업을 했다.

오빠에 대한 분노작업과 신체연습, 그리고 단계적으로 물을 조금씩 접촉해보는 숙제 등을 했다. 우리는 그녀의 물에 대한 공포를 완전히 없애지는 않았지만, 통제를 많이 느슨하게 하는 데까지 성공했다. 그녀는 아마도 평생 수영을 가장 좋아하는 취미로 여길 정도로 바뀌지는 않겠지만, 물 근처에도 가지 않으려던 옛날에 비해 실로 많이 호전되었다. 이 아이는 고소공포증이 있었던 앞의 소년에 비해 훨씬 나이가 많았다. 그리고 그녀의 공포도 여러 사건들에 의해 강화되었었다.

강도나 도둑에 대한 공포는 아이들에게 있어 매우 일반적이다. 9세인 한 소녀는 밤중에 강도가 창문을 통해 자기 방으로 들어올지 모른다는 생각 때문에 잠을 못 잤다. 그녀가 무서워한 것은 어둠이 아니었다. 불을 켜 놓으면 오히려 강도가 더 편리하게 들어올 거라 믿었다. 나는 그녀에게 강도가 들어오는 그림을 그려보라고 말했다. 그녀는 집과 창문, 그리고 창문 옆에 강도가 타고 올라올 거라고 믿는 큰 나무 한 그루를 그렸다. 그녀는 상상 속의 장면을 강도의 소지품까지 포함해서 아주 자세히 그렸다.

우리는 그녀의 공포를 구체적으로 탐색한 결과 그녀가 두려워하는 것은 신체적 손상보다도 낯선 사람이 자기 방에 들어와 자신의 물건을 손댈 수 있다는 사실 자체였다. 그녀는 창가의 나뭇가지에다 종을 달아놓으면 강도가 부딪쳐 소리가 나게 되고, 그러면 자기가 깨어 강도를 쫓을 수 있을 거라고 말하기도 했다. 이런 토론과 탐색을 통해 그녀는 불안이 많이 줄어들어 잠을 편히 잘 수 있게 되었고, 따라서 이제 다른 주제로 넘어갈 수 있었다.

비슷한 처지에 있는 한 어머니가 다섯 살 난 아들 빌리가 강도가 침입하는 것에 대한 공포가 심하다며 데리고 왔다. 강도에 대한 질문을 하자 빌리는 그것에 대해 말하기 싫어했다. 나는 빌리에게 '무서운 것들이 있어요'라는 소책자를 꺼내 읽어주고 나서, 책에 나오는 소년에 대해 스스로 이야기를 하나 지어보라고 말했다. 특히 소년이 두려워하는 것이 무엇인지에 대해 이야기를 지어보라고 했다.

빌리는 계속 아무 말도 하지 않고 버텼다. 그래서 내가 이야기치료를 할 때 자주 쓰는 녹음기를 가져다 놓았다. 그러자 곧 빌리는 이야기를 시작했는데, 강도가 집에 침입해서 여러 가지 세간을 도둑맞은 소년에 대한 이야기를 했다. 이야기는 꽤 복잡했으며 빌리와 그의 가족상황에 대한 정보들을 토대로 의미 있는 해석을 할 수 있는 내용이었다. 하지만 나는 이야기를 해석하지 않고 그냥 듣기만 했다. 이야기가 끝났을 때 나는 빌리에게 그 강도가 한번 되어보라고 했다. 그는 진짜 도둑처럼 살금살금 기어들어오는 흉내를 내며 무척 신이 나서 연기를 했다.

나는 다시 빌리에게 이제 이야기 속의 소년이 되어서 강도에게 말해보라고 했다. 빌리는 강도에게 자기는 그가 하나도 안 무서우며, 때려줄 수 있다고 말하고는 베개를 들어 강도를 두들겨주는 시늉을 했다. 빌리에게 이 연습은 중요한 뭔가를 경험하게 한 것 같았다. 마치 하나의 전환점이 된 것 같았다. 이후 학교나 집에서 빌리는 공포에 시달리지 않았다. 나는 빌리가 이 시간에 어떤 갈등을 해결했는지는 정확히 모른다.

어떤 사건에 대한 해석 혹은 추측은 흥미로운 대화를 하는 데는 유용할지 몰라도 실제 치료에는 별로 도움이 되지 않는다. 중요한 것은 전문가의 분석이나 해석이 아니라 아이가 치료 상황에서 하는 경험이다.

10세인 앤드류는 항상 두려움을 느낀다. 그는 밤에 늘 불을 켜놓아야 하며, 어머니가 잘 자는지 확인해야 하고, 혼자 학교 가는 것을 무서워했으며, 사고를 목격했거나 혹은 텔레비전에서 무서운 장면을 봤을 때는 며칠씩 연달아 악몽을 꾸었다. 우리는 몇 개의 구체적 대상에 대한 작업을 했다. 하지만 몇 가지 공포를 없애도 다른 것들이 끊임없이 나타났다.

어느 날 우리는 '그림 이야기 짓기 카드(*Make a Picture Story cards*)' 놀이를 했는데, 앤드류는 아주 무서운 이야기를 몇 개 지어냈다. 그중 하나는 묘지에서 한 남자가 유령과 괴물을 피하기 위해 나무 뒤에 숨어 있는 장면이었다. 또 다른 이야기에서는 한 남자가 동굴에서 피를 흘리고 있는데, 아무도 도와줄 사람이 없었다.

또 다른 이야기에서는 망망대해에서 부상당한 남자 한 사람과 노파 한 명 그리고 소녀 한 명이 뗏목을 타고 떠도는데 아무도 도와줄 사람이 없었다. 앤드류는 평소에 늘 약하고 무기력하며, 힘없는 느낌이라고 실토했다. 마지막으로 그는 거리장면 카드를 사용해서 다음과 같은 이야기를 지어냈다.

차 한 대가 내리막길을 내려오고 있는데, 하수구에서 거대한 뱀 한 마리가 나왔다. 길에는 다리를 다친 한 남자가 있다가 이 광경을 보고 고함을 지르며 도움을 요청했다. 경찰이 출동하여 뱀을 향해 총을 쏴댔으나 뱀은 죽지 않았다. 그때 한 소년이 길에 나타났다. 차에 타고 있던 남자는 소년의 아버지였는데, 소년을 태워 집으로 데려가고 싶었으나 뱀이 너무 무서워 밖으로 나오지 못했다. 소년은 슈퍼맨을 불렀고, 슈퍼맨이 나타나 뱀을 죽였다. 끝.

나는 앤드류에게 자신은 이 이야기 속의 누구냐고 물었다. 그는 소년이 자신이라고 말했다. 하지만 슈퍼맨이 되어 모든 어려운 일을 다 해결하고 싶다고 했다. 나는 그에게 어떤 어려운 일을 해결하고 싶은지 물었다.

앤드류: 나는 오토바이를 갖고 싶어요. 책을 더 잘 읽을 수 있었으면 좋겠어요. 그리고 학교에 안 갈 수 있었으면 좋겠어요.

치료자: 좋아, 또 어떤 일을 해결하고 싶어?

앤드류: 어머니를 보살펴주고 싶어요. 어머니는 항상 돈 걱정하거나 우리들 걱정을 하셔요.

앤드류의 부모는 그가 5세 때 이혼했다. 그의 어머니는 앤드류가 부모의 이혼 후에 비교적 잘 적응했으며, 아버지를 정기적으로 만났으며 관계도 좋았다고 했다. 나는 앤드류에게 이야기 속의 소년이 되어 각 인물들에게 말해보라고 했다. 그는 아버지에게 "아빠 뱀을 잡아 없앴어야 했어! 슈퍼맨은 우리가 필요할 때 항상 올 수가 없단 말이야!"라고 말했다.

나는 우리가 점점 앤드류의 공포의 근원에 가까이 다가가고 있음을 느꼈다. 만일 앤드류가 자신이 어머니를 보살펴야 하는 두려움, 그리고 부모의 이혼에 대한 원망감 등에 대해 감정표현을 하기 시작하면, 우리는 그가 세상을 헤쳐 나가는 데 필요한 힘을 얻도록 도와줄 수 있을 것이다.

10세 소녀 신디도 막연한 공포감에 시달리고 있었다. 어느 날 내가 신디에게 그녀의 공포가 의자에 앉아 있다고 상상해보라고 지시했을 때, 그녀는 뿔이 달리고 초록색의 날카로운 이빨을 가진 추악한 괴물을 그렸다. 나는 그녀에게 괴물에게 말해보라고 했다.

신　디: 너는 추악해. 으으. 나는 네가 싫어. 저리 가. (고개를 돌리며) 쳐다보기도 싫어.

치료자: 괴물에게 왜 거기에 있는지 물어보렴, 왜 근처에 얼쩡거리는지 말야!

신　디: 너는 왜 여기에 있니?

치료자: 이제 괴물이 되어보렴. 여기에 앉아서 괴물이 되어 신디에게 대답해봐.

신　디: 싫어요. 난 저 흉측한 괴물이 되고 싶지 않아요.

치료자: 네가 괴물을 상상한 거야. 실제로는 괴물은 없어. 저기에 앉아 괴물인 것처럼 해 봐. (신디는 마지못해 다른 의자로 옮겨 앉는다.) 괴물아, 신디에게 말해줘. 왜 신디 근처에서 얼쩡거리는지.

신　디: (괴물이 되어서 나를 쳐다보며) 나는 그녀에게 ...

치료자: 아냐! 내게 말고, 신디에게 말해. (신디가 앉았던 자리를 가리키며)

신　디: (괴물이 되어서) 나는 네가 항상 무서워하도록 만들어야 해.

치료자: 괴물아, 신디에게 말해줘. 왜 너는 항상 신디가 무서워하도록 만들고 싶은지 말야.

신　디: (괴물이 되어서) 네가 항상 무서워하지 않으면 강간당할지 몰라.

치료자: 신디야, 이제 네 자리로 돌아와 앉아. 신디, 너는 강간당할까봐 무섭니? (나는

아주 부드럽게 물었다.)

신 디: (작은 소리로) 예.

치료자: 너는 강간당한 적이 있니?

신 디: 모르겠어요.

치료자: 너는 뭔가를 기억하는 것처럼 보이네? 기억나는 것이 있으면 말해줄래?

신디는 여섯 살 때 남자 아이 두 명이 그녀를 차고로 끌고 가서 팬티를 벗기고 손으로 만진 사건을 이야기했다. 그녀는 부모님에게 이 사실을 알리지 않았는데, 그것은 남자 아이들이 부모님에게 말하면 죽여버리겠다고 협박했기 때문이었다고 했다. 신디는 이후에 여자 아이들이 강간당하거나 죽임을 당한 이야기를 자주 들었다고 한다.

신디의 강간 공포는 성 지식이 부족한 탓에 더욱 커졌었다. 신디는 큰 남자 아이들에게 놀랬으나 강간을 당한 것은 아니었다. 사람들이 강간이나 살인에 대해 이야기하는 것을 듣고 공포가 더욱 커졌던 것이다. 그녀는 만진 것과 강간당한 것을 같은 것으로 생각하고 있었다. 우리는 신체와 성 그리고 임신, 성의 즐거움 등에 대해 솔직히 터놓고 이야기를 했는데, 이 과정을 통해 신디의 공포는 많이 줄어들었다.

아이들은 때로는 특정한 방식으로 공포를 표현하지만, 구체적으로 한 가지 공포대상을 딱 집어내지는 못한다. 공포감정을 막연히 느끼지만 미분화된 상태다. 그림은 공포를 만나기 위한 아주 좋은 도구이다. 나는 가끔 아이들에게 눈을 감으라고 말하고, 상상 속에서 자신의 공포를 색채나 선, 형태 또는 상징을 사용해서 표현해보라고 말한다.

한 아이는 '닫힌 문' 이라고 팻말을 붙인 문 옆에 검은색의 공을 하나 그렸다. 다른 한 아이는 '슬픔' 이라고 쓰인 노랑색 삼각형 위에 '행복' 이라고 이름붙인 푸른색 직사각형을 올려놓고 그 위에 떠다니는 듯한 검정색 정사각형을 하나 그렸다. 나는 아이에게 검정색의 물체가 되어 공포의 상징물을 자세히 묘사해보라고 요구할 수 있다. 그러면 아이는 "나는 둥글고 검은 색이며 어둡다." 와 같이 대답할 수 있다.

한 상징은 다른 부분에게 혹은 아이에게 말을 할 수 있으며, 아이도 그 상징에게 말할 수 있다. 이러한 과정에서 나는 아이가 말하는 것의 의미뿐만 아니라 아이의 신체나 목소리의 변화도 면밀히 관찰한다. 이런 작업을 하는 동안 종종 아이의 삶에서 중요했던 사건에 대한 기억이 되살아난다.

나는 때로는 아이가 자신의 두려움을 충분히 표현하도록 해준다. 자기 집에 들어온 강도에게 맞았던 경험이 있는 11세 소녀 수잔은 내게 자신의 공포를 표현했다. 하지만 사건에 대해 말하는 그녀의 태도는 매우 피상적이었다. 그녀는 자신의 감정을 충분히 말로 표현하지 못했다. 그래서 나는 그녀에게 자신의 공포를 그림으로 그려보라고 말했다. 그랬더니 그녀는 자신의 공포와 함께 다른 감정까지도 표현할 수 있었다.

그녀는 공포감정을 다 그린 후 다시 여러 개의 선을 그렸다. 그것은 의미 없는 낙서 같이 보였다. 하지만 그것은 그녀에게 매우 중요한 의미가 있었다. 그녀는 먼저 공포감정 부분을 묘사했다. 나는 다른 선들은 무엇인지 물었다. 그녀는 그것들을 바라보며 골똘히 생각에 잠기는 듯했다. 그러더니 "분노에요!"라고 말했다. 이때부터 그녀는 공포 뒤에 숨겨왔던 분노감정을 느끼기 시작했다.

환상을 통해 느낀 공포도 실제 공포다. 초등학교 2학년인 데비는 어머니로부터 떨어지는 것을 무척 두려워했다. 그녀는 어머니가 어디에 있는지 알지 못하면 몹시 불안하고 걱정했다. 그녀의 어머니는 항상 그녀를 학교까지 걸어서 데려다주고 데리고 왔으며, 좀처럼 아이 보는 사람에게 그녀를 맡기지 않았다.

오래전에 어떤 사람이 세탁소에서 세탁물을 찾아오다가 옷가지 몇 개를 떨어뜨렸는데, 그것들이 바람에 날려 학교 운동장에 떨어졌다. 옷가지 중에는 여자 옷도 있었는데, 짓궂은 아이들이 그것을 주워들고 놀면서 살인사건 이야기를 지어냈다. 세탁물은 나중에 주인이 찾아갔지만 아이들이 지어낸 이야기는 계속 떠돌았다. 당시 1학년이던 데비가 이 이야기를 듣고 공포에 질렸다.

그 옷이 여자 옷이었기 때문에 데비는 자기 어머니가 살해되었을 거라고 상상했다. 그 후 데비에게 그 이야기는 단지 꾸며낸 이야기이며 실제로 그런 일은 일어나지 않았었다고 수없이 말해줘도 소용이 없었다. 데비는 너무나 공포에 질려버려 어머니는 아이를 힘들게 만들지 않기 위해 아이의 공포를 그냥 인정해주고, 항상 어머니와 떨어지지 않도록 해주었다. 만 1년이 지나서 어머니는 데비를 내게 데려왔다.

이런 종류의 작업을 할 때 나는 매우 직접적으로 접근한다. 나는 데비에게 진지하게 '살인'에 대해 이야기 나누었다. 그녀에게 살인 장면에 대해 그려보라고 했다. 그리고 인형을 통해 그 장면을 연출해보라고 했다. 이때 장면을 하나하나 아주 세밀하게 검토했다. 머지않아 그것은 우리에게 일종의 재미있는 놀이로 변했다. 그 놀이에 지친 나머지 데비는 마침내 어느 날 내게 "선생님, 살인사건 같은 것은 없었어요. 그것은 단지 누구의 차에서 떨어진 세탁물이었을 뿐이에요! 이제 그것에 대해 그만 말해요!"라고 말했다.

데비는 이 사건에 대한 공포를 극복했으며, 그녀의 어머니는 이제 가끔 자유롭게 외출할 수 있게 되었다. 하지만 다시 다른 공포가 나타났는데, 이는 드문 일이 아니다. 이번에는 어머니가 여행 중에 비행기 사고나 자동차 사고로 죽을지도 모른다는 공포가 생겼다. 우리는 이번에도 이 사고들을 차례로 연출해보았다.

끝으로 그녀의 분노에 대한 그림 작업을 하고 있었는데, 데비는 갑자기 어머니에게 정말 화가 나서 어머니의 머리가 뚝 떨어져 나갔으면 좋겠다고 말했다. 그녀는 다음 순간 얼굴이 창백해져서 입에다 손을 갖다 대고는 속삭였다. "아니에요!" 그때 우리는 다시 그녀의 분노(죽음 소망)와 관련해서 그것들의 힘에 대해 그리고 그것들의 '정상성(normalcy)'에 대해 다룰 수 있었다.

아이들은 가끔 두려움에 갇혀 거기서 탈출하는 방법을 모른다. 캔디는 10세 소녀인데 남의 집에 가면 잠을 못 자는 것 때문에 치료를 받으러 왔다. 이런 것이 전에는 전혀 문제가 안 되었는데, 이제 좀 커서 가끔 친구 집에서 자고 올 일이 생기면서부터 문제로 부각되기 시작했다. 캔디는 이로 인해 많은 즐거움을 놓쳐야 했다. 부모님의 격려로 여러 번 시도해봤지만 매번 실패했다. 밤이 되면 부모님이 데리러 가야만 했었다. 부모님도 이제 지쳐서 포기한 상태였다. 캔디는 남의 집에서 자는 것이 왜 그렇게 두려운지 이유를 알지 못했다.

나는 캔디에게 친구네 집에서 자는 것이 어떨지 그림을 한번 그려보라고 했다. 그녀는 친구네 가족들은 TV를 보고 있고, 친구는 자기 방 침대에 누워있는 그림을 그렸다.

치료자: 너는 어디 있니?
캔　디: 나는 여기에 없어요. 나는 욕실에 있어요.
치료자: 거기서 뭘 하고 있니?

캔　디: 울고 있어요. 집에 가고 싶어요.

치료자: 그렇구나. 그런 일이 벌어진 것 같구나?

캔　디: 네.

치료자: 음. 그럼 욕실에 있는 네 자신을 상상해봐. 네가 느끼는 것을 말해봐.

캔　디: (우는 척하며) 집에 가고 싶어. 엄마랑 아빠랑 뭐하고 있을까? 남동생들은 뭘 하고 있을까? 그들이 보고 싶어. 내 침대에서 잤으면 좋겠어.

치료자: 그래서 어떻게 됐니?

캔　디: 친구 아빠가 집으로 데려다 줬어요. 식구들 모두 집에 있었어요.

치료자: 그들이 모두 집에 없을 줄 알았니?

캔　디: 모르겠어요. 내가 집에 없을 때 무슨 일이 일어나는지 모르는 것이 싫어요.

치료자: 이제 친구 집에서 울지 않고 있는 모습을 한번 그려봐!

이번에는 캔디는 친구의 방에서 둘이 함께 침낭에서 자고 있는 모습이었다. 나는 다시 캔디에게 자기 자신이 되어서 한번 말해보라고 했다.

캔　디: 나는 친구의 방에서 침낭 속에서 자고 있어요.

치료자: 너는 그 속에 있는 것이 좋니?

캔　디: 네, 재미있어요. 친구와 함께 이야기도 하고 웃고 떠들고 있어요.

치료자: 다른 방에서는 뭣들 하고 있지?

캔　디: 친구 부모님들은 TV를 보고 있어요.

치료자: 집에서는 다들 뭐하고 있을까?

캔　디: 동생들은 자고 있어요. 브모님은 TV를 보고 있을 것 같아요. 아니면 아이 봐주는 사람이 와 있고, 부므님들은 영화 보러 갔을 수도 있어요.

치료자: 네가 집에 있다면 뭘 하고 있을까 상상해봐.

캔　디: 늦었으니까 아마 자고 있겠죠.

치료자: 침낭 속에 있는 네 자신어 게 겁나는지 한번 물어봐.

캔　디: 캔디야, 너 무섭니?

캔　디: (침낭 속에서) 아니! 내가 왜 겁나야 하니? 재미있어. 내일 아침에는 우리가 아침 준비를 할 거야. 팬케이크로 말이야.

치료자: 캔디에게 물어봐. 집에 있는 식구들 때문에 걱정이 되는지.

캔　디: 알았어요. 아니라는데요.

그녀는 자기 자신과 몇 차례 더 대화를 했는데, 이 과정을 무척 재미있어 했다. 캔디는 이번에는 친구 집에서 자고 오겠다고 했다. 나는 캔디에게 그녀가 그동안 두려워하는데 익숙해져 있기 때문에 아마도 다시 조금 두려울지 모른다. 하지만 그런데도 자고 오는 쪽으로 결심할 수 있다고 말해줬다. 나는 캔디를 세 번 보았다. 그러고는 캔디는 친구 집에서 자고 왔다. 그래서 치료가 끝났다.

때로는 나는 아이들의 공포를 성공적으로 치료하지 못하는 경우도 있다. 10세 소년 존은 어둠을 극도로 무서워했다. 그는 나를 보자마자 "선생님은 내 문제를 도와줄 수 없어요."라고 말했다. 첫 시간에 어머니는 내게 존이 여러 다른 문제들도 있다고 말했다. 그는 변화를 싫어하며, 새로운 것을 해보려고 하지 않으며, 매사에 부정적이고, 사람들이 자기를 만지거나 포옹하거나 키스하는 것을 싫어하며, 친구가 없고, 다른 집에 가기 싫어하며, 어디에 가는 것을 겁내며, TV를 많이 본다고 했다.

존은 어머니의 이러한 말들에 반박하여, "사람들이 나를 때릴지도 모른단 말이야!" 혹은 "나도 학교에 가면 친구들이 있단 말이야!"라고 말하곤 했다. 내가 어머니에게 존의 장점이 뭔지 물어보자 그녀는 존이 매우 너그러운 편이며, 마음씨가 좋으며, 두 동생들에게 착하게 대하며, 가끔 그들을 위해 인형극을 해주기도 한다고 말했는데, 이를 들은 존은 놀라는 표정이었다.

첫 시간에 존은 구타당하는 것에 대한 두려움을 털어놓았다. 그는 어떻게 반격할지에 대해 자신의 계획을 말했다. 그는 TV에서 본 무서운 공포영화 이야기를 했다. 그는 밤이면 이리가 된 인간이나 마녀가 생각나 무섭다고 했다. 나는 그에게 무서운 것을 한번 그려보라고 했다. 그는 사람의 피를 빨아 먹는 흡혈귀를 그렸는데, 그것을 'succibus'라고 불렀다. 그것은 검은 망토를 입고 꼿꼿하게 선 흰 머리칼을 가진 거대한 괴물이었다. 존은 그 괴물에 대한 설명을 하는 동안 그것을 즐기는 듯한 인상이었다. 하지만 그것이 되어보라는 요구에는 응하지 않았다.

그때 존은 인형들을 발견하고서 손가락에 인형들을 끼우고는 나를 위해 인형극을 상연해주었다. 매우 재미있었고 창의적이었다. 인형극이 끝나고 난 뒤 나는 그에게 집과 사람과 나무를 그려보라고 했다. 그는 매우 밝은 색을 사용해서 방긋 웃는 해님과 빙그레 웃는 구름과 미소 짓는 예쁜 소녀를 아주 자세히 그렸다. 집 옆에는 긴 도로가 있었고, 길 가에는 '일방통행'이라고 크게 쓴 표지판이 세워져 있었다. 그림에 대한 그의 유일한 코멘트는 자기가 일방통행 도로를 가본 적이 있다는 것이었다. 그것이 내가 그를 본 마지막이었다. 그의 어머니는 전화를 걸어 다음 약속을 취소하면서, 휴가가 끝난 후 연락하겠다고 말했다. 그 뒤로는 다시 연락이 없었다.

나는 가끔 어른이 되는 것에 대한 공포가 있는 아이들을 만난다. 이들은 미래에 대한 막연한 두려움을 갖고 있다. 최근에 10세 소년 하나가 부모에게 자신의 미래에 대한 공포를 이야기하여 치료를 받으러 왔었다. 그는 반항적이 아닌 낮고 차분한 목소리로 자신의 두려움을 이야기했다. 6세 소녀 한 명도 비슷한 두려움을 갖고 있었다.

두 아이의 부모들은 공통적으로 아이에게 많은 기대를 갖고 있었고, 아이들에게 지금 하는 것은 무엇이든 다 미래를 위한 준비라고 말하곤 했다. 10세 소년의 부모들은 아이에게 "숙제 다 했니? 커서 훌륭한 사람이 되고 싶지 않니?" "나중에 커서 잔소리 해준 부모에게 감사할 날이 있을 거다."라고 자주 말했다.

내게 치료를 받은 6세 소녀는 부모로부터 종종 "지금 배우지 않으면 나중에 어떻게 제대로 된 직업을 갖겠니?"라는 말을 들었다. 부모들이 하는 이런 종류의 말들은 수없이 많다. 우리는 살면서 모두 언젠가 이런 말들을 듣거나 하면서 살아왔다. 어른이 된 지금까지도 아직 많은 사람들은 어렸을 적에 들은 이런 명령에 따라 행동하며 살고 있다.

어떤 아이들은 자신이 어른이 되었을 때 도저히 부모가 기대하는 그런 사람이 될 수 없을 거라는 두려움을 갖고 있다. 지금도 부모님 기대에 따르지 못하는데 나중에 커서 어떻게 부모님의 기대를 충족시켜줄 수 있을까 자신이 없는 것이다. 내가 이런 아이들과 치료를 할 때는 다음과 같은 연습을 한다.

> "눈을 감고 네가 어른이 되었을 때 어떨지 한번 상상해봐. 기분이 어때? 네가 하는 일은 무엇이니? 세상이 어떻게 느껴지니?"
>
> "눈을 감고 네 나이로 네가 원하는 삶을 사는 자신을 한번 상상해봐. 너는 지금 어떻게 살고 있니?"

이런 환상은 다른 이야기를 할 수 있는 발판이 된다. 어떤 기법을 쓰던 아이들의 내면세계를 탐색하는 데 도움이 되면 그것으로 족하다. 나는 부모와의 대화에서 아이들을 아이로서 자랄 수 있도록 허용해주는 것의 필요성에 대해 설명한다. 만일 부모들이 이를 이해하지 못하면 나는 최소한 아이들이라도 이것을 이해하도록 돕는다. 내 경험으로는 아이들이 자신의 삶을 좀 다른 시각에서 바라보기 시작하면, 비록 부모들이 그렇게 하지 못하더라도, 차츰 차분해지고, 더 행복해지며, 덜 불안해지며, 어린 시절을 더 잘 보내게 된다. 자기 자신을 현재의 자신으로 수용하게 되면, 삶은 좀 더 초점이 맞춰지며 생산적이 된다.

아이들은 주변의 어른들이 늘 걱정과 불안에 휩싸여 사는 것을 본다. 그들은 세상이 혼란스럽고 모순투성이고 불확실한 채로 놓여있는 것을 본다. 어떤 아이들은 어서 자라 어른이 되어 독립적인 자신의 삶을 꾸려나가고 싶어 하지만, 많은 아이들은 어른이 되었을 때 어떤 일이 벌어질지에 대해 많은 불안을 느낀다.

특정 스트레스 상황 혹은 트로마 경험

치료적 도움이 필요한 불행한 경험들을 한 아이들이 있다. 이때 아이가 도움이 필요하다고 어떤 방식으로든 부모에게 알리거나 혹은 부모가 아이에게 도움이 필요하다는 것을 눈치채고 조치를 취하기도 한다. 아이들에게 정서적 충격을 주는 사건들로는 이혼, 심각한 질병, 죽음, 성추행 혹은 지진이나 천재지변 같은 것이 있다. 압도적인 느낌을 주는 정서는 치료를 받아야 한다. 그렇지 않고 묻어 두면 나중에 곪아터져 다른 문제들을 일으킨다. 사고 목격, 다른 도시로의 전학, 동생 탄생, 혹은 애완동물의 죽음 등 언뜻 사소해 보이는 것일지라도 때로는 아이들에게 깊은 영향을 준다.

어떤 때는 특정한 경험과 직접 관련지을 수 없는 불안 행동으로 인해 치료받으러 오는 아이들도 있다. 하지만 아이와 조금 작업을 해보면 대개 불쾌한 경험들이 있었던 것이 드러나는데, 이것들을 발견하고 다루어주면 문제는 곧 사라진다. 그런데 과거에 불쾌한 경험이 있었지만 아이를 보호해주기 위해 일체 아이와 그 경험에 대해 이야기를 하지 않는 가족들도 있다. 때로는 아이 자신이 아직 그 경험을 직면하기가 두려워 문제를 덮어버리는 경우도 있는데, 결국 나중에 문제가 커진다.

아이들은 흔히 부모가 놀라거나 걱정할까봐 자신의 문제에 대해 말을 안 한다. 아이들은 힘들게 사는 부모에게 또 다른 슬픔이나 불행을 가져다주고 싶지 않은 것이다. 만일 부모가 자신의 감정을 솔직하게 직면할 수 있으면, 아이들도 자신의 감정이나 혼란을 더 쉽게 털어놓을 수 있게 된다.

나는 이런 문제를 직접적으로 접근한다. 사건에 대해 솔직히 털어놓고 이야기하며, 상상적 시연을 통해 다루어주는 것이 필요하다. 충격적 경험에 대해 재검토하고 이야기하는 것만 해도 흔히 둔감화(desensitization) 효과가 나타난다. 16개의 서로 다른 인격을 보였던 사이빌(Sybil)의 TV판 영화에서 윌버 박사가 사이빌에게 그녀가 실제로 끔찍하고 충격적인 경험(성폭력)을 겪고도 살아남았으므로, 그것들에 대한 기억이 되살아난 것쯤은 충분히 이겨낼 수 있을 거라고 말했던 장면이 기억난다.

12세 소녀 패트리셔가 아버지와 계모에게 매우 걱정을 끼치는 행동을 하는 것 때문에 치료를 받으러 왔다. 그 행동이 비록 심각한 문제는 아니었지만, 아주 이상했기 때문에 치료를 부탁해 온 것이었다. 계모는 내게 전화로 아이의 생모는 지금으로부터 약 4년 전 아이가 여덟 살이었을 때 계부에 의해 살해되었으며, 계부도 그 자리에서 자살했는데, 아이가 그들의 시체를 발견했었다고 말해주었다. 어른들은 그 이후 아이가 더 힘들어질까봐 그 사건에 대해 일체 아이와 이야기를 나누지 않았다고 한다.

그 사건에 대해 패트리셔에게 몇 번 물어봤으나 매번 그녀는 어깨만 으쓱할 뿐 아무런 말이 없었다. 우리는 여러 번 만나서 그림과 찰흙작업 그리고 이야기 짓기 놀이 등을 하며, 그때그때의 불만이나 문제를 탐색하고 다루었다. 그러다가 어느 날 패트리셔는 꿈에 생모를 만났다고 말했다. 그녀는 꿈에 대해 이야기하다가 갑자기 그동안 묻어놓았던 사건 목격에 대한 충격적인 감정들을 한꺼번에 쏟아내기 시작했다. 그녀는 살인 장면과 집, 경찰서, 그리고 사건 이후 바로 그 집에서 데려왔기 때문에 이후로는 한 번도 가보지 못했던 이웃집까지도 자세히 그림을 그렸다.

그녀는 그날 했던 대화 내용까지도 모두 기억해내어 이야기했다. 경찰이 왔을 때 두려웠던 감정들도 기억해냈다. 마치 자기가 뭔가 잘못한 것 같은 느낌이었다고 했다. 그녀는 옛날 친구들, 옛날 집 그리고 특히 엄마에 대한 꿈을 많이 꾸기 시작했다. 그녀의 슬픔에 대한 애도작업을 하면서 그녀는 차츰 차분해졌으며, 가족 관계도 많이 좋아졌다.

가끔 애완동물의 죽음도 여러 가지 정서적 문제를 일으킬 수 있다. 8세 소녀 쟈네는 기니피그를 애완동물로 키우다 잃었다. 쟈네는 기니피그가 죽은 것에 대해 죄책감을 많이 느끼고 있었는데, 내가 그것에 대해 이것저것 물었을 때 비로소 죄책감이 표면으로 떠올랐다. 그녀는 기니피그를 갖고 많이 놀았는데, 아마 그것 때문에 죽었는지 모른다고 어머니가 말한 적이 있었다고 한다.

나는 쟈네에게 내가 학교에서 일할 때 학급에 기니피그가 있었는데 아이들이 그것을 갖고 많이 놀았다고 말해주었다. 아이들이 먹이도 주고, 종이도 갈아주고, 안고 쓰다듬어주기도 하고, 매우 예뻐해줬다고 말했다. 아마도 한 번도 안 만져준 것에 비한다면 조금 일찍 죽었을지 모르지만 기니피그는 아이들이 만져주는 것을 좋아했으며, 아이들도 답답한 우리에 있는 기니피그를 그냥 관찰만 하는 것보다 안아주고 사랑해주면서 더 많은 기쁨을 느꼈을 거라고 말해주었다.

쟈네는 울면서 자기의 기니피그를 그려 내게 보여줘도 되는지 물었다. 그림을 다 그린 뒤 그녀는 맨 아래에다 "내 사랑, 끽끽이."라고 썼다. 우리는 그녀의 느낌에 대해 이야기하고, 그녀는 그림 속의 동물에게 "미안해, 내가 널 학교에 데려가주겠다고 한 약속 지키지 못해서."라고 말하면서 작별인사를 했다. 시간이 끝났을 때 그녀는 그림을 내게 가지라고 주며 자기는 이제 그것이 필요 없다고 말했다.

10세 소년 브레드가 매우 놀란 상태에서 치료를 받으러 왔다. 그는 사고를 목격했는데 온통 그 생각으로 가득 차 있었기 때문에 우리는 주로 그것을 다루는 데 시간을 보냈다. 그는 사고 현장과 구급차, 경찰차, 그리고 소방차 등을 아주 자세히 그렸다.

그는 모든 것들을 하나하나 설명하며, 부상자들이 실려가 입원한 병원이 어디쯤 있는지도 상상해서 이야기했다.

나는 브레드가 불러주는 대로 그림에다 "어느 날 캘리포니아 주 산페드로에서 아주 큰 사고가 났다. 소방차와 경찰차 그리고 후버 병원에서 온 구급차. 아주 큰 사고였다. 네 대의 차가 전복되었다. 한 대는 거의 절벽 아래로 떨어질 뻔했다. 많이 다치지 않은 사람들은 경찰이 도와줬다. 구급대원들과 의사들은 심하게 다친 사람들을 돌봐주었다. 두 번째 차에 탔던 사람 한 명은 죽었다. 다른 사람들은 그냥 다쳤다."라고 썼다. 그는 그림의 제목을 '무서운 사고'라고 붙였다.

이 그림을 놓고 우리는 그의 사고와 죽음에 대한 공포와 불안에 대해 이야기를 나누었다. 그는 이 사건을 목격한 뒤로 차 타는 것이 무서워졌다고 말했다. 브레드는 사고에 대해 그리고 그의 감정에 대해 이야기할 필요가 있었다. 그의 부모들은 현장에서 함께 사고를 목격했고 그들도 놀랬지만, 브레드에게 그 사고 이야기를 못 하게 입을 막았다. 그런데 내게 이야기를 하고, 내가 그 이야기를 듣는다는 것을 느끼자 브레드는 비로소 안도의 한숨을 내쉬었다.

그레그라는 이름을 가진 9세 소년이 와서는 뭔가 보여줄 게 있다며 그림을 그렸다. 그림 속에는 기차 한 대와 밴 차 한 대가 가고 있었다. 아이가 다음의 이야기를 내게 불러줘서 내가 받아썼다.

나는 인도를 걷고 있었다. 햇빛이 비치는 날이었고 기차가 다리 위를 지나가고 있었는데, 나는 "저 기차를 타고 간다면 얼마나 좋을까."라고 혼잣말을 했다. 나는 비행기를 타고 가족들과 모두 함께 영국으로 가고 싶다. 기차에는 많은 차들이 실려 있다. 나는 그것들을 세고 있었는데 기차는 매우 빨리 지나갔다. 다른 차들은 매우 천천히 달리는 것처럼 보였다. 그리고 나는 경찰차 한 대와 이삿짐 나르는 밴 트럭 한 대가 지나가는 것을 보았다. 초록색 등을 달고 있었다. 기차선로를 받치고 있는 거대한 기둥이 있다. 기차에는 미시간으로 이사 가는 사람들이 타고 있고, 엘라이드 밴 트럭이 그곳으로 가구를 나르고 있다. 소년의 이름은 존이고 그는 이사 가는 것이 즐겁다. 경찰차는 경찰서로 향하고 있다.

그레그와 이야기를 하면서 식구가 곧 이사를 간다는 사실을 알게 되었다. 이야기 속의 소년 존과는 달리 그레그는 이사 가는 것이 기쁘지가 않았다. 그는 겁먹었고 불안했다. 그의 어머니는 영국에서 왔고, 다시 그곳으로 돌아갈지 도른다고 말하곤 했다. 이것은 그레그가 불안한 또 다른 이유였다.

10세 소년이 어머니가 중병에 걸린 문제로 왔다. 부모들은 아이들에게 어머니의 병에 대해 사실대로 말했다. 그런데 이 아이는 가족대화에 참여하기를 거부했다. 핑계를 대어 자리를 떠나곤 했다. 어머니는 이것 때문에 매우 슬펐다. 그녀는 아들에게 해줄 말이 많았다. 나는 통상적으로 하듯이 아이에게 부드럽지만 직접적으로 어머니의 병에 대해 이야기를 꺼냈다. 몇 번 만난 후에야 그는 비로소 반응을 했다. 어느 날 우리가 찰흙작업을 할 때 그의 감정이 쏟아져 나왔다.

이혼은 대개 아이들에게 많은 스트레스를 경험하게 한다. 아이들은 부모가 이혼하기 훨씬 이전에 부모들 사이의 문제를 알아차린다. 부모들은 자신들 사이에 문제가 있을 때 아이들을 안심시키려고 노력하지만, 아이들은 부모의 긴장관계를 보면서 매우 예민해진다.

내 생각엔 아이들을 이혼의 충격으로부터 완전히 보호하는 것은 불가능하다고 본다. 그들은 부모가 헤어지는 것에 대해 매우 겁먹는다. 우리는 어디에 살까? 앞으로 어떻게 될까? 앞으로 달라질까? 이것이 우리들의 잘못일까? 그들은 실제 상황에 비해 훨씬 더 과장된 공포상황을 예상한다.

리차드 가드너(Richard Gardner)의 책 『청소년들을 위한 이혼에 대한 안내서』(*The Boys' and Girls' Book About Divorce*)가 이혼에 대한 아이들의 혼란된 마음을 정리하는 데 도움이 된다. 이 책은 부모들로 하여금 아이들이 이혼에 대해 느끼는 감정을 이해하도록 돕는 데도 유용하다. 가드너는 그의 저서 『이혼자녀의 심리치료』(*Psychotherapy with Children of Divorce*)에서 아이들을 이혼충격으로부터 보호하기 위해 부모들이 알아야할 지식들을 잘 요약했다.

부모들은 아이들이 이혼과 관련하여 매우 강한 감정을 가질 것이라는 것을 인식할 필요가 있다. 아이들은 자신들 때문에 부모들이 슬픔과 고통을 더 느끼지 않도록 자신들의 감정을 숨기곤 한다. 아이들이 이런 감정을 느끼지 않도록 방지할 방법이 없다. 아이들은 감정을 느낄 권리가 있다. 그들의 감정은 인정되고, 수용되고, 존중받아야 한다.

일곱 살 난 케리의 어머니는 케리가 부모의 이혼 이후로 행동문제를 보여 걱정이 되어 찾아왔다. 케리는 악몽을 꾸고 밤에 잠을 깨며, 선생님 말씀을 안 듣고, 언니와 자주 싸우며, 자주 짜증을 내고 조그만 일로 운다고 한다. 케리와의 작업은 아버지 문제에 대해 많이 다루었다. 가족화를 그리라고 말했을 때, 그녀는 "아빠는 그리기 싫어요. 왜냐하면 엄마와 아빠가 함께 있었을 때 생각이 나서요."라고 말했다. 이 말을 계기로 우리는 가족이 함께 살았을 때 어땠는지에 대해 이야기를 나눌 수 있게 되었다.

다음 시간에 그녀는 정성스럽게 인형의 집을 만든 후 그 속에 소녀를 가져다놓았다. 그녀는 "이 소녀는 혼자 살아요. 그녀의 엄마와 아빠는 전쟁 때 죽었어요."라고 말했다. 그리고 우리는 케리의 아버지에 대한 감정에 대해 이야기를 나누었다.

그 다음 시간에 케리는 모래상자에 집을 짓고는 사람들을 갖다 두고, 공룡으로 하여금 사람들을 공격하여 모두 죽게 만들었다. 그러고 나서 그녀는 부모의 이혼에 대한 자신의 분노감정을 표현할 수 있었다.

부모가 막 이혼한 5세 소녀 제니는 모래상자 안에 가족과 야생동물들이 함께 있는 장면을 만들었다. 사자가 아버지를 공격했고, 제니는 "아빠는 죽었어. 이제 남은 건 엄마뿐이야."라고 말하면서 아버지를 모래 속에 파묻었다.

치료자: 그래서 남은 가족들은 어떻게 느끼니?
제　니: 슬퍼서 모두 울었어요.
치료자: 아빠가 다른 집으로 가버렸을 때, 넌 울었니?
제　니: 네.
치료자: 아빠가 보고 싶었던 게로구나?
제　니: 그래요... 하지만 전 아빠를 가끔 봐요. 나를 데리고 놀러도 가 줘요.

부모가 이혼한 8세의 다른 소녀에게 부모의 이혼에 대해 좋지 않게 느껴지는 것 한 가지, 좋게 느껴지는 것 한 가지, 중간쯤 되는 것 한 가지, 그리고 자기 마음대로 한 가지를 각각 색연필로 낙서를 해보라고 했다. 그녀는 종이를 4등분하고는 내게 '나쁨' '좋음' '중간' '괜찮음'이라고 각각 써달라고 했다. '나쁨'에는 검정색으로 낙서를 한 뒤 "저녁을 못 먹는 것과 밤에 함께 자지 않는 것"이라고 말했다. '좋음' 아래는 분홍색으로 낙서를 한 뒤 "더 자주 아빠를 만나며, 함께 뭔가를 한다."라고 말했다. '중간'이라고 쓴 칸에는 푸른색으로 낙서를 한 뒤 "때로는 괜찮고, 때로는 안 괜찮다."라고 말했다. 그리고 마지막으로 '괜찮음'이라고 쓴 칸에는 청록색으로 낙서를 하고는 "이혼은 오케이다. 왜냐하면 그들은 함께 행복하지 않았기 때문이다."라고 말했다.

나중에 이 소녀에게 다시 자신의 삶에서 가장 안 좋았던 일과 가장 좋았던 일에 대해 각각 그려보라고 했는데, 그녀는 큰 집을 하나 그리더니 "내 인생에서 가장 안 좋았던 일은 학교에 가야 했던 일이다."라고 쓰고, 가장 좋았던 일에 대해서는 한 쪽에는 친구와 나란히 서 있는 자신의 모습을 그린 후 다른 쪽에는 엄마와 아빠를 그렸다. 그림 아래에는 "내 인생에서 가장 좋았던 일은 함께 놀 친구가 있고, 부모님이 있다는 것이다."라고 썼다. 그러고는 나를 쳐다보고 미소를 지으며 "비록 이혼했지만요."라고 말했다.

신체 증상들

아이들이 자신을 돌보는 방법의 하나가 오줌을 싸는 것이다. 나는 아이와 부모에게 오줌을 싸는 것은 아이가 건강하다는 증거라고 말해준다. 얼마 전에 한 남자 아이가 상담소에 왔는데, 이 아이는 자기가 필요한 것을 표현할 방법이 없자 오줌을 쌈으로써 욕구를 표현하고 있었다. 아마 오줌을 싸지 않았다면 천식이나 피부병으로 표현했을지도 모른다. 내가 만난 오줌싸개 아이들은 대부분 화를 잘 내지 않는 착하고 귀여운 아이들이었는데, 그것이 결코 우연이라고 보지는 않는다.

내게 치료받던 한 아이의 어머니는 아이가 치료를 받기 시작한 후부터 자주 화를 낸다고 불평을 했다. 따라서 아이는 치료가 안 되고 있다고 생각했다. 아이가 자주 화를 내는 것을 보면 아이가 행복하지 않다는 것이다. 나는 아이가 아직도 오줌을 싸는지, 자다 일어나 걸어 다니는지, 그리고 아직도 악몽을 꾸다 고함을 질러 식구들을 다 깨워놓는지 등을 물어봤다. 그녀는 당황해서 대답했다. "아, 그것들 말예요? 그러고 보니 그런 행동을 한동안 안 했던 것 같네요."

나는 다른 신체증상들과 마찬가지로 야뇨증도 여러 통로로 접근한다. 나는 우선 부모가 (때로는 가족들 모두가) 그 상황에 대한 느낌을 표현하도록 격려한다. 그리고 나는 신체에 대한 책임도 주인에게 돌려주고자 한다. 즉, 오줌을 싸는 것에 대한 책임은 아이에게 있다. 또한 나는 아이가 신체증상을 최대한 많이 경험하도록 돕는다. 마지막으로 나는 아이가 표현할 필요가 있는 것을 좀 더 적절한 방법으로 표현하도록 도와준다. 나는 아이의 야뇨증의 근본원인을 규명하려고 애쓰지 않는다. 나는 아이의 소변훈련에도 관심이 없다. 내가 관심 있는 것은 아이의 현재 프로세스다. 즉, 그가 현재 살아가는 방식에 관심이 있다.

부모와 아이를 함께 만나는 첫 시간이 매우 중요하다. 아이의 문제에 다른 식구들이 연관되어 있으면 가족치료를 하는 것도 필요하다. 식구들 모두 오줌 싸는 아이에 대해 여러 가지 감정을 갖고 있는데, 그 감정은 오줌 싸는 것 자체와는 직접 관련이 없을 수도 있다. 이런 감정을 밖으로 표현해서 다루어주는 것이 필요하다.

대부분의 부모들은 아이의 야뇨증을 치료하기 위해 갖은 노력을 다 해보았다. 친절하게 대하며 이해하려는 태도를 보이거나 혹은 고함을 지르거나 야단을 쳐보기도 한다. 때로는 아이가 직접 시트를 빨도록 시켜보거나 혹은 아예 무시하고 못 본 척하기도 한다. 가족들은 이 문제 때문에 걱정스러움, 수치심, 죄책감, 불안, 짜증, 공포, 분노, 슬픔 등 실로 여러 가지 감정들을 느낀다.

이런 감정들은 대부분 직접 표현되지 않으며, 여러 다른 방식으로 표현된다. 그렇잖아도 자기 감정표현을 잘 하지 못하는 아이가 어쩌면 오줌을 계속 싸는 것이 당연한 일인지도 모른다. 어떤 아이도 오줌 싸는 것을 원하지 않는다. 그런데 아이가 부모와 함께 자고 싶어 일부러 밤중에 오줌을 싸고 자기들에게 온다고 생각하는 부모들도 가끔 있다.

다음 단계는 아이에게 오줌 싼 것에 대한 책임을 지우는 것이다. 이것은 야뇨를 중지시키는 데 매우 중요하다. 나는 아이에게 오줌 싸는 행동은 자기를 보살피기 위해 하는 행동이라고 설명해준다. 그런데 이것은 어느 누구가 아닌 자기가 하는 행동이라는 것을 말해준다. 아이는 비록 "상관없어!"라고 고함을 지르거나 무관심한 척하지만, 곧 오줌을 싸고 싶어 하지 않는다는 것이 분명해진다.

부모는 오줌 싸는 것이 아이의 책임이지 자신들의 책임이 아니라는 사실을 깨닫는 것이 중요하다. 밤에 오줌을 싸고 일어나는 것은 아이지 자신들이 아니다. 아이는 시트를 갈고, 시트를 빠는 것을 배워야 한다. 이 일을 부모가 하기를 원한다면 그들이 이 선택에 대한 책임을 져야 한다. 아이가 너무 어리다면(치료받으러 오는 아이들은 대부분 이런 일을 할 수 있다.) 아이는 부모에게 도와달라고 부탁해야 한다.

부모들은 오줌 싸는 것이 보상을 받거나 벌을 받아야 하는 혹은 승인을 받거나 거부되어야 하는 행동이 되어서는 안 된다는 것을 알아야 한다. 아이가 오줌을 안 싼다고 칭찬을 하거나 혹은 오줌을 싼다고 해서 비난하는 것은 별로 도움이 안 된다. (우리는 아이가 머리가 안 아프다고 해서 칭찬하거나 혹은 머리가 아프다고 해서 바보라고 말하지는 않는다.)

오줌 싸는 것의 책임이 누구에게 있는지 분명해지고 나면, 다음 절차는 아이가 자신의 신체를 그리고 오줌 싸는 것을 느끼도록 도와주어야 한다. 나는 아이에게 오줌 싸는 것을 기록하도록 노트를 한 권 준다. 이것은 아이로 하여금 자신이 하는 행동에 대해 좀 더 잘 알아차리도록 도와준다. 바람직하지 않은 행동을 기록하기 시작하면 재미있는 일이 발생한다. 즉, 그것이 자동적으로 줄어든다. 만일 손톱을 물어뜯는 행동을 계산기로 매번 숫자를 세면 그 행동이 줄어든다. 아이가 자신의 오줌 싸는 행동을 기록하기 시작하면, 오줌 싸는 횟수가 현저히 줄어든다.

만일 아이가 글을 쓸 줄 안다면 나는 아이에게 오줌을 싼 후 젖은 시트에서 잠을 깼을 때의 느낌을 노트에 적도록 시킨다. 나는 가끔 아이들에게 오줌 싼 후 젖은 시트에 있을 때의 느낌을 그림으로 그려보라고 요구한다. 이런 그림 작업을 하다보면 감정들이 나타나기 시작한다. 죠지 폰 힐스하이머(George von Hilsheimer)는 그의 저서 『당신의 특별한 아이와 어떻게 지낼 것인가』(*How to Live with Your Special Child*)에서 아이들이 오줌을 싸는 순간 자신의 신체를 알아차리도록 도와주는 재미있는 방법에 대해 소개했다. 그는 오줌싸개 아이들에게 오줌을 쌀 때마다 돈을 줌으로써 아이들로 하여금 의식적으로 오줌을 싸도록 만들었다.

오줌싸개 아이들에게 신체를 알아차리도록 도와주는 것이 치료의 중요한 절차다. 우리는 호흡, 명상, 율동, 게임 등 여러 종류의 신체연습을 한다. 신체를 자각하고 신체에 대한 통제를 습득하는 것은 매우 재미있고 유익하며 중요하다.

때로는 치료를 받는 동안 오줌 싸는 횟수가 일시적으로 증가하기도 한다. 한 소년은 부모가 그의 야뇨증으로부터 관심을 떼면서 한동안 오줌 싸는 행동이 증가했다. 아마도 소년은 부모가 자신에게 이 상황에 대한 책임을 온전히 넘겨주는지 시험해보았는지도 모른다. 혹은 자신 스스로에게 야뇨증을 온전히 경험하도록 허락해주고 있었는지도 모른다.

마지막이면서 가장 중요한 단계는 아이에게 자신의 오줌 싸는 행동 및 그와 연관된 다른 삶의 영역들에 대한 느낌을 표현하도록 도와주는 것이다. 흔히 아이들은 처음 야뇨증을 촉발시킨 계기가 된 실제 혹은 상상적 사건이 사라진 뒤에도 여전히 오줌 싸는 행동을 지속시키는데, 이는 무척 흥미롭다. 몸이 오줌을 싸도록 메시지를 전달받은 후 새로운 메시지를 전달받을 수 있는 회로가 설치되지 않아 오줌 싸기 행동을 계속하게 된 것이다. 아이가 자신의 몸에 대한 통제를 회복하게 되고, 또한 자신의 감정을 표현할 새로운 통로를 발견하면 야뇨증은 사라진다. 가족생활이 아무리 즐겁게 바뀌더라도 아이는 항상 표현하고 싶은 감정이 있다.

지금까지 오줌 싸기 행동에 대해 비교적 상세히 다루었는데, 그 이유는 이것이 아주 보편적인 현상이기 때문이다. 내가 하는 오줌싸개 아이들과의 작업은 심리적 원인으로 신체증상을 보이는 다른 아이들과의 작업과 별로 많이 다르지 않다. 물론 특정 문제에 따라 조금씩 다른 변화를 주기도 하지만 말이다.

어떤 아이들은 낮 시간에 바지에 똥을 싸는 경우도 있는데, 이는 특별한 종류의 문제다. 냄새로 인해 주변 사람들 모두가 알게 된다. 흔히 이 아이들은 변비로 고생을 하는데, 며칠씩 변을 보지 않고 참아서 복통을 앓기도 한다. 그들은 이따금 바지에 똥을 싼 후 속옷을 부모님 몰래 감추어두기도 한다.

나는 아이들이 똥을 싸게 되는 원인이 정확히 무언지 이해하지 못한다. 하지만 나는 아이들에게 똥을 싸는 것은 건강을 되찾기 위해 몸이 자기표현을 하는 것이라고 설명해준다. 똥이 나오는 것은 몸이 배설물의 독성을 알기 때문이며, 처음에 배설을 참는 것도 어떤 종류의 표현을 대체하는 것이라고 볼 수 있다.

이런 문제를 치료하는 절차는 오줌싸개를 치료하는 것과 거의 유사하다. 나는 치료 시간을 아이들이 최대한 억눌린 분노감정을 표현하는 데 사용하도록 이끈다. 내가 본 배변문제를 가진 아이들 중 상당수는 심한 적대감을 갖고 있었고, 냉소적이며 매우 논쟁적이었다. 하지만 그들은 좀처럼 분노감정을 표현하지 않았다.

하지만 나는 억압된 분노감정에 대해 항상 일관성 있게 관찰하지는 못했다. 나는 한 10세 소녀를 제법 오랜 기간 동안 치료했는데, 찰흙작업과 인형작업을 많이 했다. 많은 분노감정이 나타났지만 문제는 해결되지 않았다. 가끔 증상이 나아지기도 했지만 조금만 스트레스를 받으면 원점으로 되돌아갔다. 어느 날 이야기치료를 하는 동안 나는 그녀가 공포심을 느끼고 있다는 것을 알아차렸다. 그녀에게 공포가 수면 위로 떠오른 것은 처음이었다. 나는 곧 그녀가 가슴 속에 몇 가지 깊은 공포를 감추고 있다는 것을 발견했다.

한 가지는 익사하는 것에 대한 공포였다. 그녀는 수영을 할 줄 알았고 외견상으로는 아무 문제가 없는 척하고 지내왔다. 그녀의 부모를 포함해서 지금까지 아무도 이 사실을 몰랐었다. 우리는 이 공포의 모든 측면에 대해 철저히 탐색했다. 그녀는 물에 대한 무서운 기억을 전혀 갖고 있지 않았으며, 그녀가 아는 사람 중에도 그런 경우가 없었다.

어느 날 나는 어떤 직감을 갖고서 그녀가 두 살짜리 아이로서 변기 위에 앉아 있는 상상을 해보라고 말했다. 우리는 이 실험을 웃음과 농담을 하며 가벼운 마음으로 시작했다. 내가 판타지를 유도하는 동안 그녀는 눈을 감은 채 미소를 짓고 있었다. 갑자기 그녀는 몸을 곧추세우며 앉더니 눈을 동그랗게 뜨고는 변기에 빠져서 변과 함께 떠내려갈 것 같다고 말했다.

그녀는 이 발견에 무척 흥분하며 이것이 문제의 시초가 되었음을 확신했다. 우리는 두 살짜리 아이가 커다란 변기에 앉아 물이 쏟아져 내려가는 것을 보았을 때 느꼈을 공포에 대해 탐색했다. 나는 얼른 조그만 아이가 거대한 변기 위에 앉아 있는 모습을 스케치했고, 그녀는 힘 있는 어머니가 되어 그림 속의 아이를 달래는 상상을 했다.

변기 위의 경험이 문제의 시초였을 수도 있고 아니었을 수도 있다. 아마도 이 아이는 단지 새로운 방식의 삶을 시작하기 위해 스스로를 정당화시킬 어떤 계기가 필요했을지도 모른다. 그녀의 물에 대한 공포는 매우 생생한 것이었으며, 오랫동안 비밀로 간직해왔던 것이었다. 그녀는 이 비밀을 내게 그리고 나중에는 부모에게 털어놓으면서 매우 홀가분해했다. 그녀는 변기에 앉는 훈련 프로그램을 책임있게 해냈고, 마침내 배변을 규칙적으로 하게 되었다.

아이들이 심리치료를 받으러 오게 되는 다른 신체증상들에는 두통, 복통, 틱, 알레르기, 천식 등이 있다. 때로는 다른 이유로 치료를 시작했던 아이들 중에서도 치료를 받는 과정에서 이런 증상들이 나타나는 경우도 있다.

치료받으러 온 16세 소녀 하나가 목 뒷부분에 몽우리가 생겼다고 호소했다. 나는 그녀에게 종이 위에 그 몽우리를 그려보라고 말했다. 그녀는 둥근 모양의 커다란 검은 색 반점을 목에 그렸다. 나는 다시 그녀에게 검은색 몽우리를 다른 종이 위에 그려보라고 했다. 그녀는 크레용을 집더니 힘을 꽉 주어 맹렬한 기세로 종이 위에 박박 문질렀다. 나는 그녀를 멈추게 하고 몽우리에 집중하면서 자신의 느낌을 알아차리면서 아주 천천히 그려보라고 했다. 그녀는 지시대로 그림 그리는 과정을 자각하면서 천천히 그렸다. 그녀가 그림을 다 그렸을 때 그녀 목에 있던 몽우리가 사라졌다.

우리는 이 과정에서 특정한 내용에 초점을 맞추지 않았지만, 내담자는 통증에 주의를 집중하는 방법을 배우게 되었다. 그리고 통증을 피하기보다 통증을 체험하는 것의 효과에 대해서도 알게 되었다. 그녀는 통증을 유발시키는 근육을 통제하는 방법을 배우게 된 것이다. 그 결과 통증도 함께 없앨 수 있었다.

11세 소년 캔이 집단에 왔는데, 그는 배가 너무 아파서 집에 가야겠다고 말했다. 나는 그에게 어디가 어떻게 아픈지 좀 설명해달라고 말했다.

> 캔: 여기에요. 어떻게 아픈지 잘 모르겠어요.
> 치료자: 느낌이 어떤지 좀 말해줄래?
> 캔: 몽우리 같은 것이 꽉 조이는 느낌이에요. 정말 아파요. (이 말을 하면서 그의 목소리는 울먹였다.)
> 치료자: 너는 무척 슬퍼보이는구나?
> 캔: 네, 슬퍼요. 내게 일어나는 일들이 참 슬퍼요.
> 치료자: 좀 듣고 싶구나.
> 캔: 아버지 때문이에요. 요즘은 술은 안 마시지만, 무척 신경이 날카로워요. 모든 걸 내게 화풀이를 해요. 아무것도 안 했는데도 내게 고함을 지르고, 물건을 던지고, 나를 때려요. 술 마실 때만큼이나 견디기 힘들어요. 내가 나이가 제일 많기 때문에 내게 다 화풀이를 하는 거예요. 오늘 아침에도 같은 일이 벌어졌어요.

캔은 이 말을 하고 훌쩍훌쩍 울기 시작했다. 잠시 후 캔은 "여기에 잠시 더 있을게요."라고 말했다. 그는 시간이 끝날 때까지 머물러 있었다. 배는 아프지 않게 되었다. 캔은 그동안 자주 배가 아팠었다. 그의 어머니는 캔이 배가 아플 때마다 관심을 보여줬었다. 병원에도 데려가고, 맛있는 음식도 해주고, 위궤양에 대해 걱정도 해주었다. 하지만 캔의 이야기를 들어주거나 그의 감정을 이해해주는 일은 하지 않았다. 캔은 배 아픈 것을 호소하는 것 이외에 자신을 돌보는 다른 방법을 배워야 했다. 그는 마침내 배 아픈 것 말고도 어머니의 관심을 받을 수 있는 다른 방법들이 있다는 것을 깨닫게 되었다.

13세 소년 칼은 너무나 지쳐서 아무 의욕이 없는 상태에서 상담을 받으러 왔다. 나는 그에게 너무나 지친 상태에 대한 그림을 그려보라고 했다. 갈색, 검정, 짙은 자주색을 사용해서 그는 자신의 지친 상태를 그렸다. 특히 어깨가 지쳤다고 말했다.

나는 다시 정반대의 상태에 대한 그림을 그려보라고 말했다. 그는 마주 서 있는 두 기둥을 그렸다. 둘 다 매우 밝은 색이었고, 갈색의 산 능선 모양의 선에 의해 분리되어 있었다. 나는 이 두 부분 간에 대화를 해보라고 말했다. 둘은 각각 손과 발을 의미했는데, 대화의 내용은 뭔가를 하고 싶다는 것이었다. 자신의 '지친' 몸을 움직여 어딘가 가고 싶다고 했다. 그는 자신의 불안한 마음, 새로운 곳에 가보고 싶은 마음, 집과 학교에서의 스트레스 등에 대해 말하기 시작했다. (칼은 오줌싸개인데 평소에는 물으면 아무 불만이 없다고 말하곤 했었다.)

15세인 타미는 12세 때부터 가벼운 발작을 시작했다. 그녀의 신경과의사는 그녀의 병이 심리적 원인이라고 생각해서 내게 의뢰했었다. 그녀는 어머니를 자극하여 다침내 격노하게 만드는 방식으로 행동하는 것처럼 보였다. 그녀의 어머니는 "내가 타미에게 무슨 말을 하면 병이 더 악화되는 것 같아요. 아이는 내가 결국 때리도록 만드는 것 같아요. 몇 년 동안 이런 식으로 행동해왔어요. 맞는 것을 좋아하는 것처럼 보인다니까요. 내가 아이를 때리면 잠잠해지고 행복해보여요. 만일 때리지 않으면 계속 도발을 하다가 나중에는 발작을 일으켜요."라고 말했다.

타미와 나는 몇 주간 함께 작업을 했다. 어느 날 그녀는 찰흙작업을 하면서 내게 그녀와 그녀의 어머니 사이에 일어난 그녀를 화나게 만든 사건에 대해 이야기했다. 찰흙작업을 하고 있는 도중이었으므로 나는 그녀에게 자신의 화난 감정을 찰흙으로 표현해보라고 했다. 그녀는 찰흙을 내려다보더니 못하겠다고 말했다. 그래서 나는 그녀에게 자신의 화난 감정을 그림으로 그려보라고 했다.

그녀는 동의하고 종이 한 가운데에 원을 하나 그리고 그 속에 'YEEKE'라고 썼다. 그녀는 그 글자는 비명을 지르는 소리라고 했다. 그녀는 다시 두 개의 빨강색 삼각형을 그렸다. "이것들은 악마의 귀에요. 나는 누군가를 정말 세게 때리고 싶어요. 말하자면 오빠 같은 사람 말에요." 그녀는 빨간색과 노란색의 지그재그 선이 나오는 두 개의 눈을 그렸다. "이것은 내 눈에서 나오는 불이에요. 내 눈은 사팔뜨기처럼 돼요. 나는 그게 싫어요." 그녀는 다시 빨간색, 노란색, 푸른색 선을 그렸다. "이것은 내 목에서 나오는 불이에요. 내가 비명을 지를 때 목이 아파요." 그녀는 검은 색의 형체를 그렸다. "이것은 내 귀에서 나오는 검은색 연기에요. 내 귀는 뜨거워지고 막혀버려요."

타미는 분노감정으로 불타고 있었다. 격렬한 분노감정은 죄책감과 공포감을 수반하고 있었다. 그녀의 강한 분노감정을 다루면서 차츰 증상이 완화되었으며, 자신에게 발작을 일으킬 정도로 자기를 벌하고 싶은 강한 죄책감도 마침내 사라졌다.

어느 날 한 젊은 여성인 캐시와 작업을 하고 있을 때였는데, 그녀는 갑자기 몸을 웅크리며 멘스로 인한 강한 경련을 호소했다. 나는 그녀에게 찰흙을 건네주며 그녀의 자궁을 상상해서 한번 만들어보라고 말했다. 다 만들었을 때 나는 그녀에게 마치 자궁이 말을 할 수 있다고 상상하고 자궁이 되어 지금 무슨 일이 일어나고 있는지 말해보라고 했다. 그녀는 "나는 캐시의 자궁이에요. 나는 그녀가 참을 수 없을 때까지 계속 쥐어짜고 있어요."라고 말했다. 내 요구에 그녀는 한동안 계속했다. 작업이 끝났을 때 놀랍게도 그녀의 통증은 사라졌다.

우리는 통증을 피하기 위해 근육을 긴장하면 통증이 더 심해지는 현상에 대해 함께 토론했다. 자궁이 되어보는 실험을 통하여 캐시는 자기가 스스로 통증을 만들어내는 과정을 깨닫게 되었다.

16세 소녀 엘렌은 자주 경험하는 가슴 아랫부분의 통증에 대해 호소했다. 그녀는 의사에게 가보았으나 그는 원인을 찾아내지 못했다. 그녀는 막 통증을 느끼기 시작했다. 나는 그녀에게 눈을 감고 통증 안으로 들어가서 그것을 설명해보라고 했다.

엘　렌: 가슴 바로 아래쪽에 구멍이 나 있는 것 같아요. 깊고 텅 빈 구멍이에요. 내밀한 곳으로 깊게 들어가요. 설명하기 어려워요.

치료자: 그림으로 한번 그려 볼래요?

엘　렌: 그림은 못 그려요.

치료자: 세 살 바기라 생각하고 한번 그려보세요. 그리면서 설명해보세요.

엘　렌: (용수철 모양으로 회전되는 터널을 그린다.) 검정색을 쓸 거예요. 물론 내 터널은 검은색이구요. 아주 깊고, 검고, 어두워요. 끝이 없어요. 바닥에 뭐가 있는지 모르겠어요. (터널 가장자리에 조그만 막대기 같은 사람을 가리키며) 이것이 저예요. 나는 끝에 앉아 있어요. 아주 작게 느껴요.

치료자: 지금 통증은 어떻게 느껴져요?

엘 렌: 아까보다 줄어들었어요. 하지만 항상 그런 걸요. 많아졌다가 줄어들었다가. 언제든지 다시 나타날 수 있어요.

치료자: 그림 속의 작은 사람이 되어 보세요. 그리고 자신에 대해 말해보세요.

엘 렌: 나는 이 터널의 끝에 앉아 있어요. 나는 무릎을 구부리고 있어요.

치료자: 마루에 앉아서 그 사람이 되어 보세요.

엘 렌: (머리를 숙이고 손으로 무릎을 감싼 채 마루에 앉아 있다.) 나는 터널 끝에 몸을 웅크려 작게 만들어 앉아 있어요.

치료자: 터널 반대편 너머 무엇이 있는지 보여요?

엘 렌: 아뇨. 하지만 거기에 무언가 있다는 건 알아요. 터널 밖에는 무언가 많은 것들이 있어요. 하지만 나는 거기에 갈 수가 없어요. (울기 시작한다.)

치료자: 터널 속을 들여다보면 뭐가 보여요?

엘 렌: 잘 보이지 않아요. 매우 어두워요. 뭐가 있는지 모르지만 뭔가 무서운 게 있는 것 같아요.

치료자: 눈을 감고 터널 속으로 들어가는 상상을 해보세요. (그녀는 눈을 감는다.) 지금 어떤 일이 벌어지고 있어요?

엘 렌: 아직 안 내려갔어요. 못 내려가겠어요. 너무 무서워요. 나는 아직 터널 입구에서 있어요.

치료자: 좋아요. 그럼 들어가지 않아도 돼요. 대신 터널이 되어 보세요. 그러고 나서 자신에 대해 말해보세요.

엘 렌: 나는 엘렌의 내부에 있는 터널이에요. 나는 그녀를 아프게 만들어요. 나는 깊고 끝이 없으며, 힘 있고 강해요.

치료자: 엘렌, 지금 기분이 어때요?

엘 렌: 힘 있고 강하게 느껴져요. 나는 아직도 터널과 함께 있어요.

치료자: 오늘은 여기서 끝내야겠어요. 다음번에는 원한다면 터널 안으로 들어가는 것에 대한 공포를 탐색해서 그 속에 뭐가 있는지 알아봐요. 터널은 당신 자신의 것이며, 터널에 대한 느낌도 당신 자신의 느낌이란 것을 잊지 마세요.

엘 렌: 네. 그런데, 저기요. 지금 그 조그만 사람이 다시 느껴져요!

아직 작업할 것들이 많이 남았다. 하지만 좋은 시작이었다.

16세 소녀 베스는 몇 달째 몸이 몹시 피곤했다. 그녀는 기운이 하나도 없었다. 의사는 아무 이상이 없다고 했지만, 학교에 갔다 온 후 집안일을 좀 하고 나면 그냥 퍼져버렸다. 전에는 즐겨 하던 운동이나 그림 그리기, 친구 만나기 같은 것을 이제는 할 수 없었다. 나는 베스가 무기력으로부터 벗어날 수 있도록 여러 가지 표현 예술기법들을 사용하였다. 작업을 하는 동안 꾹 눌러놓았던 감정들이 나타나기 시작했다. 지금까지 그것들을 억누르기 위해 많은 에너지가 필요했던 것이다.

가장 많은 것을 떠오르게 했던 기법은 '나는 ~이다' 라는 문장을 완성하는 게임이었다. 베스는 한 시간 내내 '나는 ~이다' 를 작업하였다. 나는 딸이다. 나는 학생이다. 나는 키가 크다. 나는 많이 피곤하다. 나는 외롭게 될까봐 두렵다. 나는 나의 감정이 두렵다 등등.

베스는 다음 시간에 '나는 ~이다' 리스트를 내게 읽어주면서 울었다. 치료를 시작한 지 3개월이 지난 어느 날 베스는 눈을 감은 채 찰흙으로 뭔가를 만들고 있었다. 그녀는 동물을 한 마리 만들었는데, 그 동물은 눈이 보이지 않고, 움직일 수도 없지만 아주 행복하고 평화로움을 느낀다고 했다. 나는 베스에게 어떻게 하면 그녀가 그 동물이 앞을 볼 수 있도록 도울 수 있는지 물었다. 그녀는 동물의 얼굴에 구멍을 뚫어주고는 "빛이 통과하도록 해줘야겠어요! 이것들은 내 안으로 빛이 들어오게 해주고, 새로운 깨달음이 들어오게 해주는 좋은 구멍들이에요!" 라고 말했다.

나는 다시 동물 한 마리를 움직이도록 도와주라고 말했다. 베스는 그 동물을 테이블 위에서 이리저리 움직이면서 "글쎄요. 베스가 나를 집어 들어 움직이게 해줬으면 좋겠어요." 라고 말했다. 그녀는 갑자기 웃음 띤 얼굴로 나를 쳐다보며 말했다. "선생님, 집에 가면 연을 만들어야겠어요." 그녀는 집에 가서 실제로 연을 만들어 날렸다.

불안정함; 매달리기; 과도하게 잘 보이려고 하기

'불안정' 이란 용어는 여러 가지로 다른 행동을 보이는 아이들에 대해 공통적으로 쓰이는 말이다. 사전을 찾아보면 이 용어는 '위험으로부터 안전하지 않음, 실제 위험보다 과도하게 불안을 느낌, 보호받지 못함' 등으로 설명되고 있다. 내게 찾아오는 아이들의 대부분은 비록 여러 다른 방식으로 표출되지만 모두 불안정한 아이들이라고 할 수 있다. 어떤 아이들은 상대방에게 매달림으로써 그들을 달아나게 만든다. 그리고 상대방이 달아나면 더욱 매달린다. 이런 아이들은 마치 자신의 불안정한 느낌을 완화시키고 더 안전하게 느끼려는 듯이 실제로 상대방의 신체를 붙들고 매달린다.

내가 멜리사를 처음 본 것은 그녀가 다섯 살 때였다. 그녀는 전형적인 매달리는 아이였다. 기회만 주어지면 가까이 있는 사람들에게 무조건 매달리는 바람에 모두 다 십리나 도망갔다. 그녀의 어머니조차 그녀가 매달리는 것을 견딜 수 없어 했다. 친구들도 그녀가 지나치게 달라붙고 껴안고 하는 것이 불편해서 그녀로부터 일정한 거리를 두었다.

멜리사는 그림을 한 장 그리는 데도 항상 "이렇게 그려도 돼요? 어떤 색깔을 써야 돼요? 내가 그린 동그라미 괜찮아요?"라며 확인을 했다. 물을 때마다 나는 미소를 보내줬다. 그러면 그녀는 만족하고 다시 계속해서 그림을 그렸다. 그녀가 마룻바닥에 앉아 모래상자 놀이를 할 때는 통 안에 든 거의 모든 장난감들을 다 끄집어내 무릎 위와 발치 가까이에 갖다놓았다. 장난감 놀이를 할 때도 마찬가지로 모든 장난감들을 다 자기 몸 가까이에 모아두었다. 마치 안정감을 느끼기 위해 되도록이면 많은 물건들을 가까이 두고 싶어 하는 것처럼 보였다.

그녀가 처음으로 자신의 목소리를 녹음기를 통해 들었을 때 그녀는 자신의 목소리를 알아듣지 못했다. "이게 누구에요?"라고 물었다. 그것은 자신의 목소리며, 방금 녹음한 것이라 말해주었더니, 그녀는 무척 놀라면서 반복해서 자신의 목소리를 듣고 싶어 했다. 어느 날 내가 그녀의 모습을 큰 종이에 스케치해서 보여줬더니 그녀는 매우 좋아했다. "네 머리가 무슨 색깔이니?"라고 묻자 그녀는 거울을 들여다보았다. 그리고 내가 스케치 그림에다 그녀의 머리를 갈색으로 칠해주자, 그녀는 매우 기쁜 표정으로 구경하고 있었다.

치료를 시작한 지 5회기 정도 지나자 그녀에게 변화가 일어나기 시작했다. 그녀는 자기 자신을 주변의 다른 사람들과 분리된 독립적인 존재로 인식하기 시작했다. 그녀는 자신의 느낌과 생각, 견해들을 말하기 시작했다. 가족 그림을 그려보라고 했을 때, 그녀는 더 이상 이전처럼 지속적으로 확인하지 않고 그냥 그림에 몰두해서 그렸다. 그녀는 식구들에 대해 이렇게 말했다. "엄마는 놀기 좋아하고 바보 같아요. 아빠는 엄마에게 못되게 굴어요. 둘은 싸워요. 나는 그들이 싸울 때마다 노려봐요. 나는 그게 싫어요. 무서워요."

자신을 슬프게 만드는 것을 그려보라고 했을 때, 그녀는 자기 방에 앉아있는 자신을 그린 후 "나는 내 방에 앉아 있는 것을 좋아하지 않는다. 나는 내 방에 있어야만 하는 것이 때로는 싫다."라고 말했는데, 나는 이를 그림 위에다 받아 적었다. 엄마가 왜 그녀를 자기 방으로 보내는지 물어보자, 그녀는 "엄마는 내가 시키는 대로 하지 않고, 항상 내가 엄마에게 어떻게 하라고 말하기 때문에 화가 난다고 말했어요."라고 했다. 나는 그녀에게 사람들에게 지시하는 것이 재미있는지 물었다. 그러자 그녀는 "네, 하지만 내 친구들은 그것을 좋아하지 않아요."라고 했다. 우리는 서로 돌아가며 상대방에게 지시하는 놀이를 했는데, 그녀는 무척 재미있어 했다.

나중에 그녀가 원하는 것을 무엇이든 그려보라고 시켰는데, 그녀는 한 소년을 그린 후 "이것은 데이빗이에요. 그는 비열해요. 나는 데이빗을 좋아하지 않아요. 그는 나를 자주 때려요."라고 말했다. 그리고 그녀는 다시 자신의 그림을 그리고는 "나는 지금 무척 화가 나 있어요. 나는 내가 하고 싶은 것을 어머니가 못 하게 할 때 아주 많이 화가 나요. 어머니가 나를 부를 때 나는 제일 싫어요. 정말 싫어요. 끝."이라고 불러주었고 나는 그것을 그림 위에다 받아 적었다.

그녀가 자기 자신과 자신의 감정, 좋아하는 것과 싫어하는 것 등에 대해 말하기 시작하면서, 그리고 자신과 자신의 삶에 있어 분명한 진술들을 하기 시작하면서, 그녀의 매달리는 태도는 현저히 줄어들었다. 마치 자기 자신에 대해 좀 더 잘 알기 시작하면서, 자신에 대한 감각이 생기고 자기 자신을 더 잘 알아차리기 시작하면서, 더 이상 자신의 존재를 입증하기 위해 타인에게 매달릴 필요가 없어진 것처럼 보였다.

다른 사람들에게 신체적으로 매달리는 아이는 (혹은 어른은) 자기 자신에 대해 매우 모호한 느낌밖에 없어 다른 사람과 융합할 때만 비로소 안정감을 느낀다. 그는 타인과 융합한 상태에서만 존재감을 느끼는 것이다. 분리된다는 것은 그에게는 무척 두렵고 이상한 상태인 것이다. 그는 자신이 어디에서 시작되고, 어디에서 끝나는지 알지 못한다. 그는 정체성 확립에 대한 강한 욕구 때문에 타인과 자신을 혼동해버리는 것이다.

이런 아이들과 작업할 때는 자기를 강화시켜주는 것이 중요하다. 우리는 이 아이들을 자기 자신으로 돌아가도록, 그리고 자기 자신을 알도록 도와줘야 한다. 그래서 자기를 인식할 수 있는 정체성을 갖도록 해주어야 한다. 그렇게 하기 위해서는 다양한 감각 연습들로부터 시작해서 차츰 자신의 느낌과 자기 이미지 그리고 신체 이미지 등을 느낄 수 있는 신체 연습이나 게임으로 확장해나간 후 마침내 이것들을 모두 통합해서 선택하기, 의사표현, 자신의 욕구나 좋아하는 것, 싫어하는 것 등을 결정하기, 그리고 자신의 욕구나 소원, 의견을 언어적으로 표현하는 것을 배우기 등으로 나아갈 수 있다.

작업을 하면서 다루어야 할 자료들이 서서히 표면으로 떠오른다. 왜냐하면 아이들은 비실체가 아니기 때문이다. 아이들은 실재하며, 살아 있으며, 잠시 자기 자신을 잃고 길을 헤매고 있지만 매우 중요하고 독특한 존재다. 일단 자기 자신을 발견하기 시작하면 아이의 접촉 기술은 신속히 발달하여 마침내 다른 사람들에게 매달릴 필요가 없게 된다. 매달리는 것은 그가 살아남기 위해 이전에 사용했던 방법이다. 아이는 이제 새로운 대안들을 갖게 되었다. 즉, 다른 존재방식이 가능해진 것이다.

어른들을 기쁘게 해주기 위해 피나는 노력을 하는 아이들, 그리고 외견상 어른들의 말에 지나치게 순종적인 아이들도 유사한 불안정감을 갖고 있다. 그들은 어른들의 칭찬을 받기 위해 어른들이 시키는 말을 잘 듣는다. 어른이 되어서도 아이 때의 행동패턴을 그대로 유지하는 사람들이 종종 있다. 그들은 어떤 경우에도 아니라고 말하지 못한다. 그들은 자기 자신의 의견이나 생각을 갖지 못하며, 너무나 강박적으로 복종하며 '착하기' 때문에, 함께 교제하기에 지루하고 재미가 없다.

이런 사람들은 성격의 선한 부분이 지나치게 발달하여 균형을 잃은 상태다. 모든 아이들은 다 어른들로부터 수용받기를 원한다. 아이들은 '착한' 행동을 하고 지시를 따르며 '옳은' 일을 함으로써 수용받을 수 있다. 하지만 아이들은 화를 내거나, 반항하거나, 어른들과 다른 의견을 말하거나, 자신의 입장에 서서 자신의 견해를 표현함에도 불구하고 수용받을 수 있다. 우리는 너무나 '착해서' 자신의 존재를 발견하지 못하는 아이들에게는 두렵지만 자신의 다른 측면들을 발견하도록 도와주어야 한다. 그렇게 되면 어느 한 쪽에만 치우치지 않고 자신의 여러 면 중에서 원하는 쪽을 선택하여 표현할 수 있게 될 것이다. 타인을 기쁘게 해주기 위해 노력하는 아이들은 그런 일에 대부분의 에너지를 써버린다. 그들은 에너지를 자신의 욕구를 충족시키는 데 사용하지 못하고 끊임없이 외부에 낭비한다.

이런 아이들은 자기욕구를 말하는 대신 어른이 시킬 때까지 얌전히 기다리는 경향이 있으므로 치료자가 나서서 아이로 하여금 자주 자기표현을 해보는 경험을 갖도록 해주어야 한다. 그러기 위해서는 아이가 자기를 인식하고, 자신감을 느끼고, 자기를 인정받을 수 있는 놀이를 하는 것이 효과가 있다. 예컨대, "네가 좋아하는 것을 그려보아라, 네가 원하는 것을 그려보아라, 네가 즐겁게 찾는 장소를 그려보아라."라고 하는 것이다. 아이들에게 선택권을 주는 것도 좋은 방법이다. "여기 두 개의 놀이가 있어요. 어느 놀이를 할까요?"라고 묻는 것이다. 점차 우리는 아이들의 자기주장을 도와주는 방향으로 나아가야 한다.

14세 소년 프랑크는 지나치게 상대방을 기쁘게 해주려는 경향이 있었다. 그가 7세 때 부모님이 교통사고로 사망한 이후 그는 여러 친척집들을 전전하며 자랐다. 최근에는 여덟 살 위인 누나가 결혼을 해서 그와 함께 살기를 간절히 원하고 있다. 그녀의 남편도 동의했고, 그녀와 남편은 그를 행복하게 해주기 위해 모든 노력을 다 기울였다. 누나는 프랑크가 너무 착하기만 한 것이 문제라고 느껴 그를 데리고 상담소에 찾아왔다. 집에서 서로 자연스럽게 애정을 주고받는 것이 잘 안된다고 했다. 그는 상대가 부탁한 일은 모두 다 들어주고, 누가 말을 걸지 않으면 스스로 말을 하는 법이 없었으며, 도무지 아무런 불평도 하지 않았다. 그녀와 그녀의 남편은 어떤 일이 일어나더라도 가족관계는 변치 않을 거라고 안심시켜주었는데도 그의 행동은 여전히 조심스러웠다. 그의 지나친 순종이 오히려 가족 내의 긴장을 유발시키고 있었다.

프랑크는 내게도 별로 말이 없었다. 그의 너무나 굴종적인 태도에 나도 좌절감을 느꼈다. 하지만 표현예술기법의 사용을 통해 변화가 일어났다. 장미 덤불이 된 프랑크는 "나는 집 앞에 서 있어요. 그것은 버림받을지도 몰라요. 나는 사람들을 보지 못했어요. 나는 아마 야생인지도 몰라요. 아마 한 때 누군가 나를 돌본 적이 있었는지도 몰라요. 나는 갈 곳 없이 허허벌판에 서 있어요. 나는 나의 뿌리에 대해 알지 못해요. 나는 가시가 있어요. 나는 내가 자라고 있는지 모르겠어요. 내 주변에는 잡초들이 있어요. 나는 외롭지는 않아요. 나는 외로움을 느끼지 않아요. 잡초들이 내 동무가 되어주니까요."

그는 이 말들이 자기 자신에 대한 진술이라는 것을 인정하기 꺼려하는 모습을 보였다. 그래서 나는 그의 말을 받아 적은 것들을 한 문장씩 천천히 읽어주었다. "그것은 버림받을지도 몰라요." 나는 그에게 "너는 버림받은 느낌이 든 적이 있니?"라고 물었다. 한참 망설이며 주저하다가 그는 마침내 대답했다. "네, 어렸을 때 부모님이 돌아가신 이후 그렇게 느끼곤 했어요."

프랑크는 '그림 이야기 만들기(*Make a Picture Story*)' 게임을 하면서 뗏목 카드를 갖고서 다음의 이야기를 지어냈다. "뗏목이 하나 있어요. 거기에는 다 죽어가는 한 사람과 신부님, 한 소년, 한 숙녀, 개 한 마리가 타고 있어요. 그들은 바다에 표류하고 있어요. 하지만 그들은 언젠가 육지에 상륙할 거예요. 죽어가는 사람의 친척들이 울고 있어요."

치료자: 프랑크야, 너는 누구니? 인물 중에 한 사람이 되어보렴.
프랑크: (놀이상자 안에 놓여있는 인물들을 한참 바라보더니) 저는 개예요.
치료자: 개로서 지금 뭘 하고 있는지, 그리고 뭘 느끼고 있는지 말해볼래?
프랑크: 글쎄요. 저는 지금 지켜보고 있어요. 무슨 일이 일어날지 기다리고 있어요. 제가 할 수 있는 것은 아무것도 없어요. 나는 두려워요. 매우 두려워요.
치료자: 혹시 지금 말한 것들이 과거의 네 삶과 관련 있는 것들이 있니?
프랑크: (나를 쳐다보며 한숨을 쉼) 네. 부모님이 돌아가셨을 때 내가 할 수 있는 것들이 아무 것도 없었어요. 나는 너무 두려웠어요. 나는 사람들이 나를 보내는 곳으로 흘러갈 수밖에 없었어요.

마침내 프랑크는 자신의 슬픔과 분노, 그리고 다른 곳으로 보내지는 것에 대한 공포 등에 대해 표현할 수 있었다. 그는 자기 자신으로 사는 위험을 감수하기 시작했다. 나와 함께 있을 때 뿐 아니라 밖에 나가서도 실험을 계속해 나갔다.

가끔 나는 너무나 연약해서 건드리면 부서질 것 같은 아이들을 만난다. 이런 아이는 마치 자신의 그림자에 불과하다. 그는 자신을 되찾고 튼튼하게 만드는 기술을 배울 필요가 있다. 나는 덜 위협적이고 안전한 경험으로부터 시작한다. 먼저 아이는 자신이 만든 것들을 없애고 새로 해보는 경험이 필요하다. 예컨대, 칠판에 그린 그림을 지운다든지, 손가락 그림을 문질러버린다든지, 혹은 모래상자 위의 장면들을 손으로 쓸어 평평하게 만드는 것이다. 차츰 아이는 자기가 만든 것들을 좀 더 오래 유지 보관

하는 경험으로 나아간다. 차츰 아이의 자기 표현이 굳건해지면서 아이의 신체도 더 튼튼해지는 것 같다.

타라가 바로 그런 아이였다. 그녀는 마르고 약해보이는 겁 많은 아이였는데 그림과 이야기, 찰흙, 모래작업을 통해 자신을 표현하기 시작하면서 차츰 그녀의 신체도 튼튼하고 강건해져 가는 것 같았다. 신체작업을 포함하는 놀이도 그녀 치료의 중요한 부분이었다. 그녀는 자신의 신체와 신체가 할 수 있는 것들을 발견하면서 매우 즐거워했으며, 자신과 자신의 삶에 대해 많은 기쁨을 느끼기 시작했다.

외톨이

외톨이 아이들 중에는 혼자서 뭔가 분주히 하면서 자신의 세계에 몰두해 있음으로써 외로움을 별로 못 느끼는 아이들도 있다. 그들은 우표 수집한 것을 정리하면서 몇 시간씩 보내거나 혹은 다른 취미활동에 푹 빠져있는 경우가 있다. 어떤 아이들은 책 읽기에 몰두하며 또 어떤 아이들은 종일 TV를 본다. 혼자서도 잘 노는 이런 아이들은 치료받으러 잘 오지 않는다. 혼자 있을 때도 편안함을 느낄 수 있다는 것은 분명히 건강한 측면이 있다. 하지만 우리는 혼자 있을 때도 있어야 하지만, 타인과 함께 있는 시간도 있어야 한다. 균형이 필요하다.

여가시간을 혼자서 보내는 아이들의 대부분은 다른 아이들로부터 거절당할까봐 두려워서 그렇게 한다. 치료받으러 오는 아이들은 대개 외로움의 문제 이외에 다른 문제를 함께 갖고 온다. 그들은 혼자 놀지 못하고 부모들을 괴롭히며, 시무룩해 있다. 그들은 까다롭고 부산하며, 공격적이고 반사회적인 행동을 한다. 학교에 가기를 싫어하며, 학교성적이 안 좋거나 지나치게 철회되어 있다. 치료를 하다보면 우리는 종종 이 아이들이 많은 시간을 혼자 보낼 뿐만 아니라 가까운 친구가 없으며, 매우 외롭다는 것을 알게 된다.

외톨이인 아이들은 어른이 되어서도 외톨이로 남는 경우가 많다. 이 아이들 중 다수는 자신이 친구 사귀는 데 어려움이 있다는 사실을 잘 인정하지 않는다. 하지만 부모가 이들에게 "나가서 제발 친구 좀 사귀어 봐라!"라고 잔소리하는 것은 별로 도움이 되지 않는다. 이들은 자신을 있는 그대로 받아주는 그런 분위기를 필요로 한다. 아이를 있는 그대로 수용해주면 차츰 타인을 접촉하고 관계를 맺는 시도를 해나가는 용기가 생기게 된다.

많은 문제아 외톨이들은 속으로 자신이 다른 사람들과 다르다고 느낀다. 때로는 이들은 자신이 너무나 다르다고 느낀 나머지 다른 사람들처럼 되려고 지금까지와는 반대의 행동을 하기도 한다. 물론 보통 아이들도 대부분 자라는 과정에서 다른 사람들과 다르지 않게 보이려고 애쓰는 모습을 많이 보인다. 심지어 문제아들조차도 자기네들끼리는 서로 다르지 않게 보이려고 애쓴다. 다른 사람들과 비슷하게 보이고 싶어 하는 것은 조금이라도 가치 있게 여겨지는 집단의 성원으로서 자기 정체감을 확보하려는 동기라고 볼 수 있다. 하지만 외톨이들은 자신들이 타인과 너무나 다르다고 느끼기 때문에 어려움에 빠진다.

이런 아이들과 그들의 가족들을 만날 때는 개인의 독특함은 소중한 가치라는 것을 강조할 필요가 있다. 대부분 부모들은 그들의 자녀가 별로 눈에 띄지 않게 다른 사람과 비슷하게 행동하기를 바란다. 하지만 부모들은 아이들 하나하나의 독특함을 존중해줄 필요가 있다.

대부분 아이들은 여러 다양한 행동방식을 실험해본 후에 마침내 자신의 고유한 행동방식에 도달한다. 하지만 어떤 아이들은 도움이 필요하다. 이런 아이들은 문제행동을 보임으로써 도움이 필요하다는 것이 드러난다. 그런데 불행하게도 이런 징후를 발견해줄 사람이 없는 경우도 있다. 이 아이들의 자기존중감을 높여주고 자기 정체감을 강화시키며, 자기 지지를 향상시켜주면 이들은 차츰 다른 아이들과 관계 맺는 방법을 배워나간다.

내가 독특함의 매력과 필요성을 극적으로 강조하기 위해 아이들과 함께 해본 가장 신나는 연습은 오렌지 경험이었다. 내가 이 방법을 알게 된 것은 조지 브라운(George Brown)의 저서 『인간학습을 위한 인간교육』(*Human Teaching for Human Learning*)을 통해서였다. 이것을 함께 실험해본 11~12세 집단 아이들 중 몇 명은 이 연습에 대해 몇 달 동안 계속 이야기했다. 나는 오렌지를 한 바구니 가져와서 아이들에게 하나씩 나눠줬다. 우리는 먼저 오렌지를 바라봤다. 그리고 냄새를 맡아보고, 모양을 살펴보고, 만져보고, 손바닥 위에 올려놓고 던졌다 받았다 해보고, 먹기 전에 할 수 있는 것들은 다 해보았다.

그러고 나서 우리는 껍질을 벗겼다. 우리는 각자 껍질의 안과 밖을 맛보았다. 그리고 껍질의 안쪽 부분을 손가락으로 만져보았다. 그러고는 오렌지에 붙어 있는 하얀 속껍질들을 조심스럽게 마저 벗겨내면서 그 촉감에 대해 이야기를 나누었다. 우리는 마침내 오렌지를 여러 조각들로 쪼개고는 그중 한 조각을 집어 들어 만져보고, 냄새를 맡아보고, 혀로 핥아보고, 마침내 그것을 먹었다. 실험의 가장 흥미로운 부분은 그 다음이었다. 조각들을 서로 바꾸어 먹어보는 것이었다. 우리는 어떤 조각들도 맛이 똑같은 것은 없다는 사실을 발견했다. 내 생각으로는 이 실험을 하면서 집단에서 가장 흥분했던 사람은 나 자신이었던 것 같았다.

어떤 것은 달콤했고, 어떤 것은 물기가 많았으며, 어떤 것은 시큼했고, 어떤 것은 조금 건조한 느낌이었다. 하지만 그것들은 모두 맛있었으며, 서로 다르기 때문에 더욱 맛있었다. 우리는 이 실험을 하면서 모두 즐거웠으며, 자연스럽게 우리 집단 아이들에 대한 토론으로 이어졌다. 즉, 아이들의 서로 다른 점과 공통점 그리고 모두 훌륭한 점에 대해 이야기했다.

나는 외톨이들과 작업할 때 종종 자기존중감을 회복할 필요가 있는 아이들을 치료할 때 사용하는 것들과 똑같은 방법들을 많이 쓴다. 이 외에도 나는 이 아이들에게 다른 사람들에게 다가가는 실험을 해보라고 격려한다. 그들은 밖으로 나가 사람들과 만나고 싶어 하지만 겁이 많고 어떻게 해야 할지 모른다. 그래서 나는 아이들의 공포를 다루어주고, 또한 새로운 삶의 방식을 실험해보도록 도와준다.

11세 소년 아담은 친구가 없었다. 그는 매우 영리하고 오만했으며, 대부분의 시간을 혼자 보내는 것에 대해 아무렇지도 않게 생각했다. 그의 어머니가 그를 데려왔는데, 말을 안 듣는 것이 문제라고 생각했다. 그는 어머니 말을 전혀 듣지 않았다. 늘 시무룩해 있었고, 어머니에게 함부로 대했으며, 동생과 항상 싸웠다. 아담에게 친구가 있는지 묻자 그녀는 "아뇨, 친구가 없는 것 같아요. 그리고 친구를 원하는 것 같지도 않아요."라고 대답했다.

아담은 치료받으러 오는 것에 대해 매우 저항이 심했다. 첫 시간에 그는 머리가 아프다고 말했고, 치료받으러 오기 위해 엄마가 돈을 쓰는 것은 바보 같은 짓이라고 불평했다. 나는 그에게 그의 두통을 그려보라고 말했다. 그는 매우 재미있어 하며 여러 색깔을 사용해서 낙서를 그렸다. 나는 그에게 엄마와의 관계에서 무엇이 가장 큰 문제냐고 물었다. 그는 곧바로 "엄마는 내가 하는 말을 절대 믿지 않아요."라고 답했다. "아빠는 어때?" 내가 물었다. (그의 부모는 이혼했다.) "아빠는 괜찮아요. 하지만 아빠는 항상 자기 문제에 빠져있어요."

아담은 내가 제안한 투사기법들에 대해 즐거운 기분으로 참여했다. 그때마다 매번 그는 자기 자신에 대해 조금씩 개방했다. 함께 작업을 하면서 그는 사람들로부터 거부당하고 있으며, 무가치하게 느낀다는 사실을 알게 되었다. 어느 날 그는 내게 "나는 단단한 껍질이 있는 거북이 같아요. 내 속에 있는 말을 하면 사람들은 내게 소리를 질러요. 그래서 나는 모든 걸 내 속에 담고 있어요."라고 말했다.

아담은 나와 함께 작업을 하면서 점점 많이 껍질 밖으로 나오게 되었고, 자신에 대해 긍정적으로 느끼기 시작했으며 다른 아이들과 어울릴 수 있을 만큼 강하게 되었다. 우리는 가끔 부모님과 함께 작업을 했는데, 가족과의 대화가 개선되면서 그의 성격은 좋아지고 가족 상호작용은 현저히 향상됐다.

세스의 아버지는 해군에 복무하고 있었고, 그의 가족은 이사를 많이 다녔다. 친구를 사귈만하면 작별인사를 해야 했다. 아홉 살 때쯤에 그는 이웃 아이들과 사귀는 것을 포기해버렸다. 다른 아이들이 접근을 시도해오면 아예 거부했다. 학교에서 선생님이 세스의 매사에 시무룩하고 거부적인 태도를 걱정하여 상담을 의뢰해왔다.

세스는 치료에 매우 적극적으로 응했다. 그는 그림 그리기, 찰흙작업, 모래상자 놀이, 이야기하기 등을 즐기면서 열심히 참여했다. 이런 놀이를 통해 그의 깊은 외로운 감정이 표출되었다. 그의 아버지는 종종 몇 달씩 항해를 나갔고, 어머니는 이러한 뿌리가 없는 생활에 적응하기 위해 애쓰느라 미처 세스에게 관심 돌릴 여력이 없었다. 우리는 친구를 사귀었다가 다시 헤어져야 하는 고통에 대해 많은 이야기를 나누었다. 세스가 점차 자기표현을 통해 자기 지지를 느끼기 시작하자, 그는 내게 "나는 그렇게 많은 사람들과 만나고, 또 그렇게 많은 장소들을 알게 된 것이 운이 좋았다고 생각해요."라고 말했다. 6개월 후에 가족은 다시 일본으로 갔는데, 세스에게서 편지가 왔다. 그는 내게 신이 나서 그의 새로운 학교와 그가 새롭게 시작한 활동들, 그리고 새로 사귀게 된 친구들에 대해 자랑하고 있었다.

외로움

외로움은 아이들과의 작업에서 항상 반복해서 나타나는 주제다. 우리들 중 누가 어린 시절을 되돌아보면서 외로움의 감정을 느낀 기억이 없다고 말할 수 있을까? 하지만 아이들은 치료 초기에는 대부분 방어적인 태도로 이런 감정을 잘 인정하지 않는다.

환경에 잘 적응하지 못하는 아이들은 특히 외로움을 많이 느낀다. 치료는 아이들의 이러한 감정이 언어적으로든, 표현예술 기법으로든 밖으로 표현될 때까지 잘 진전되지 않는다. 클라크 무스타커스는 그의 책 『외로움』(*Loneliness*)의 서문에서 다음과 같이 쓰고 있다.

> ... 외로움이란 인간 삶의 한 조건이다. 이것은 개체로 하여금 그의 인간성을 유지하고 확장하며 심화시키는 것을 가능하게 해주는 인간적 경험이다. 인간은 고립된 곳에서 살건 혹은 병이 들었건, 혹은 사랑하는 사람이 죽었건 아니면 대단한 창조적 작업을 완성한 순간의 큰 기쁨 속에서건 인간은 궁극적으로 그리고 영원히 고독하다. 나는 모든 사람이 자신의 외로움을 인식하는 것이 필요하다고 믿는다. 궁극적으로 인간은 그 존재의 속속들이 깊은 곳까지 철저히 그리고 완전히 혼자라는 것을 강렬하게 느껴보아야 한다. 고독이라는 실존적 경험을 극복하거나 도피하려는 어떠한 노력도 자기 소외를 초래할 뿐이다. 만일 어떤 사람이 인생의 근본적 진실을 외면해버린다면, 개체의 철저한 고독을 성공적으로 회피하고 부정해버린다면, 그는 자신의 성장을 도모할 수 있는 중요한 길의 하나로부터 자신을 폐쇄시켜버리게 될 것이다.

무스타커스는 인간은 불가피하게 외롭다는 것을 믿는다. 즉, 우리는 모두 인간조건으로서 스스로 안고 가야 할 실존적 외로움을 지니고 있다는 것이다. 우리는 모두 대부분 외로움을 받아들이기 어려워하며, 온갖 방법을 동원하여 외로움의 감정을 회피하려고 한다. 성인인 우리들은 끊임없는 활동을 하는 등 외로움을 회피하는 기술들에 모두 능통해 있다. 나는 무스타커스가 말한 것처럼 우리가 이렇게 함으로써 우리 자신으로부터 소외되거나 혹은 우리 자신을 잃어버린다고 생각한다. 우리들 중 어떤 사람들은 있는 그대로의 자신에 대해 불편하게 느끼고, 이러한 자신을 직면하여 알게 되는 것이 싫어서, 모든 수단을 동원하여 자기 자신을 만나는 것을 회피하려고 한다.

자기 정체감을 찾기 위해 모색하는 어린아이들은 당연히 이러한 실존적 외로움에 대해 어떻게 대처해야 할지 잘 모른다. 아이들이 특히 외로움을 느끼는 것은 마음속 깊이 자신이 다른 사람과 다르다고 느끼기 때문이다. 그들은 자신의 특별함에 대해 불편하게 느끼기 때문에 그것을 수용하거나, 좋게 생각하지 못한다. 아이들은 아이들대로 공포를 일으키는 외로움의 감정을 느끼지 않으려고 다양한 방법들을 사용한다. 그들이 사용하는 방법들은 종종 우리 사회가 높이 평가하는 '착하고, 정상적이며, 순응적인' 행동들과는 매우 거리가 있다. 문제를 더욱 악화시키는 것은 그들의 반사회적 행동이 그들을 더욱 소외시키고 격리시켜서 그들이 더욱 방어적이 되게 만든다는 점이다. 이는 다시 그들의 소외를 촉진시키고 악순환은 계속된다.

수잔 고든(Suzanne Gordon)은 그녀의 저서 『미국에서의 고독』(*Lonely in America*)에서 아이들과 청소년들의 외로움에 대한 그녀의 연구결과를 다음과 같이 요약했다.

> 이런 아이들에게는 외로움은 아무데도 기댈 데가 없다는 충격적인 자각으로 다가온다. 즉, 그들이 이제껏 생존과 따뜻함과 애정 그리고 관심 등 그들이 살아가는 데 필요한 필수적 욕구들을 충족시켜 주리라 믿어왔던 사람들에게서 그런 것들을 기대할 수 없다는 깨달음으로 다가온다. 이런 상황에서 아이들은 무력감도 느낀다. 그들은 더 이상 갈 곳이 없다. 아무에게도 의지할 곳이 없다. 그리고 자기 자신을 포함해서 아무도 그들의 욕구를 충족시켜줄 수 없다. 이러한 충격적인 외로움의 감정에 대한 아이의 반응은 불안이다. 어린아이들의 경우 불안과 공포는 그들로 하여금 어머니 역할을 해줄 인물에 대한 집착행동으로 나타난다. (48쪽).

나는 아이들이 종종 무력감과 불안감을 느끼는 원인은 자신의 공허함과 외로움의 감정을 누군가에게 표현할 수 없기 때문이라고 생각한다. 치료를 받으러 오는 아이들은 운이 좋은 아이들이라고 생각한다. 왜냐하면 그들은 이러한 감정들을 표현할 기회를 갖기 때문이다. 나는 아이들이 반드시 "외로워요."란 말을 사용하지 않고도 자신의 외로움을 표현할 수 있는 다양한 방법들을 사용해왔다. 아주 어린아이들조차도 죽고 싶다거나 자살하고 싶다는 말을 하곤 했다. 나는 이런 말은 깊은 내면적 절망감의 표현일 뿐 아니라 또한 외로움의 표현이라고 생각한다.

외로움은 종종 행복에 대한 무익한 추구와 동업자일 때가 있다. 동화 이야기들은 모두 "그 후 그들은 함께 영원히 행복하게 살았답니다."로 끝난다. 우리들 중 많은 사람들은 평생 동안 막연하고 모호한 상태인 '행복'을 찾아다니느라 시간을 낭비한다. 마치 우리가 그것을 발견하기만 한다면 우리는 다시는 슬픔이나 고통을 느끼지 않고 상처도 받지 않는 인생에서의 새로운 영역으로 들어가기라도 할 것처럼 상상하면서 말이다. 우리는 우리 자신에게 항상 '불행'을 느끼는 것은 병이라고 말해왔다. 우리는 장애가 있는 아이들에 대해 '불행하다'고 말해왔다. 마치 불행이 치료를 받아야 할 병과 동일한 것처럼 말이다.

나의 인생 경험 중에 내게 오랫동안 영향을 미쳤던 사건이 하나 있다. 우리 어머니가 사고로 갑자기 죽었을 때, 나와 내 남동생은 각각 항공편으로 어머니 집으로 가서 만났었다. 나는 당시 벌써 가까운 사람을 두 사람이나 잃었으며, 내 아들마저 죽어가고 있는 상황이었기 때문에 너무나 우울해 있었다. 나와 내 남동생은 장례절차와 관련된 일, 어머니의 유품을 정리하는 일, 사람들에게 연락하는 일 등을 함께 하고 있었는데, 어느 순간 나는 울먹이며 그에게 말했다.

"이것으로 충분해. 이제 더는 감당하지 못하겠어. 또 다른 일이 생긴다면 나는 포기할 거야." 나와 마찬가지로 슬픔을 겪고 있었고, 어떤 면에서는 나보다 더 많은 고통스러운 일이 있었던 동생이 놀란 눈으로 쳐다보며 내게 말했다. "바이올렛! 무슨 말도 안 되는 소릴 하고 있어? 앞으로 살면서 더 많은 일들을 겪게 될 거야. 고통스러운 일들을 포함해서 말이야. 일은 항상 일어나게 되어 있어." 그는 더 말을 하지 않았다. 나는 이후로 그가 한 말을 지금까지 한 번도 잊은 적이 없다. 아마 내 동생은 잊어버렸을지 몰라도.

주로 앞으로 일어날 일들을 기대하면서 행복을 느끼며 살아온 사람은 스스로 괴로운 고통의 덫을 놓는 사람이다. 나는 과거의 기억을 더듬거나 미래의 장밋빛 환상을 그리며 사는 것 대신에 현재의 인생 경험에 집중하는 것을 배우면서 차츰 삶을 받아들일 수 있게 되었다.

아이들은 나이가 더 어릴수록 현재에 살 수 있는 능력이 더 많이 남아 있는 것 같다. 외롭다고 말하는 아이들과 작업할 때 나는 그들이 무기력감에 집착하는 대신 자신을 온전히 체험할 수 있도록 도와준다. 나는 아이들이 자기수용과 자기강화를 통해 자신들의 에너지와 생명력을 동원하여 자신들이 필요로 하는 것들을 해결할 수 있다고 생각한다.

감정을 억누르면 결국 외로움에 빠지게 된다. 자신의 내면에 일어나는 것들을 적게 표현할수록 점점 더 고립되고 소외된다. 매번 감정을 억누를 때마다 방어벽은 점점 더 두꺼워지며, 그 벽 뒤에서 외로움의 감정은 점점 더 커져만 간다.

자신의 감정을 귀 기울여 들어주고 이해해주는 사람이 없으면 아이들은 외로움을 느낀다. 아이들의 감정은 그들의 핵심이며 바로 존재 자체다. 따라서 그들의 감정이 거부당하면 그들은 자신의 존재 자체가 거부당한다고 느낀다. 그래서 어떤 아이가 "나는 화가 날 때 외로움을 느껴요. 화나는 것은 나를 외롭게 만들어요."라고 말한 것은 그 아이가 자신의 분노감정을 표현했을 때 사람들이 그것을 받아주지 않았기 때문이다. 사람들은 그에게 충고를 주거나, 배척을 하거나, 벌을 주거나 혹은 회피해버리는데, 이 모든 것들은 그를 고립시킨다.

내가 치료자로서 아이에게 자신의 감정을 솔직히 표현하고, 스스로 그것을 듣고 수용할 수 있도록 기회를 만들어주면 아이는 덜 외롭게 느끼며, 세상을 좀 더 친절한 곳으로 느끼기 시작한다. 그는 다시 세상을 향하여 손을 내밀며, 타인들과 연계를 맺기 시작한다.

내 생각엔 아이들이 서로 찾아다니고, 서로를 그토록 필요로 하는 이유 중에 하나는 아마도 다른 아이들이 자신이 겪고 느끼는 것들을 어느 정도 이해하리라고 믿기 때문이 아닌가 한다. 내가 치료하고 있는 집단에서 나는 가끔 아이들이 서로 주고받는 이야기를 들을 기회가 있다. 보통 우리는 아이들이 어른들이 있는 데서는 말을 매우 조심스럽게 가려서 하기 때문에 아이들이 생각하고 느끼는 것들의 범위와 깊이를 잘 모른다.

정신이 들어왔다 나갔다 하는 아이

나는 때로는 정신이 맑고 현실접촉을 잘 하지만, 어떤 때는 자기 세계 속에 빠져 넋이 나간 듯한 아이들을 치료한 경험이 있다.

11세 남아인 크리스가 그런 아이였다. 그와 오랫동안 치료를 했지만 그가 하는 말을 좀처럼 알아듣기가 힘들었다. 나는 그의 말을 알아듣기 위해 매우 애를 썼다. 내가 무슨 말을 하면 크리스는 더욱 혼란에 빠졌다. 그는 찰흙이나 손가락 그림, 그리고 모래상자 놀이를 좋아했다. 그는 이야기하기도 좋아했다. 그런데 그의 이야기나 모래상자 작품이나 그림은 이해하기가 어려웠다. 하지만 그에게는 이런 작품들이 어떤 의도하는 것과 목적이 있는 것 같았다. 그가 하는 모든 것들은 그에게는 어떤 의미가 있어보였다.

크리스는 내가 이해를 하지 못하는데도 계속 내게 말을 했다. 그는 치료를 받으러 올 때마다 내게 미소를 지으며 따뜻하게 인사를 했다. 그는 어떤 때는 내게 자신의 이야기를 알아들을 수 있는 말로 하다가 갑자기 못 알아들을 이야기로 넘어가곤 했다. 예컨대, 그는 "어제 대학에 다니는 우리 형이 왔어요."라고 말했는데, 나는 그가 이 말을 하며 눈빛이 반짝이는 것을 보며 "그래서 기쁜 모양이구나."라고 반응을 해주었다.

그러자 그는 "네, 그래요. 그런데 내가 길을 걸어갈 때 큰 불과 빛이 하늘로 솟아올랐어요. 불이 얼마나 큰지 만일 그 속에 들어갈 수 있다면 바다를 건너갈 수 있을 거예요. 그러면 큰 폭발이 일어나면서 그 속에서 사자가 튀어나와요. 나는 그것이 어디서 왔는지 몰라요. 학교에서 세 아이가 나에게 점심을 나눠줬어요. 선생님은 달까지 도달하는 큰 폭죽을 본 적 있어요? 우리 집은 그것들보다 더 커요. 그리고 우리 형은 쉭 소리를 내며 들어왔어요..."

오랫동안 나는 그를 그냥 이야기하도록 놔두었다. 나는 그냥 따라갔다. 이해하려고 많이 애쓰지 않고 그냥 들어주었다. 그러다가 어느 날 나는 단호한 목소리로 말했다. "크리스야, 너는 내 질문에 대답을 하지 않았어. 너는 내 질문과 상관없는 말만 했어." 그러자 그는 나를 쳐다보더니 대답을 했다.

크리스는 자신의 세계에 대해 무척 두려워하고 있었다. 그는 안전하게 느끼기 위해 그것들로부터 달아나야 했다. 점차 나를 알게 되고, 신뢰하게 되자 그는 차츰 현실에 머무를 수 있게 되었다. 함께 해본 많은 연습으로 그는 자신이 무엇을 할 수 있는지에 대해 강한 자신감을 갖게 되었다. 그가 가고자 하는 곳, 가야하는 곳에 내가 함께 가고, 함께 있어주는 것이 매우 중요했다.

그는 가끔 수수께끼 같은 그림을 그리고는 알쏭달쏭한 말로 설명을 하곤 했다. 그럴 때면 나는 그의 목소리나 몸짓, 표정을 관찰했는데, 이러한 관찰한 것들을 토대로 그의 말에 반응할 수 있었다. 예컨대, 그의 목소리에 슬픔이 배어있는 것을 보고는 "네가 말하는 것이 슬프게 들리는구나."라고 말하거나, 그가 그린 그림이 생생한 느낌이 드는 것을 보고는 "이 부분은 밝고 행복하게 느껴지네."라고 했다. 혹은 그가 어깨를 축 늘어뜨리고 상담실에 들어오는 날이면, "풀이 죽은 걸 보니 오늘 네게 좋지 않은 일이 있었구나?"라고 말했다. 크리스는 이런 말을 들으면 흠칫 놀라면서 고개를 끄덕이는 식으로 반응하곤 했다.

이 시기에 나는 크리스 또래의 아이들 집단을 이끌고 있었다. 그래서 크리스가 집단에 들어오면 좋겠다는 생각을 했다. 그는 집에서 친구가 없었고, 자기 또래 아이들과는 어울리지 않았다. 학교에서는 특수학급에 속해 있었는데, 거기서도 친구가 없었다.

크리스는 두려움을 안고 집단에 들어왔다. 그는 점점 비현실적인 행동을 보이기 시작했다. 아이들은 처음엔 놀랐지만 나와 공동치료자는 눈짓으로 알려주었다. 집단에서 돌아가며 말하는 시간에 크리스가 말하면 아무도 못 알아들었다. 우리는 매우 주의 깊게 들은 후 그에게 말해줘서 고맙다고 말했다. 때로는 그가 너무 길게 말하면, 이제 다음 사람 차례로 넘어가야겠다고 부드럽게 말해줬다. 우리가 그림을 그릴 때면 그의 그림은 이해하기 어려웠다. 그는 우리가 이해하지 못하는데도 그의 그림을 보여주면서 설명했다. 그는 자신의 방식으로 모든 활동에 최대한 참여하려고 노력했다.

그는 어느 여자 아이에게 사랑에 빠져 그녀 곁에 앉기를 원했으며, 그녀를 만지고, 손을 잡고 싶어 했다. 그녀는 이것이 매우 싫어 그를 피해 도망 다니곤 했다. 우리는 이 부분에 대해 솔직히 다루어야 한다고 생각했다. 우리는 아이들에게 자신을 괴롭히는 것에 대해, 그리고 집단에서 자기가 좋아하는 사람에 대해 그림을 그려보라고 했다. 샐리는 크리스가 자기에게 '어리석은 짓'을 하는 장면을 그렸다. 우리의 격려를 받아 샐리가 그림을 설명했을 때 크리스의 눈에 눈물방울이 맺혔다. 우리는 샐리의 괴로움을 인정했으며, 크리스의 슬픔을 수용했다. 그리고 실제 무슨 일이 일어났는지에 대해 이야기할 기회를 가졌다. 이 시간 이후로 집단 분위기는 훨씬 편해졌다.

그 이후에 우리는 문장완성 놀이를 했었는데, 샐리는 크리스에게 "나는 네가 더 이상 나를 귀찮게 굴지 않아 기분이 좋다. …… 나는 네가 내가 못 알아듣는 이야기를 할 때 기분이 안 좋다."라고 했다. 많은 다른 아이들도 후자에 대해 동감을 표현했다. 이때 그들은 부드럽고, 친절하게 그리고 배려하는 태도로 말했다. 그들이 말할 때 크리스는 그들을 쳐다보았고, 그들이 다시 자기를 쳐다본다는 사실에 매료되었다.

얼마 지나지 않아서 다시 그림을 그렸을 때, 그는 두 장의 그림을 그렸다. 한 장은 알 수 없는 낙서 같은 것이었고, 다른 한 장은 지시에 따른 분명한 것이었다.

어느 날 우리는 모든 아이들이 한 마리 동물이 되어야 하는 놀이를 했다. 크리스는 자기는 천식이 걸린 도둑고양이라고 했다. 그는 가르랑거리는 소리를 내며 만져주기를 바라며 방안을 기어 다녔다. 아이들은 그에 대해 반응을 보여주었고, 크리스는 뜻밖의 반응에 기뻐했다. 우리는 그에게 천식이 무언지 아느냐고 물었다. 그는 "그럼요! 나는 여기에(가슴을 가리키며) 큰 장애물이 있어요. 그는 숨을 잘 쉬지 못해요.(그는 가끔 '나'라고 말해야 할 곳에 '그'라고 말하곤 한다.)"라고 대답했다. 우리는 그가 천식을 앓은 적이 없는 것은 알지만, 가슴이 답답할 것이라는 것은 믿는다. 우리는 그가 자신의 답답함에 대해 점점 더 분명하게 표현하기 시작했다는 것을 느꼈다.

우리는 크리스가 우리와 접촉을 점점 더 많이 하기 시작한다는 것을 느꼈고, 나는 그것을 격려했다. 나는 우리가 그에게 충분히 오랫동안 무의미한(우리의 관점에서) 말들을 하게 허용해왔다고 느꼈다. 그래서 이제 그가 이런 말들을 하기 시작하면 나는 단호히 "크리스야, 나는 네가 하는 말을 알아들을 수가 없어. 내가 알아들을 있도록 다시 한 번 말해 줄래?"라고 말했다. 혹은 그가 말을 시작하면서 안전한 자신의 세계로 들어가는 것 같으면 "뭣 때문에 화가 났니? 아니면 누구에게 화가 났는지 말해줄래?"라고 말했다. 나는 그가 자신의 세계로 도망갈 때마다 이제 인내심을 갖고 의도적으로 그를 우리 집단 속으로 데리고 와야 한다는 사실을 안다. 이제 그렇게 해도 된다는 사실을 알기 때문이다.

집단시간이 끝날 때마다 우리는 매번 각자 그날의 소감 혹은 무엇이든 한 마디씩 하도록 격려한다. 어느 날 한 소년이 말했다. "나는 이제 크리스가 우리 가운데 한 명이 됐다는 것이 기뻐요." 이 말을 크리스에게 직접 해주라고 말하자 그는 "나는 이제 네가 우리 집단의 한 부분이 됐다는 것이 기뻐! 네가 이제 더 이상 전처럼 이상하게 말하지 않아서 좋아!"라고 했다. 크리스는 얼굴이 상기됐고, 둘은 팔짱을 끼고 함께 걸어 나갔다.

자폐증

자폐증 아동들과의 작업에 대해서는 많이 쓰지 않겠다. 이 분야는 그 자체로서 책 한 권을 다 할애해야 할 만큼 큰 주제이다. 나는 자폐증 아동들과는 짧은 기간밖에 작업을 하지 못했다. 하지만 이런 아이들과 많은 경험을 가진 내 동료들이 전해 준 몇 가지 흥미 있는 관찰들에 대해 좀 나누고자 한다.

자폐증 아이들을 치료해 온 캐시 설리바(Cathy Saliba)는 이 아이들이 자신의 욕구를 기꺼이 표현하지만, 사람들이 쉽게 간과할 수 있는 형태로 한다는 사실을 발견했다. 그들은 치료자가 준비해온 프로그램의 구조와는 잘 맞지 않는 형태로 욕구를 표현한다는 것이다. 설리바는 치료자가 자신이 준비해온 프로그램의 틀에 아이를 맞추려고 하기보다는 아이가 하고 싶어 하는 것에 맞춰주면 흥미로운 일들이 벌어진다는 사실을 발견했다.

예를 들면, 5세 소년 하나가 그녀가 퍼즐놀이를 하자며 오라는 소리를 무시하고, 벽면을 가득 채우고 있는 거울 앞에 서있었다. 자기에게 오라고 말하는 대신 그녀는 아무 말 없이 아이에게로 다가가 거울 옆에 앉았다. 그리고 아이가 얼굴을 보면서 얼굴의 한 부분을 만지는 것을 구경했다. 그녀는 아이가 자신의 얼굴을 들여다보고 있다는 것을 느낄 수 있었다.

아이는 갑자기 선생님의 얼굴도 거울에 비치고 있다는 사실을 깨닫고는 너무 기쁜 나머지 선생님의 무릎에 펄썩 주저앉았다. 20분가량 흘렀는데도 그녀는 한 마디도 하지 않았다. 어떤 지시도 하지 않았다. 마침내 설리바는 아이가 거울을 들여다보며 자기 얼굴 부위들을 여기저기 가리키는 것을 보면서 그 부위들의 이름을 말해주었다. 하지만 아이가 입을 가리켰을 때 그녀는 대답을 하지 않았다. 아이는 거울 속의 그녀를 기대의 눈빛으로 쳐다보더니 갑자기 "입!"이라고 외쳤다. 설리바는 규칙적으로 매우 긍정적인 결과를 가져다준 이러한 치료절차를 다음과 같이 묘사했다.

> 그날 처음으로 씬이 거울에 흥미를 보였던 그날까지 나는 항상 아이들에게 뭘 시킬 것인지 미리 계획했었다. 나는 어떤 아이가 어떤 퍼즐을 언제, 얼마나 오랫동안 풀지 정확히 알고 있었다. 나는 자폐증 아이들이 미리 정해진 구조들을 많이 필요로 한다고 믿었고, 사실 나는 그들에게 언제, 어디서, 무엇을, 얼마만큼 해야 하는지 정해주고 실행

해왔었다. 나는 그들이 하루 종일 이런 것을 해야 한다고 생각했었다. 내가 씬에게 그날 거울 앞에서 머물도록 허용했을 때, 나는 그로부터 어떤 메시지 같은 것을 전달받았다. 즉, "잠깐, 나는 내 얼굴을 살펴보고 싶어요. 나는 그것이 재미있어요."와 같은 말이었다. 그날 이후로 나는 내 시각을 확장함으로써 씬이 다른 욕구와 소망을 표현할 수 있다는 사실을 깨달았다. 사실 내게 정말 필요했던 것은 단순히 내 명령을 아이에게 부과하는 대신에 아이로부터 나오는 메시지에 귀를 기울이고 반응하는 것이었다.

그래서 설리바는 아이들과 함께 머무는 실험을 했고, 이런 방법을 통해 많은 것을 배울 수 있었다. 그녀는 또한 매우 놀랍게도 우리가 생각하는 것보다 아이들이 훨씬 많은 것들을 알고 있다는 사실을 발견하였다. 예컨대, 한 아이는 여러 잡지들에 나오는 광고를 읽을 수 있었다. 그래서 설리바는 이것을 토대로 다른 글자들을 가르칠 수 있었다. 그런데 이렇게 개별 아이들에게 신경을 써주기 위해서는 한 반에 보조 치료자가 여러 명 있어야 한다.

나의 다른 친구는 자폐증 아이들 치료에서 손가락 그림을 사용하는 독특한 방법에 대해 설명해주었다. 아이들은 가끔 자기 온몸에 그림을 그리곤 했다고 한다. 그래서 그녀는 이를 따라가기로 마음먹고 아이들을 한 명씩 거울 앞에 세우고는 얼굴의 한 부분에 그림을 그리면서 그 부분의 이름을 말해주었다. 아이들은 이 놀이를 매우 좋아했으며, 잠시 후 거울을 들여다보면서 스스로 그림을 그리기 시작했다. 그러고는 선생님 얼굴에도 그림을 그렸다. 이는 아이들이 그토록 필요로 하는 자신에 대한 새로운 감각을 획득하였을 뿐 아니라, 마침내 접촉적이고 사교적인 행동을 시작한 것으로 볼 수 있다.

아리엘 말렉(Ariel Malek)도 설리바가 사용한 방법과 유사한 것을 실험했다. 그녀도 미리 정해진 활동을 하는 것보다 아이의 프로세스를 따라가 주는 것이 더 효과가 높다는 것을 발견하였다. 그녀는 "나는 빨강색을 가르치기 위한 수업계획을 세웠지만 아이의 저항을 다루는 데 더 집중해야 하는 상황이 벌어질 수 있다."라고 말했다. 선생님(치료자)의 계획에 따르는 것과 아이로부터 나오는 단서를 따르는 것 사이의 균형을 잘 맞추어야 한다. "...아이에게서 나오는 중요한 단서를 따라가기 위해 나는 내가 계획했던 수업내용을 보류하는 데 주저하지 않는다. 나는 또한 우리의 상호작용에서 아이가 주도권을 갖도록 해주는 것이 매우 가치 있다고 느낀다."라고 그녀는 말했다.

내가 좀 더 잘 기능하는 아이들에게 사용해온 치료지침들이 자폐증 아이들에게도 그대로 적용되는 것 같다. 즉, 아이들이 있는 곳에서 출발해서, 아이와 함께 머물고, 아이로부터 나오는 단서를 받아들이는 것이다. 그리고 아이의(치료자가 아니라) 프로세스와 아이의 흥미에 예민해져야 한다. 물놀이라든가 손가락 그림, 모래놀이, 찰흙작업 등 감각을 사용하는 활동들을 많이 제공해줌으로써 아이들이 자기에 대한 감각을 개발하도록 해줘야 한다.

설리바는 아이들을 해변으로 데려가 함께 바다 냄새를 맡고, 가만히 앉아 바다를 바라보거나 물속이나 모래사장에서 뒹굴어도 보고, 햇빛과 공기를 느끼도록 해주는 과정을 묘사하고 있다. 매트 위에서 레슬링을 시키거나 트램펄린(trampoline)이나 다른 운동기구를 사용하여 아이들이 신체운동을 하도록 기회를 주는 것도 중요하다. 이 아이들에게는 자신의 신체를 적절히 통제하면서 사용해보는 기회가 많이 필요하다.

이런 종류의 작업에는 언어적 교류가 적은 편이지만 그래도 감정이 나타난다. 아이들의 신체언어와 얼굴표정을 관찰하면 치료자는 아이가 뭘 느끼는지 알 수 있는데, 이를 바탕으로 치료자는 아이의 정서를 언어적으로 반영해줄 수 있다. (흔히 아이들의 소리나 신체 움직임은 그들의 감정을 잘 드러낸다.) 놀이를 하면서 언어적 표현이 항상 섞여 나오기 때문에, 아이들은 차츰 그가 하는 행동과 언어표현 사이의 관련성을 깨닫기 시작한다. 언어를 배움으로써 그는 삶에 대해 어떤 통제를 할 수 있으며, 또한 자신의 욕구를 좀 더 명확히 알릴 수 있다는 것을 깨닫는다.

이러한 작업에서 가장 중요한 것은 아이가 자기 자신과 친해지게 만들어주는 것이다. 이는 아이가 또래, 부모님, 선생님 그리고 주변의 다른 사람들과 접촉하기 위해 필요한 사전단계이기 때문이다. 설리바와 말렉은 둘 다 아이들이 자기 자신을—자신의 감각, 자신의 신체—더 많이 접촉하고, 더 많이 발견할수록 심리적으로 더 안정된다는 것을 발견했다. 마구 흔들어대는 동작이나 목표 없어 보이는 자기자극 행동들이 현저히 줄어들었다고 한다. (설리바는 아이들의 '자폐증적' 행동들이 너무나 줄어든 것을 본 방문객들이 이들이 과연 자폐증 아동들인가 의심할 정도였다고 한다.) 이 아이들은 뭔가를 배우기 시작했다: 그들은 서로 간에 그리고 선생님들과 이전보다 훨씬 많이 관계적으로 대하기 시작했다.

죄책감

죄책감은 일반적으로 반전된 분노나 짜증으로 볼 수 있다. 즉, 원래의 대상에 향하는 대신 자기 자신에게 돌려진 분노이다. 아이가 우유를 엎지르면 야단을 맞는다. 야단을 맞은 아이는 화가 나지만 어머니에게 화를 낼 수 없으므로, 분노감정을 자기 자신에게 향하게 함으로써 죄책감을 느끼게 된다. 만일 분노를 부모에게 직접 표현한다면 부모님 반응 여하에 따라 죄책감이 없어질 수도 있고, 혹은 화낸 것 때문에 죄책감을 느낄 수도 있다.

죄책감을 느낀 후에는 짜증이 뒤따른다. 분노감정을 표현할 수 없어 죄책감을 느끼는 아이는 어른들에 대해 혹은 다른 아이들에 대해 짜증을 느낀다. 그것은 죄책감이 불쾌한 감정이기 때문이다. 짜증과 더불어 대개 표현되지 않은 요구도 존재한다. 즉, 아이는 부모가 야단친 것에 대해 짜증을 내는 동시에 부모가 자신의 실수에 대해 좀 더 관용적으로 대해줄 것을 바라는 마음이 생긴다.

아이는 우유를 엎지르는 것 같은 상황에서 누가 잘못인가에 대해 혼란을 느끼며, 부모의 비난을 쉽게 받아들인다. 또한 고의적으로 행하지 않은 일에 대해 수시로 야단을 맞는 것에 대해서도 그냥 받아들인다. 그는 마침내 자신을 비난하며, 자신이 나쁘다고 느낀다. 그래서 분노, 죄책감, 짜증 그리고 자기비난이 혼란스럽게 뒤섞여 아이의 '자기상(self-image)'을 왜곡시킨다. 어떤 아이들은 우유를 엎지른 것에 대해, 그리고 자기가 하는 모든 것에 대해 수치심을 느끼도록 교육된다. 그러다보면 이런 아이는 마침내 자신이 살아있다는 사실 자체를 수치스럽게 느끼게 된다.

죄책감을 줄이기 위해 어떤 아이는 타인이 자기에게 바란다고 생각되는 행동을 하기 위해 노력한다. 하지만 아이는 그럼에도 불구하고 항상 짜증을 느낀다. 그는 혼란에 빠져 있으며, 다른 사람이 자기에게 무엇을 기대하는지에 대해 항상 불확실하게 느낀다. 하지만 그는 자신 속에 곪아 가고 있는 분노와 격노를 묻어둬야 한다는 사실은 확실히 안다. 그는 자신의 주변에 있는 모든 사람들을 기쁘게 해주고, 그들과 융합하기 위해 필사적으로 노력한다. 그는 더는 타인과 구별되는 자기 자신을 느끼지 못하며, 자기감각과 자기존중감을 상실해버린다.

죄책감이 만들어지는 과정을 이해하면 치료자들이 아이들을 치료하는 데 도움이 된다. 죄책감을 느끼기가 싫어서 절대 실수를 하지 않으려는 아이는 주변의 사람들과 자신을 분리시킬 필요가 있다. 그는 자기 자신이 누구인지, 자신의 욕구가 무엇인지, 자신이 무엇을 원하는지 깨달을 필요가 있다. 그는 자신의 욕구나 의견 혹은 생각 등을 말로 표현하는 것을 배울 필요가 있다. 또한 그는 분명한 선택을 하고 그 선택에 대한 책임을 지는 것을 배울 필요가 있다.

아이는 자기의 분노와 짜증, 요구들을 표현하는 것을 실험해볼 필요가 있다. 아이가 자신의 분노감정을 좀 더 직접적으로 표현할수록 자신을 약화시키고 무력화시키는 죄책감은 점점 줄어들 것이다.

7세인 랄프는 불 지르는 행동을 하는 아이다. 그의 어머니가 그를 데리고 와서는 그가 두 살부터 다섯 살까지 많이 맞고 자랐다고 했다. 5세 이후로는 자기를 도와주는 사람이 생기면서 마음이 편해져서 더는 때리지 않았다고 한다. 이제 그녀는 아이를 때리지 않지만, 아이가 불을 지르거나 적개심을 보이며 싸움을 많이 하는 것에 대해 자기 때문이라 생각해서 죄책감을 많이 느낀다고 한다.

어느 날 나는 랄프에게 불을 지르는 그림을 그려보라고 말했다. 그는 크고 붉은 불

꽃과 거기에 성냥개비를 갖다 대는 아이를 그렸다. 아이는 말풍선으로 다른 아이에게 "너도 해."라고 말하고 있고, 다른 아이는 "오케이!"라고 말했다(랄프는 항상 다른 아이가 자기더러 불을 지르라고 말했기 때문에 불을 질렀다고 설명했다.). 왼쪽에는 그림의 반을 차지할 만큼 커다란 해가 얼굴을 찌푸리며 울고 있는 모습을 그렸다. 나는 랄프에게 그림 속의 소년이 되어 불을 지르는 기분이 어떤지 말해보라고 했다.

랄 프: 이것은 큰 불이야. 나는 불 지르는 것을 좋아해.

치료자: 이제 불이 되어 보렴. 불이 말을 할 수 있다고 생각해봐. 네가 어떤 존재인지 말해보렴.

랄 프: 나는 큰 불이야. 아주 큰 불이야. 너는 내 주변을 돌면서 나를 볼 수 있어.

치료자: 불이 되어 보니 기분이 어때?

랄 프: 강한 느낌에요.

치료자: 이제 해가 되어볼래? 해가 뭐라고 말하니?

랄 프: 나는 슬퍼요. 나는 울고 있어요. 랄프는 이제 야단맞을 거예요.

치료자: 해야, 랄프에게 그렇게 말해줘.

랄 프: 넌 이제 야단 되게 맞을 거야. 너는 나쁜 아이야.

치료자: 해야, 랄프에게 어떻게 야단맞을지 말해줘.

랄 프: 네 엄마가 너를 죽일 거야. 그녀는 매우 화가 날 거야. (그러고는 나를 쳐다보며) 선생님은 내가 양자로 온 거 아세요?

치료자: 아니, 몰랐어.

랄 프: 정말예요. 나의 진짜 엄마는 나를 낳았을 때 열여섯 살 밖에 안 되었어요. 그녀는 나를 돌볼 수가 없어 양자로 준 거예요. 엄마에게 '진짜 엄마' 이야기를 하면 그녀는 울어요.

치료자: 네가 어렸을 때처럼 엄마가 또 너를 때릴 것 같아 무서운 적이 있니?

랄 프: 네, 그럼요. 하지만 제가 나빴어요. 저는 아직도 나쁘지만 엄만 이젠 저를 때리지 않아요.

랄프는 죄책감을 지니고 살아왔다. 그는 과거의 학대에 대해 아직도 자신을 비난하고 있었다. 그는 엄마가 아직도 자기를 때릴지, 그리고 진짜 엄마처럼 자기를 내버릴지 끊임없이 시험하고 있었다. 불을 지르는 것은 그에게 강하고 힘센 느낌을 가져다주고 있었다. 그가 자신의 짜증과 분노, 슬픔을 표현하면서, 그리고 자신의 권리와 가치감 그리고 힘을 느끼기 시작하면서, 그의 적대적인 행동은 감소하기 시작했다.

바지에 오줌을 싸는 9세 소년 제임스는 어느 날 찰흙으로 자신과 형의 모습을 만든 후 형은 그냥 둔 채 자신을 내동댕이치며 죄책감을 표현했다. 두 살 위인 형은 모든 상황에서 그를 괴롭혔다. 제임스는 그래도 한 번도 화를 내지 않았는데, 그 이유는 자기가 어린 애처럼 바지를 적시기 때문에 그런 일을 당해도 싸다는 것이다. 그는 "형이 오줌을 싼다면 저도 마찬가지로 형을 괴롭혔을 거예요."라고 말했다.

형에 대한 분노감정을 접촉하지 못하는 그의 행동은 다른 상황에서도 비슷하게 나타났다. 그는 내게 자기가 태어날 때부터 뭔가 문제가 있었다고 살짝 말해줬다. 그는 자신이 살아있는 것 자체에 대해 죄책감을 느끼고 있었다. 그가 여러 표현기법을 통해 자신의 감정을 표현하면서부터 집에서도 점차 자신의 감정을 직접적으로 표현하기 시작했다.

그의 어머니는 어느 날 "제임스가 점점 더 나빠지는 것 같아요. 그는 전에는 말을 참 잘 들었어요. 요즘은 화를 내고 형을 때리며, 나와 아빠에게도 말대꾸를 해요!"라며 치료를 중단했다. 나는 그녀에게 제임스가 예전보다 더 건강해졌기 때문에 자신의 감정을 억눌러 신체를 긴장시키고 오줌을 싸는 대신 자신의 감정을 더 직접적으로 표현하는 것이며, 자기를 주장하는 것은 새로 얻은 자신감의 표현이라고 말해줬는데도 그녀는 도무지 이해하려 들지 않았다.

내가 치료하는 어른들 중에 많은 이들은 어린 시절 가졌던 죄책감을 아직도 여전히 간직하고 있었다. 아주 옛날에 느꼈던 죄책감이 삶의 모든 영역에 스며들었으며, 심장의 통증으로 나타나기도 했다. 어린 시절의 감정과 메시지들이 우리에게 오랫동안 머물러있어 생명에도 영향을 미칠 수 있다.

부인과 성생활을 즐길 수 없는 로버트라는 이름의 한 남자가 찾아왔다. 그는 발기할 때마다 살의 통증을 느꼈다. 그는 이런 감각을 무시하려고 항상 애써왔지만, 결국 이제는 결혼생활에 장애를 가져올 정도가 되었다. 그는 여러 의사들을 찾아다녔지만 아무도 그 원인을 발견하지 못했다.

어느 날 나는 그에게 눈을 감고 이 통증을 상상해보면서 거기에 머물러서 어떤 생각이나 아이디어들, 감각들 혹은 떠오르는 장면이 있으면 말해달라고 했다. 눈을 감고 앉아 있던 그가 갑자기 오래 전에 잊어버렸던 기억을 회상했다. "내가 여덟 살 적이었던 것 같아요. 어느 날 소변이 마려워 자다 깼어요. 나는 한밤중이라고 생각했는데, 그렇게 늦은 시간은 아니었던 것 같아요. 왜냐하면 거실에서 어머니가 손님들과 즐겁게 이야기하고 있었으니까요. 나는 잠이 덜 깬 채 침대에서 나와 거실로 어슬렁거리며 나왔어요. 나는 파자마를 입고 있었어요. 내가 거실로 들어서자 어머니는 나의 사타구니를 뚫어져라 응시하면서 한숨을 내 쉬었어요. 그러고는 고함을 질렀지요. '로버트! 도대체 어떻게 된 거야? 너 지금 뭐하는 거야?' 그녀는 나를 확 낚아채서 거실 밖으로 끌고 나왔어요. 나는 그 뒤에 어떻게 됐는지는 더 이상 기억하지 못해요. 단지 그때 내 성기가 발기되었을 것 같다고 추측할 뿐이지요. 맙소사. 내가 얼마나 혼란스럽고 괴롭게 느꼈는지 기억이 나요."

로버트의 기억이 정확히 과거 사건을 재연하지는 못했을 수 있다. 그리고 이 사건이 그의 통증을 일으킨 유일한 원인이 아니었을 수도 있다. 중요한 것은 치료 시간에 그가 어린 시절 묻어버렸던 기억의 일부를 다시 접촉했다는 사실이다. 우리는 꿈을 다루는 것처럼 이 기억에 대한 작업을 했다. 그리고 그는 오랫동안 잊어버리고 있었던(하지만 아직도 자신을 무력하게 만드는) 몇몇 감정과 갈등들을 다룰 수 있었다.

그런 종류의 죄책감은 종종 사람을 황폐하게 만든다. 위 사례와 같은 기억들은 자신의 환상과 섞여 있을 수 있다. 즉, 어머니는 단지 그가 자지 않고 나온 것에 대해 귀찮았을 뿐이었을 수도 있는데, 로버트는 어머니가 자신의 발기에 대해 화난 것으로 상상했을 수도 있다. 또 비록 로버트는 그렇게 기억하고 있지만, 실제로 그의 어머니는 그의 사타구니를 쳐다보지 않았을 수도 있다.

하지만 그 사건 이전과 이후에도 충분히 비슷한 사건이 많이 있어 마침내 그가 발기에 대해 심한 죄책감을 느끼게 되었을 것이다. 그가 자기 가치감과 자기 지지, 삶에서의 안녕감을 느끼기 위해서는 수치심, 죄책감, 그리고 묻어두었던 표현되지 않은 분노와 짜증의 감정들을 밖으로 표현해야만 했었다.

자기존중감; 자기개념; 자기 이미지

나는 자기존중감, 자기개념, 자기 이미지 등의 개념들에 대해 항상 좀 혼란스러웠다. 존중감이란 우리가 어떤 것에 대해 얼마나 높이 가치평가를 하는가와 연관되어 있다. 개념이란 어떤 관념, 의견, 우리의 생각을 말한다. 이미지란 실체가 아니라 어떤 것에 대한 표상을 의미한다. 아이들의 심리와 관련된 참고문헌들의 정의들을 보면 애매하며, 개별 저자들에 따라 다르다. 많은 저자들은 자기개념에 대해 정의하는 것을 피하면서도 부정적 자기개념의 영향들에 대해 그리고 아이의 자기개념을 향상시킬 필요성에 대해 자주 언급한다.

아이들은 자신에 대해 부정적 느낌을 갖고 태어나지는 않는다. 모든 아이들은 자신이 대단하다고 생각한다. 하지만 나중에 시간이 지나면서 자신에 대해 어떻게 느낄지는 부모로부터 전해 듣는 자신에 대한 메시지에 의해 결정적으로 영향을 받는다. 하지만 이러한 메시지를 자신에게 번역하는 사람은 아이 자신이다. 즉, 아이는 부모의 메시지를 강화시켜줄 내용들을 환경으로부터 선택하여 듣는다.

하임 지노트(Haim Ginott)는 그의 저서 『부모와 아이들 사이』(*Between Parent and Child*) 및 『부모와 십대 사이』(*Between Parent and Teenager*)에서 아이가 자신이 '바보 같다' 혹은 '추하다' 혹은 '나쁘다'라고 말할 때, 아이의 이러한 부정적 자기 이미지를 즉시 바꿔주기 위해 우리가 할 수 있는 일은 아무것도 없다며 다음과 같이 말했다. "한 사람이 자신에 대해 새겨놓은 이미지를 섣불리 바꾸려 들면 저항한다. 자신의 아버지에게 '아빠가 좋은 뜻으로 말하는 건 알겠지만, 나는 내가 똑똑하다고 하는 말을 그대로 믿을 만큼 어리석지 않아요!'라고 말한 아이도 있었다."

지노트는 부모들에게 총체적 칭찬과 구체적인 칭찬을 구별해야 한다고 주의를 준다. 만일 부모가 "차를 닦아줘서 고맙다. 차를 참 깨끗하게 잘 닦았네!"라고 말하면 아이는 아마도 이 메시지를 자신에게 "나는 차 닦는 일은 잘 해!"라고 번역할지 모른다. 하지만 부모가 "너는 참 대단한 아이야! 너는 세상에서 가장 훌륭한 세차 기술자야!"라고 말한다면, 아이는 "나는 내가 그렇게 대단한 사람이 아니란 걸 알아. 그러므로 어머니는 날 우롱하는 거야!"라고 해석할지 모른다.

아이의 낮은 자기존중감의 원인을 찾아내는 일은 항상 쉽지는 않다. 그가 받은 메시지는 때로는 매우 애매하고 미묘한 것들이다. 그리고 때로는 아이는 그것들을 자신의 상상과 뒤섞기도 한다. 때로는 그것들은 부모가 전혀 통제할 수 없거나 알지도 못하는 사건이나 상황에 의해 초래되거나 강화되기도 한다. 특별한 사건이 없어도 우리 사회가 일반적으로 아이들에 대해 한 인간으로서 존중감을 갖고 대해주지 않는 분위기도 아이들의 낮은 자기존중감을 악화시키는 요인으로 지적되어야 한다.

내가 치료 시간에 개별적으로 만나는 혹은 정서장애 학급에서 단체로 만나는 아이들의 대부분은 자기존중감이 낮다. 이것은 우리가 우리 자신을 어떻게 지각하고 어떻게 평가하는지가 우리의 행동과 삶의 방식을 결정짓는다는 것을 생각하면 별로 놀랄 일이 아니다.

아이들은 자신의 낮은 자기존중감을 여러 다른 방식으로 나타낸다. 그들은 비록 자신에게 뭔가 문제가 있다는 것은 느끼지만 자기존중감이 낮다는 것을 잘 인식하지 못할 수도 있다. 낮은 자기존중감의 징표로는 다음과 같은 것들이 있다.

징징거리는 것, 이기려고 드는 것, 게임에서 속이는 것, 완벽주의 경향, 과장된 허풍, 친구들에게 사탕이나 돈 혹은 장난감을 주는 것, 광대 짓이나 어리석은 행동을 함으로써 관심을 끄는 행동, 다른 아이를 괴롭히는 것, 반사회적 행동, 자기 비난, 위축되거나 부끄러워하는 행동, 남을 탓하는 것, 변명을 하는 것, 계속 미안하다고 말하는 것, 새로운 시도를 두려워하는 것, 사람들을 불신하는 것, 욕심이 많은 것, 방어적으로 행동하는 것, 과식하는 것, 타인의 기대에 맞추는 것, 결정을 잘 못하는 것, 아니라고 말하지 못하는 것 등이다.

이 리스트에는 아이들이 치료에 오게 된 배경이 되는 거의 모든 행동들이 다 포함되어 있다. 우리 사회는 빠르고 민첩한 것을 높이 평가하기 때문에 서투르고 어색한 모습의 아이들은 낮은 자기존중감을 개발한다. 따라서 일반적으로 사회가 낮은 자기가치감의 원인이라 할 수 있다.

우리 문화에서 높이 평가받는 날씬하고, 매력적이고, 부유하며, 백인종이라는 요소를 골고루 갖춘 사람이라고 해서 뚱뚱하고, 덜 매력적이며, 가난하고, 소수인종들보다 더 행복하게 느끼지 않을 수 있다. 하지만 후자의 범주에 속하는 사람들은 우리 사회의 가치관에 의해 전자에 속하는 사람들보다 더 불리하게 영향받을 수 있다.

나는 치료 시간에 아이들을 만날 때 아이들에게 자기 자신을 되돌려 주는 일을 한다. 왜냐하면 낮은 자기개념이란 마치 자기 자신을 잃어버린 것과 같은 상태이기 때문이다. 나는 그들이 자기 자신의 능력을 재발견하고, 세상을 좀 더 편하게 느낄 수 있도록 도와준다. 나는 또한 그들이 자신에 대한 부정적 메시지를 포기하고 긍정적 메시지를 형성하도록 도와준다. 이러한 자기 자신을 되찾는 과정에서 그들은 이 세상을 새롭게 탐색하고 발견하는 데 온통 몰두하게 된다.

아래에 아이의 자기감각을 향상시키는 데 도움이 되는 부모를 위한 몇 가지 지침이 있다.

아이의 감정에 귀 기울이고, 그 감정을 인정해주고, 받아들이세요.

아이를 존중해주고, 아이를 있는 그대로 받아들이세요.

매우 구체적인 자료를 토대로 아이를 칭찬해주세요.

아이에게 솔직한 마음을 보여주세요.

'너-전달법' 대신에 '나-전달법'을 쓰세요. "너는 왜 그렇게 소란스럽니?" 대신에 "네가 켜놓은 라디오 소리 때문에 내가 좀 괴롭구나."라고 말하는 것이 좋습니다.

비판을 해야 할 때는 "너는 항상 … "이라든가 "너는 한 번도 …"라는 말 대신에 구체적으로 하세요.

아이들은 일관성과 규칙, 통제가 다소 필요한 부분도 있지만, 아이들에게 정말 더 필요한 것은 자신의 삶을 스스로 개척하는 경험입니다. 아이에게 책임을 맡기세요. 그리고 아이에게 독립과 선택권을 허락하세요.

아이의 삶과 관련한 의사결정 과정과 문제해결 과정에 아이를 참여시키세요. 아이의 감정과 욕구, 소망, 제의, 지혜를 존중해주세요.

아이가 자신의 흥미를 좇아 마음껏 실험하도록 해주세요. 그것이 창조적이든 아니든.

독특성의 원리를 기억하세요. 아이는 그 자체로서 독특하며, 훌륭하고, 놀랍습니다. 비록 당신의 독특성과 많이 다를지라도.

좋은 모델이 되십시오. 즉, 당신 자신을 좋게 생각하고, 당신 자신을 위해 뭔가를 하세요.

자기 자신을 좋게 생각하는 것이 중요하다는 것을 깨달으십시오. 자신이 한 일에 대해 만족하는 것이 중요합니다. 자신을 기쁘게 해줄 꺼리를 찾아보십시오.

자신에 대해 판단적이 되지 마십시오. 당위와 충고로 자신을 구속하지 마십시오.

아이의 말을 진지하게 들어주세요. 아이의 판단을 존중해주세요. 아이가 배고프지 않다고 말하면, 그 말을 믿어주세요.

아이가 자신에 대해 부정적인 느낌을 표현하면, 부모나 치료자는 아이의 말을 무시하지 않도록 주의해야 한다. 예컨대, 아이가 "나는 못생겼어!"라고 말하면, 우리는 "아니야! 넌 참 잘 생겼어!"라고 말해주고 싶은 충동을 느낀다. 하지만 그렇게 말하는 것은 아이의 생각을 고쳐주기보다는 아이의 나쁜 기분을 증가시킬 뿐이다. 왜냐하면 그 말에 담긴 의미는 "네가 그렇게 생각하는 것은 잘못 생각하는 것이다."이기 때문이다. 변화는 아이의 내부로부터 와야 한다. 그런데 이는 아이의 나쁜 기분을 허용하고 받아들임으로써 가능해진다.

나쁜 기분이 밖으로 표현되고 나면, 이제 그것들은 탐색할 수 있게 된다. 만일 아이가 자기가 정말 운동을 잘 못한다고 투덜댄다면, 나는 아이가 실제로 얼마나 운동을 잘 못하는지 물어본다. 이런 질문을 받으면 흔히 아이들은 한참 이야기하다 갑자기 중단하며 "하지만 나는 정말로 그렇게 못하지는 않아!"라든가 아니면 "나는 농구는 잘 못하지만, 그래도 수영은 그렇게 못하지 않아!"라고 말한다. 이것은 아놀드 바이써(Arnold Beisser)의 '변화의 역설적 이론'의 좋은 예가 된다. 『현대 게슈탈트치료』(*Gestalt Therapy Now*)에 기고한 그의 논문의 일부를 인용한다.

> 변화는 우리가 우리 자신이 아닌 누구로 되려고 노력할 때가 아니라, 우리 자신이 될 때에 일어난다.
>
> 변화는 누군가가 혹은 우리 자신이 우리 자신에게 강제적인 힘을 동원하여 압력을 넣을 때 일어나는 것이 아니다. 변화는 현재 내가 있는 곳에 있으려는 마음 자세에 의해 가능해진다. 즉, 나의 현재 위치에 온전히 투자하는 것이다. 변화의 대리자 역할을 포기함으로써 오히려 우리는 의미 있는 변화를 가능하게 만든다. (77쪽)

내가 보고 있는 7세 여아는 자기가 아이들에게 얼마나 인기가 있는지, 자신이 얼마나 똑똑한지, 다른 아이들보다 얼마나 뭐든 잘하는지 등을 끊임없이 말하곤 했다. 나는 어느 날 다음과 같이 시작하는 이야기를 하나 지어 들려주었다. "옛날에 어느 소녀가 살았는데, 그녀는 뭐든 잘할 줄 아는 것이 없었단다." 그녀는 가로 막으며 그 소녀의 이름이 뭔지 물었다. 나는 잘 모르겠다며, "이름을 하나 지어줄래?"라고 되물었다. 그녀는 잠시 생각하더니 입을 다문 채 머리를 세게 끄덕이며 자기 자신을 가리켰다. "그게 너란 말이니?"라고 묻자 이번에는 머리를 더욱 많이 끄덕였다. 이것을 계기로 자기 자신에 대한 진정한 감정을 다룰 수 있게 되었다. 이것이 변화의 시작이었다. 아이들은 흔히 자신에 대한 부정적 감정의 표현으로 "나는 제대로 하는 것이 하나도 없어요."라고 말한다.

자기존중감이 낮은 아이들의 치료는 아이 자신과 다른 동물, 식물, 사람, 과일, 물건들과의 공통점 그리고 차이점들에 초점을 맞춰 자기를 체험하게 해주는 여러 활동들을 포함시키는 것이 좋다. 다른 대상들과 자기와의 차이점을 알아차림으로써 자기 자신을 새로운 감각으로 발견할 수 있고, 이를 바탕으로 타인들을 새롭게 보고 접근하고 접촉할 수 있게 된다.

신체 알아차림은 분명한 자기 감각을 형성하는 토대가 된다. 긴장 이완과 호흡연습 그리고 신체 율동이 도움이 된다. 신체 이미지도 자기수용의 중요한 측면이다. 낮은 자기개념을 가진 아이들은 대부분 자기 자신의 신체에 대해 친밀감을—신체에 대한 느낌 그리고 신체를 갖고서 할 수 있는 것들에 대해—못 느낄 뿐만 아니라 자신의 외모에 대해 만족하지 못한다.

따라서 나는 아이들과 함께 자기 초상화 그리기, 거울 쳐다보기, 거울에 비친 자기와 대화하기, 어릴 때의 사진보기, 치료 시간에 치료자가 찍어준 사진보기, 큰 종이에 자기 신체의 테두리 그려보기, 환상을 통해 몸속으로 들어가 보기 등의 활동을 자주 한다. 때로는 나는 아이의 모습을 큰 종이에 그린 후 함께 아이 신체의 각 부분들 그리고 입은 옷가지 등에 대해 토론을 한다. 어린아이들은 이런 놀이를 매우 좋아한다.

아이들이 자신에 대해 좀 더 긍정적으로 느끼도록 해주기 위해서는 아이들을 자기 자신으로 돌아오도록 도와줘야 한다. 이 과정에서 가장 먼저 해야 할 중요한 작업은 자신의 현재 감정들을 느끼고 받아들이도록 해주는 것이다. 즉, 추하고, 공허하고, 보잘것없고, 절망적인 감정 등을 수용하는 것이다. 아이들이 이런 한 감정들을 받아들이게 되면서 그들은 자신의 감각과 신체 그리고 그것들을 갖고서 할 수 있는 것들에 대해 다시 친숙해지게 된다. 그렇게 함으로써 아이들은 자기 자신과 자신의 독특함에 대해 (타인의 판단이나 의견을 통해서가 아니라) 자신의 내부로부터 깨닫게 되며, 마침내 안녕감(sense of well-being)을 느끼기 시작한다. 즉, 자기 자신으로 존재하는 것이 오케이라는 느낌을 갖게 된다.

11

다른 고려할 사항

어떤 접근이나 활동들은 특정 연령층에 더 적합하다. 어떤 것들은 집단상황이서 그리고 어떤 것들은 개인상담에서 더 효과가 있다. 대부분의 기법들은 어떤 사람이게 든, 어떤 상황에서든 그에 맞춰 적절히 변용해서 사용할 수 있다. 특정 연령층, 집단, 상황 등에서 효과적으로 기법을 사용하는 방법들에 대한 내 생각들을 아래에 요약하고자 한다.

집단상황

집단은 현재의 행동을 알아차리고, 새로운 행동들을 실험해볼 수 있는 일종의 축소된 세상이라는 장점을 지니고 있다. 집단작업은 접촉기술을 연습할 필요가 있는 아이들에게 좋은 기회를 제공해준다. 아이들에게 있어서 다른 아이들을 만나는 것은 매우 자연스러운 일이다. 또래관계에 어려움을 지니고 있는 아이들에게 집단치료는 그들로 하여금 자연스러운 관계를 맺지 못하게 하는 원인을 발견하고 해결하도록 도와준다.

나는 모든 치료자들이 자신이 가장 효과적이라고 생각하는 집단의 규모와 형태에 대해 스스로 판단할 필요가 있다고 생각한다. 모든 경우에 적용되는 규칙은 있을 수 없다. 나는 다양한 집단상황을 실험해보면서 나에게 가장 맞는 방법을 찾아냈다. 나는 아이들이 8세 이하일 경우에는 다른 치료자와 함께 그리고 집단규모는 되도록이면 작게(3에서 6명) 구성해서 치료하는 것을 좋아한다. 아이들 나이가 좀 더 든 경우는 6에서 10명 정도로 집단규모가 큰 것을 좋아한다. 통상적으로 집단작업은 한 시간 반 동안 하는데, 때로는 시간이 좀 부족하다는 것을 느낀다.

어떤 기술이나 절차들은 집단상황에서 특히 효과적이다. 대개 나는 집단을 시작할 때 아이들에게 현재의 감정이나 지각된 상태, 그리고 지난 모임 이후에 자신에게 일어난 사건 등에 대해 한마디씩 하도록 하면서 시작한다. 이 기술은 모든 아이들에게 집단에 참여할 기회를 마련해준다는 점에서 유용하다. 가끔 나는 현재 순간의 알아차림에 대해서만 말하도록 요구하기도 한다. 즉, 현재 무엇을 느끼는지, 신체감각은 어떤지, 무엇이 보이는지, 지금 무엇을 생각하는지 등에 대해서 말하게 한다. 하지만 비록 과거에 일어난 사건이라 하더라도 지금 이 순간 저절로 떠오르는 것이라면 그것은 지금 이 순간의 알아차림이라고 말해준다. 가끔 아이들은 집단에 올 때 화가 나거나 상처받은 채로 또는 집단에 오기 직전에 있었던 사건으로 흥분한 상태로 왔기 때문에, 집단에서 이러한 자신의 마음을 표현하여 해소하기를 원한다.

일반적으로 아동집단의 경우 구조화된 접근을 한다. 즉, 집단을 시작하기 전에 어떤 방식으로 집단을 할 것인지 미리 계획을 세워서 진행한다. 하지만 융통성 있고, 창의적이며, 개방적 태도를 갖는 것이 중요하다. 라운드(돌아가면서 말하는 것)를 마친 뒤 나는 아이들 중에 자신의 감정 혹은 마음속에 있는 것을 나누고 싶은 사람이 있는지 물어본다. 가끔 여러 사람들이 매우 몰입해서 함께 다루어야 할 내용을 개방하는 아이들이 있다. 반면에 어떤 문제는 치료자가 개인적으로 집중해서 다루어줘야 할 성질의 것도 있다. 이런 경우 아이와 내가 이야기하고 다른 아이들은 관찰한다. 지속적으로 만나는 집단의 경우 아이들은 집단에서 무엇을 얻을 수 있는지에 대해 좀 더 섬세한 기대가 생긴다. 이런 아이들은 집단에서 개인작업을 하고, 다른 아이들의 경험을 물어보기도 하며, 꿈을 가져와서 작업하기를 청하기도 한다. 내가 집단작업을 중단하고 개인작업을 할 때는 다른 아이들도 이 작업을 보면서 대리 작업을 하는 효과가 있을 거라는 믿음이 있기 때문이다. 루스 콘(Ruth Cohn)은 『현대 게슈탈트치료』(*Gestalt Therapy Now*)에 실린 그녀의 논문 「집단에서의 치료: 정신분석, 경험적 접근 그리고 게슈탈트」(*Therapy in Groups: Psychoanalytic, Experiential and Gestalt*)에서 다음과 같이 썼다.

> 나는 그동안 '집단 상호작용의 5모델'에 입각하여 워크숍을 해왔는데, 거기에는 경험집단, 분석집단, 게슈탈트집단, T-그룹 그리고 내가 개발한 '주제중심 상호작용적 접근'이 포함되어 있었다. 이 워크숍에서 학생들은 각각의 모델들에 대해 참여를 통해 경험하도록 기회가 주어졌다. 학생들은 주로 직접 참여하기보다는 관찰자였는데도 항상 게슈탈트치료 워크숍에서 가장 많은 개인적 몰입을 하였다. 드라마틱한 치료적 대화를 관찰하는 것이 실제 개인적 상호작용을 하는 것보다 효과가 더 컸다. 치료자의 도움으로 환자가 이전에 회피해왔던 정서를 직면하는 것을 목격한 관찰자들에게 이는 희랍연극의 진정한 취지인 동일시와 정화의 효과가 나타나는 것 같았다. 희랍 합창 가무단의 성원들은 정말 환자의 비극적 감정이나 기쁨의 반응들을 자신의 내부에서 그대로 경험하는 것 같다. (138쪽)

이런 내용들은 여러 연령층의 아이들에게도 모두 해당되는 것 같다. 내가 어떤 한 아이와 하는 것들은 관찰자들에게도 영향을 미치며 의미 있는 것 같다.

어떤 주제를 갖고서 하는 작업은 집단상황에 잘 맞는 것 같다. 아이들은 가끔 스스로 어떤 작업주제를 제안하기도 한다. 좋은 작업주제의 한 예를 들면 '비웃음' 혹은 '놀림 받는 것' 등이 있다. 어느 한 시간에 우리는 이 주제가 우리들 각자에게 어떤 의미가 있는지, 각자 놀림 받은 적이 있는지, 그때 어떤 느낌이었는지, 그것을 경험했을 때 어떻게 대처했는지, 그리고 우리의 느낌과 행동의 차이는 무엇이었는지 등에 대해 이야기했다. 또한 다른 아이들을 놀린 경험이 있는지 등에 대해서도 이야기를 했다.

그러고 나서 나는 아이들에게 모두 눈을 감고 과거에 비웃음이나 놀림 받은 경험이 있는지 기억해내라고 말했다. 나는 그런 기억이 안 나거나, 실제로 그런 경험이 전혀 없는 아이들은 그런 경험을 한 것으로 상상해보라고 했다. 나는 또 "지금 무엇이 일어나고 있지?" "지금 어떤 상황이니? 누구와 관계된 일이니? 주변에 누구누구가 있니?" "다른 아이들은 구경하고 있니? 네 느낌은 어떠니? 네가 놀림을 받는 중에 느끼는 감정을 알아차려봐!" 등의 질문이나 제안을 하면서 아이들의 기억을 도와주었다. 그러고 나서 아이들은 자신의 느낌이나 사건 장면을 그림으로 그렸다. 우리는 다시 우리의 그림에 대해 이야기하면서 느낌을 나누었다. 아이들은 조용한 목소리로 말했으며, 느낀 것에 대해 깊이 있게 나누었고, 매우 주의 깊게 들었다.

우리는 때로는 시간이 없어 아이들이 만든 작품에 대해 나누거나(강요하지는 않음), 특정 연습을 한 후에 자신들의 감정이나 경험들을 나누는 시간밖에 없는 경우가 있다. 어떤 날은 어느 한두 아이를 심층적으로 작업하기 위에 거기에 시간을 다 쓰는 경우도 있다. 필요하다고 판단되면 우리는 작업을 다음 시간에 계속하기도 한다. 이때 나는 "다음 시간에는 오늘 네가 만든 찰흙 작품을 설명을 하면서 나눈 외로움의 감정에 대해 이야기해보자."라고 제안한다. 하지만 어떤 미리 계획된 활동도 지금-여기에서 집단이나 아이 개인에게 일어나는 중요한 현상보다 우선적으로 다루어져야 하는 것은 아니다.

집단 프로세스는 아이들과의 집단작업에서 가장 소중한 부분이다. 아이들이 집단에서 어떻게 서로 경험하는지, 그리고 서로 어떻게 반응하고 관계하는지는 일반적으로 그들의 대인관계가 어떨지를 보여준다.

집단은 아이가 자신이 다른 아이들과 어떻게 관계하는지 알아차릴 수 있고, 자신이 하는 행동에 대해 책임지는 것을 배울 수 있으며, 또한 새로운 행동을 실험해볼 수 있는 좋은 장소이다. 모든 아이들은 다른 아이들과의 관계를 필요로 하며, 다른 아이들도 자신과 마찬가지로 비슷한 문제와 느낌들을 갖고 있다는 것을 알 필요가 있다.

아이들에게 다른 아이들과 놀이를 할 기회를 주는 것은 상호관계에서 매우 중요한 경험을 제공해주는 것이다. 때로는 집단 전체가 때로는 두 명 혹은 세 명이 한 조가 되어 놀이를 할 수 있다. 어느 집단에서 나는 카드놀이, 오목, 블록 쌓기, 작대기 줍기, 도미노 게임 등 간단한 놀이를 도입했다. 아이들은 10~12세 사이였는데 나는 이들을 두 명씩 조를 나눈 뒤 각 조에 게임 한 가지씩을 줬다. 우리는 10분 후 벨이 울리도록 시계를 맞춰놓았다. 시계가 울리면 게임과 조를 각각 바꿨다. 우리는 게임 시간이 끝난 후 각자의 경험에 대해 이야기했다. 아래에 소감 몇 가지를 소개한다.

남자 아이와 카드놀이를 한 것은 이번이 처음이었어요. 그에게 게임하는 방법을 가르쳐줬는데, 기분이 매우 좋았어요.

나는 카드놀이를 할 줄 아는 첫 번째 남자 아이였어요.

나는 게임에서 졌는데 기분이 나빴어요. 그래서 벨이 울렸을 때 기뻤어요.

크리스는 속였는데, 내가 그렇게 하는 것이 싫다고 말하자 그쳤어요.

그는 나에게 한 번도 안 속였어요. 그는 정말 협조를 잘 했어요.

나는 카드놀이를 잘 할 줄 몰랐는데, 수잔이 도와줬어요.

아이들의 일반적 분위기는 점잖고 허용적이었다. 게임을 하는 동안 그리고 마친 뒤에 치료실에는 만족스럽고 안정된 느낌이 감돌았다. 물론 사람들이 많이 모여 이야기할 때 나는 그런 종류의 시끄러운 소리도 많이 있었다.

우리는 집단을 아이의 투사를 다루기 위해 사용할 수도 있다. 만일 한 아이가 "쟤가 나를 저런 눈길로 보는 것이 싫어요."라고 말하면 나는 그에게 "그런 눈길이 무슨 말을 하고 있다고 생각되니?"라고 묻고는, 빈 의자에 자기 자신을 앉히고는 그 아이가 되어 자기에게 말하도록 시켜본다. 이런 실험을 통해 자기 자신의 부정적인 생각을 다른 아이에게 투사시킨 것을 알아차리도록 도와준다. 이런 대화의 한 예를 아래에 소개한다.

필 립: 알렌이 나를 쳐다보는 눈길이 싫어요.

치료자: 그런 눈길로 그가 네게 무슨 말을 하는 것 같니?

필 립: "너는 바보야!"라고 말하는 것 같아요.

치료자: 필립아, 네가 저 베개에 앉아 있다고 상상해보렴. 그리고 너에게 그 말을 한번 해 봐. 네 자신에게 "너는 바보야!"라고 말해봐.

필 립: (베개를 향해) 너는 바보야!

치료자: 네 속에 가끔 네 자신에게 그런 말을 하는 목소리가 있니?

필 립: 네.

아이들은 상대편의 표정을 보는 것이 그 사람의 생각을 읽는 것과 동일하지 않다는 것을 배울 필요가 있다. 상대편 아이는 배가 아플 수도 있다. 물론 상대편 아이가 실제로 이 아이가 상상한 대로 느끼고 있을 수도 있다. 이때도 상대의 생각을 확인해볼 필요가 있다.

우리는 아이의 내사들을 점검하여 현실에 맞지 않는 것들은 포기하도록 도와줄 수 있다. 우리는 아이들이 각자 자신의 부모가 되어 집단원들이 보는 앞에서 '자기 아이'에 대해, 즉 자기 자신에 대해 이야기하는 역할놀이 게임을 해볼 수 있다. 이런 놀이는 리더가 따뜻한 마음으로 개입하면 매우 좋은 효과를 거둘 수 있다.

존 엔라이트(John Enright)는 『현대 게슈탈트치료』(*Gestalt Therapy Now*)에 기고한 그의 논문 「게슈탈트치료 기법들의 안내」(*An Introduction to Gestalt Techniques*)에서 알아차림과 책임, 듣기기술을 향상시키기 위해 집단치료에서 사용할 수 있는 다음의 기법들을 설명했다. 이런 기법들은 모두 아이들에게도 효과적으로 사용할 수 있다.

1) 다른 아이들에 대한 이야기를 치료자에게 말하는 대신 서로에게 직접 말하도록 시킨다. 그래서 "쟤가 나를 찔렀어요!"라고 말하는 대신 "네가 찌르는 것이 싫어!"라고 말하도록 가르친다. 후자의 경우 훨씬 힘 있고 강하게 들린다. 반면에 전자의 경우는 불평스럽고 약하게 느껴진다.
2) 아이들에게 직접 말하도록 가르쳐줄 수 있는 좋은 연습의 예로써 아이에게 집단원들 한 사람 한 사람에게 모두 다가가서 "내가 너한테 좋게 느끼는 점은 ……" 혹은 "내가 너한테 불편하게 느껴지는 점은 ……" 혹은 "네가 나에 대해 알았으면 하는 점은 ……" 혹은 "네가 나에 대해 몰랐으면 하는 점은 ……" 등의 문장을 말하게 하는 것이다.
3) 아이들이 하는 질문을 서술문으로 바꿔 말하게 시키는 것이다. 많은 질문들은 자신의 정서표현을 감추고 있다. 예를 들면 "왜 너는 나를 찔렀니?"라는 질문은 사실은 "나는 네가 나를 찌르는 것이 싫어!"라는 말을 감추고 있다. 이렇게 직접적으로 말하는 것은 찔린 아이에게만 도움이 되는 것이 아니라 찌른 아이에게도 도움이 된다. 왜냐하면 그 아이도 간접적이고 일탈적인 행동 대신 다른 의사소통 방식을 배워야 하기 때문이다. 치료자는 찌른 아이에게 가면적 행동을 대체할 수 있는 자신의 의사표현법을 가르쳐줄 수 있다.
4) 아이들이 어떻게 상대방의 말을 경청하는지 살펴봐야 한다. 이는 다른 아이들을 방해하거나, 백일몽을 꾸거나, 다른 아이에게 말하거나, 때리거나, 시끄럽게

하거나, 돌아다니는 등의 비협력적 행동을 하는 아이들 집단에서 매우 중요하다. 집단을 방해하는 아이에게 초점을 맞추는 것이 도움이 된다. 방해하는 행동 혹은 기타 비경청적 행동들은 모호하고 간접적인 메시지들로서 "나는 지금 지루해요!" 혹은 "나는 지금 관심이 필요해요!"라는 말로 번역이 필요한 것들이다. 간혹 나는 방해꾼 아이에게 조용히 집단에 참여할 마음이 생길 때까지 밖에 나가 있을 것을 요구하기도 한다. 방해 행동들은 아이들과 나에게 상당히 성가실 때가 있다.

대개 우리는 집단규칙을 만들어 사용한다. 예컨대 한 아이가 말을 마칠 때까지 다른 사람들은 기다려줘야 한다. 흔히 아이들은 서로 감독하며 집단구칙을 지킨다. 만일 한 아이가 지속적으로 규칙을 어기면, 말해주기도 한다. 만약 집단 전체가 규칙을 지키지 않는다면, 치료자가 제대로 역할을 하지 않고 있는지 살펴봐야 한다. 집단규범을 수립하는 데 있어 치료자의 역할은 매우 중요하다. 치료자는 집단이 안전하고 수용받을 수 있는 곳이라는 것을 아이들이 느낄 수 있도록 분위기 조성을 할 책임이 있다. 일정한 모델링 역할도 해야 한다. 아이들은 치료자의 행동을 참고하여 자신의 행동을 정하기 때문이다.

치료자는 또한 아이들의 활동에 되도록 많이 함께 참여해야 한다. 우리가 게임을 하거나 역할극을 하거나 혹은 이야기를 할 때 나도 함께 참여한다. 특정 연습에 참여하는 것이 내키지 않을 때 나는 긍정적 표현을 통해서 비슷한 효과를 얻는다. 내가 그룹 활동에 참여하거나, 나 자신에 대한 개방을 하거나, 혹은 지금-여기에서의 내 알아차림이나 느낌을 나누면, 집단에서 훨씬 많은 것들이 일어나는 것을 발견했다.

치료자는 각 아이들에 대해 지속적으로 관심을 갖고 변화를 알아차려야 한다. 만일 한 아이가 화가 나거나 상처를 받으면, 치료자는 그것을 알아차릴 수 있어야 한다. 집단은 아이들이 신뢰할 수 있는 장소가 되어야 하며, 치료자의 말에 의해 어떤 아이들도 상처를 받아서는 안 된다.

집단치료 시간은 모두에게 즐거운 경험이 되어야 한다. 만족스러운 집단이란 각 아이들이 모두 충분한 관심을 받고, 흥미를 느끼며, 안전하고, 수용받는 느낌을 갖는 곳이다. 아이들이 차츰 자신의 감정이나 생각 그리고 자기 자신에 대해 개방하는 것을 편하게 느끼며, 치료자와 다른 아이들로부터 지지를 받고 연대감을 느끼게 되면, 점차 건강하게 성장하게 된다.

나는 일반적으로 집단을 끝낼 때마다 마무리 작업을 한다. 이 시간에 아이들은 자신들이 한 활동들에 대해 논평을 하거나, 혹은 다른 아이에게 할 말이 있으면 하거나, 혹은 현재의 느낌에 대해 말하거나, 혹은 감사의 말이나 불만 혹은 욕구를 말할 수 있다. 대개 집단 초기에는 이 시간에 아이들은 별로 말을 하지 않지만, 시간이 지나면서 차츰 자신이나 타인에 대해 편하게 느끼게 되면, 이 시간은 치료적인 그룹 프로세스의 매우 중요한 부분이 된다.

청소년들

많은 치료자들은 문제 청소년들은 가족 시나리오의 희생양이라고 보며, 가족이 함께 치료받지 않으면 이 불행한 아이들에게 해줄 수 있는 것이 별로 없다고 생각한다. 하지만 내 생각엔 이 연령층의 아이들도 다른 연령층의 아이들과 크게 다를 바가 없다. 모든 연령층의 아이들은 치료자가 제공해주는 자기 지지의 경험들을 통해 많은 도움을 받을 수가 있다. 아이들은 나이가 많을수록 성숙함과 더 풍부한 지식을 갖고서 치료에 온다.

할 수만 있다면 가족치료를 하는 것도 좋다. 하지만 가족치료를 하더라도 청소년을 별도로 치료하는 것을 배제할 필요는 없다. 가족치료 시간은 가족 내에 일어나는 상호작용의 역동들을 솔직하게 토론할 수 있는 장이다. 하지만 문제가 되고 있는 청소년은 스스로 할 수 있는 것도 많이 있다. 어른들과 마찬가지로 청소년도 자기 자신에게 영향을 미칠 수 있는 잘못된 메시지들을 많이 내사하고 있다. 그는 자신의 자연스러운 행동을 방해하는 과거로부터 유래된 많은 느낌들과 기억들, 그리고 환상들을 갖고 있다.

그는 가족들과 함께 나누기 어렵다고 느끼는 내면의 깊은 감정을 갖고 있다. 그는 자신의 불안과 고독감, 좌절, 자기 경멸, 성적 혼돈, 공포 등을 표현하기 위해서는 도움을 필요로 한다. 그는 자신의 삶에 대해 어떻게 최대한 책임을 질 수 있는지, 그리고 자기 자신의 유기체적 흐름을 어떻게 스스로 차단하는지 등을 깨달을 필요가 있다.

많은 청소년들은 치료를 받으러 오는 것을 잘 내켜하지 않는다. 부모들은 청소년 자녀의 문제가 너무 악화되어 이제 한계에 이르렀다고 생각하여 데리고 온다. 때로는 법정에서 치료를 받으라고 명하기 때문에 오기도 한다. 나는 종종 세상을 보는 자녀의 시각과 부모의 시각이 너무나 달라 서로 대화가 되지 않는다는 사실을 발견하곤 한다. 치료를 거부하는 자녀에게는 내가 서로 다른 두 시각에 대해 모두 귀를 기울이고 있다는 것을 아는 것이 매우 중요하다. 양쪽 다 상대편의 말에 진실로 귀를 기울일 수 있고, 서로 솔직한 감정들을 표현하기 시작할 때, 비로소 가족 안에 건설적인 변화가 일어날 수 있다.

나는 이런 상황에서 매우 직접적이다. 만약 한 가족성원이 자신의 주장을 하느라 바빠서 상대편의 이야기를 아예 듣지 않는다면, 나는 그것이 부모든 아이든 상관없이 바로 이를 지적한다. 나는 또한 숨어있는 메시지와 감정들을 알아차리도록 해준다. 만일 아버지가 딸에게 "네 옷 입는 것이 마음에 안 든다."라고 말하면 그 말이 혹시 "네가 가슴이 나오는 것을 너무 뽐내는 것처럼 보여서 싫다." 혹은 "네가 내 어린 딸로 머물러 있었으면 좋겠다."라는 의미는 아닌지 물어볼 필요가 있다. 그 말의 이면에는 "나는 네 안전이 염려가 된다."라는 마음이 있는지도 모른다. 아버지는 그의 말이 딸에게 "나는 너를 좋아하지 않는다." 혹은 "나는 너를 믿지 않는다."라는 뜻으로 받아들여지지 않았는지 알아볼 필요가 있다.

대부분의 부모들은 그들의 청소년 자녀들이 어른으로 성장하는 것을 쉽게 받아들이지 못한다. 사랑이 많은 부모들은 자녀를 세상으로 내보내는 것을 두려워한다. 하지만 내보내야 한다. 나는 이 주제와 관련하여 항상 부모의 편을 드는 내 자신을 발견한다. 그러나 부모는 자녀의 학업이나 친구, 미래 계획을 대신 책임져 줄 수 없다. 자녀들의 꽁무니를 일일이 쫓아다니며 성관계나 마약, 음주 문제를 감독할 수도 없다. 부모가 할 수 있는 것은 이런 문제에 대한 자신의 입장을 말해주는 것이다. 자녀들에게 집안일 돕기를 기대할 수는 있으며, 중요한 문제에 대해 서로 협상할 수도 있다. 그리고 자녀에 대한 사랑과 지지를 보낼 수도 있다. 하지만 부모는 자녀들을 점차 놓아줄 수 있어야 하고, 그들을 하나의 독립적이고 유능한 인격으로 봐줄 수 있어야 한다.

치료에 오기를 꺼리는 청소년들에게 나는 가끔 "네가 나를 만나러 여기에 오는 동안만이라도 이 시간을 활용해서 네 자신에 대해 새로운 것을 좀 발견해보면 어떻겠니?"라고 말하곤 한다. 나는 가끔 투사검사를 활용해서 이 청소년들에게 해석을 제시하면서 맞는 것 같은지, 틀린 것 같은지 물어보는 방법을 쓰기도 한다. 린다 굿맨(Linda Goodman)의 점성술 저서 『태양의 암호』(*Sun Signs*)를 사용해서 자신에 대해 알아맞히는 놀이를 해보는 것도 재미있는 출발점이 된다. 나는 청소년에게 그가 태어난 해에 대해 설명해놓은 부분을 읽어주고 나서, 그 해설이 맞는다고 생각하는지 혹은 틀리다고 생각하는지 물어본 후 토론을 하기도 한다.

나는 10대 비행청소년 주거시설에서 이들 청소년들을 대상으로 치료를 한 적이 있다. 그들은 공격성이 있거나 태만한 행동 문제가 있는 등 서로 다른 성격의 혼성집단이었다. 나는 그들이 내게 불신감을 갖고 있으며 따라서 나를 배척하는 것을 느낄 수 있지만, 이왕 초청을 받아 왔으니 최선을 다 해보겠다고 말했다. 나는 환상과 그림을 사용해서 자기 자신에 대해 알아보는 방법에 대해 설명을 했다. 그러고 나서 나는 그들에게 눈을 감고 자기 자신을 색채, 선, 형태를 사용해서 매우 약한 모습으로 상상해보라고 지시했다. 다음이 내가 사용한 지시문이다.

> 자신이 매우 약한 모습으로 있는 것을 상상해보세요. 약하다는 것은 각자에게 다른 의미로 와 닿을 것입니다. 따라서 자신에게 맞는 의미로 상상하세요. 만일 자신의 약한 모습을 종이 위에 그린다면 어떤 색을 사용하겠어요? 또 어떤 형태를 상상하겠으며, 어떤 종류의 선을 사용하겠어요? 이때 종이 전체를 다 혹은 한 부분만 사용하겠어요? 그리고 꾹 눌러서 혹은 가볍게 누르며 쓰겠어요? 당신 자신의 약한 모습에 대한 이미지가 떠오릅니까? 만일 떠오르지 않는다면 그냥 약함에 대해 생각하면서 색깔을 하나 골라 종이 위에 손 가는대로 그려보세요. 일단 시작하면 무언가 그려질 거예요. 작업을 하다 덧붙이고 싶은 것이 있으면 언제든지 그렇게 하세요. 준비가 되셨으면 아무것이나 시작해보세요.

잠시 후에 나는 다시 비슷한 작업을 했다. 그런데 이번에는 자신의 강한 모습을 그려보라고 했다. 참가자들 중 상당수는 흥미를 잃고 나가버렸다. 하지만 몇 사람은 남아서 작업을 했다. 그림을 다 그렸을 때 우리는 작품에 대해 소감을 나누었다. 그리고 몇 사람과 개인작업을 했다. 도중에 나갔던 사람들 몇 명이 다시 돌아왔다. 아마도 호기심 때문이었던 것 같다. 그들은 우리의 작업을 조용히 그리고 주의 깊게 들었다. 우리가 작업을 마쳤을 때, 참여하지 않았던 청소년 한 명이 내게 "나는 당신이 다시 왔으면 좋겠어요. 그림을 안 그렸던 것이 후회가 돼요."라고 말했다.

개인작업을 하면서 17세 소년 한 명은 장미 덤불 환상을 하면서 죽은 가지를 그린 후 자살충동에 대해 이야기했다. 15세 소녀 한 명은 아버지가 자기를 거부한 것에 대한 깊은 상처에 대해 이야기했다. 그녀는 주제통각검사(TAT)에서 한 남자가 자신의 부인의 말을 듣지 않으려는 장면에 대한 이야기를 하면서 쉽게 자기 개방을 했다. 이런 일들은 흔히 일어나는 것들이다. 즉, 투사기법들을 사용하면서 흔히 자기 개방이 일어난다.

많은 청소년들은 스스로 치료를 받으러 온다. 그리고 초기에 저항을 보였던 청소년들도 나중에는 즐겁게 찾아온다. 청소년들은 타인에게 말하기 어려운 걱정거리들을 많이 갖고 있다. 16세 소녀 한 명은 다음과 같이 말했다.

"나는 어떤 사람을 만나더라도 나 자신에 대해, 내가 하는 일에 대해, 그리고 그 외의 많은 것들에 대해 쉽게 말할 수 있어요. 하지만 어떤 내용에 대해서는 말하기가 쉽지 않아요. 예컨대, 내가 불안정하게 느낀다든지, 또는 내게 진정한 친구가 없는 것 같다든지 등의 말은 아무에게도 할 수가 없어요. 친구나 엄마, 아빠에게도 할 수가 없어요. 나는 사람들에게 그런 말은 할 수가 없어요. 내가 어떻게 느끼고, 내가 진정으로 누군지, 내 속에 어떤 모습이 있는지 등에 대해서는 사람들에게 말할 수가 없어요. 특히 부모님께는 그런 말을 할 수가 없어요. 그들에게는 친구들에게 할 수 있는 말조차 하기 어려워요."

이 소녀가 한 말은 많은 청소년들이 내게 해온 전형적인 말이다. 다른 한 소녀는 집단의 가치에 대해 다음과 같이 말했다.

> "집단은 여러 이유에서 참 좋은 것 같아요. 나는 거기서 다른 곳에서는 말할 수 없는 내용들에 대해 이야기할 수 있어요. 자기발견을 할 수 있어서 좋아요. 나 자신에 대해 새롭게 발견하게 되거든요. 나는 내 자신에 대해 너무 몰랐던 것 같아요. 나는 내가 느끼는 것들을 표현하는 방법을 몰랐어요. 참 어려웠어요. 예컨대, 나 자신에 대해 어떻게

생각하는지, 어떻게 느끼는지 등에 대해서요. 내가 나 자신에 대해 정말 좋게 느낀다면 더 나은 사람이 될 거란 건 알겠어요. 하지만 내 자신에 대해 정말 좋게 느끼는지 모르겠어요.

모두 내가 친구가 많다고 생각해요. 그렇지만 정작 나는 친구관계에 대해 불안정하게 느껴요. 내가 느끼기엔 다른 사람들은 친구가 많은 것처럼 보여요. 그들은 항상 함께 모이고, 뭔가 함께 하고 있는 것처럼 보여요. 그런 걸 잘 하는 친구들만 눈에 띄고, 그런 친구들이 부러워요. 내게는 그런 모습이 없는 것 같거든요. 두 종류의 집단이 있는 것 같은데, 나는 어느 곳에도 속하지 않는 것 같아요. 한 종류의 집단은 좀 피상적인 사람들로서 다른 사람에게 대단해 보이는 거창한 행동들을 하는 사람들이고, 다른 종류의 집단은 매우 솔직한 사람들로서 다른 사람들을 전혀 신경 쓰지 않고 때로는 특이한 모습을 보이지요. 나는 두 집단의 중간쯤에 속하는 것 같아요. 그런데 집단은 내가 참 편하게 느끼는 곳이에요. 집단에서 나는 참 편하고 늘 집단이 기다려져요. 집단에서는 한 사람이 자기 자신에 대해, 그리고 자신이 느끼는 것에 대해 말하면 그것에 대해, 서로 진정으로 관심을 가져주기 때문이에요."

심리치료가 무엇을 하는 것인지 설명해주면 청소년들은 항상 이를 매우 좋아한다. 그들은 내가 어떻게 그들 자신을 발견하도록 돕는지, 그리고 그런 작업이 어떤 효과가 있는지 알고 싶어 한다. 다음에 내가 그들과 대화하는 한 단편을 소개한다.

라 헬: 내면의 자기를 발견하려고 할 때 선생님은 어떤 방법을 사용하세요? 구체적으로 어떻게 진행하세요?

치료자: 음, 자신의 생각을 좀 더 명료하게 하는 것이지. 네가 좋아하는 것, 네가 느끼는 감정, 네가 살아가는 방식, 친구들, 부모님, 그리고 선생님 등과 어떻게 관계맺는지 등을 살펴보는 거야. 또한 네 속에 어떤 것들이 일어나는지, 어떤 행동을 왜 하는지 등에 대해서도 좀 더 분명해지도록 탐색하는 거지. 예컨대, 크리스가 지난 번에 자기 남자 친구에 대해 말했잖아? 그때 남자 친구가 그녀에게 상처를 줬는데도 여전히 크리스는 헤어지고 싶어 하지 않았지 않니? 나와 함께 작업하면서 그녀는 남자 친구 때문에 힘들지만 헤어지기 싫은 이유가 그래도 남자 친구를 갖고 있으므로 안정감을 느끼기 때문이란 사실을 깨닫지 않았었니?

라 헬: 맞아요. 그녀는 남자 친구와의 관계에 대해 불평하고 있었지요. 그러다가 남자

친구와 계속 관계를 유지하기를 선택한 것은 자기 자신이란 것을 발견했어요.

치료자: 그래 맞아. 우리가 그녀의 감정을 탐색하면서 그 사실을 발견해냈지. 그녀는 우리에게 단지 자신이 느끼는 감정을 말함으로써 자기를 개방했어. 그녀가 남자 친구와 함께 지내는 것을 싫어한다는 사실을 아무도 몰랐었지. 우리가 그 사실을 처음 들은 거야.

라 헬: 우리에게 그 사실을 말한 뒤 그녀는 매우 안도하는 것처럼 보였어요. 나도 사실은 집단에서 가끔 비슷하게 느껴요.

치료자: 음, 너도 그 느낌을 알고 있구나. 그렇게 자신의 느낌을 개방함으로써 그녀는 막다른 골목에서 탈출하게 된 거지. 우리가 마음속에 너무 많은 것들을 묻어두게 되면, 어떤 막힌 것 같은 느낌을 갖게 되고, 거기에 두여서, 더 성장하지 못하고, 결국은 내면의 힘을 상실하게 돼. 이제 우리는 그녀가 왜 고통스러운 관계인데도 안정감 때문에 그런 관계에 묶여 있는지 둘러볼 수 있어. 우리는 함께 이런 것들을 살펴보면서 그녀가 안정감을 느낄 수 있는 더 나은 방법이 없는지 살펴볼 수 있어. 아니면 그녀는 차라리 모험을 감행하여 자신의 불안정감을 있는 그대로 받아들이는 쪽으로 선택할 수도 있겠지.

라 헬: 아마 그녀는 어렸을 때 불안정감을 느꼈고, 지금 그런 감정을 다시 느끼는 것이 두려울지도 몰라요.

치료자: 그래 맞아. 네가 어렸을 때 느꼈던 감정 때문에, 혹은 어렸을 때 네게 생긴 일 때문에 지금 어떤 행동을 한다는 사실을 깨달은 모양이구나. 네 자신에 대해 뭔가 새로운 것을 발견할 때마다, 혹은 네 자신이 하는 행등이나 지금 네 자신의 상태에 대해 좀 더 명확하게 깨달을 때마다, 너는 새로운 성장과 서로은 선택을 향해 네 자신을 열게 되는 거야. 우리는 제자리에 머무르지 않아. 우티 자신에 대해 더 많이 알게 되면, 우리에게는 더 많은 가능성이 열리게 돼. 그러면 우리는 더 강하고, 더 안정되고, 더 균형 있게 느끼게 돼.

라 헬: 가끔 우리가 그림을 그린다거나 할 때, 나는 내 자신에 대해 이미 알고 있었던 것들을 발견하게 돼요. 하지만 그 느낌은 사뭇 달라요. 예컨대, 우리가 분노에 대해 그릴 때 있잖아요. 나는 내가 화날 때 어떤 상태인지 알고 있다고 생각했어요. 어쩌면 알고 있었기 때문에 그림을 그릴 수 있었을지도 모르죠. 하지만 그림을 그리면서 더 많은 것들이 나왔어요. 내가 꿈에도 생각지 돗했던 것들이 튀어나오기도 했어요.

치료자: 기억나는 것들이 있니?

라 헬: 글쎄요. 내가 거대한 폭발을 그린 적이 있었지요. 그건 내가 화날 때의 모습이지요. 나는 문자 그대로 폭발해요. 특히 엄마와의 관계에서요. 내 생각엔 나는 파괴적으로 되는 것 같아요. 좋은 것이 나오지 않아요. 부모님이 나에게 화가 나서 나를 비판하거나 잔소리를 하면서 나를 찔러댈 때, 나는 조그만 쥐나 햄스터처럼 느껴져요. 그들이 정말 나를 찌르는 것은 아니에요. 하지만 나는 그렇게 느껴져요. 그리고 나는 나 자신을 방어할 수 없을 것 같은 느낌이 들어요. 나는 내가 어떻게 느끼는지 알지만, 그것을 어떻게 표현해야 할지 모르겠어요. 그래서 대부분 폭발하게 되는 것 같아요. 마치 그들이 내게 오면, 나는 쥐가 되어 도망가게 돼요. 계속 뒤로 밀리다 갈 곳이 없게 돼요. 그때 폭발하는 것 같아요. 나는 고함을 지르고, 울고 비명을 지르지요. 나는 상황을 잘 통제하면서 조용히 침착하게 머물러 있을 수 있었으면 좋겠어요. 이 문제에 대해 좀 더 작업을 했으면 해요.

치료자: 그래, 네가 원한다면 할 수 있어.

학교, 친구들, 부모님, 다른 사람과 자신이 다르다는 느낌, 분노, 바보같다는 느낌, 부모님의 기대 그리고 자기 자신의 기대에 못 미침—이런 것들은 청소년들이 고민하는 많은 주제들 중 일부분이다. 신체와 성도 중요한 고민거리이다. 내가 청소년들과 작업하면서 발견한 사실 중에 하나는 그들은 내가 먼저 이야기하지 않으면 성이나 신체 이미지에 대한 이야기를 꺼내지 않는다는 것이다.

나는 다른 치료자 한 명과 함께 14~17세 소녀 18명을 대상으로 하루 동안 성에 관한 주제로 워크숍을 한 적이 있었다. 워크숍은 시에서 보조금을 받아 진행되었고, 참석자들에게는 돈을 받지 않았다. 소녀들은 혼자서 혹은 친구들과 함께 참석했다. 그들은 종교나 경제 수준이나 문화적 배경이 서로 달랐다. 그들 대부분은 서로 잘 몰랐으며 처음 만났다. 그들은 우리를 기다리며 앉아 있었다.

치료자들은 먼저 자기소개를 한 후 첫 기억, 여자라는 사실을 깨달은 처음 기억, 초경에 대한 기억 등을 포함한 판타지 실험을 하면서 시작했다. 처음에는 전체 집단에서 이야기하는 것으로 하다가 다음부터는 4~5명씩 소그룹을 나눠 이야기를 했다. 월경의 느낌에 대해 매우 솔직한 토론을 한 후, 우리는 다음의 첫 기억에 대한 회상작업을 했다. "다시 눈을 감으세요. 그리고 처음으로 자위를 했던 기억을 떠올려보세요. 처음 자신의 몸을 만졌을 때 기억이 나세요? 어떤 감각이 느껴졌나요? 그것에 대해 어떻게 느꼈나요? 어떤 일이 일어났나요? 만일 기억이 안 나면 처음으로 그것에 대해 들었을 때를 기억해보세요. 그때 기분이 어떠셨나요?"

'자위' 라는 말을 듣자 모든 소녀들은 다 눈을 번쩍 뜨고 바로 앉았다. 소녀들의 반응은 당황, 킥킥거림, 불편감, 공포, 겁에 질림, 부정 등이었다. 나는 그들에게 모두 아기였을 때 자위를 했다는 사실을 알려주었다. 또한 모든 아기들은 다 자신의 신체 감각의 즐거움을 발견한다고 말해주었다. 만일 그들이 자위를 하지 않았다면, 혹은 자위한 사실을 잊어버렸다면, 혹은 당황하거나 수치스러워한다면, 그것은 아마도 자신의 몸을 만지거나 자신의 몸에 대한 즐거운 감각을 느끼는 것은 나쁜 짓이라는 메시지를 받았기 때문이라고 말해주었다.

그러고 나서 우리는 성에 대해 토론을 했는데, 그것은 내가 지금껏 경험한 가장 감동적이고 솔직하고 정직한 토론이었다. 이 소녀들은 모두 학교에서 성교육을 받았었지만, 거기서는 그들이 정작 알고자 하는 것들, 궁금한 것들과 혼란스러운 것들, 내면의 깊은 갈등과 감정들에 대해서는 배우지 못했다.

그 이후 나는 내가 만나는 청소년들에게 성에 관한 주제를 즐겨 꺼낸다. 그들이 먼저 이 주제를 끄집어내기를 기다린다면 나는 아마도 영원히 기다려야 할지 모른다. 나는 이 주제를 소녀와 소년들에게 개인적으로 혹은 집단적으로 다룬다. 나는 그들에게 내 워크숍 경험을 이야기해준다. 나는 그들이 이 주제에 대해 편히 이야기하고 질문할 수 있도록 도와주기 위해 여러 가지 연습들을 한다. 다음에 몇 가지를 소개한다.

1. 집단원들에게 자신들이 지금껏 들어본 적이 있는 남성과 여성의 성기, 가슴, 성행위, 자위행위를 지칭하는 단어들을 모두 적어보라고 혹은 말해보라고 (이 경우 치료자가 적는다.) 한다. 그러고 나서 이 단어들을 눈으로 보고, 그것들을 읽어보고, 그 단어들이 성이나 몸에 대한 느낌에 어떤 영향을 미치는지 토론해보라고 한다.
2. 집단원들에게 종이를 나누어주고 그 위에 성에 관한 자신의 비밀을 써보라고 요구한다. 즉, 성과 관련된 것으로서 그들이 한 행동이지만 누구에게도 말해보지

않은 것들, 자신에게 일어난 일들, 알고 싶지만 물어볼 용기가 나지 않았던 것들 등이다. 이 종이들은 무기명으로 작성해야 한다. 작성된 종이들을 방 가운데 모아둔 후, 한 사람씩 나가서 종이를 하나 골라 읽도록 한다. 이후에 소감 나누기와 토론은 항상 감동적이고 소중한 경험이 됐다. 이 '게임'의 규칙은 글의 내용에 대해 자기 것이라고 밝혀서는 안 된다는 점이다.

3. 앞에 기술한 것과 같이 첫 기억을 말하게 한다. 남자로서 혹은 여자로서 자신을 발견한 첫 기억과 함께, 초경과 첫 자위를 한 기억, 첫 몽정, 첫 발기, 이성과의 첫 성경험 등에 대해 쓰게 한다.
4. 자신의 몸에 대해 어떻게 느끼는지 색과 선, 형태를 사용해서 그림을 그려보라고 한다. 이런 연습은 항상 눈을 감고, 호흡이나 명상과 함께 시작한다. 자신의 성에 대해 어떻게 느끼는지, 성을 느끼는 신체부분이 어딘지, 남자 혹은 여자로서 느끼는 부분이 어딘지 등을 그림으로 그려보라고 한다. 이성과의 관계를 어떻게 느끼는지, 그리고 동성과 어떻게 느끼는지를 그림으로 그려보라고 한다. 이성이 혹은 동성이 자신을 어떻게 본다고 상상하는지에 대해 그림으로 그려보라고 한다.
5. 집단원들이 (혹은 한 내담자가) 눈을 감게 한 후, 성과 관련된 시를 읽어준다. 시낭송을 들을 때 드는 느낌이나 기억나는 것에 대해 그림을 그려보라고 한다. 『18세 이하의 남자와 여자』(*Male and Female Under 18*)라는 책을 보면 청소년들이 오늘날 자신들의 성역할에 대해 느낀 것을 쓴 좋은 시들이 많이 수록되어 있다.

신체 이미지는 청소년들이 많은 관심을 보이는 주제지만, 이것 역시 스스로 잘 끄집어내지 않는 주제다. 나는 젊은 남자나 젊은 여자들 모두 자신의 외모에 대해 많이 걱정한다는 사실을 발견했다. 나는 가끔 청소년들에게 자신이 어떻게 생겼다고 상상하는지, 그리고 어떻게 생겼으면 좋겠는지에 대해 각각 그림을 그려보라고 한다.

또 가끔 자신의 신체에서 마음에 들지 않는 부분을 과장해서 그려보라고 한다. 나는 때로는 집단원들에게 깜깜한 방에서 밝은 곳으로 걸어 나가서 커다란 거울 앞에 서는 상상을 해보라고 한다. 그리고 거울 속에 있는 자기와 함께 자신의 몸에 대해 이야기를 해보라고 한다. 이런 연습은 청소년들로 하여금 자신의 몸에 대해 서로 쉽게 나누기 어려운 감정들을 나눌 수 있게 도와준다. 우리는 매스컴이 우리의 외도에 대한 기대에 미치는 영향에 대해서도 토론을 한다.

청소년들은 현실세계에 의해 많은 영향을 받는다. 어린아이들은 놀이를 하면서 현실세계를 직면하는 것을 뒤로 미루는데 반해—어른들도 아이들의 이런 놀이행동을 정상으로 간주한다. —청소년들은 자신들이 머지않아 자신의 삶을 개척하기 위해 현실세계로 내던져질 것이라는 것을 잘 안다. 그들은 어른들의 자유와 독립을 동경하지만 동시에 두려워하고 불안해한다. 많은 젊은이들은 세상을 알기 위해 현실로 뛰어든다. 그들은 일자리를 찾아보기도 하고, 자신에 관한 결정을 해보고, 독립을 위한 실험들을 해본다. 하지만 이러한 노력들의 대부분은 무시당하고, 저지당하며, 진지하게 받아들여지지 않는다.

나는 십대들이 사회가 믿어주는 것보다 훨씬 더 영리하고 현명하다는 것을 느낀다. 그들은 삶에 대해 나에게 많은 것들을 가르쳐주었다. 하지만 많은 젊은이들은 그들의 능력과 지혜에 대해 부모나 사회로부터 받는 부정적 메시지들 때문에 혼란스럽고 방황한다. 그들은 때로는 불안하고, 우울하며, 자신과 삶에 대해 특히 자신의 미래에 대해 두려워하고 걱정한다. 어떤 청소년들은 자포자기 심정이 되고, 어떤 청소년들은 철저하게 반항적이 된다. 어떤 청소년들은 자신의 입장을 확립하기 위해 힘들게 투쟁한다. 치료에 오는 청소년들에게는 자기 자신에 대해, 그리고 자신의 욕구와 소원에 대해 좀 더 분명히 알게 되는 기회가 주어진다. 그들은 치료를 통하여 곧 직면하게 될 세상의 문제와 갈등들을 다룰 수 있는 힘을 얻게 된다.

성인들

위에서 사용한 많은 기법들은 그냥 그대로 혹은 조금 변형시키면 성인들에게도 유용하다. 어른들은 대개 이미 정해진 목표를 갖고 치료에 오기 때문에 투사기법들이 많이 필요하지 않다. 하지만 어떤 성인들은 무엇에 대해 작업해야 할지 잘 모른 채 오기도 하는데, 이런 경우 나는 기법을 사용해서 미해결과제가 전경으로 떠오르도록 도와준다. 이 기법은 모두 가만히 앉아서 아무도 먼저 자기 이야기를 하지 않으려는 집단에서도 유용하게 쓸 수 있다.

나는 어떤 아이들에게는 신체작업이나 촉각을 사용하는 연습 혹은 구체적 선택을 해야 하는 게임이 더 필요하다고 판단하는 것처럼 성인에게도 같은 판단을 하기도 한다. 예컨대, 너무 많이 말을 하면서 자신의 신체 감각에 대해서는 잘 접촉을 하지 못하는 사람에게는 찰흙작업이 유용하다.

치료작업을 하는 동안 나는 특정 기법을 사용하면 치료과정이 더 명료화되며 효과가 더 높아지리라는 것을 안다. 한 여성이 자신의 가슴 부분의 감각을 묘사하는 데 어려움이 있었다. 그녀가 그것을 색과 선, 형태를 사용해서 그림을 그렸을 때, 작업은 부드럽게 흘러갔다. 판타지 이미지를 사용하면 도움이 된다는 치료자들도 많다. 과식을 하도록 요구하는 자기 자신의 부분과 대화하기가 어려웠던 한 남자에게 매우 뚱뚱한 돼지를 한 마리 그려보라고 했을 때 대화가 쉬워졌다. 두통에 대한 작업을 하던 한 내담자는 자신의 두통을 무거운 망치로 상상하면서 문제를 좀 더 명료하게 바라보게 되었다.

우리가 치료에서 다루는 많은 문제들은 어린 시절의 기억, 경험, 내사들과 연관되어 있다. 우리들 중 많은 사람들은 어린 시절에 하던 것을 여전히 하고 있다. 우리가 살아남기 위해 했던 행동들 말이다. 그것들은 당시에 우리가 할 수 있었던 유일한 행동이었다. 우리들은 그것들이 지금에 와서는 부적절하고, 심지어는 살아가는 데 많은 지장을 주는 행동임에도 불구하고 여전히 같은 행동을 반복하고 있다. 내 내담자 중 한 사람은 자신이 하고 싶은 신체활동을 못 하게 막고 있는 자신의 한 부분에 대한 작업을 하고 있었다.

예컨대, 그녀는 스키를 타고 싶었지만 두려웠다. 치료를 하면서 그녀는 자신의 내부에 매우 두려워하는 작은 소녀를 발견하였다. 그녀는 이 작은 소녀에게 말했다. 그리고 내가 그 작은 소녀에게 말했다. 그 작은 소녀는 자신의 감정을 표현하는 데 어려움이 있었다. 그래서 나는 그녀에게 자신의 두려움을 그림으로 표현해보라고 했다. 그림을 그리면서 그녀의 자기보호 욕구와 관련된 많은 자료들이 나왔다. 우리가 이것을 밖으로 끄집어냈을 때 비로소 내담자는 과거의 자기 경험과 현재의 자기 경험을 구분하기 시작했다.

나이가 더 많은 성인들

나는 나이가 더 많은 성인들을 특별 범주로 분류하는 것은 좋아하지 않는다. 하지만 좀 다른 방식으로 나눌 필요성이 있다. 그들을 소외시키기 위해서가 아니라 그들에 대해 좀 더 많이 이해하고, 편견을 제거하기 위해서다. 오랫동안 치료자들은 노인들은 치료하기에 좀 너무 늦었다는 듯이 주저하면서 치료해왔다. 지금 우리는 이런 생각이 편견이며 또 다른 형태의 억압이라는 사실을 깨닫기 시작했다. 이제 우리는 나이 들어가는 과정을 새로운 시각에서 바라본다.

많은 노인들이 험한 세파로부터 자신을 보호하기 위해 자신의 진정한 감정을 감춘다는 것은 사실인 것 같다. 최근 앞으로 노인들이 사회에서 중요한 역할을 할 것이란 (숫자에서 곧 젊은이들을 능가할 것이다.) 사실을 깨닫게 되면서 그들에게 관심이 집중되고 있다. 노인들을 위한 프로그램들이 많이 개발되고 있으며, 그것들 중에는 심리상담도 포함되어 있다. 노인 자신들을 포함해서 우리 모두는 노화과정에 대한 잘못된 신화들을 많이 주입받았다. 우리 모두와 마찬가지로 노인들도 잘못된 내사들을 내버리고, 자신의 힘과 자기 선택권을 되찾기 위하여 도움이 필요하다.

여러 대학들에서 노인학이 활발하게 연구되고 있다. 늙어간다는 것이 도대체 무엇을 의미하는지 연구하는 것이다. 이런 연구에 관여하는 학생들은 노인들과 직접 여러 가지 활동들을 한다. 나에게 훈련을 받은 학생들 몇 명은 이런 연구활동 과정에서 여러 가지 예술치료 기법들을 사용해서 노인들로 하여금 자기 자신과 삶에 대한 자신들의 깊은 느낌들을 표현하도록 도와주었다고 말했다.

형제들

나는 가끔 서로 관계의 어려움이 있는 형제들을 대상으로 치료를 할 때가 있다. 부모가 가까이 있는데도 서로 때리고, 찌르고, 물고, 차고, 고함을 지르며 싸우는 형제자매들이 있다. 이런 행동들은 서로 간에 행해지는 것이라기보다 부모에게 의사전달을 하는 측면이 더 많은 것 같다. 이런 아이들을 부모가 없는 상황에서 관찰하는 것은 흥미롭다. 나는 이런 아이들과 작업할 때 여느 다른 집단들의 경우와 마찬가지로 재미있고, 자기표현을 도와주는 다양한 활동들을 제안한다.

아이들이 서로 알아가고, 상대에게 귀 기울이며, 서로 진지하게 말하고, 자신의 분노, 질투, 그리고 감사의 마음을 표현하기 시작하면서, 그들은 가족 내의 갈등을 건설적으로 해결하기 위해 서로 협력하는 것을 볼 수 있었다. 나는 이 아이들이 같은 지붕 아래 살면서도 서로 정말 잘 알지 못한다는 사실에 놀랐다. 가끔 부모들은 이 아이들 사이에 존재하는 거리를 알아차리지 못한 채 "저 아이들은 서로 참 가까워요."라고 말하곤 한다.

나는 단지 형제라고 해서 반드시 서로 좋아해야 한다고 생각하지는 않는다. 나는 부모가 모든 자식들의 독특함을 받아들여야 하듯이, 아이들도 각자 자신의 '다름'에 대해 긍정적으로 받아들여야 한다고 생각한다. 때로는 아이들이 치료과정에서 서로 좋아하는 법을 배우게 되기도 한다.

아주 어린아이들

보통 나는 4~5세 된 아주 어린아이들을 의뢰받으면, 아이가 문제행동을 보이는 이면에는 반드시 그런 행동을 촉발시키는 가족역동이 있을 거라고 생각한다. 그래도 나는 첫 시간 이후에는 아이를 혼자 만난다. 나는 아이가 놀이를 하는 것을 보면 가족 상황에 대해 많은 것을 추측할 수 있다. 어린아이들은 놀이를 하면서 자기 자신을 깊이 관여시키며, 때로는 치료자를 놀이에 초대하기도 한다.

비록 많은 어린아이들은 자신의 걱정거리나 갈등을 놀이로 표현하지만, 놀이치료만으로는 어려운 부모-아이 관계문제를 해결하기 어렵다. 내가 아이의 문제를 놀이를 통해 혹은 직접 아이의 말을 통해 알게 되면, 그때 나는 부모들을 치료에 끌어들인다.

우리가 가족치료 시간을 갖게 되면, 어린아이들은 쉽게 지루해지고 안절부절못한다. 하지만 나는 아이가 중요한 참여자라는 사실을 계속 일깨워준다. 이러한 가족치료의 한 가지 방법은 부모에게 아이의 문제를 그림으로 그려보라고 하는 것이다. 나는 가능하면 항상 일반적인 것으로부터 출발해서 구체적인 것으로 진행한다. 따라서 만일 부모가 "쟤는 내가 시키는 것은 절대로 안 해요!"라고 하면, 나는 부모에게 아이가 절대로 하지 않는 것 한 가지를 그려보라고 말한다. 아이에게도 마찬가지로 어머니가 해주지 않는 것 한 가지를 그려보도록 기회를 준다.

5세 소년의 어머니가 그의 누나 그리고 그의 남동생과의 관계에 대해 불평을 털어놓았다. 그녀가 말하는 동안 아이는 귀에다 손을 대어 막았다. 나는 그녀에게 가장 마음에 안 드는 것 한 가지를 그려보라고 했다. 그녀가 가족들이 식탁에 둘러 앉아 식사를 하는 장면을 그리자 아이는 매우 재미있어 하며 관찰했다. 그녀는 식사 시간이 가장 힘들다고 말했다. 나는 그녀에게 그림 속의 다섯 살짜리 아이에게 말하라고 했다.

어머니: 폴아, 저녁 먹을 때 제발 누나랑 동생을 건드리지 말아줘! 저녁식사 시간은 최근에 우리가 모두 만나는 유일한 시간이야(홀어머니이며 일을 하고 있고, 학교에도 다님). 네가 그렇게 하면, 누나랑 동생도 함께 고함지르고 때리지 않니? 나는 그런 걸 못 견디겠어. 그래서 나는 네게 고함을 지르게 돼.

폴: (옆에 있다가 끼어들며) 캐시가 항상 먼저 나를 때려요. (나는 어머니에게 그림 속의 아이에게 계속 말하라고 지시함)

어머니: 폴아, 나는 누가 먼저 시작하는지 알기 어렵구나. 내가 아는 것은 네가 상당히 많이 때린다는 사실이야. 아마도 네가 하지 않으면 누나도 하지 않지 않을까? (다시 내가 개입하여 그림 속의 폴에게 저녁 시간이 어땠으면 좋겠는지 말해주라고 지시함)

어머니: 나는 너희들 모두 어떻게 지냈는지 듣고 싶어. 나는 너희들 모두와 함께 하고 싶어. 요즘은 너희들과 통 함께 지낼 시간을 못 냈구나. (그녀는 울기 시작한다.)

치료자: 그림 속의 아이에게 당신의 눈물에 대해 설명해주세요.

어머니: 나는 너희들과 함께 지낼 시간이 많지 않아 매우 슬프구나. 폴아, 나는 그것이 네게 안 좋을 것 같아 걱정이 많이 된단다. 나는 가끔 네가 나를 필요로 하기 때문에 누나를 때린다는 것 알아. 나는 지금 많이 힘들구나. (폴의 어머니는 엉엉 운다. 폴이 어머니에게 다가가자 그녀는 폴을 안는다.)

폴: 엄마, 학교 졸업하고 나면 우리에게 시간을 더 많이 내준다고 했지?

어머니: 그래, 맞아.

그들은 앉아서 서로 끌어안았다. 우리는 시간이 끝날 때까지 조금 더 이야기를 했다. 나중에 폴의 어머니는 내게 저녁 시간의 긴장이 많이 풀렸다고 알려왔다. 그 이후

폴은 누나와 동생이 힘들게 일하는 어머니에게 좀 더 사려 깊은 행동을 하도록 이끄는데 앞장섰다.

아이들은 그림을 통해 이야기하는 것에 대해 매우 잘 반응한다. 4세 남자 아이가 입을 크게 벌린 사람을 그리고는 '소리 지르는 엄마'라고 이름을 붙였다. 나는 그에게 그림 속의 사람이 되어 소리를 한번 질러보라고 했다. 그는 상상 속의 아이를 향해 소리를 질렀다. 다음 시간에 나는 그의 집과 그 옆에 서 있는 사람을 그려보라고 했다. 그는 그의 집과 커다란 머리에 입을 꾹 다문 사람을 그렸다. 머리가 되어 보라고 했을 때, 그는 그 집에서 일어난 일들에 대한 여러 가지 안 좋은 감정을 말했다.

나는 가끔 아이들이 내게 말하는 동안 종이나 칠판 혹은 마술 판자 위에 그림을 그린다. 나는 아이가 자신에 대해 묘사하는 것을 토대로 아이를 크게 그린다. 때로는 거울을 들여다 보면서 그리기도 한다. 어떤 때는 그림을 그려 다트 판에다 꽂아두기도 한다. 한 남자 아이가 치료받으러 오는 것이 싫어 나에게 화난 감정을 많이 표현했었는데, 나는 내 초상화를 한 장 그려서 다트 판에다 꽂아두고, 아이에게 "내게 그렇게 화가 났다면, 초상화를 향해 다트를 던져봐!"라고 했더니, 신이 나서 놀이를 한 후 나와 친구가 되었다.

나는 아주 어린아이들을 혼자 치료할 때, 처음엔 엄마를 함께 있게 해서 집에서 어떻게 생활하는지 물어본다. 이때 어머니가 제기한 문제를 나중에 아이와 놀이를 하면서 다루게 되는 경우가 많다.

나는 5세 남아 케니를 치료했는데, 그는 분노발작이 심했으며, 다른 아이들과 늘 싸우고, 보이는 사람마다 다 때렸다. 일주일에 한 번씩 만났고, 가끔 부모나 형제들을 함께 데리고 오게 해서, 3개월 동안 치료를 했더니 케니는 때리는 행동을 하지 않았다. 나는 어머니를 오게 해서 이제 치료를 끝내면 어떻겠느냐고 물었다. 어머니가 케니의 행동 변화에 대해 기뻐하면서 온 가족생활이 달라졌다고 말하는 것을 케니는 주의 깊게 듣고 있었다.

하지만 그녀는 이전에는 알아차리지 못했던 케니의 다른 문제들이 발견되었으므로 아직 치료를 더 받았으면 했다. 나는 한 가지만 말해보라고 했다. 그녀는 케니가 좀 과도한 공포를 갖고 있는 것 같다고 했다. 이전에는 공격행동을 통해 그의 공포를 감추고 있었기 때문에 알지 못했던 것 같다고 했다. 케니는 종이 위에 낙서를 하면서 이 모든 것을 다 듣고 있었다. 비록 그가 한 마디도 하지 않았지만, 우리는 그를 무시하지 않고 함께 대화 상대로 인정했다.

어머니가 방을 나갔을 때, 그는 바로 젖은 모래쟁반 앞에 앉았다. 그는 호숫가에 모래로 높은 언덕을 만든 후, 언덕 위와 물속에 공룡을 갖다 놓았다. 그리고 마른 모래쟁반에는 탱크와 지프차 그리고 군인들을 갖다 놓았다. 그는 군인들과 공룡 사이에 전쟁을 일으켰다. 이때 싸우는 장면을 연출하기 위해 많은 소리를 내었다. 마침내 군인은 커다란 공룡 한 마리를 잡아 마른 모래 위에 갖다 놓고는 포위를 했다.

그러고 나서 그는 통에서 인디언을 한 사람 꺼내 공룡 가까이 다가가게 했다. 그는 인디언은 두려움이 없는 사람이라고 말했다. 나는 그에게 인디언이 되어 그의 '두려움 없음'에 대해 말해보라고 했다. 그는 "네가 이렇게 커도 나는 두렵지 않아!"라고 말했다. 나는 그에게 "케니야, 세상이 네게 가끔 매우 크게 보일 때가 있니?"라고 물었다. 그는 눈을 동그랗게 뜨고는 고개를 끄덕였다. 우리는 위압적으로 보이는 세상에서 작은 존재로 느껴지는 감정에 대해 이야기를 나누었다. 이전에 그는 모든 사람에게 자기가 매우 거대하다는 것을 보여줘야 한다고 믿었다. 이 시간을 계기로 이후에 우리는 그의 두려움에 대해 유익한 작업을 할 수 있었다. 다음 달에 우리는 치료를 끝낼 수 있었다.

가족

나는 가끔 가족들을 변화시키지 않고 어떻게 아이들을 치료할 수 있는지 질문을 받는다. 가끔 부모들은 아이들을 자기 부속물로 생각하고 의뢰해온다. 아이들은 정말 때로는 불건강한 가족의 희생양인 때가 있다. 하지만 그렇다고 해서 아이가 낮은 인격이 되는 것은 아니다. 때로 부모들은 자신들의 삶을 고단하게 만든다는 이유로 특정 아이를 가족문제의 원인으로 지목한다. 나는 비록 부모가 치료를 받아야 할 사람이라고 생각하면서도, 이런 아이를 결코 그냥 돌려보내지 않는다. 부모로 하여금 그를 치료에 데려오도록 만든 그의 행동은 부모에 대한 그의 반항을 암시해준다. 이 아이는 자신의 존재를 그 자체로 존중해주고 지지해주며, 인간적인 관계로 대해주는 사람도 있다는 것을 경험할 필요가 있다.

전화로 부모와 이야기한 후 가족을 처음 만나는 것은 치료 첫 시간이다. "우리 가족이 어려움에 처해 있어요. 우리는 모두 치료를 필요로 해요."라고 말하는 사람은 드물다. 대부분 치료자들이 경험하는 것이지만, 부모들은 대개 가족 중에 한 명을 골라내어 그가 모든 문제를 다 갖고 있는 것처럼 말한다.

나는 제기된 문제를 갖고서만 시작할 수 있기 때문에 나는 문제가 있다고 지목된 아이를 데리고 시작한다. 형제간의 문제인 경우 이외엔 첫 시간에 나는 다른 형제들은 부르지 않고 '문제 아이' 그리고 부모와만 대화를 나눈다. 한쪽 부모만 있는 경우가 많아서 나는 자주 어머니와만 이야기를 나눈다.

아이를 처음 경험하게 해주기 때문에 첫 시간은 내게 중요하다. 첫 시간에 문제가 무엇인지 관찰할 수 있다. 아이도 부모가 뭣 때문에 힘든지—때로는 처음으로—알아차릴 수 있다. 또한 아이는 나를 관찰하고, 나와 내가 하는 일을 평가할 기회를 갖는다. 무엇보다 나는 부모-아이 관계의 역동을 대략적으로 파악하게 된다. 종종 나는 첫 시간에 앞으로의 치료절차를 결정하기도 한다. 또한 아이를 혼자 볼 것인지, 어머니나 아버지를 혼자 혹은 아이와 함께 볼 것인지, 혹은 다른 형제나 중요한 조부모를 함께 볼 것인지, 전체 가족을 볼 것인지를 정한다.

만일 내가 첫 시간에 실수를 했다면 그것은 조만간 표면으로 떠오를 것이다. 이를 염두에 두고 나는 나의 관찰과 직관을 토대로 방향을 찾아간다. 물론 방향은 언제든지 바꿀 수 있다. 비록 아이는 혼란스러운 역기능적 가족의 희생양일 수 있지만, 나는 종종 아이만을 대상으로 치료를 시작한다. 이 아이가 문제아로 지목되었다는 사실, 그리고 이 아이가 자신에게 주의가 쏠리도록 만들었다는 사실 그 자체만으로도 이 아이는 외부로부터 관심과 지지를 받을 필요성이 있다.

아이를 몇 번 만나고 나면 대개 상황은 좀 더 분명해진다. 이 시점에서 나는 가족이 모두 함께 올 필요가 있다고 결정할 수 있다. 만일 가족이 지금까지 서로 관계해온 방식을 바꾸지 않으면 문제가 해결되지 않을 것이라 판단하기 때문이다. 혹은 아이를 계속 치료하기 위해서 가족이 상호작용하는 방식을 좀 더 명확히 이해할 목적으로 그럴 수도 있다.

가족을 치료 시간에 오게 할 경우 나는 이를 먼저 아이와 함께 의논한다. 종종 아이는 가족의 역동에 대해 더 많이 이야기하면서 가족이 오는 것을 아주 싫어하기도 한다. 만일 아이가 그렇게 나올 경우, 우리는 그의 거부감에 대해 작업한다. 거부감을 표현하도록 해주고, 그것을 다루어주면 개인적 성장이 이루어진다는 것을 알기 때문이다. 때로는 아이는 가족과 함께 치료 받는 것을 무척 두려워하기 때문에, 그 두려움을 다룰 준비가 될 때까지 개인치료를 계속해야 할 경우가 있다. 하지만 가족치료에 쉽게 동의하고, 오히려 그런 기회를 기쁘게 생각하는 아이들도 많이 있다.

9세 소년인 단을 만난 지 한 달쯤 되었을 때 나는 가족치료를 제안했다. 엄마, 아빠, 형, 여동생이 함께 왔을 때, 단은 우선 자기 혼자 먼저 치료실에 들어가게 해달라고 했다. 그는 방에 들어오자마자 방을 깨끗이 치우고 정돈하기 시작했다. 그는 부산하게 돌아다니며 선반을 정리하고, 의자를 바로 놓고, 베개를 바로 만들었다. 그리고는 이제 사람들이 들어와도 좋다고 선언했다. 가족이 들어오자 그는 각자에게 앉을 자리를 지정한 후, 나를 자기 형과 여동생에게 소개했다. (부모님은 첫 시간에 만나 서로 알고 있었다.) 단의 이런 지시적이고, 조직된 행동에 익숙하지 않은 식구들은 얌전히 그의 지시에 따랐다. 우리가 모두 의자에 앉았을 때 (그는 내 곁에 앉았다.) 그는 마치 "이제 시작하시죠!"라고 말하는 듯이 나를 쳐다보며 얼굴에 미소를 가득 지었다.

나는 가족치료 시간을 아이의 치료적 성과를 평가하기 위한 목적으로 사용하지 않는다. 나는 가족이 서로 어떻게 기능하는지를 보고 싶은 것이다. 월터 켐플러(Walter Kempler)는 그의 저서 『게슈탈트 가족치료의 원리들』(*Principles of Gestalt Family Therapy*)에서 치료자가 이런 작업을 수행하기 위한 여섯 가지 절차를 소개했다. ① 가족 대화를 시작하도록 만들기 ② 개인의 욕구를 찾아보기 ③ 메시지를 다듬기 ④ 신속하고 날카로운 개입 ⑤ 반응을 위한 시간허용 ⑥ 가족 대화를 모니터하기

가족의 대화를 관찰하여 치료자는 가족의 상호관계 양식을 파악할 수 있다. 나는 아무 주제나 던짐으로써 혹은 단순히 누군가 이야기를 시작할 때까지 기다림으로써 가족대화를 시작하게 할 수 있다. 일반적으로 부모 중 한 사람이 "우리에게 왜 오라고 하셨는지 궁금합니다." 혹은 "단이 우리에게 앉을 자리를 지정하는 것을 보고 놀랐습니다." 혹은 "단이 요즘 집에서 행동이 많이 나아졌습니다." 등의 말을 하며 시작한다. 나는 되도록 빨리 이런 말들을 나에게 하는 대신 직접 당사자에게 말하도록 요구한다.

어머니: 단아, 네가 우리더러 어디에 앉아야 되는지 말하는 것을 보고 놀랐다.

단: 왜? (나는 '왜' 라는 말이 단순한 질문이 아니라 더 많은 것을 내포하고 있다는 것을 안다. 예컨대, 그는 "몰라서 그렇지 어머니가 생각하는 것보다 나는 훨씬 많은 것들을 할 수 있어요."라는 의미로 그 말을 했을 수 있다. 하지만 나는 너무 이른 개입은 하지 않기로 했다.)

만일 단이 아무런 대답을 하지 않는다면 나는 그에게 반응을 하라고 요구할지도 모른다. 아니면 나는 그의 어머니에게 그녀의 말의 의미가 무엇인지 (예컨대, 네가 그렇게 똑똑한 줄 몰랐다.) 단에게 좀 더 명확하게 말하라고 요구할 수도 있다.

어머니: 음, 나는 네가 그렇게 하는 걸 전에는 한 번도 본 적이 없다. 네가 그렇게 한 것이 매우 자랑스럽다.

이제 우리는 최소한 두 명이 서로 대화를 하게 한 것이다. 나는 여기서 아버지나 혹은 다른 아이들에게 혹시 그들도 놀랐는지 물어볼지도 모른다. 혹은 나는 어머니의 만족스러운 표정을 읽고서 그녀에게 단이 집에서 어떻게 행동했으면 좋겠는지 단에게 말해보라고 할 수도 있다. 켐플러는 "여러분들이 최근 서로 받아보지 못한 것으로서 받았으면 하는 것이 무언지 말해보세요." 혹은 "여러분 모두가 오늘 바로 치료되기를 바라는 한 가지 문제를 내놓아 보세요." 등의 제안을 해보는 것도 좋다고 했다. 많은 가족들에 있어서 각 개인의 욕구나 필요, 소원, 희망 등은 좀처럼 표현되지 않는다.

가족들은 그들의 대화에서 너무 일반적인 표현들을 많이 사용한다. 그래서 나는 항상 좀 더 구체적으로 말해달라고 요구한다. 만일 한 어른이 "나에 대한 네 태도가 마음에 안 든다."라고 말하면, 나는 "구체적으로 저 아이의 어떤 태도가 거슬립니까? 혹은 여기서도 그런 적이 있습니까?"라고 묻는다. 아이들도 흔히 일반화된 표현들을 많이 사용하는데, 가령 "엄마는 나를 아무데도 안 데리고 가잖아!"라고 말하면, 나는 "엄마가 너를 어디에 데려가줬으면 좋겠는지 말해볼래?"라고 묻는다.

가족치료에서는 메시지는 상대편에게 직접 말하도록 격려해야 한다. 자기에게 말하는지 혹은 상대편에게 말하는지 분명히 해줘야 한다. "나는 지금 무척 슬퍼요."는 자기표현이다. "단이 그렇게 행동하면 나는 무척 슬프다."라고 말하면, 이것은 왜곡

된 표현일 뿐만 아니라 단에게 비난을 하는 말이다. 단은 여기에 대해 방어할 수밖에 없게 된다. 어머니에게 하고 싶은 말을 혼잣말로 하는 대신 단에게 직접 해보라고 하면 서로 의사교류를 더 명확하게 하도록 도와줄 수 있다.

> 어머니: 단아, 나는 네가 학교에서 문제가 생길 때마다 참으로 슬프단다.
> 치료자: 좀 더 자세히 말씀해보실래요?
> 어머니: 엄마로서 할 일을 제대로 잘 하지 못한 느낌 같은 것이에요.

메시지가 직접적일 때 숨은 감정이 나타나기 시작한다. 가족들은 서로 새로운 시각에서 바라보기 시작한다. 나는 가끔 직접적 의사전달을 촉진시키기 위해 연습을 제안하기도 한다. 예컨대, 나는 가족 성원들에게 모두 차례로 방안을 돌면서 다른 가족들 앞에 다가가서 한 사람씩 그 사람에게서 좋아하는 점과 또 불편하게 느끼는 점을 각각 한 가지씩 말하도록 시킨다.

켐플러는 그의 논문 『경험적 가족치료』(*Experiential Family Therapy*)에서 성공적인 가족 인터뷰가 되기 위해서 다음의 세 가지 요건이 갖추어져야 한다고 했다. 중간에 가로막지 말 것, 질문하지 말 것(대신 이면에 감추어진 진술문으로 말할 것), 험담하지 말 것(남에 대해서 말하지 말고, 직접 그 사람에게 말할 것). 켐플러는 또한 가족 성원들이 신속하고 직접적인 반응을 해주는 것이 중요하다고 했다. 가족들은 상대편의 말을 중간에 자르고 나서는 경우가 많은데, 이런 현상이 나타나면 그렇게 못하도록 해야 한다.

나는 언제 개입할지, 언제 물러나 관찰해야 할지를 잘 결정해야 한다. 나는 가족 성원들이 말하는 내용을 잘 들어야 하고, 그 내용 뒤에 있는 정서에 대해서도 잘 알아차려야 한다. 나는 아이들이 잘 이해하지 못할 일반적이거나 추상적인 말이 나오지 않는지도 잘 살펴봐야 한다. 또한 나는 각자의 신체 자세나 제스처, 신체언어, 호흡 등을 살펴 그것들의 의미가 무엇인지도 관찰해야 한다. 나는 가족들의 행동패턴을 잘 파악하여야 하고, 가족들이 지금여기에 머물도록 이끌어줘야 한다. 그리고 과거의 미해결과제를 적절한 시기에 다루어줘야 한다.

나는 가족 커뮤니케이션이 초점이 흩어지지 않게 한 곳으로 모아줘야 한다. 가족 성원 한 사람 한 사람의 의사표현이 명확하도록 도와줘야 하고, 또 이것들이 잘 전달되도록 신경 써야한다. 필요하면 특정 가족 성원에게 자기가 들은 메시지를 다시 반복해서 말해보도록 함으로써 상대편의 말을 잘 들었는지 확인해볼 수도 있다. 예컨대, 나는 "어머니, 방금 단이 당신에게 뭐라고 말했는지 들으셨어요?"라고 물어볼 수 있다.

가족치료 시간에 나는 가족 전체를 위해 또 하나의 눈과 귀가 될 수 있다. 가족들은 서로 너무 깊이 관여해 있기 때문에 혹은 서로 벽을 쌓고 있기 때문에, 흔히 내가 보고 들을 수 있는 것들을 그들은 보고 듣지 못한다. 나는 내가 중요하다고 생각하는 것 혹은 느끼는 것들에 가족들의 주의를 돌릴 필요가 있다.

나는 치료 시간에 느끼는 내 감정에 주의를 기울일 필요가 있다. 통제 불능의 상황에서 심한 두통을 느낀다면 나는 그러한 내 감정을 밖으로 표현할 것이다. 아이의 말에 감동을 받는다면 그것 또한 표현할 것이다. 이런 분위기에서는 나도 집단의 한 사람으로서 나 자신의 감정, 나 자신의 생각 그리고 나 자신의 반응을 표현할 것이다.

나는 여러 명의 아이들과 그들의 부모들을 데리고 종일 워크숍을 한 적이 있었는데, 우리는 그림을 그리기도 하고, 찰흙작업을 하기도 하고, 환상작업도 했다. 많은 부모들은 아이들의 반응에 매우 놀랐고, 아이들 역시 부모들이 작업소감을 나누면서 솔직히 자기 이야기를 하는 것을 보고 의외라는 듯이 눈이 동그래졌다.

눈을 감은 채 찰흙을 주물러 어떤 형상을 만들어보는 작업을 마친 뒤 자신의 작품이 되어 자기소개를 하는 시간이 있었는데, 그때 한 아버지는 "나는 네모난 모양이에요. 내 위에는 큰 덩어리가 하나 얹혀 있어요. 그 덩어리가 나를 짓누르고 있어요. 나는 그것이 무거워 힘들어요. 그것은 무겁고, 불안해요. 나는 살면서 가끔 비슷하게 느껴요(낮은 목소리로). 내 어깨에 너무 무거운 짐이 올려진 것처럼 느껴요." 이 말을 들은 그의 11세 아들이 그에게 달려가 안겨서는 눈물을 흘리며 "나는 아빠가 그렇게 힘든 줄 몰랐어요."라고 말했다. 아버지는 아들을 쳐다보더니, 그들은 서로 포옹을 했다. 그것을 바라보고 있던 많은 사람들이 함께 눈시울을 적셨다.

'커뮤니케이션' 이란 말은 너무 남용되어 왔다. 흔히 부모들은 "우리 가족은 서로 커뮤니케이션을 할 줄 모릅니다. 선생님께서 우리에게 그 방법을 좀 가르쳐 주세요!"라고 말한다. 혹은 "저희 딸은 우리에게 통 말을 하지 않으려고 해요."라고 말하기도 한다. 나는 커뮤니케이션의 중요성에 대해 인정한다. 그리고 커뮤니케이션 기술을 향상시킬 수 있는 유용한 방법에 대해서도 가르쳐 줄 수 있다. 하지만 대부분의 경우 문제는 더 깊은 곳에 있다. 커뮤니케이션이 문제라고 말할 때 사실 문제가 되는 것은 감정이다. 즉, 타인의 감정을 귀 기울여 들어주고, 인정해주고, 받아들여주지 않는 것이 문제다. 모든 문제의 원인은 잘못된 커뮤니케이션이라고 말하는 경우, 사실은 누군가가 권력싸움에서 조종당하고, 무기력감을 느끼고, 막다른 골목에 도달한 느낌을 갖는 것이다. 자신의 감정을 귀 기울여 들어주지 않는다는 느낌이 들 경우, 사람들은 아예 자신의 감정을 표현하지 않게 된다.

커뮤니케이션은 단지 상대의 말에 예의바르게, 상냥하게 반응하는 것만을 의미하지는 않는다. 우선, 서로 상대편과 대화를 하는 일은 그리 쉬운 일이 아니다. 게다가 좋은 수준의 커뮤니케이션과 상호작용을 하기 위해서는 대화 중에 기분 좋고, 생동감 있고, 친밀감 넘치는 교류 이외에도 갈등이나 고통, 분노, 슬픔, 질투심, 짜증 등을 경험하게 될 것이라는 것도 각오해야 한다.

"우리 부모님은 내 말을 전혀 듣지 않아요. 그들은 내가 누군지조차도 몰라요!" 라고 말하는 아이의 부모는 아마도 이 아이의 감정을 늘 무시한 경우라고 짐작할 수 있다. "아니? 나는 우리 아이를 잘 알아요. 그는 공놀이를 좋아하고, 그는 우리와 함께 있거나 숙제를 하기보다는 친구들과 놀기를 더 좋아하지요. 그는 음악을 좋아하고, 쉽게 화를 잘 내고 ……" 라고 말하는 아버지는 아마도 아들의 진정한 감정에 대해서는 전혀 모르고 있는지도 모른다.

어떤 부모들은 "저는 그 아이를 더 이상 모르겠어요." 라고 솔직히 말하기도 한다. 딸은 오래 전부터 자신의 감정을 더 이상 부모에게 말하지 않았던 것이다. 자신의 불안이나 걱정거리들을 말해봐야 소용없다고 느끼는 것이다. 지금까지 살아오면서 너무나 많이 거절당하고, 무시당해왔기 때문에 이제 포기한 것이다. 그녀가 아직도 가끔은 시도하지만 매번 자신의 의견이나 감정을 표현하려고 하면, 그때마다 그녀는 겉으로는 점잖게 듣는 척하지만 이면에는 미묘하게 깔려있는 부모의 거부나 무시하는 태도를 감지한다. 그래서 언젠가부터 그녀는 그들의 기대에 맞춰 사는 것을 포기한 것이다. 즉, 그들이 가꾸려고 했던 딸의 이미지에 부합하려던 노력을 포기한 것이다. 그래서 이제 그들은 딸을 모르게 된 것이다.

가족치료 시간은 가족 성원들이 저마다 서로 다름과 독특성을 인정하도록 도와줄 수 있는 좋은 장이다. 아이들과 진정으로 교류하기를 바라는 부모들은 지금까지 자신들이 얼마나 아이들에게 편견이 있었고, 그들의 독특성을 인정하지 않고 무시해왔는지를 깨닫고 무척 놀란다. 그들의 좋아하는 것, 싫어하는 것, 욕망, 삶의 스타일, 친구들, 의견들, 미래 계획들, 심지어는 생김새에 대해서까지도 아이들을 있는 그대로 인정해주지 못했다는 것을 불현듯 깨닫는다.

대부분 부모들은 자식이 자기와 분리된 존재로서 자기 자신의 입맛을 지닌 한 인간이라는 사실을 인정하는 것은 말할 것도 없고, 단지 그들을 별개의 존재로 알아차리고 보는 것조차 무척 어렵다. 부모들은 그들을 여전히 다섯 살 적 아이로 보려 하고, 자기들과 같은 존재로 간주하려고 한다.

『연합 가족치료』(*Conjoint Family Therapy*)에서 버지니아 사티어(Virginia Satir)는 "역기능적 가족들은 서로 차이점 혹은 개성을 인정하는 데 매우 어려움을 느낀다. 그런 가족에서는 다르다는 것은 나쁜 것을 의미하며, 따라서 미움을 받게 된다."라고 말했다. 또한 그녀는 그런 가족에서는 서로의 불일치를 간과하거나 흐리게 만든다. 이때 불일치란 지각에 관한 것일 수도 있고, 혹은 의견에 관한 것일 수도 있다. 그녀는 또 "... 역기능적 가족은 고통에 관한 이야기에서나 즐거움에 관한 이야기에서나 마찬가지로 서로 의사소통을 하는 데 많은 어려움을 느낀다."라고 하였다.

부모들은 아이를 자신과 분리된 독특하고, 자격 있고, 가치 있는 존재로 대해야 하며, 또한 아이들에게 분명한 메시지를 보내는 것을 배워야 한다. 그렇게 하면 아이들은 스스로 자기 자신을 가치 있고, 유능한 존재로 느끼게 되며, 자신감을 갖고 대인관계를 해 나갈 것이다. 부모가 자기를 독특한 존재로, 독립된 존재로 보아주면, 아이는 주위 환경과 접촉하고 대처해나갈 힘을 스스로 키워나갈 수 있다.

부모들과 하는 나의 작업 중에는 단순한 교육과 안내도 있다. 많은 부모들은 아이들을 대하는 방법에 대한 구체적인 충고와 안내를 해줄 것을 요청한다. 나는 가족의 긴장을 해소하는 데 도움을 줄 목적으로 기꺼이 여러 가지 제안을 한다. 하지만 나는 좀 더 장기적인 효과가 있으려면 부모들이 자신들의 태도와 반응, 그리고 아이들과의 상호작용 방식 등에 대해 알아차리고, 이에 대해 꾸준히 작업하는 것이 필요하다고 생각한다.

자기존중감을 다룬 장에서 나는 아이들이 자기존중감을 강화시켜주는 데 도움이 되는 여러 가지 방법들을 제안했다. 나는 부모들에게 도움이 될 만한 책들을 소개해주기도 한다. 다음에 부모들에게 신속한 도움이 될 만한 방법을 두 가지만 소개한다.

어린아이들이 있을 경우 매일 '화내기 시간'을 마련해주는 것이 좋다. 이 시간은 아이가 하루에 있었던 일 중에 화났던 모든 일에 대해 무엇이든 마음 놓고 말하게 해주는 특별한 시간이다. 이때, 부모가 어떤 반대나, 타이름이나, 합리화, 비평도 하지 않고 그냥 아이의 말을 들어주어야 한다. 잠자기 전이 이런 시간을 갖기에 좋다. 흔히 사람들은 이런 시간을 갖고 나면 아이들이 기분이 나빠져서 잠을 못 이룰 거라고 생각하지만, 실제로는 그렇지 않다.

아이와 함께 매일 혹은 이틀에 한 번씩이라도 아이만을 위한 특별한 시간을 갖는 것을 권하고 싶다. 이 시간은 짧아도 상관없다. 20분 혹은 30분이라도 괜찮다. 알람시계를 맞춰놓고 하면 좋다. 이 시간을 어떻게 쓸지는 아이가 결정하도록 해주라. 어머니들은 "나는 아이와 많은 시간을 보내요."라고 말할지 모른다. 그럴지도 모른다. 하지만 그런 시간들은 대부분 아이가 하고 싶은 것을 하게 해주면서, 아이에게 온전히 주의를 기울여주는 시간은 아니다. 잠재우는 의식을 진행하느라 보내는 시간은 여기에 속하지 않는다.

아이들을 어떻게 교육시켜야 할지 몰라 쩔쩔매는 부모들에게 나는 가끔 그들이 지금까지 해온 행동들이 아무 효과가 없었다는 사실을 지적하곤 한다. 그들은 지금까지 어떤 일들이 벌어졌는지 명확히 볼 필요가 있으며, 악순환을 깨뜨리기 위해 새로운 노력을 해야 한다. 어떤 것이든 새로운 행동을 해보는 것은 유익하다. 설령 그 자체가 특별한 효과가 없다 하더라도 지금 존재하는 행동패턴을 더 명료하게 보게 해줄 수는 있다. 그리고 새로운 행동을 도입함으로써 경직된 현재 상황을 완화시켜줄 수 있다.

나는 부모들에게 거듭하여 아이들은 자기 아이가 아니라고 강조한다. 많은 부모들은 자신의 아이들과 너무나 강하게 동일시한 나머지 그들이 분리된 인격체라는 사실을 잘 인정하지 못한다. 예를 들어, 한 어머니는 아들이 빈둥거리는 것에 대해 너무나 화가 많이 났다. 그런데 이 어머니가 아이였을 때, 그녀의 어머니는 그녀가 빈둥거리는 것 때문에 화가 나 소리를 지르곤 했었다. 어머니가 자기에게 소리를 지르는 것을 그녀는 무척 싫어했는데도 불구하고, 이제 그녀의 아들이 빈둥거릴 때마다 그녀 자신이 고함을 지르는 것이었다. 이런 순간에 그녀는 마치 동시에 자기 자신의 어머니와 자기 아들이 되는 것처럼 보였다. 어떤 일이 벌어지는지에 대해 좀 더 명확하게 알아차리자 그녀는 이런 일들을 새로운 시각에서 보기 시작했으며, 좀 더 적절한 방식으로 행동하기 시작했다.

흔히 부모들은 그들이 느끼는 것들을 자식에게 투사한다. 아이들은 분리된 존재일 뿐만 아니라, 그들은 그들 자신의 분리된 감정을 갖고 있다. 한 어머니는 내게 "나는 잭이 자신의 핸디캡(잭은 다리가 불편함)에 대한 감정들을 묻어두고 있는 것을 알아요. 나는 잭에게 그 문제에 대해 이야기를 나누려고 시도해보지만, 그 아이는 솔직한 자기 감정을 충분히 안 드러내요."라고 말했다.

잭은 분명히 자신의 불편한 다리에 대한 어떤 감정을 갖고 있다. 하지만 그녀가 생각하는 만큼 강한 감정은 아니었다. 하지만 어머니는 아들의 불편한 다리와 관련하여 매우 강한 감정을 갖고 있었으며, 그것과 싸우고 있었다.

학교, 선생님들, 훈련

아이들은 대부분의 시간을 학교에서 보내므로 학교 밖에서 아이들을 만나는 치료자들은 오늘날 학교가 아이들에게 어떤 공간으로 체험되는지 알아봐야 한다고 생각한다. 우리의 학창 시절은 오늘날 아이들의 그것과 매우 다를 수 있다.

내가 치료 시간에 만나는 너무나 많은 아이들은 학교를 싫어한다. 아마도 자기가 좋아하는 선생님 한 분 정도가 있을 수도 있고, 친구들과 노는 것이 즐거울 수도 있지만, 전체적으로 그들에게 학교는 마치 감옥과 같이 느껴지는 것 같다.

『교실에서의 위기』(*Crisis in the Classroom*)에서 실버먼(Silberman)은 미국의 공교육 제도에 관한 그의 4년 동안의 연구결과를 분석해서 실었다. 그는 그동안 미국 공교육이 아이들의 지적, 정서적 욕구를 충족시키는 데 실패한 수많은 예들을 들면서 공교육 개혁의 시급성에 대해 역설했다.

학교에 대한 아이들의 부정적 인식을 바라보면서 우리는 이제 각성해야 한다. 그런데 현재 여기저기에서 시도되는 몇 개의 혁신적 프로그램들을 제외하면 아직까지 진정한 변화는 찾아보기 어려운 것 같다. 나는 말썽을 피워 치료를 받으러 온 아이들을 많이 만나기 때문에 학교에서 일어나는 일들에 대해 걱정이 많이 된다. 아이들이 그토록 많은 시간을 보내는 곳인 학교는 마땅히 즐거운 장소가 되어야 한다고 생각한다. 그리고 넓은 의미에서 모든 것을 경험하고 학습하는 그런 장이 되어야 한다.

우리는 아이들에게 읽고 쓰고, 수학을 가르치는 것에 대해서는 매우 중요하게 생각하면서도 아이들의 심리적, 정서적 욕구를 충족시켜주지 못하면, 결국은 인간을 중시하지 않는 사회를 만들어내고 만다는 사실을 외면하고 있다. 나는 오랫동안 선생님들은 교육자로서 뿐만 아니라 심리치료자로 양성되어야 한다고 생각해왔다. 학습 상황에서는 아이들의 정서적 욕구를 우선적으로 다루어줘야 한다. 오늘날 많은 교사들은 이런 종류의 훈련을 받고 싶어 하지만, 대학에서나 학교현장에서 그런 기회가 주어지지 않기 때문에, 혼자서 여기저기 찾아다닌다.

나는 교사들만을 위한 반을 따로 만들어 내가 하는 치료 작업들에 대한 교육을 시켜왔다. 나는 이들에게 심층교육을 실시해온 것은 아니지만, 현장에서 아이들과 함께 사용할 수 있는 치료기술들에 대한 기본적 이론과 기술들을 가르쳤다. 이런 교육을 통해 교사들은 아이들과 좀 더 잘 접촉하게 되고, 아이들은 교실을 좀 더 안전하고 편안한 장소로 느끼게 되고, 또한 교사와 아이들은 서로 좀 더 인간적으로 열린 가슴으로 만날 수 있게 된다.

나는 교사들이 아이들을 다른 시각에서 볼 수 있도록 도와주고 싶다. 나는 교사들이 아이들이 불안하거나 혹은 어떤 형태로든 고통을 받고 있다면, 혹은 자신이 구가치하다고 느낀다면, 그들은 학업을 정상적으로 성취해나갈 수 없다는 사실을 깨닫기를 바란다. 선생님을 무관심하고 차갑게 느끼고, 또한 선생님이 자기를 자격 있고 가치 있는 사람으로 보아주지 않는다고 느끼면 아이들은 학교에서 제대로 배울 수가 없다. 그래서 나는 교사들에게 몇 가지 새로운 태도와 방법들을 가르쳐주어 아이들의 자기개념을 향상시키고, 아이들의 감정과 삶에 대해서도 관심을 포할 수 있도록 도와준다. 더불어 아이들로 하여금 자신의 감정을 더 잘 표현할 수 있도록 도와주는 기법들도 가르쳐 준다.

많은 교사들은 학교가 그들에게 부과한 방침과 요구들 때문에 그들 스스로 좌절하고 실망하고 있다. 그들은 아이들의 학교에 대한 반감을 고스란히 떠맡아야 하고, 때로는 스스로 좌절감 때문에 부정적 감정을 아이들에게 향하기도 한다. 나는 가장 헌신적이고 인간적인 교사들까지도 매우 어려운 싸움을 치러내야 한다는 사실을 잘 안다. 권력구조가 변화하기 전까지는 아이들의 욕구를 충족시키기 위한 어떤 노력도 의미 있는 결과를 가져오기 어렵다는 사실 또한 안다. 그래서 학교 밖에서 많은 것들을 하지 않으면 안 된다.

하지만 학교 교실 안에서 뭔가 시작할 수 있는 것들도 있다. 예컨대, 교사는 아이들이 서로 더 잘 알 수 있도록 도와줄 수 있고, 학교에서 각자 맡은 일을 좀 더 현실적인 시각에서 볼 수 있도록 도와줄 수 있으며, 또한 각자 서로 자기 자신에 대해 더 만족스럽고 더 자신감 있게 느끼도록 도와줄 수 있다.

비록 교사들이 치료자로서 훈련을 받지는 않는다 하더라도 이러한 기술들을 각자 편안한 수준에서 이용할 수 있을 것이다. 내가 가르친 교사들은 아이들에 대한 애정이 각별했으며, 이러한 아이디어들을 책임감 있게 사용하였다. 즉, 이런 기법들을 잘못 사용하여 아이들을 당황하게 만들거나, 아이들의 마음을 무분별하게 파헤치거나, 혹은 상담에서 얻은 정보를 부모나 학교당국에 알림으로써 아이들의 신뢰를 무너뜨리는 일을 저지른 교사는 아직까지 한 사람도 없었다.

많은 교사들은 학교가 아이들에게 좀 더 좋은 곳으로 바뀌도록 만드는 데 관심이 많으며, 그래서 그들은 이를 실천할 수 있는 도구와 기법들을 필요로 한다. 이런 노력을 하는 데 있어 학교당국으로부터 격려를 받는 교사들도 있다. 어떤 교사들은 결과가 잘못 나올 것에 대해 두려워한다. 어떤 교사들은 두려움에도 불구하고 행동에 옮긴다.

어느 교사는 내게 편지로 "저는 이번 여름에 수학 보습반을 운영할 계획입니다. 그런데 저는 이 기간 동안에 매일 이런 기법들을 사용할 생각입니다. 그들이 나를 해고한다고 하더라도 저는 강행할 생각입니다. 제가 이런 기법들을 내 정규반에서 사용했을 때 나타났던 효과를 잊을 수가 없습니다. 저와 아이들은 모두 전보다 행복해졌습니다. 교실 안에서 아이들의 감동의 물결을 느낄 수 있었습니다. 그것은 마치 우리 모두가 어떤 비밀을 함께 나누고 있는 것 같은 느낌이었습니다. 서로를 보살펴주는 분위기였으며, 모두 하나가 되어 있었습니다. 그 같은 태도와 분위기는 우리가 무엇을 하든 그대로 이어졌습니다."라고 알려왔다.

나는 이런 종류의 피드백이나 혹은 내 수업을 받거나 다른 상황에서 만난 교사들로부터 받는 새로운 제안들에 의해 아주 감명을 받는다. 대부분의 피드백들은 이 방법들의 효과에 관해 언급하고 있다. 즉, 교사와 학생들의 태도변화, 아이들 상호간의 더 나은 관계 변화, 더 이완되고 안정된 모습, 수업시간에 더 나은 집중, 더 행복한 느낌 등을 관찰했다고 한다. 이런 기법들은 어떤 변화를 가능하게 해주고 있는 것이다. 이 기법을 사용한 교사들은 유치원 교사들로부터 고등학교 교사에까지 이르렀다. 이 기법을 사용해본 몇몇 다른 교사들의 평을 아래에 소개한다.

6학년 교사: 나는 아이들과 더 가깝게 느끼게 되었으며, 그들과 함께 있는 것이 더 행복해졌다. 그들은 이제 내게 더 긍정적으로 그리고 더 따뜻하게 반응한다. 내가 보기에 아이들은 이제 이전보다 서로 더 많이 보살피는 것 같다.

3학년 교사: 나는 아이들이 서로 매우 정중하게 대하기 시작했고, 서로 더 많은 관심을 갖게 된 것을 보고 정말 놀랐다(40명의 아이들이 떠들거나 난폭하게 되지 않고, 상대의 말에 귀 기울이게 되었다. 교사인 내가 이렇게 지시하지도 않았는데 저절로 나타난 행동이었다.).

7학년 영어교사: 내년에는 이 프로그램을 좀 더 일찍 시작해서 학생들에 대해 미리 알게 되어, 학생들이 나와 다른 학생들과 서로 더 편안하게 느낄 수 있게 되길 바란다. 학생들은 문제에서 벗어나 자유롭게 살고 싶어 하면서도 동시에 타인들로부터 보살핌을 받고 싶어 한다는 것은 흥미로운 사실이다. 내 생각에 이것은 전형적인 청소년기 딜레마에 해당하는 것 같다. 예컨대, "자기가 좋아하는 동물이 되어 있고 싶은 곳에 가 있는 모습을 그려보라."는 나의 지시에 한 소녀는 언덕 위에 앉아 있는 고양이 모습을 그렸는데, 이는 타인으로부터 벗어난 자유로운 상태를 그리워하지만, 동시에 타인의 관심은 받고 싶어 하는 마음을 잘 나타내고 있는 것 같다.

유치원 교사: 우리 반의 한 남자 아이는 배우는 속도가 느리며, 말도 잘 안 듣는 편이다. 내가 배운 기법을 사용했더니 아이의 생각을 이해하는 데 많은 도움이 되었다. (나는 여러 다양한 물건들을 마루에 펼쳐놓고, 아이들에게 아무 것이나 하나 선택하여 그 물건이 되어보면서 그 느낌이 어떤지 말해보라고 지시했다.) 이 남자 아이는 커다란 붉은 색의 마분지로 만든 별을 집었다. 그 아이는 별을 고른 이유를 물었더니, 사람들을 행복하게 해주고 싶어서라고 대답했는데, 그것은 그들이 일을 잘 했을 때 상으로 별을 받게 될 것이기 때문이라고 했다.

7학년 영어교사: 장미 덤불 환상기법을 실시할 때 아이들은 너무나 조용했다. 그들 모두는 지금 일어나고 있는 것들에 대해 매우 몰두하는 것 같았다. 색연필을 나눠줬을 때 아이들이 물건 때문에 싸우거나 논쟁하지 않는 모습을 처음 보았다. 몇 명이 장미 덤불 환상경험에 대해 소감을 나눈 뒤 아이들에게 각자의 소감을 종이 위에 써보라고 했는데, 너무나 솔직하고 개인적인 개방을 하는 것을 보고 나는 무척 놀랐다. 이 실험을 한 것은 학기가 끝나는 시점이었는데, 나는 이 시간 이후 내가 몇몇 학생들에 대해 정말 잘 모른다는 사실을 깨달았다. 이것을 좀 더 일찍 깨달았으면 좋았을 텐데 하고 후회가 된다. 내년에는 학기 초에 바로 이 실험을 할 계획이다. 다음 학기가 기다려진다.

9학년 수학교사: 나는 수업을 시작하면서 학생들에게 5분 동안 눈을 감고서, 수업 시작 전의 미해결과제를 마무리하는 환상에 이어 각자 자신이 있고 싶은 곳으로 가보는 안내된 환상을 실시했다. 이렇게 보낸 시간은 통상적으로 수업 시작하는데 걸리는 시간보다 길지 않았다. 하지만 효과는 아주 컸다. 이 연습은 아이들을 매우 차분하게 만들었으며, 아이들로 하여금 공부에 더 잘 집중하도록 도와주었다. 또한 서로 더 잘 대해주는 것 같았다.

고등학교 간호사: 나는 개인적으로 그림을 그리거나 만들기를 해보는 시간은 별로 가져보지 못했었다. 그런데 이 기법을 사용해본 뒤로 나 자신과 아이들에 대해 더 많이 알게 되었고, 그 결과 학생들 그리고 동료들과의 관계가 개선되었다. 임신상담실의 닫힌 문 안에서 나를 만나는 여학생들의 눈빛이 달라졌다. 내가 그들에게 단순히 정보만 전달해주는 것이 아니라 그들을 정말로 보살펴주는 것을 안다는 듯한 눈빛이다.

4학년 교사: 아이들이 각자 자기 그림에 대해 설명하는 것을 들으면서 내가 평소에 알던 아이들의 모습이 아닌 전혀 새로운 아이들을 발견하게 되었다.

7/8학년 영어교사: 아이들은 남의 말을 주의 깊게 듣기 시작했으며, 우리는 모두 서로 더 잘 알게 되었다. 우리는 서로 공통점이 있다는 것과 타인들도 우리와 비슷한 문제에 대해 관심이 있다는 사실을 발견하게 되었다.

1학년 교사: 나는 그림을 통해 자기 자신이나 타인에 대해 더 잘 알게 될 수 있다는 사실을 꿈에도 몰랐다. 아이들에게 가족을 동물로 묘사해보라고 했을 때, 나타난 결과를 보고 나는 매우 놀랐다. 내게 가장 흥미로운 부분은 아이들에게 자기 그림을 설명해보라고 했을 때였다. 내가 만일 그 그림들에 대해 해석을 시도했더라면 분명히 엄청난 잘못을 저지르고 말았을 것이다. 아이들은 이런 작업을 하는 것을 매우 좋아했다.

10학년 영어교사: 내가 배운 몇 가지 기법들을 실시한 후 그 결과를 보았을 때, 나는 가르치는 일에 대해 정말 새롭게 호기심과 흥미가 생겼다. 남자 아이 두 명이 늘 수업을 방해하고 숙제를 해오지 않았었는데, 내가 이 연습을 통하여 그들의 감정에 그리고 인간으로서의 그들 존재에 주의를 기울이자, 그들은 변하기 시작했고 숙제를 빠뜨리지 않고 해왔으며, 더욱 중요한 것은 우리는 서로 친구가 되었다는 점이다.

나에게 있어서 치료자들이나 교사 또는 다른 사람들에게 이 기법들을 가르치는 가장 좋은 방법은 그들에게 직접적인 경험을 제공하는 것이다. 책을 통해 배우는 방법의 단점은 직접적 경험을 할 수가 없다는 것이다. 저자가 제공하는 아이디어들조차도 독자의 경험이나 아이디어, 견해를 통해서만 이해가 될 수 있다.

내가 가르치는 기법들을 사람들이 직접 경험하면서 해볼 때 가장 잘 배우는 것 같다. 체험학습을 통해서 그들은 자기 자신에 대한 새로운 이해를 하는 것 같으며, 또한 아이들과도 더 깊이 있는 작업을 하게 되는 것 같다.

역할놀이는 교육훈련에 매우 유용한 투사기법들 중의 하나이다. 우리가 어떤 인물의 역할을 연기할 때 우리는 우리 자신의 인격 그리고 우리 자신의 경험들을 연기하고자 하는 대상인물에 투영시킨다. 예컨대, 나의 상담훈련 집단에서 우리는 부모와 아이를 첫 대면하는 상황에 대한 토론을 하고 있었다. 이때 나는 수련생들이 내가 가르치고자 하는 아이디어를 잘 이해하지 못하고 있음을 느꼈다. 그래서 나는 부모와 아이의 첫 면접 상황을 역할놀이로 꾸며서 해보기로 하고, 한 상담자가 6세 소녀 역을 맡고, 다른 상담자는 어머니 역을 하기로 했다. 이때 나는 치료자 역을 맡았다. 물론 다른 사람이 이 역을 맡을 수도 있다.

우리는 상황이 어떻게 전개될지 사전에 미리 정하지 않았다. 대신 '6세 소녀'에게 자신이 이 상황에서 어떻게 행동할지 마음대로 하라고 했다. 그리고 '어머니'에게도 그녀의 입장에서 본 문제를 제기하고, 치료 시간에 자기가 하고 싶은 대로 행동하라고 허용해주었다. 치료를 진행하면서 참여자들이 좀 더 자유롭게 행동하도록 허용했다. 이런 자발성은 역할놀이 상황을 더욱 생동감 있게 만들었다.

우리는 모두 실험을 통하여 우리 안에 있는 여섯 살짜리 자기 혹은 우리 안에 있는 어머니(내사된 어머니 아니면 우리가 실제 생활 속에서 하고 있는 어머니 역할)를 접촉할 수 있다. 역할놀이에 참여한 두 사람은 모두 온전히 대상인물이 되는 실험을 했으며, 이를 통해 내가 가르치고자 했던 아이디어를 매우 생생하게 전달할 수 있었다.

나는 수련생들을 가르치는 과정에서 항상 이론 설명을 하는 것이 어렵게 느껴졌었다. 수련생들은 여러 다양한 직업과 서로 다른 수준의 사람들로 구성되어 있어서 이론을 가르칠 때 어느 수준에 맞춰야 할지 어려웠다. 내 스스로는 대부분의 이론 지식을 치료를 하면서 배웠었다.

이론을 가르치고 참고서적들을 추천해주는 것은 분명히 수련과정에서 필요한 부분이다. 하지만, 이론을 가르치는 가장 좋은 방법은 실습을 하면서 통합하는 것이다. 내가 수련생들에게 기법들을 가르칠 때 나는 이것들을 이론과 결부시키려고 애쓴다. 그런데 나는 이것들을 치료하면서 동시에 가르치지는 않는다. 왜냐하면 그렇게 하면 치료의 흐름을 차단시킬 것이기 때문이다. 나는 이를 치료가 끝난 뒤의 토론시간이나 상호작용 시간에 한다. 수련생들은 이론적 개념들을 그들 자신의 작업이나 그들이 관찰하는 다른 사람들의 작업, 혹은 우리가 토론하는 아동들의 치료 사례들과 연관시키면서 비로소 이론적 이해를 실제 치료와 통합하기 시작한다.

성차별

성에 근거한 편견과 차별은 오랫동안 우리 문화의 한 부분으로 존재해온 만큼 우리는 그것들을 당연한 것으로 간주하는 경향이 있다. 따라서 우리는 그러한 것들의 은밀한 형태들을 일일이 조사하여 하나씩 제거해나가야 한다.

성차별은 아이들의 성장을 저해한다. 그것은 아이들의 다양한 타고난 능력들을 억압하며, 온전한 유기체적 성장을 방해한다. 여자 아이들은 우리가 여성적이라고 이름붙인 것들에 대해서만 그리고 남자 아이들도 남성적이라고 규정한 것들에 대해서만 개발하도록 격려를 받는다. 그 결과 아이들은 각자 모두 타고난 방대한 능력들을 억제당하고 만다. 그런데도 이런 능력들은 계속 안에서 밖으로 밀고 나온다. 만일 성공적인 경험을 하게 되면 정서 건강에 좋은 영향을 미치게 된다.

우리가 남성적 혹은 여성적이라고 이름 붙이는 특징들은 모두 각자의 잠재적 능력으로 봐야 한다. 우리는 아이들이 동성의 부모와 동일시하는 것들과 관련하여 걱정을 하기도 한다. 즉, 남자 아이는 동일시 모델로 남자를 필요로 하고, 여자 아이는 동일시 모델로 여자가 있어야 한다는 고정관념을 갖고 있다. 나는 남자든 여자든 상관없이 우리 모두 인간으로서의 속성을 필요로 한다고 생각한다. 즉, 감정과 행동, 의존과 주장, 분노와 슬픔 등 우리가 한 때 남성적 속성이라고 생각했던 것이나, 혹은 여성적 속성이라고 생각했던 것들 모두가 남자나 여자 모두에게 있어 실현되어야 할 속성들이다.

우리는 어떤 치우친 문화적 가치판단이 아닌 총체적 인간 경험에서 삶의 지침을 이끌어낼 수 있으며, 또한 각자의 독특한 개성과 관심, 그리고 타고난 소질과 능력을 살리는 방향으로 성장해나갈 수 있다는 것을 아이들은 알 필요가 있다.

비록 과거에 비해 진보했지만 아직 우리 사회는 성차별적 태도에 병들어 있다. 따라서 우리는 아이들에게 열려있는 모든 가능성들에 대해 끊임없이 강조할 필요가 있다. 내 아들이 두 살 때 우리가 그 아이에게 인형과 인형마차를 생일 선물로 준 것을 보고 모두들 소스라치게 놀랐다. 지금에 와서는 모두들 그가 부드럽고 친절하게 자신의 아들을 대하는 것을 미소를 지으며 바라보는 분위기로 바뀌었다.

내 딸도 오늘날과는 달리 당시로서는 매우 힘든 상황에서 내가 내 자신이 되려는 치열한 노력을 하는 것을 지켜보면서 내게서 많은 영향을 받았다. 나는 그녀가 매우 상냥하고 사랑스러운 면이 있으면서도 동시에 매우 활력이 넘치고 독립적인 성격이라고 느낀다. 내 생각엔 그녀는 내가 삶을 아주 치열하게 사는 것을 보고 자극을 받아 자신의 강인한 부분을 개발하게 된 측면이 있는 것 같다.

우리들 중에 많은 이들은 아직도 전투를 하고 있다. 종종 우리의 내면에 있는 성차별적 태도가 우리 자신의 자기실현을 향한 진로를 방해하기도 한다. 나는 가끔 나의 어린 내담자들의 생각이나 행동 속에서도 이런 성차별적 태도들이 내재해 있는 것을 발견하고, 내 속에 숨어있는 성차별적 태도를 발견했을 때와 마찬가지로 놀란다. 나는 그들도 역시 혼란스러운 마음으로 자신 속의 자연스러운 욕구나 소망들에 대항하여 불필요하게 싸우고 있는 것을 본다.

부모의 태도나 매스컴, 학교 교육 등이 모두 성차별적 태도의 형성에 영향을 주고 있다. 그러한 성차별적 태도를 일소하기 위해 싸우는 우리들조차도 때로는 성차별적 태도를 강화시키는 일을 하기도 한다. 나는 『그리고 질이 엎어지면서 뒤쫓아왔어요: 미국 교육에서의 성차별』(*And Jill Came Tumbling After: Sexism in American Education*)을 적극 추천한다. 이 책은 우리가 아주 어렸을 때부터 어떻게 가정에서, 학교에서 혹은 심지어 치료자의 방에서까지 이러한 성차별적 태도를 뇌리에 깊이 새기는 작업들을 하는지를 매우 간명하게 지적하는 여러 좋은 글들을 모아놓은 것이다.

12

개인적 후기

이 책은 쓰는 동안 내용을 많이 바꾸었으며, 양도 매우 많아졌다. 나는 글을 쓰면서 떠오르는 아이디어들을 많이 반영했다. 나는 처음엔 내가 제기한 몇 가지 주제들을 확장하며 설명하고 싶었지만, 독자들의 피드백을 받는 것이 좋겠다고 마음을 바꾸었다. 나는 여러분들에게 와 닿는 부분이 무엇인지, 어떤 부분이 지루했는지, 어떤 부분이 혼란스러웠는지, 어떤 부분에 공감하는지, 어떤 부분에 공감하지 않는지 등을 알고 싶었다. 나는 침묵을 지키는 보이지 않는 청중에게 글을 쓰는 것이 어렵게 느껴졌다. 나는 여러분과 접촉하고 싶었다.

나는 어떤 부분에 대해서는 꽤 많이 썼으며, 어떤 부분에 대해서는 제대로 충분히 쓰지 못했다는 것을 안다. 내가 쓴 것이 부족하다고 느끼는 부분이 있으시면 제게 편지를 써주십시오. 매번 어떤 클래스를 가르칠 때마다 나는 내 작업과 나 자신에 대해 새로운 것을 알게 된다. 이 책을 쓰는 것도 마찬가지였다. 나는 만일 가능하다면 여러분의 반응과 논평을 통해 이번에도 새로운 학습을 계속하고 싶다. (나의 연락처는 The Gestalt Journal, P.O. Box 990, Highland, New York 12528이다.)

나는 읽기 쉽고 실제 현장에서 필요한 책을 쓰려는 목표로 시작했다. 나는 도서관에 또 다른 비밀스러운 학문적 저서를 한 권 보태고 싶지는 않았다. 나는 가끔 학문을 숭상하는 사람들에게(나도 그중에 한 사람이지만) 감명을 주고 싶은 욕심이 불끈불끈 올라왔었지만, 나는 끊임없이 내 자신에게 내가 정말 쓰고 싶었던 책은 누군가에게 좋은 인상을 주는 책이 아니라, 내가 어떤 작업들을 하는지, 어떻게 작업하는지, 그리고 아이들과의 작업에 대해 내가 어떻게 생각하는지 등에 관한 것이었다는 사실을 일깨워주려고 애썼다.

나는 아이들과 작업하면서 길잡이가 필요한 사람들에게 나의 경험을 나누고 싶었다. 나는 아이들을 대상으로 일하면서 어떻게 치료해야 할지 몰라 버둥거리고 헤매면서 자신들이 하는 일에 대해 잘하고 있는지 확인받고 싶어 하는 사람들이 많다는 것을 알고 있다. 물론 단순히 아이들에게 어떻게 쉽게 다가갈 수 있는지 몇 가지 아이디어만을 필요로 하는 사람들도 있다. 이 분들 모두에게 이 책이 도움이 되었으면 좋겠다.

이제 내가 어떻게 아이들의 치료에 대한 나의 생각들을 개발했는지에 대해 좀 쓰겠다. 나는 아이들의 발달과 아이들의 본성에 관한 많은 책들을 읽었다. 하지만 내가 아이들과 작업할 때는 이런 책들에서 얻은 지식들보다는 아이들에 대한 내 관계와 그 이외의 좀 다른 무엇을 사용한다. 나는 그것이 무엇인지 정확히 설명할 수는 없지만, 그것이 내 한 부분이며 매우 중요한 것이라는 사실을 안다.

나는 아이와 같이 있으면, 그 아이가 네 살이든 열네 살이든, 내가 나 자신을 잃어버리지 않으면서도 동시에 그 아이의 마음을 잘 느끼는 상태에서 아이와 함께 대화할 수 있음을 느낀다. 나는 이 아이를 이방인으로 취급하지 않는다. 나는 아이에 대해서 모든 것을 다 아는 것은 아니지만 그래도 아이에게 쉽게 다가갈 수 있으며, 아이도 이것을 안다.

나는 아이 때의 마음을 매우 잘 기억한다. 어떤 사건이나 일들을 잘 기억한다는 것이 아니라 아이 때의 마음을 기억한다는 것이다. 나는 누구에게도 말하지 않았던 깊은 느낌이 있었던 걸 기억한다. 나는 사물들에 대해 알았고, 삶에 대해 신기해했다. 나는 사물의 이치에 대해 생각했었다. 아무도 내 이런 면에 대해 알지 못했다. 나는 죽음에 대해 생각했었고, 내가 태어나기 이전에도 삶이 있었다는 사실을 알고 있었다. 나는 부모들이 그렇게 오랫동안 살아있다는 사실이 신기했다. 그리고 나도 그렇게 오래 살 수 있을까 궁금했다. 나는 조부모들이 다른 시대, 다른 공간에 존재했던 성인들처럼 느껴졌었다.

나의 부모들이 내게 러시아 빈민촌에서 보냈던 그들의 어린 시절에 대해 자주 이야기해주었기 때문에, 내가 살고 있는 매사추세츠 주의 케임브리지와는 멀리 떨어진 다른 곳들이 있다는 사실을 알고서 매우 신기해했던 기억이 난다. 내가 일곱 살 때쯤 우리가 차를 타고 케임브리지에서 로우웰로 향해 갈 때, 마을의 집들을 보았고 번쩍이는 창문 안에 사는 사람들에 대해 궁금해했던 기억도 난다. 일곱 살짜리 사회학자인 나는 이 사람들에 대해 호기심이 일었다. 어떤 사람들일까? 그들은 어떻게 먹고 살까? 무슨 일을 할까?

나는 어렸을 때 아주 깊은 곳에서 올라오는 느낌들과 궁금증들이 있었는데, 설령 내가 그걸 표현하고자 했더라도 어떤 말로 표현해야 할지 도무지 몰랐을 것 같은 그런 종류의 것들이었다. 나는 그런 것을 누구에게도 말하지 않았으며, 심지어는 나를 무척 사랑하고 나에게 많은 관심을 보여주셨던 부모님들에게조차 말하지 않았었다. 나는 또한 삶의 매순간이 너무나 소중하고 위대하다는 걸 느꼈던 기억이 난다. 이런 느낌은 내가 주변의 어른들을 보며 내 행동을 배우면서도 그대로 내게 머물러 있었다. 그들은 돈과 음식, 안전에 대해 늘 걱정을 했다. 그래서 나는 나에게는 매우 중요하지만 그들에게는 별 대수롭지 않게 여겨질지도 모르는 그런 것들을 나 혼자만의 것으로 남겨두는 것이 좋을 것 같다고 느꼈다.

아마도 아이들이 내게 잘 반응하는 이유는 내가 어린 시절의 마음을 지금도 그대로 느낄 수 있어 그들에 대한 나의 태도가 특별하기 때문이 아닐까 싶다. 나는 지금 아이들의 즐거움, 기쁨, 어리석음, 웃음에 대해 생각하게 된다. 우리는 '우리 안에 있는 아이와의 접촉'에 대해 이야기할 때, 대부분 어린 시절의 즐거움에 대해 생각하게 되는데, 이것은 참 흥미롭다.

나는 아이 때 매우 명랑했고 걱정이 없었다. 물론 때로는 고통과 슬픔을 표현하기도 했고, 화도 냈다. 그런데 이런 감정을 표현하는 것들이 내가 사랑하는 어른들에게 아픔을 준다는 것을 느끼면서 차츰 이런 감정의 표현에 대해서는 조심스러운 태도로 바뀌었다. 내 생각엔 대부분의 아이들이 이런 것을 느끼면서 어느 시점부터는 이런 표현을 삼가게 된다.

나는 10대 때 캠프 상담원으로 아이들과 일하기 시작했다. 이른적으로 나는 아이들에 대해 아는 것이 아무것도 없었다. 하지만 나는 아이들을 매우 좋아했고, 그들과 대화할 수 있었으며, 그들과 재미있게 놀 수 있었고, 노래나 수영, 연극을 가르칠 수 있었다. 나는 아이들과 함께 있는 것과 대화하는 것을 좋아했다. 그래서 나는 사회복지사가 되어 아이들과 일하고 싶었다. 나는 그 당시에도 이미 순수 미국인이 아닌 잘 적응하지 못하는 아이들에 대해 마음이 끌렸었다. 이 아이들은 나와 대화하는 것을 좋아했으며, 나도 그것이 좋았다.

아마도 내가 그 애들에게 끌린 이유 중에 하나는 내가 가진 순수 미국인에 대한 어떤 이미지가 있었기 때문이다. 즉, 백인이고, 앵글로색슨족이며, 날씬하고, 운동을 좋아하며, 우아하고, 금발이며, 조용하고 이성적인 모습이 그것이다. 내 부모님은 러시아계 유대인 이민자였다. 그들은 감정적이며, 다감하고, 지적이며, 시끄럽고, 혁명적인 성향이었다. 나는 어렸을 때 내가 자랐던 매사추세츠 주에서 보았던 이성적이며, 차분하며, 악센트가 없는, 순수 미국 아이들을 때로는 무척 부러워했던 기억이 난다. 나는 내 자신이 그들과 다르게 느껴졌었다.

나는 일찍 결혼했고, 세 아이를 낳았으며, 다른 모든 일들에서와 마찬가지의 열정과 확신과 흥미를 갖고서 부모 노릇에 뛰어들었다. 아이들이 자라면서 나는 매번 아이들의 발달 단계마다 전문가가 되었다. 나는 아이들을 키우면서 참 많이 배웠다. 특히 초기 발달단계에 대해 많이 알게 되었는데, 그것은 내가 항상 이 단계의 아이들을 키우고 있었기 때문이다. 나는 몇 년 동안 보육원 교사로도 일했었다. 나는 모든 나이의 아이들이 다 예뻤고 흥미로웠다. 나는 막내가 세 살 때쯤 다시 학교로 돌아가 공부했고, 엄마가 할 수 있는 가장 좋은 일이 선생이라고 믿었기 때문에 마침내 교사가 되었다. 나는 정말 아이들을 사랑했다. 내 아이들이 이제 학교에 다녔기 때문에 나는 아이들의 교육에 관심을 갖게 되었다.

나는 시간제 교사가 되었으며, 학교체제 내에 존재하는 많은 어려움들과 부딪히게 되었다. 교장 선생님은 내가 너무 '오락중심'이라고 말했다. 그녀는 내가 그동안 여러 유대인 공동체 회관에서 아이들과 작업해왔던 것을 알았기 때문에, 즐거움을 느끼는 것이 허용되는 그런 곳에 다시 돌아가서 일하라고 압력을 넣었다. 그러는 사이에 학교의 문제아들은 대부분 내 반으로 들어오게 되었다. 3년 동안 '정규' 교사 노릇을 한 뒤에 나는 지역 교육청으로부터 정서적 문제를 가진 아동들을 위한 특수교육 프로그램을 수행할 교사 직책을 제의받았다. 이 아이들과 일하는 6년 동안 (이 기간 동안 나는 특수교육 분야의 석사학위를 받았다.) 나는 아이들에 대해 가장 많은 것들을 배웠다.

내가 대학원에서 특수교육 공부를 하는 동안 나는 독립적으로 연구를 하고 싶었고, 또한 아이들을 치료하는 연구서들을 많이 읽고 싶었다. 나는 당시 특수 프로그램 분야에서 미국 정부로부터 장학금을 지원받는 4명 중의 한 사람이었는데, 마침내 내가 필요하다고 생각하는 분야의 학점을 몇 과목 이수하는 것을 허락받았다. 나는 당시 이미 공립학교에서 장애를 가진 아이들과 4년 동안 일한 경력이 있었기 때문에 내가 부족한 분야와 내가 필요로 하는 것이 무엇인지 잘 안다고 믿었다.

나는 그동안의 경험을 통해 아이들이 자기 자신에 대해 나쁘게 느끼고 있으면, 그들은 읽기나 쓰기, 산수 같은 학교 공부를 배우고 싶어 하지 않는다는 사실을 알고 있었다. 또한 나는 아이들과 만나면서 그들에게 심리치료를 통해 막힌 감정들을 해결해 주면, 학교성적이 올라간다는 사실도 발견했었다. 나는 이 분야에 대해 나의 석사논문을 쓰기로 계획했다.

나는 아이들을 치료하는 것에 대해 더 많이 알고, 더 많이 배우고 싶었다. 하지만 나는 고급 아동발달, 이상심리학, 장애아 가이던스, 상담학, 특수교육 세미나 그리고 학습장애의 치료학 등의 수업을 들은 것을 갖고서 아이들을 치료할 수가 없다는 사실을 깨달았다. 그래서 나는 정부에 대학의 재가를 받아 내 스스로 연구하고 여러 치료 프로그램들에 참석할 수 있도록 허락해달라는 청원서를 제출했다. 이 청원은 여러 차례 논의를 거친 뒤에 마침내 받아들여졌다.

그래서 나는 많은 책과 전문잡지, 연구논문들을 읽었고, 여러 종류의 프로그램과 워크숍, 병원, 학교, 상담소를 방문했으며, 많은 아동치료자들을 만나서 그들이 하는 작업내용과 작업방식, 작업효과 등에 대해 대화를 나누었다. 이처럼 인터뷰를 하고, 관찰하고, 책을 읽은 것들은 나중에 모두 2년 동안의 학점으로 인정을 받았다. 이처럼 나는 많은 시간과 활동의 여지를 갖고서 내가 하고 싶은 것들을 할 수 있었으며, 또한 두 분의 교수를 정기적으로 만나 내 경험에 대해 보고할 수 있었다.

이런 독특한 경험을 통해 나는 많은 것을 배울 수 있었다. 하지만 그것들은 내가 배우기를 기대하거나 희망했던 것들은 아니었다. 내가 그 경험들을 통해 배운 것은 나도 아동 치료에 대해서 다른 사람들만큼이나 알고 있다는 사실이었다. 나는 내가 받은 훈련에서 가장 소중한 것들은 책이나 학교에서가 아니라 내가 치료했던 아이들로부터 나왔다는 것을 깨달았다. 나는 같은 스승으로부터 나온 이론들도 종종 서로 반대되는 입장을 취하는 것들을 보았다. 나는 모두가 나처럼 어둠 속을 더듬으며 다닌다는 것을 알게 되었다. 치료를 잘하는 사람들은 많이 있었지만 어떤 일관된 이론이 있는 것 같지는 않았다.

행동치료가 유행하기 훨씬 이전에 나는 오랫동안 정서장애 아동들을 위한 나대로의 치료방식을 사용해왔다. 나는 아이들과 다양한 방식의 실험을 통하여 아이들이 공격적이거나 철회적 행동을 통해 간접적으로 자신을 표현하기보다는 직접적으로 자신의 감정을 표현하도록 해줌으로써 자신에 대해 더 행복하게 느끼고, 삶에 더 잘 대처하도록 도와주었다.

이 시기에 나는 로스앤젤레스 게슈탈트치료 연구소 훈련프로그램에 참여했으며, 내가 게슈탈트치료 이론과 실제에 숙달되면서 차츰 내 아동치료는 게슈탈트 치료적 색채를 많이 띠게 되었다. 이 시기에 나는 개인치료를 받기도 했다. 당시 나는 아들이 18개월 동안 앓다가 죽었고, 곧이어 이혼을 하게 되는 등의 문제로 인해 심리치료가 필요했었다. 나는 다시 학교로 돌아가 결혼, 가족 및 아동상담 분야의 석사학위를 취득했으며, 심리치료사 자격증을 땄고, 게슈탈트치료 전문가가 되었으며, 바로 심리치료자로 개업을 했다. 1978년에 International College에서 심리학 박사학위를 취득했고, 이 책은 바로 나의 박사학위 논문을 발전시킨 것이다.

지금까지 살아오면서 나와 아이들의 관계를 되돌아보면 (내 자신이 아이였던 경험으로부터 출발해서 청소년 수련원에서 아이들과 일했고, 견습교사를 거쳐 정교사가 되었으며, 정서장애 아동들과 일했고, 개업해서 아동 심리치료를 했었다.) 나를 웃고 울게 만드는 수많은 사건과 이야기들이 기억난다. 나는 내 인생을 어린 시절의 나를 포함한 수많은 아이들과 함께 더불어 지내며 살았는데, 지금에 와서 그에 대한 감회가 새롭다.

나는 아이들과 작업하는 방법을 아이로서의 나 자신을 포함한 아이들한테서 배웠다는 사실을 깨달았다. 이것은 지금에 와서 내게 너무나 명백한 사실이기 때문에 굳이 글로 쓴다는 것이 오히려 이상하게 생각된다. 아이들은 우리의 가장 훌륭한 스승이다. 그들은 어떻게 자라야 할지, 어떻게 배워야 할지, 어떻게 자기 영역을 확장해나가야 할지, 어떻게 느껴야 할지, 웃어야 할지, 울어야 할지, 화내야 할지, 그들에게 무엇이 옳은지, 무엇이 옳지 않은지, 그들이 무엇을 필요로 하는지를 이미 알고 있다. 그들은 어떻게 사랑해야 할지, 어떻게 기뻐하며 삶을 온전히 살지, 어떻게 일하며 강하고 활력 있게 살지를 이미 알고 있다. 그들이(그리고 우리 속의 아이들이) 필요로 하는 것은 단지 그것들을 실현할 장이다.

참고문헌

Actions, Styles and Symbols in Kinetic Family Drawings. Burns, R., and Kaufman, S. H. New York: Brunner/Mazel, 1972.

A Frog and Toad are Friends. Lobel, A. New York: Harper and Row, 1970.

American Folk Songs for Children. Seeger, R. C. Garden City, NY: Doubleday, 1948.

Analyzing Children's Art. Kellog, R. Palo Alto, CA: National Press Books, 1969.

And Jill Came Tumbling After: Sexism in American Education. Stacey, J., Bereaud, S., and Daniels, J. New York: Dell, 1974.

Anger and the Rocking Chair. Lederman, J. New York: McGraw-Hill, 1969.

"An Introduction to Gestalt Techniques." Enright, J. B. Chapter 8 in *Gestalt Therapy Now.* Fagan, J., and Shepherd, I. L. (Eds.) New York: Harper and Row, 1971.

Are You Listening to Your Child? Kraft, A. New York: Walker, 1973.

Art: Another Language for Learning. Cohen, E., and Gainer, R. New York: Citation Press, 1976.

Art as Therapy with Children. Kramer, E. New York: Schocken Books, 1975.

Art for the Family. D'Amico, V., Wilson, F., and Maser, M. New York: The Museum of Modern Art, 1954.

Awareness: exploring, experimenting, experiencing. Stevens, J. Moab, Utah: Real People Press, 1971.

Be a Frog, a Bird, or a Tree. Carr, R. Garden City, NJ: Doubleday, 1973.

Begin Sweet World: Poetry by Children. Pearson, J. Garden City, NY: Doubleday, 1976.

Between Parent and Child. Ginott, H. New York: Macmillan, 1965.

Between Parent and Teenager. Ginott, H. New York: Macmillan, 1969.

The Boys' and Girls' Book about Divorce. Gardner, R. A. New York: Jason Aronson, 1970.

Career Awareness: Discussions and Activities to Promote Self Awareness. Williams, S., and Mitchell, R. Monterey Park, CA: Creative Teaching Press, 1976.

The Centering Book. Henricks, G., and Wills, R. Englewood Cliffs, NJ: Prentice-Hall, 1975.

Childhood and Society. Erikson, E. H. New York: Norton, 1963.

Children in Play Therapy. Moustakas, C. E. New York: Jason Aronson, 1973.

Children's Apperception Test (CAT). Bellak, L., and Bellak, S. S. Larchmont, NY: C.P.S., Inc., 1949.

Children's Drawings as Diagnostic Aids. Di Leo, J. H. New York: Brunner/Mazel, 1973.

The Children's Rights Movement: Overcoming the Oppression of Young People. Gross, B., and Gross, R. (Eds.) Garden City, NY: Anchor, 1977.

The Child's World of Make-Believe. Singer, J. New York: Academic Press, 1973.

Conjoint Family Therapy. Satir, V. Palo Alto, CA: Science and Behavior Books, 1967.

"Costume Play Therapy." Marcus, I. in *Therapeutic Use of Child's Play.* Schaefer, C. (Ed.) New York: Jason Aronson, 1976.

Creative Dramatics in the Classroom. McCaslin, N. New York: David McKay, 1968.

Crisis in the Classroom. Silberman, C. New York: Random House, 1970.

Dance Therapy in the Classroom. Balazs, E. Waldwick, NJ: Hoctor Products for Education, 1977.

"The Despert Fable Test." Despert, J. L. in *Emotional Disorders of Children: A Case Book of Child Psychiatry.* Pearson, G. New York: Norton, 1949.

Dramakinetics in the Classroom. Complo, Sister J. M. Boston, MA: Plays Inc., 1974.

Draw A Person Test. (See Personality Projection in the Drawing of the Human Figure.)

Dr. Gardner's Fairy Tales for Today's Children. Gardner, R. A. Englewood Cliffs, NJ: Prentice-Hall, 1974.

Dr. Gardner's Modern Fairy Tales. Gardner, R. A. Philadelphia, PA: George F. Stickley, 1977.

Dr. Gardner's Stories About the Real World. Gardner, R. A. Englewood Cliffs, NJ: Prentice-Hall, 1972.

"The Emperor's New Clothes." Andersen, H. C. *Anderson's Fairy Tales.* New York: Grossett and Dunlap, 1945.

Escape from Childhood: The Needs and Rights of Children. Holt, J. New York: Ballantine, 1975.

"Experiential Family Therapy." Kempler, W. *International Journal of Group Psychotherapy,* Vol. XV, No. 1, Jan. 1965.

The Family of Man. Steichen, E. New York: The Museum of Modern Art, 1955.

Famous Folk Tales to Read Aloud. Watts, M. New York: Wonder Books, 1961.

Fantasy and Feeling in Education. Jones, R. M. New York: Harper and Row, 1968.

Fantasy Encounter Games. Otto, H. A. New York: Harper and Row, 1974.

Feelings: Inside You and Outloud Too. Polland, B. K., and DeRoy, C. Millbrae, CA: Celestial Arts, 1975.

Fish is Fish. Lionni, L. New York: Pantheon Books, 1970.

"Four Lectures." Perls, F. Chapter 2 in *Gestalt Therapy Now.* Fagan, J., and Shepherd, I. L. (Eds.) New York: Harper and Row, 1971.

Freedom to Learn. Rogers, C. Columbus, OH: Charles E. Merrill, 1969.

Free to Be ... You and Me. Thomas, M. New York: McGraw-Hill, 1974.

The Gestalt Art Experience. Rhyne, J. Monterey, CA: Brooks/Cole, 1973.

Gestalt Therapy Integrated. Polster, E., and Polster, M. New York: Brunner/Mazel, 1973.

Go Away, Dog. Nodset, J. L. New York: Harper and Row, 1963.

Go See the Movie in Your Head. Shorr, J. E. New York: Popular Library, 1977.

Grownups Cry Too. Hazen, N. Chapel Hill, NC: Lollipop Power, Inc., 1973.

The Hand Test. Wagner, E. E. Los Angeles, CA: Western Psychological Services, 1969.

Have You Seen a Comet? Children's Art and Writing from Around the World. U. S. Committee for UNICEF. New York: The John Day Co., 1971.

"The House-Tree-Person Test." Buck, J. *Journal of Clinical Psychology,* 1948, 4, 151-159.

How Children Fail. Holt, J. New York: Pitman, 1964.

How Children Learn. Holt, J. New York: Pitman, 1967.

How it Feels to Be a Child. Klein, C. New York: Harper and Row, 1977.

How to Live with Your Special Child. Von Hilsheimer, G. Washington, DC: Acropolis Books, 1970.

How to Meditate. LeShan, L. New York: Bantam, 1975.

Human Figure Drawings in Adolescence. Schildkrout, M. S., Shenker, I. R., and Sonnenblick, M. New York: Brunner/Mazel, 1972.

Human Teaching for Human Learning: An Introduction to Confluent Education. Brown, G. New York: Viking Press, 1971.

If I Ran the Zoo. Geisel, T. (Dr. Seuss) New York: Random House, 1950.

I'll Build my Friend a Mountain. Katz, B. New York: Scholastic Book Services, 1972.

Improvisation for the Theatre. Spolin, V. Evanston, IL: North-western University Press, 1963.

I Never Saw Another Butterfly. (Children's Drawings and Poems from Terezin Concetration Camp.) New York: McGraw-Hill, 1964.

I See a Child. Herbert, C. Garden City, NY: Anchor, 1974.

Is This You? Krauss, R., and Johnson, C. New York: William R. Scott, 1955.

"Just Imagine..." (Mini-Poster-Cards Book) Trend Enterprises, 1972.

Learning Time with Language Experiences for Young Children. Scott, L. B. St. Louis: McGraw-Hill, 1968.

Learning to Feel-Feeling to Learn. Lyon, H. Columbus, OH: Charles E. Merrill, 1971.

Le Centre Du Silence: Work Book. Avital, S. Boulder, CO: Aleph-Beith, 1975.

Left Handed Teaching: Lessons in Affective Education. Castillo, G. New York: Praeger, 1974.

Leo the Late Bloomer. Kraus, R. New York: Young Readers Press, 1971.

Let's Do Yoga. Richards, R., and Abrams, J. New York: Holt, Rhinehart and Winston, 1975.

Linda Goodman's Sun Signs. Goodman, L. New York: Bantam Books, 1971.

The Live Classroom. Brown, G., Yeomans, T., and Grizzard, G. (Eds.) New York: Viking, 1975.

The Lives of Children. Dennison, G. New York: Vintage, 1966.

Loneliness. Moustakas, C. E. Englewood Cliffs, NJ: Prentice-Hall, 1961.

Lonely in America. Gordon, S. New York: Simon and Schuster, 1976.

The Luscher Color Test. Luscher, M. New York: Pocket Books, 1971.

The Magic Hat. Chapman, K. W. Chapel Hill, NC: Lollipop Power, Inc., 1973.

Make-A-Picture Story (MAPS) Test. Schneidman, E. S. New York: The Psychological

Corporation, 1949.

Making it Strange. Synectics, Inc. (Ed.) (a series of 4 books). New York: Harper and Row, 1968.

Male and Female Under 18. Larrick, N., and Merriam, E. (Eds.) New York: Avon, 1973.

Man and His Symbols. Jung, C. G. New York: Dell, 1968.

Math, Writing, and Games in the Open Classroom. Kohl, H. New York: Vintage, 1974.

Meditating with Children. Rozman, D. Boulder Creek, CA: University of the Trees Press, 1975.

Memories, Dreams, Reflections. Jung, C. G. New York: Vintage Books, 1961.

The Me Nobody Knows: Children's Voices from the Ghetto. Joseph, S., (Ed.) New York: Avon, 1969.

Me the Flunkie: Yearbook of a School for Failures. Summers, A., (Ed.) New York: Fawcett, 1970.

Miracles. Collected by Richard Lewis. New York: Bantam Books, 1977.

"Moods and Emotions." Tester, S. (packet of teaching pictures and resource booklet). Elgin, IL: David C. Cook, 1970.

Mooney Problem Check List. Mooney, R. L. New York: The Psychological Corp., 1960.

Movement Games for Children of All Ages. Nelson, E. New York: Sterling, 1975.

"Music Therapy." Dreikurs, R. in *Conflict in the Classroom: The Education of Emotionally Disturbed Children*. Long, N. J., Morse, W. C., and Newman, R. G. (Eds.) Belmont, CA: Wadsworth, 1965.

My Body Feels Good. Singer, S., Olderman, S., and Maceiras, R. New York: The Feminist Press, 1974.

My Sister Looks Like a Pear: Awakening the Poetry in Young People. Anderson, D. New York: Hart Publishing Co., 1974.

The New Games Book. Fluegelman, A., (Ed.) Garden City, NY: Doubleday, 1976.

Nobody Listens to Andrew. Guilfoile, E. New York: Follet, 1957.

The Non-Coloring Book. Cazet, C. San Francisco, CA: Chandler and Sharp, 1973.

Not THIS Bear! Myers, B. New York: Scholastic Book Services, 1967.

100 Ways to Enhance Self-Concept in the Classroom. Canfield, J., and Wells, H. Englewood Cliffs, NJ: Prentice-Hall, 1976.

One Little Boy. Baruch, D. New York: Dell, 1952.

"The Paradoxical Theory of Change." Beisser, A. R. Chapter 6 in *Gestalt Therapy Now*. Fagan, J. and Shepherd, I. L. (Eds.) New York: Harper and Row, 1971.

Personality Projection in the Drawing of the Human Figure: A Method of Personality Investigation. Machover, K. Springfield, IL: Charles C. Thomas, 1949.

P.E.T.: Parent Effectiveness Training. Gordon, T. New York: New American Library, 1975.

Play, Dreams and Imitation in Childhood. Piaget, J. New York: Norton, 1962.

Play in Childhood. Lowenfeld, M. New York: John Wiley, 1967.

Paly Therapy. Axline, V. M. New York: Ballantine, 1947.

Principles of Gestalt Family Therapy. Kempler, W. The Kempler Institute (P.O. Box 1692, Costa Mesa, CA 92626), 1973.

The Psychology of Play. Millar, S. New York: Jason Aronson, 1974.

The Psychology of the Child. Piaget, J., and Inhelder, B. New York: Basic Books, 1969.

Psychosynthesis. Assagioli, R. New York: Viking, 1965.

Psychotherapeutic Approaches to the Resistant Child. Gardner, R. A. New York: Jason Aronson, 1975.

Psychotherapy with Children. Moustakas, C. E. New York: Ballantine, 1959.

Psychotherapy with Children of Divorce. Gardner, R. A. New York: Jason Aronson, 1976.

Put Your Mother on the Ceiling. De Mille, R. New York: Walker and Co., 1967.

Rainbow Activities. Seattle Public School District No. 1. South El Monte, CA: Creative Teaching Press, 1977.

Rose, Where Did You Get That Red? Teaching Great Poetry to Children. Koch, K. New York: Vintage, 1974.

The Second Centering Book. Hendricks, G. and Roberts, T. Englewood Cliffs, NJ: Prentice-Hall, 1977.

The Sensible Book: A Celebration of Your Five Senses. Polland, B. K., and Hammid, H. Millbrae, CA: Celestial Arts, 1974.

Somebody Turned on a Tap in These Kids: Poetry and Young People Today. Larrick, N., (Ed.) Delta, 1971.

Some Things Are Scary. Heide, F. P. New York: Scholastic Book Services, 1969.

Some Things You Just Can't Do by Yourself. Schiff, N., and Schiff, B. S. Stanford, CA: New Seed Press, 1973.

"The Sorcerer's Apprentice, or the Use of Magic in Child Psychotherapy." Moskowitz, J. A. *International Journal of child Psychotherapy.* Vol. 2, No. 2, April, 1973, pp. 138-162.

Spectacles. Raskin, E. New York: Atheneum, 1968.

The Story of Ferdinand. Leaf, M. New York: Viking, 1936.

"Subpersonalities." Vargiu, J. G. *Synthesis.* Vol. 1, No. 1, 1974, pp. WB 9-WB 47.

Sybil. Schreiber, F. R. Chicago: Henry Regnery, 1973.

Sylvester and the Magic Pebble. Steig, W. New York: Dutton, 1969.

The Talking, Feeling, and Doing Game; A Psychotherapeutic Game for Children. Creative Therapeutics (155 Country Road, Cresskill, NJ 07626), 1973.

Talking Time. Scott, L. B. and Thompson, J. J. St. Louis, MO: Webster, 1951.

Taylor-Johnson Temperament Analysis. Taylor, R. M. Los Angeles, CA: Psychological Publications, Inc., 1967.

Teaching Human Beings: 101 Subversive Activities for the Classroom. Schrank, J. Boston, MA, Beacon Press, 1972.

The Temper Tantrum Book. Preston, E. M. New York: Viking, 1969.

Theater in My Head. Cheifetz, Dan. Boston, MA: Little, Brown, 1971.

Thematic Apperception Test (TAT). Murray, H. A. Cambridge, MA: Harvard University Press, 1943.

Therapeutic Communication with Children: The Mutual Storytelling Technique. Gardner, R. A. New York: Science House, 1971.

Therapeutic Consultation in Child Psychiatry. Winnicott, D. W. New York: Basic Books, 1971.

Therapeutic Use of Child's Play. Schaefer, C. (Ed.) New York: Jason Aronson, 1976.

"Therapy in Groups: Psychoanalytic, Experiential, and Gestalt." Cohn, R. C. Chapter 10 in *Gestalt Therapy Now.* Fagan, J., and Shepherd, I. L. New York: Harper and Row, 1971.

There's Nightmare in My Closet. Mayer, M. New York: Dial, 1968.

Toward Humanistic Education: A Curriculum of Affect. Weinstein, G., and Fantini, M. D. (Eds.) New York: Praeger, 1970.

Transpersonal Education. Hendricks, G., and Fadiman, J. (Eds.) Englewood Cliffs, NJ: Prentice-Hall, 1976.

Treasure Book of Fairy Tales. McGovern, A. New York: Crest, 1969.

The Ultimate Athlete. Leonard, G. New York: Viking, 1974.

The Un-coloring Book: Doodles to Finish. Book II. Schumann, K. Media for Education (13208 Washington Blvd., Los Angeles, CA 90066), 1975.

The Ungame. Au-Vid, Inc. (P.O. Box 964, Garden Grove, CA 92642), 1972.

"The Use of Puppetry in Therapy." Woltmann, A. G. In *Conflict in the Classroom: The Education of Emotionally Disturbed Children.* Long, N. J., Morse, W. C., and Newman, R. G. (Eds.) Belmont, CA: Wadsworth, 1967.

The Uses of Enchantment: The Meaning and Importance of Fairy Tales. Bettelheim, B. New York: Knopf, 1976.

What Is a Boy? What is a Girl? Waxman, S. Culver City, CA: Peace Press, 1976.

What Is Your Favorite Thing to Hear? Gibson, M. T. New York: Grosset and Dunlap, 1966.

What Is Your Favorite Thing To Touch? Gibson, M. T. New York: Grosset and Dunlap, 1966.

Where the Sidewalk Ends. Silverstein, S. New York: Harper and Row, 1974.

Where the Wild Things Are. Sendak, M. New York: Harper and Row, 1963.

The Whole Word Catalogue 1. Brown, R., Hoffman, M., Kushner, K., Lopate, P., and Murphy, S., (Eds.) New York: Virgil Books, 1972.

The Whole Word Catalogue 2. Zavatsky, B., and Padgett, R. (Eds.) New York: McGraw-Hill, 1977.

Wishes, Lies and Dreams: Teaching Children to Write Poetry. Koch, K. New York: Vintage Books, 1970.

Yoga for Children. Diskin, E. New York: Warner Books, 1976.

Your Child's Sensory World. Liepmann, L. Baltimore, MD: Penguin, 1974.

The Zen of Seeing: Seeing/Drawing as Meditation. Franck, F., New York: Vintage Books, 1973.

찾아보기

저자 약력

바이올렛 오클랜더(Violet Oaklander)는 세 자녀를 낳아 키웠으며, 심리학 박사학위와 결혼, 가족 및 아동상담 석사학위 그리고 정서장애아 및 학습장애아 특수교육 석사학위를 취득했다. 그녀는 6년 동안 캘리포니아 주 롱비치 통합 교육구에서 정서장애아 교육을 했으며, 1972년부터는 로스앤젤레스 사우스베이 지역에서 개업하여 심리치료자로서 일해 왔고, 현재는 캘리포니아 주 산타바바라에서 심리치료 개업을 하고 있다. 그녀는 캘리포니아 주 허모사비치에서 8년 동안 아동청소년치료센터의 책임자로서 일했으며, 현재는 주로 아동치료자들의 훈련과 수련감독을 위주로 하고 있는 바이올렛 오클랜더 연구소의 소장직을 맡고 있다.

오클랜더 박사는 로스앤젤레스 게슈탈트치료 연구소의 3년 수련과정을 이수했으며, 1973년에는 동 연구소의 수료증을 받았다. 그녀가 하는 일의 상당 부분은 수련생 교육과 관련된 일이며, 지금까지 미국, 캐나다, 유럽, 이스라엘, 호주 등의 국가에서 수많은 세미나, 워크숍, 특강을 해왔다. 최근에는 아동 심리치료와 관련 오디오 및 비디오테이프들을 저작했다(제작 및 배포는 MaxSound, P. O. Box 9217, Seattle, WA 98109에서 대행함).

역자 약력

■ 김정규

고려대학교 문과대 철학과 졸업
독일 Bonn대학교 임상심리학 석사 · 박사
독일 Fritz Perls Institut 게슈탈트치료 수련
미국 San Diego Gestalt 치료연구소 수련
독일 Diplom 임상심리학자, 게슈탈트심리치료 전문가
미국 대인관계 정신역동 부부치료전문가
한국 임상심리전문가, 상담심리전문가
International Gestalt Journal 편집위원
한국 임상심리학회장 역임
현재 성신여자대학교 심리학과 교수

저서 : 게슈탈트 심리치료(학지사, 1995)

■ 윤인

연세대학교 문과대 교육학과 졸업
미국 Missouri 대학교 교육 및 상담심리학 박사
서울대 사범대학 교육상담학과 박사 후 연수(BK21)
게슈탈트심리치료 전문가, 기독상담전문가
현재 분당 사회관 아동청소년 상담실장
연세대 연합신학대학원 부설 연세상담실 상담 슈퍼바이저
한동대학교 상담사회복지학부 겸임교수

■ 이영이

성신여자대학교 심리학과 졸업
독일 Trier대학 임상심리학 석사 · 박사
독일 쾰른 Kontakte Gestalt 치료연구소 수련
독일 Diplom 임상심리학자, 게슈탈트심리치료 전문가
한국 정신보건 임상심리사 1급
현재 성신여대 부설 심리건강연구소 상담연구원
동국대학교 문화예술대학원 예술치료학과 겸임교수

아이들에게로 열린 창

2006년 3월 11일 1판 1쇄 발행
2022년 8월 10일 1판 11쇄 발행

지은이 • Violet Oaklander
옮긴이 • 김정규 · 윤인 · 이영이
펴낸이 • 김 진 환
펴낸곳 • (주) 학지사
04031 서울특별시 마포구 양화로 15길 20 마인드월드빌딩 5층
대표전화 • 02) 330-5114 팩스 • 02) 324-2345
등록번호 • 제313-2006-000265호
홈페이지 • http://www.hakjisa.co.kr
페이스북 • https://www.facebook.com/hakjisabook

ISBN 978-89-5891-288-0 93180

정가 14,000원

역자와의 협약으로 인지는 생략합니다.
파본은 구입처에서 교환하여 드립니다.